新编21世纪公共管理系列教材

公共事业管理概论

第三版

Public Affairs Management：
An Introduction

朱仁显　主编

中国人民大学出版社
·北京·

作 者 简 介

朱仁显，法学博士，厦门大学公共事务学院副院长、教授、博士生导师，兼任中国政治学会理事、教育部政治学类教学指导委员会委员、中国行政管理学会教学研究会常务理事、福建省机构编制管理研究会副会长。先后入选福建省百千万人才工程支持计划、教育部新世纪优秀人才支持计划、福建省首届哲学社会科学领军人才。主要从事中国传统政治文化、当代中国政治发展、公共事业政策与管理等领域的理论研究和教学工作。主持完成近10项国家级和省部级社科基金项目，目前正在主持教育部哲学社会科学重大攻关项目“事业单位分类改革实施战略研究”。主编、主撰或参与撰写教材、著作21部，获得省部级各类教学科研奖励多项。

内 容 简 介

朱仁显教授主编的《公共事业管理概论》一书是一部系统介绍公共事业管理的基本概念、理论和实践的教材。全书构建了一个系统、完整的公共事业管理知识体系框架，既对公共事业的人力资源管理、财务管理、项目管理、监督管理等职能进行了系统的分析和阐述，又对教育、科技、卫生、文化、体育五个主要的具体公共事业领域的相关问题进行了有针对性的探讨，既介绍了西方国家公共事业管理的情况，又分析了我国当前公共事业管理的状况及其发展趋势。

此次修订工作中，“公共事业财务管理”和“科技事业管理”两章进行了大幅修改，几乎全部重写，“组织与公共事业管理”、“中国的公共事业管理”、“卫生事业管理”三章也进行了较大幅度的修订，以充分反映我国公共事业领域近年来的新发展，尤其是我国事业单位改革的新情况和新问题。经过上述修订，本书自首版以来一直努力追求的系统性、科学性、创新性和应用性四个方面的特点进一步凸显。

本书既适合作为高校公共事业管理及相关课程教材，也可供公共事业管理部门工作人员作为系统学习公共事业管理理论和知识的参考书。

出版说明

现代意义上的公共行政与公共管理研究和教育始于 20 世纪初的西方。时至今日，随着公共管理职业化的发展，公共行政与公共管理的研究和教育事业在西方发达国家方兴未艾。自 20 世纪 80 年代起，为了适应政府改革与公共管理人才培养的需要，我国的公共行政与公共管理研究和教育在经历了发展的挫折之后，开始了恢复和重建的工作。经过多年的发展，特别是公共管理一级学科的设置和我国公共管理硕士（MPA）教育的启动以及高校公共管理类本科专业的大量开设，公共管理已成为当代中国社会科学和管理科学领域的一个充满生机活力、具有远大发展前景的学科。

为了满足广大高校公共管理类专业的教学需要，在历届教育部高等学校公共管理类学科专业教学指导委员会的指导和支持下，中国人民大学出版社自 1999 年起，陆续出版了“21 世纪公共行政系列教材”、“21 世纪公共管理系列教材”、“21 世纪公共事业管理系列教材”、“公共管理系列教材”、“公共管理核心课程系列教材”、“21 世纪劳动与社会保障系列教材”、“21 世纪土地资源管理系列教材”、“21 世纪城市规划与管理系列教材”等多个本科系列教材。这些教材被国内高校公共管理类专业广泛选用，并得到了公共管理学界的支持和认可，数十种教材被评为“十五”、“十一五”、“十二五”国家级规划教材，普通高等教育精品教材，以及各省市精品教材，为我国公共管理学科发展和人才培养作出了积极的贡献。

我国高等教育改革的进一步深化，以及新技术和新媒体的不断发展，对高校教材提出了更高的要求。为了回应这种要求，我们在广泛调研的基础上，拟对上述系列教材进行整合和提升，推出“新编 21 世纪公共管理系列教材”，以满足国内高校公共管理一级学科下设的行政管理、公共事业管理、劳动与社会保障、土地资源管理、城市管理、海关管理、交通管理、海事管理、公共关系学等本科专业的教学需要。

“新编 21 世纪公共管理系列教材”将秉承中国人民大学出版社“出教材学术精品，育人文社科英才”的宗旨，从本科教育的特点出发，从公共管理教育的特点出发，为广大高校公共管理类专业师生提供一套高质量的本科教材。在教材编写和内容安排上，“新编 21 世纪公共管理系列教材”强调基础知识、基本理论和基本技能，同时，也尽可能地体现创新性和前沿性，反映相关领域理论与实践的最新发展情况。

“新编 21 世纪公共管理系列教材”由中国人民大学、中山大学、北京大学、清华大学、复旦大学、厦门大学、武汉大学、浙江大学、吉林大学、东北大学、北京师范大学、山东大学、四川大学、西北大学等数十所国内著名大学的知名学者领衔著述，我们期望通过这种强强联合、优势互补、资源共享的方式，为国内公共管理学界奉上一套体现系统性、权威性、通用性，并兼具创新性、前沿性、启发性的精品教材。

公共管理的实践是不断发展和变化的。随着公共管理实践的不断发展，公共管理学科研究的范围、主题和内容也在不断地发展和变化。我们将紧跟公共管理学科的发展，与所有作者一起，不断对本套教材进行修订和完善。望广大读者给我们反馈信息，对本套教材提出批评和建议，以使我们能够在所有读者和作者的帮助下，与中国公共管理学科共同成长。

中国人民大学出版社

前　言

20 世纪 90 年代中期以来，全国不少高等院校新设了公共事业管理专业，公共事业管理的教学与研究工作日益受到重视。但由于公共事业涉及面很广，内容丰富，各领域知识的整合需要假以时日，所以，教材建设有相对滞后之虞。有鉴于此，我的同仁和我不揣浅陋，2003 年尝试编写了《公共事业管理概论》一书，希望有补于新兴的公共事业管理专业的教学工作。该书出版以来，得到学界同仁厚爱，被广泛用作公共事业管理本科教材并多次重印。2009 年，为更好地总结我国公共事业管理理论研究和实践探索的新成果，我们对 2003 年版的《公共事业管理概论》一书进行了比较大的调整和修改，删去了基础设施管理、公共住房管理、社会保障管理、环境管理 4 章，补充了组织与公共事业管理、公共事业人力资源管理、公共事业财务管理、公共事业项目管理、公共事业监督管理、体育事业管理 6 章，并对保留的章节进行了必要的修改，全书修改幅度约 50%。同时，为了方便读者和教学工作，还配备了 PPT 课件。6 年来，我国公共事业各领域理论和实践又有长足进步和创新，为了及时地反映这些变化和成果，我们对第二版进行了较大幅度的修订，除了全面更新相关政策、法律、法规、制度等内容外，进一步完善了相关的理论，补充了一些新的资料、数据，增加了一些实例和知识卡片，其中，第 4 章、第 10 章几乎全部重写，第 2、8、11 章也有大幅修改，全书的修改幅度超过 30%。希望这次修订能够更好地满足读者的要求。本书的修订承蒙厦门大学“繁荣哲学社会科学基金”项目的资助和中国人民大学出版社的支持，还广泛受惠于国内外许多专家学者的研究成果，在此谨表衷心的感谢！

本次修订工作由厦门大学公共事务学院、教育研究院、公共卫生学院等部分中青年骨干教师合作完成。在吸收第一、二版成果的基础上，各章内容有比较大的修改，各章的作者也略有调整。主编朱仁显同志负责相关组织工作，以及统稿和定稿工作。各章的撰写人分别是：朱仁显（第 1 章）；朱仁显、刘会芳（第 2 章）；林亚清、刘会芳（第 3 章）；林东海（第 4 章）；朱林彬、崔红菊（第 5 章）；朱仁显（第 6 章）；朱仁显（第 7 章）；朱仁显（第 8 章）；李泽彧、周蕾（第 9 章）；严金海（第 10 章）；曾雁冰（第 11 章）；蔡全胜、张萍（第 12 章）；邬文英、袁鹏飞（第 13 章）。在教材的修订过程中，虽然我们已尽可能借鉴现有专家学者的研究成果，但限于自身研究水平，难免存在不足、疏漏和错误，恳请专家、读者批评赐教。

编　者

2015 年 5 月

目　录

第1章 绪　论

公共事业是指那些面向全社会，以满足社会公共需要为基本目标，直接或间接为国民经济和社会生活提供服务或创造条件，并且不以营利为主要目的的社会活动。公共事业管理是指政府对各项公共事业的发展进行规划、组织、指挥、协调和控制的活动，也包括政府对从事公共事业产品生产或服务供给的事业单位进行的各项管理活动。在具体探讨公共事业管理的理论、体制、政策等基本问题之前，有必要先介绍公共事业的概念、特征，公共事业管理的主体、内容、特征、职能、方法和意义。

重点问题

- 公共需要的特征
- 公共事业的含义
- 公共事业管理的主体和特征
- 公共事业管理的职能和手段

1.1　公共需要与公共事业

1.1.1　公共需要的特征

在某种意义上说，社会公共事业是社会公共需要不断增长的产物。因此，要了解社会公共事业首先必须了解社会公共需要的特点。

人类的需要多种多样，生理、安全、自尊、爱、归属、求知、理想、自我实现等需要构成了一个复杂的、多层面的系统，但从最终需要来看无非有两大类：私人个别需要和社会公共需要。无论人类社会以何种方式构成，私人个别需要永远是人类进行经济活动和社会活动的基本动因，也是公共需要的基础；而公共需要则是人类进行正常经济活动和社会活动必不可少的条件，也是私人个别需要得以满足的重要条件。两类需要相互联系、相互影响，但不可相互替代。二者不仅表现形式和具体内容不同，而且各有其自身的特点。公共需要具有如下特点：

（1）公共需要是社会成员在生产、工作、生活和发展过程中的共同需要。作为私人个别需要的对立物，公共需要对人类社会有着不可替代的作用，它是社会和个人赖以生存和发展不可或缺的条件之一，没有公共需要的满足，私人个别需要的满足也无法得到保证。但以私人个别需要为基础的公共需要不是直接意义上的私人个别需要，也不是普通意义上的人人有份的私人个别需要和集团需要的数字加总，而是就整个社会而言，为了维持一定的社会物质生产、文化生活和公共秩序，促进社会发展，必须由政府集中执行和组织社会职能的需要，是以社会整体的要求反映出来的需要，它表征的是社会共同需要和利益。因此，公共需要和私人个别需要的满足条件是不同的。满足私人个别需要的产品或服务，必须通过市场等价交换，支付等价方可使用，而且只能为某个人或某个集体所享用，排除了其他社会成员享用的可能。而由于市场机制难以解决公共物品的外部效应问题，满足公共需要的公共物品不得不主要靠政府提供。社会成员可以无差别地共同享用这些公共物品，无须付出代价，或只需支付与提供这些公共物品的所费不相称的少量的费用；一个或一些社会成员享用这种公共物品，并不排斥其他社会成员享用。社会公共需要的这一特点决定了统筹、发展和管理公共事业的主要责任不得不由政府承担。

（2）公共需要是主观性与客观性的统一。一定社会的公共需要总是以具体的内容和形式表现出来，一方面，这种内容和形式深受社会物质文明程度和状况的制约，也就是说，公共需要内容来源于人自身的活动，反映着人们的生存条件与活动水平，公共需要满足的程度和状况也取决于社会发展水平。人们只能提出其所处时代所能提出的愿望和需求，也只能以其所处时代所能提供的手段和方式来满足这些愿望和要求。古代社会不可能产生现代规模和水准的科技、教育需要和环保的公共诉求，即使产生了，也难以得到满足。只有物质生产水平提高了，公共需要的满足程度才能随之水涨船高。充分认识和理解公共事业的客观性，有助于我们客观地看待公共需要的基本内容及其表现形式，明确公共事业的发展必须从实际出发，不能无限度地超前，从而科学合理地界定一定时期国家公共事业职能的范围。另一方面，公共需要的内容与形式也受到人们认识能力、认识水平和思想观念的影响。这是因为公共需要是人们对于自己所属社会客观需要的一种主观认识。而人的主观认识除了受客观事物本身的影响外，还深受人的认识能力、认识水平和思想观念的影响。因此，不仅在不同的社会条件下，公共需要的内容和满足程度不同，即使在相同的社会物质条件下，公共需要的内容和满足程度也不相同。环境污染问题自工业革命以来数百年间一直突出地存在，但由于人们对这一问题的严重性和紧迫性缺乏足够的认识，所以也就不把环境保护视为公共需要而给予高度关注，采取有力的保护措施。只是近几十年来，人们愈来愈深刻地认识到环境问题对人类生存和发展的重要性，环境保护才被普遍视为公共需要。在我国，科技、教育事业发展的起伏，很大程度上取决于人们思想认识的变化。改革开放前后，科技、教育事业发展的不同境遇，主要源于人们对这种公共需要的认识不同。人们的思想观念和偏好也影响其对公共需要的认识。这就是在同一时期或背景下，人们对公共需要内容和重要性的认识存在诸多分歧的重要原因之一。

(3) 公共需要是发展变化的。公共需要作为整个社会需要的一个有机组成部分，是人类社会文明发展的必然产物，是维持社会自身生存和发展的客观需要，自然也随着社会的发展变化而变化。在原始社会，社会物质生产水平低下，只能满足个人的最基本的生活需要，社会公共需要与个人需要高度重合，不具备从人类个人基本生存需要中分离出来的条件。随着人类社会生产力的逐步提高，社会分工的出现，生产方式、生活方式和生产关系发生了变化，社会出现利益分化，矛盾和冲突也应运而生。为了维持社会的有序发展、协调社会成员与集团的利益、改善生产与生活创造条件，与私人个别需要相区别的社会公共需要就出现了。随着社会不断地由低级到高级、由简单到复杂、由不发达到发达的演进，人们的活动领域和范围不断扩大，认识能力和认识水平不断提高，公共需要也与日俱增、日益丰富多样，其层次和水平不断提高。充分认识这一点，有助于人们从历史的观点和社会的视角来观察社会的公共需要，从而合理界定一定时期公共需要的基本内容和形式，明确政府在不同时期发展公共事业的职责范围。

逐日奔忙只为饥，才得有食又思衣。置下绫罗身上穿，抬头又嫌房屋低。盖下高楼并大厦，床前缺少美貌妻。娇妻美妾都娶下，又虑出门没马骑。将钱买下高头马，马前马后少跟随。家人招下十数个，有钱没势被人欺。一銓銓到知县位，又说官小势位卑，一攀攀到阁老位，每日思想要登基。一日南面坐天下，又想神仙下象棋。洞宾与他把棋下，又问哪是上天梯。上天梯子未做下，阎王发牌鬼来催。若非此人大限到，上到天上还嫌低!

(明) 朱载堉:《山坡羊·十不足》

(4) 公共需要具有复杂性和多样性。公共需要的复杂性和多样性指的是公共需要在不同的社会条件下具有不同的性质和不同的表现形式。例如，社会的特殊需要、私人个别需要和公共需要有时含混不清或交织在一起，复杂难辨；公共需要不仅由低到高发展变化，而且由物质到精神不断增多，形式多种多样。公共需要之所以呈现出复杂性和多样性是因为：首先，社会是丰富多彩的。不同的社会生存条件、社会生产方式和思想观念以及不断变化的社会物质和文化生活，必然造成公共需要的多样性，尤其是在信息化、市场化和全球化的当今社会，公共需要更是有增无减。其次，阶级的存在导致公共需要往往刻有阶级的烙印。在阶级社会里，作为社会的代表，统治阶级为了维持社会的存在和发展，为了维护本阶级的统治地位和利益，往往会根据本阶级的利益和需要来改变社会公共需要的内容和表现形式，甚至歪曲社会公共需要的本质，将本阶级的需要说成是社会公共需要，甚至将少数统治者的个人需要说成是社会公共需要。此时，私人性凌驾于公共性之上，公共需要从属于私人个别需要，尤其是君主的个人需要，所谓"普天之下，莫非王土；率土之滨，莫非王臣"，"朕即国家"等便是最好的例子。这些就使得社会公共需要复杂化了。最后，公共需要本身具有层次性。公共需要既是抽象的，也是具体的。其本身有物质层面的，也有精神层面的，还有轻重缓急之别。认识社会公共需要的复杂性和多样性，有助于我们分析和识别各种各样的社会公共需要，充分考虑社会各方面的公共需求，根据国家物力和财力状况，适当地发展公共事业。①

公共需要是公共事业发展的价值所在，它不仅为公共事业的发展提供持续的动力，给公共事业发展不断提出挑战，还给政府公共事业管理施加巨大的压力。从这个意义上讲，公共事业的发展、公共事业管理的改革都是对公共需要呼唤的因应。

1.1.2 公共事业的含义

社会的公共需要呼唤公共事业的发展，社会的物质文明程度、阶级分野、认识水平又制约着公共事业的发展水平。因此，古今中外人们对公共事业内涵和外延的界定与理解是不相同的，重视程度也不一样。那么，从今天的视角看，什么叫公共事业呢？我们有必要先了解事业、事业单位、公共、公共事务、公共物品等几个相关的概念，以便更好地理解公共事业。

1. 事业与事业单位

“事业”一词是一个内容广泛的概念，也是人们使用频率相当高的概念，一般意义有二：一是指人所从事的，具有一定目标、规模和系统而对社会发展有影响的经常活动；二是指没有生产收入，由国家经费开支，不进行经济核算的社会活动。② 与事业一词相连且深具中国特色的概念是“事业单位”。1955 年第一届全国人大第二次会议《关于 1954 年国家决算和 1955 年国家预算的报告》中首次使用了“事业单位”这一名词，并沿用至今。对事业单位概念的界定，存在着多种说法：

（1）有别于党政群机关及企业，受国家管理，具备独立法人资格，多以服务的方式进行专业性生产劳动，创造出精神和物质产品服务于社会，在追求社会效益的同时也谋求合法的经济效益，所需经费靠财政全额和差额拨款或自行解决的实体单位。③

（2）为国家创造或者改善生产条件，促进社会福利，满足人民文化、教育、卫生等需要，其经费由国家事业费开支。④

（3）凡是直接从事为工农业生产和人民文化生活等服务活动，产生的价值不能用货币表现，属于全民所有制单位的编制，列为国家事业单位编制。⑤

（4）凡是为国家创造或者改善生产条件，从事为国民经济、人民文化生活、增进社会福利等服务活动，不是以为国家积累资金为直接目的的单位，可定为事业单位，使用事业编制。⑥

（5）特指受国家行政机关领导，没有生产收入，由国家经费开支，不实行经济核算，提供非物质生产和劳务服务的社会组织，主要包括教育、科技、文化、卫生、体育等部门和单位。⑦

---

① 参见黄恒学：《中国事业管理体制改革研究》，64 页，北京，清华大学出版社，1998。

② 参见《现代汉语词典》，5 版，1246 页，北京，商务印书馆，2005。

③ 参见徐颂陶：《神圣的天职——中国现代人事管理》，210 页，北京，中国人事出版社，1996。

④ 参见《国务院关于编制管理的暂行办法（草案）》，1963-07-22。

⑤ 参见《国家编制委员会关于划分国家机关、事业、企业编制界限的意见（草案）》，1965-05-04。

⑥ 参见《关于国务院各部门直属事业单位编制管理的实行办法》（讨论稿），1983 年全国编制工作会议印发。

⑦ 参见黄恒学：《中国事业管理体制改革研究》，2 页。

（6）指国家为了社会公益目的，由国家机关或者其他组织利用国有资产举办的，从事教育、科技、文化、卫生等活动的社会服务组织。①

上述定义，虽或有差异，但大体内容相同。概而言之，所谓事业单位，是指不以营利为目的，主要从事教育、科技、文化、卫生、体育等行业，以一定的方式向社会公众提供一定形式的物质产品和精神产品以改善社会公众的生活，经费主要由国家财政拨给，受国家机关尤其是政府部门领导的社会组织。而传统事业单位体制，就是指在计划经济体制下形成的，国家对于各类教育、科技、文化、卫生、体育等事业单位及其活动所采取的各种管理组织、管理制度、管理方式与管理手段的总称。

2. 公共与公共事务

"公共"是与"私人"相对立的词。它有两层意思：一是指"属于社会的"；二是指"公有公用的"。② 公共事业中所说的"公共"一词包括如下几层含义：第一，与私人事务相区别，表明事业管理的主体主要是公共部门而不是私人企业或私人机构。第二，明确了事业活动的目的和责任，是为了满足社会的共同需要，而不是一般的个别需要。第三，决定了事业活动的绩效不能简单地用利润或效率作为标准，而必须用服务数量、质量、满足社会需求的程度等多种尺度作为标准。第四，强调公众的参与性。事业既然面对社会和公众，与社会和公众的利益有广泛的联系，就需要公众的参与。这种参与既包括物质和精神的支持，也包括对事业活动必要的约束和监督。

公共事务是与私人事务相对应的概念，一般是指个人、家庭、企业无力或不愿承担，但又是每一个社会成员在生产、生活中不可缺少的，需要由政府等公共组织提供的服务或办理的事项。它有广义和狭义之分：广义的公共事务是指国家立法部门授权国家行政部门管理的所有与国家和社会整体利益有关的事务和活动，如政治事务、经济事务、社会事务等。狭义的公共事务是指体现政府政治统治职能的活动，如国防、外交、内政、司法、治安等事务，通常更具鲜明的政治性和阶级性。有时也指政府管理的除经济、政治事务外的其他事务。在我国的行政管理实践中，将科、教、文、卫、体等方面的事务视为社会公共事务，分别由不同的政府部门负责处理。

3. 公共物品

经济学中的"公共物品"概念对我们进一步理解公共事业也颇有助益。提供公共物品是政府的基本职责，这几乎是中外经济学家的共识。著名经济学家斯蒂格利茨认为："公共物品是这样一种物品，在增加一个人对它分享时，并不导致成本的增长（它们的消费是非竞争性的），而排除任何个人对它的分享都要花费巨大成本（它们是非排他性的）。"③ 世界银行《1997年世界发展报告：变革世界中的政府》中指出："公共物品是指非竞争性的和非排他性的货物。非竞争性是指一个使用者对该物品的消费并不减少它对其他使用者的供应，非排他性是指使用者不能被排除在对该物品的消费之外。这些特征使得对公共物品的消费进行收费是不可能的，因而私人提供者就没有提供这种物品的积极性。"④

---

① 参见《事业单位登记管理暂行条例》，1998-10-25。

② 参见《现代汉语词典》，5版，472页。

③ ［美］斯蒂格利茨：《经济学》，147页，北京，中国人民大学出版社，1997。

④ 世界银行：《1997年世界发展报告：变革世界中的政府》，26页，北京，中国财政经济出版社，1997。

综合一些著名经济学家有关公共物品的论述，可将公共物品的特征概括如下：(1) 生产具有不可分性，即要么向所有人提供，要么不向任何人提供。(2) 规模效益特别大。(3) 初始投资量巨大，随后所需的经营资本数额较小。(4) 具有自然垄断性。(5) 消费不具有排他性。(6) 对消费者收费不易，或收费本身所支付的交易成本过高。(7) 其消费具有社会文化价值。其中，消费的非排他性、收费困难、自然垄断性是其主要特征。某一物品只要具备其中一个特征，就可以被称为公共物品。不同的公共物品，符合上述特征的个数和程度是不一样的。有些公共物品完全满足上述特征，被称为纯公共物品；有些公共物品不完全满足上述特征，被称为准公共物品。公共事业产品或服务多具有公共物品或准公共物品的特性。

4. 公共事业

本书所研究的“公共事业”是一个特定的概念，特指那些面向全社会，以满足社会公共需要为基本目标，直接或间接为国民经济和社会生活提供服务或创造条件，并且不以营利为主要目的的社会活动。它主要包括教育、科技、文化、卫生、体育等事业。这些公共事业都具有不同程度的公益性、专业性、社会性、基础性等特点，其产品生产和服务供给的具体职责主要委托事业单位承担。政府在为教科文卫体等事业单位建立一系列具有普遍适用性的人事、财务、设备、资产等管理制度的同时，承担宏观行政管理的职责。这些由政府有关部门承担的行政管理工作，相对独立，各自有不同的工作对象和工作范围。

公共事业与公共事务既有联系，又有区别。它们的联系表现为在管理上都涉及公共权力的运用、公共利益、公共政策、公共服务等问题，都具有公共性、非营利性和强制性的特点，尽管其中程度有所不同。二者的区别主要表现在内容上。广义的公共事务涵盖了公共事业；狭义的公共事务主要指体现政府政治统治职能的活动，通常更具鲜明的政治性和阶级性。而公共事业主要指体现政府社会管理职能的活动，如教育、科技、文化、卫生、体育等活动，更突出社会性。按公共物品的标准来划分，狭义的公共事务一般都是纯公共物品，而公共事业，除义务教育、公共卫生、基本医疗、基础理论研究、基本公共文化服务等是纯公共物品外，其他的多属准公共物品。

1.1.3 公共事业的特征

公共事业有诸多类型，每一种公共事业都有其特定的目标，以及为实现目标所特有的方式、方法和手段，有其各自特殊的运行规律。但是，在这些特殊之中，却存在着一般的特征。

1. 公共性

公共事业的最大特点是它的公共性。首先，它涉及社会的方方面面，影响社会整体的运行目标和进程，因而与一定范围内所有人的利益都有直接或间接的关系；它的服务对象是所有的社会成员，所以带有公众性。其次，它的服务内容涉及所有社会成员的共同需要，社会成员可以无一例外地享受这种利益，所以带有公用性。最后，公共事业所提供的服务是整个社会的发展所必不可少的条件，它的服务目标是实现公众的共同利益，社会中的全体公众都可以享受这种利益，因而带有公益性。按照公共物品理论的界定，大量的公共事业都不同程度地存在着效用的不可分性、消费的非竞争性和受益的非排他性，是公共物品和准公共物品。公共事业的公共性特征在一定程度上决定了它不可能完全由私人或工商企业去举办，而需要公共部门大量参与，进行统筹和管理。

2. 非营利性

公共事业的公共性很大程度上决定了它的基本目标是为了满足社会成员的普遍需要而提供基本的社会服务，不以营利为主要目的。因此，公共事业组织不得在成员之间分配利润；当公共事业组织解散、终止活动时，其资产不得在成员之间或发起人之间分配，而应上交政府财政或转让给其他类似的公共事业组织。在一般情况下，社会公众可以无偿享用公共事业部门所提供的服务，尽管兴办公共事业需要大量的人、财、物投入，也有产出的效益问题。有时为了弥补公共事业经费的不足，或者为了平衡在享受公共事业所提供的服务方面实际存在的差异，也会采取收费的办法，但是，这种收费通常带有辅助性，而不是纯粹的营利行为。在公平和效率难以两全的情况下，它倾向于对公平价值的追求。它通过有效的运作使社会成员享受到文明进步的果实，实现更美好的生活。这就决定了公共事业不能完全以自由企业的方式进行经营管理。

3. 专业性

公共事业组织作为一个整体具有多样性，但具体到每个公共事业组织，它们是十分专业化的，有其独特的知识体系，具有很强的专业性。绝大多数公共事业组织成立之初就将自己的目标定得很明确，几乎所有公共事业组织都在某个特定的领域内活动。集中活动于某个特定的领域，使公共事业组织往往能够在这方面积累丰富的经验。公共事业组织的特点就是以自己特有的硬件和软件作为条件，凭借自己的专业知识、技能和经验来为全社会提供专业服务。因此，公共事业组织需要特定的专业人员，需要专业人员具有符合自己专业的价值取向和敬业精神，如利他主义、人道主义和奉献精神，也需要相应的法律、制度、管理方法和技术。专业性也使公共事业组织成为专业人才的聚集地，形成了知识密集的特点。

4. 基础性

公共事业是社会生产、生活中必需的最基本的服务和活动，是社会发展的基础。因此，尽管公共事业是为了满足社会公共需要的，必须解决现实问题，但其又必须具有前瞻性。这首先是因为公共事业在社会生产和生活中大多具有基础性作用，作为社会生产和生活的基本条件，它必须相对超前发展。其次，公共事业普遍具有规模大、投资多、见效慢、发展周期长的特点，发展上往往不能立竿见影，需要预先发展，否则，将严重影响社会的整体进步。最后，社会公共需要是逐渐增长的，如果公共事业的发展不能适度超前，公共需要的满足将始终成为困扰社会发展的问题。因此，公共事业的规划、发展，必须基于现实需要，更必须面向未来，体现出一定的前瞻性。当然，公共事业的超前性，不是说可以漫无边际，也不是越超前越好，而是必须建立在对客观条件的切实把握、对公共需要的科学预测和对客观事物发展规律的充分认识的基础上。

1.2 公共事业管理

所谓公共事业管理，既包括政府对公共事业及从事公共事业活动的各类组织的管理，也包括事业单位自身的行政管理、业务管理和后勤管理。本书所谓公共事业管理主要指政府公共事业管理，是指政府对以满足社会公共需要为主要目的的各项公共事业的发展进行规划、组织、指挥、协调和控制的活动，也包括政府对从事公共事业产品生产或服务供给的事业单位进行的各项管理活动。

1.2.1 公共事业管理的内容

1. 教育事业

作为专门培养人才的教育事业，既是提高一个国家、民族整体素质的基础性工程，也是国家发展、经济繁荣、社会进步的基础。现代科技和经济的竞争，归根到底是人才和教育的竞争。新中国成立以后，特别是十一届三中全会以来，党和国家把教育事业放在优先发展的地位，教育事业在政府工作中占有重要地位。目前，国务院负责教育行政事务的机构是教育部，其主要任务是通过制定教育事业发展战略、教育行政法规、教育政策来管理和指导全国基础教育、高等教育、职业技术教育、成人教育、师范教育、民族地区教育和广播电视教育等工作。教育事业管理主要研究：教育行政管理的内容和形式；国外教育事业管理的模式和经验；我国教育事业管理的改革和完善。

2. 科技事业

当今世界科技革命浪潮汹涌，科学技术越来越成为推动人类社会进步和经济快速发展的杠杆。因此，重视科技事业的发展，加大科技投入，强化科技事业的管理，成了当代西方国家政府的共同战略。实施科教兴国是我国的既定战略，加强科技管理是政府的重要职责。目前，国务院负责科技行政事务的主要机构是科技部。科技事业管理主要研究：科技事业管理的职能、行政体制；科技发展战略、发展模式、发展政策和机制；科技支出的安排、管理的方法和经验教训。

3. 文化事业

文化事业在社会生活中有着不可替代的地位，它通过提高全民族的文化素养，潜移默化地影响民众的道德风尚，促进精神文明建设的发展，为经济和社会进步提供支持。随着社会的发展，人们文化生活的需求迅速增长，文化事业也越来越丰富多彩。虽然这方面私人产品和服务占了较大比重，但一些公共文化设施和文化事业，如国家图书馆、大剧院、博物馆、文化馆、美术馆、文物、名胜古迹、古文化遗址、文化艺术理论研究、文化科技研究、传统的文化遗产、文化普及等，仍要由政府提供或支持，那些可以实行市场化经营的其他文化产业，如广播、影视、报纸杂志、音像、通俗文化艺术、娱乐等，也需要政府加强管理，以促进文化事业健康、稳定地发展。目前，国务院负责文化行政事务的机构有文化部、广播电影电视总局、新闻出版总署、文物局。文化事业管理主要研究：文化事业管理的含义、目标和内容；中外文化事业管理的基本模式；我国文化事业管理体制的历史沿革；深化我国文化事业管理体制改革的内容和途径。

4. 卫生事业

医疗卫生事业直接关系到国民的身体健康，是各国政府所关心的重要内容。加强对医疗卫生事业的管理，合理配置卫生资源，能有效地提高医疗卫生水平，改善社会卫生状况。目前，国务院负责卫生行政事务的机构是卫生和计划生育委员会。公共卫生管理可分为如下层次：对社会常见易发流行疾病的预防与控制；对区域性地方病的预防与控制；对大众疾病医疗条件的提供及医治；对大众身体健康的保健，尤其是妇女、儿童的卫生保健；对危害人民群众健康的流行性疾病、传染病及新型疾病的预防与控制。建立卫生事业管理机构，制定有关医疗卫生的法律、法规和政策，加强医疗机构和医务人员的管理，提高卫生服务的质量和水平，加强环境卫生、食品卫生的管理工作，预防各种传染病的发生，管理好作为特殊商品的医药市场等，都是卫生事业管理的主要内容。卫生事业管理主要研究：卫生事业的含义和特征；卫生事业管理的基本内容；国外卫生事业管理的内容、模式和特点；我国卫生事业的成就与问题；卫生事业管理改革的目标和策略。

5. 体育事业

体育事业是当今世界蓬勃发展的行业，既关系到公众的身体健康，也与经济发展密切相连。广义的体育与“体育运动”概念基本相同，主要包括身体教育、竞技运动和身体锻炼三个方面。其中的“身体教育”即狭义的体育概念，指有目的、有组织、有计划地促进身体全面发展、增强体质、传授锻炼身体的知识与技能、培养高尚品质和意志等的教育过程，与德育、智育一起构成整个教育。随着社会的发展，现代体育具有促进公众强身健体、满足自身娱乐和精神需求的内涵，同时，由于体育设施和体育运动中科技含量的增加，体育活动的水平也成为一个国家或民族科学技术水平和国民体质水平的标志。从总体特征上看，现代体育活动按其活动的直接目标和功能，大致可分为公益性体育活动或营利性体育活动两大类别。现代体育事业管理的基本内容是：正确认识现代体育的属性和发展体育事业的意义；明确区分公益性体育活动和营利性体育活动，对其加以分类管理；根据我国经济和社会发展水平、文化传统，科学确定体育事业管理模式；直接或间接生产和提供公共体育产品和设施，满足社会公众基本的体育消费需求；有效监督管理由市场生产、提供的更个性化的个人体育消费活动、职业体育活动和服务；负责组织国家运动队或地区运动队所需体育产品的生产、提供和管理。

不同的公共事业部门，其管理内容差别很大，但政府各有关主管部门的主要职能又有一定的共同性，那就是：负责拟订有关方针、政策、法规和规章，并监督实施；研究制定有关发展战略、中长期规划和年度计划；综合管理本系统的各类业务，对重要问题和重点项目进行决策和审批；负责财政经费的分配、划拨和监督管理；协调本系统的工作；负责本系统的对外交流工作等。

1.2.2 公共事业管理的特征

公共事业的内涵与特征表明，它不同于一般的工商实业，也不同于一般的行政事务。所以，相应的公共事业管理也具有自己的特点。

1. 基本目标是为了更好地满足社会的各种公共需要

与工商企业以追求自身利益为基本精神不同，公共事业管理的起点是社会的公共需要。它旨在运用公共权力和公共资源为社会的生存和发展创造条件。虽然公共事业管理也讲效益，但这种效益是社会的整体效益和长远利益，如科技教育、基础设施等领域的投资和管理都需要投入大量的人力、物力、财力，而其效益往往不易立即显现，甚至不易度量，但它们对社会的发展和进步的作用却是不言而喻的。一般的工商企业不愿在这些领域发展是可以理解的，但是，社会对此又有客观需求。公共事业的兴办和管理旨在填补市场的缺口，为社会的全面进步奠定基础、提供动力、解决困扰。公共事业的这一特点决定了它的管理不仅需要主管部门与有关部门的配合与协同行动，也需要社会的广泛支持和参与。

2. 具有一定的强制性

公共事业管理的主体通常是政府及其有关部门，是公共权力部门，而强制性正是公共权力的基本特征，也是公共权力得以成立并运行的基本保证。公共权力的强制性特征主要是由社会的性质和政府的功能决定的。社会生产力的发展、阶级的产生、利益的分化势必导致社会陷入不可解决的自我矛盾，分裂为不可调和的对立面而又无力摆脱这些矛盾。在这种情况下，强制性的公共权力应运而生。因此，它的基本功能一方面是维护社会的秩序、规范与和谐，另一方面就是承担起社会的其他公共责任。当政府的公共权力主导社会公共事业管理的时候，公共事业管理就自然带有一定的强制性特点，这就使公共事业管理与工商企业管理具有明显的不同。工商企业在管理过程中，按照一定的市场规则进行平等竞争，在商品经济条件下，非强制性的平等既是一个基本前提，又是一个必然结果。而强制性则等同于强买强卖，是一种违法行为。但是，公共事业则不同，公共事业由于其公共性和外部性，不完全适用自由竞争的法则，不得不依赖公共权力及其强制性。因此，公共事业管理过程中大量的立法、规制、政策以及规章制度等，都体现着程度不同的强制性。

当然，公共事业管理的强制性并不意味着管理者可以随心所欲地运用公共权力，而是要在遵守有关法律、法规的前提下进行管理活动。因此，公共事业管理者的管理行为必须以法律为依据，必须符合法律规定，具有合法性。

3. 非营利性

是否以营利为目的，是区分市场行为与政府行为的重要标志。国家是一定阶级的国家，是以维护一定阶级的政治经济利益为其根本宗旨的；但是，当它代表公共权力，从事社会公共管理的时候，其行为就必须以非营利政策目标为依据。也就是说，政府在履行具体的社会职责时，并不计算也不能计算直接的成本和收益，尽管事实上政府在其整个运作过程中存在着管理的成本和效益问题。

营利是市场行为最基本也是最重要的动力。天下熙熙皆为利来，世间攘攘皆为利往。人们不能想象工商企业及其投资者的经营目标不为营利，也难以设想没有营利动机的驱动，工商企业及其投资者能够生生不息，创业不止。但是，政府的情况就不一样，它代表着社会的公共权力，并且具有固有的强制性，所以，它不能成为经济活动的主体。在实际的社会生活中，政府从事着对社会的公共管理，向社会成员提供公共物品，这就决定了政府活动的基本倾向必须是非营利的，否则，它就可以凭借其特殊的地位和角色，轻而易举地获取非经济意义上的利益。反过来说，政府如果把营利作为其政策性目标，那么，它就无法从事社会的公共管理，而且会直接影响政府的合法性地位。公共事业管理既然是政府公共管理的重要组成部分，自然，也不以营利为基本目标。

当然，公共事业管理的非营利性特征并不意味着政府的公共事业管理可以不计成本。因为公共事业管理的经费源自国民的捐税，其经费支出的多少，会影响国民税负的轻重。古往今来，任何国家的国民都希望承担尽量轻的税负，尤其在现代社会，政府的公共事业日益拓展，管理的内容不断增加，财政压力越来越大，削减管理成本已是大势所趋。但这只是改革公共事业管理、转变管理职能的动力，而不能成为公共事业管理直接收费的依据。公共事业管理既然是非营利性的，其管理主体就不能靠出售产品或服务来维持其生存，其合法性源自立法机关的授权，其经费主要依赖财政拨款。

4. 服务性

本着公正的精神，因应公共利益的需要，进行适当管理，使公益和私利两全其美，使社会和谐安定，是政府的天职。公共事业中价格管制、质量检查、法律监督、行政管理、经济手段的运用等，都是不可或缺的。但从广泛的意义上说，任何一项行政管理工作都是为人民服务的，这不仅取决于国家的性质，也取决于公共权利的目的和性质。而教育、科技、文化、卫生、体育等公共事业则因为特别强调满足社会公共需要这一目标，其服务性更为突出。因此，一方面，加强管理要立足于更好的服务；另一方面，在推动社会化的同时，要变单向度的监管为多方位的服务。由于受两千多年来的旧思想、旧价值观念的影响，我们的许多公务人员往往缺乏服务精神，每每以管制为乐事，动辄就管、卡、压，胡乱设置障碍，制定繁科戒律，乱施检查评比，发号施令，颐指气使，甚至随意诉诸警力和其他强制力。因此，公共事业管理部门有必要进一步明确其使命，切实把“为人民谋幸福”、“为人民服务”作为自己管理工作的根本原则，切实改变工作作风，提高服务质量。

1.3 公共事业管理的职能和手段

1.3.1 公共事业管理的职能

政府职能是国家行政机关在一定的历史时期内，根据国家、社会发展的需要，所应承担的职责和应发挥的功能。贝特兰·罗素认为，政府从它产生那天起就具有两种职能：一种是消极职能，它防止个人的暴力行为，保护生命和财产，制定并实施法律，维护社会秩序。另一种是积极职能，它帮助实现大多数人的普遍愿望，这种职能在当代包括教育和经济两个方面。在马克思主义看来，任何国家都有两种职能，一种是政治职能，一种是社会公共职能。在当代社会，国家的公共职能日益扩大，它不仅包括法律和秩序，还涉及教育、科技、文化、卫生、体育等方面。

如果我们细加分类，可把政府职能分为政治管理、经济管理、社会管理等类型。政治管理职能是政府最基本的职能，主要体现在政府对国防、外交、内政、司法、治安等事务的管理，追求国家的安全、国际地位和社会秩序是其核心的目标。经济管理职能主要表现为：制定宏观经济政策；维护市场功能和市场秩序；维持社会供求总量平衡、充分就业、物价稳定和国际收支平衡；优化经济结构和生产力布局；调节收入分配。经济管理职能旨在运用经济的、法律的、行政的手段，促进社会经济健康、持续稳定地增长，满足人们不断增长的物质生活需要。社会管理职能主要体现在对教育、科技、文化、卫生、体育等一般社会事务的管理。

与政治、经济管理职能相比，社会管理职能不仅范围广泛，而且公共性最强，其职能范围大多与全体社会成员的切身利益和社会发展紧密相连、息息相关，也往往以全体社会成员为实施对象。社会公共事业是政府社会管理的最主要内容，政府对公共事业的管理乃是政府承担社会公共职责的最重要的体现。政府在公共事业管理上主要有计划、组织、协调和控制等基本职能。

1. 计划职能

计划是公共事业管理的首要职能。计划就是为具体行为制定特定的目标以及实现这些目标的程序、步骤和方法，明确规定应履行的重要职责及必须完成的任务。计划在公共事业管理中的作用是积极的，它可以对公共事业的发展作出合理而具有前瞻性的安排，使之成为公共事业管理活动的基本依据，从而合理配置社会有限的资源；可以减少外在因素对公共事业发展的影响，使之具有明确的目标和方向；有助于管理者细分目标，激发思维；同时，还可以给管理者提供评价工作绩效的基本依据。

公共事业的计划应包括要实现的目标、发展战略、策略、政策、步骤、措施、规范、时限和要求等内容。公共事业的计划可分为长期计划和短期计划。长期计划着眼于长远的公共需要和公共利益，设定公共事业的发展目标，具有前瞻性的特点，时限一般在三五年以上。短期计划是与公共事业发展关系最为密切的一种计划形式，通常是长期计划中的一部分，是长期计划的具体化，旨在解决公共事业发展中直接遇到的问题，计划时限一般为一年或更短。

计划必须力求科学性、合法性、完整性和有效性，以期充分发挥计划的功能。因此，制定计划除了必须坚持实事求是、从实际出发的原则外，还需要遵循一定的程序和步骤，例如，将目标作合理的分类；应用科学方法对现状作深入的调查和评估；权衡各种备选方案，选择实施路径；制定预算；确定最佳的方法。计划的目的在于执行，在执行过程中应注意随着主客观条件的变化及时地修正和完善计划。

2. 组织职能

组织职能在公共事业管理活动中占有重要的地位，其目的是通过合理设计组织结构和权责关系，妥善安排及分配组织系统内各种机构及各类人员的工作，其作用是确保计划的执行。在管理活动中，只有采取科学的、行之有效的手段对公共资源进行合理的配置，才能卓有成效地完成计划、实现目标。从本质上讲，组织就是为了某一特定目标而对权力和资源所作的配置过程。在管理系统中，组织职能归结为建立管理系统和被管理系统，即管理的主体和管理的客体，通过建立权责明确、合理优化的组织结构，以调节系统内发生的行为，保证系统内部过程的动态平衡，使系统内部协调有序；合理配置有限的人、财、物资源，使之产生最佳效益；科学安排公共事业发展的进度，将组织的总目标和总任务层层分解到位，落到实处。

3. 协调职能

协调是为了一定的共同目标，对组织及个人的功能、行为和利益关系进行连续性规范、调节的过程。它是公共事业管理的主要职能之一，旨在保证组织工作的整体性和完整性。在管理过程中，由于利益差异、沟通障碍和认知不同，组织上下左右之间、内外之间不免产生矛盾和冲突，不解决矛盾和冲突，势必影响组织目标的实现。有效的协调可以寻求相关组织机构和个人的良好配合，克服不利于完成组织目标的矛盾、冲突等内外因素，减少各种可能的能量消耗，建立起内外相互支持、相互促进的和谐局面，充分调动和组织方方面面的力量，实现管理目标。

协调的具体任务和形式取决于管理主体和客体本身的性质、条件和发展的状况。协调的手段可分为法律的、经济的、行政的和思想文化的等多种形式。要履行协调职能，首先，要求组织中的各个机构、各项工作有适当的比例关系和适当的次序；其次，要在组织运行过程中不断地调整各种关系和各项工作之间的内在联系，减少内部矛盾和障碍；最后，要加强机构和人员间的沟通，促进彼此之间的共识和合作。

4. 控制职能

控制是对管理过程的调节，其实质是公共事业管理组织依据公共事业的发展计划和有关规范，对系统内部的各项活动和行为进行引导、约束、纠偏和限制，以确保社会目标的实现。控制是权力的体现，它在组织内部经常性地发挥作用，对人们的行为进行具体的引导，控制不是既定要素的简单投入过程，它着眼于政策或目标执行程序中输入的调整，以确保任何时候、任何管理行为均与计划、既定的程序和原则相一致，从而达到预期的结果。

要履行控制职能，首先，必须建立控制系统，作为实施控制的组织；其次，要制定控制标准，作为衡量的尺度；再次，要实施检查监督，通过检查监督，掌握各种动态，获取相关信息，以便对管理过程中所发生的各种行为进行引导、约束、调适和限制；最后，要采取有效措施纠正偏差，参照组织目标和有关的规章，对公共事业的发展实施有力的控制，促使公共事业的运行与其发展目标保持基本一致。

1.3.2 公共事业管理的手段

1. 法律手段

法律手段是指通过制定和实施法律规范及类似法律性质的各种社会规范调整社会关系，对社会各方面事务进行控制、指导和监督的管理方法。法律是由国家制定或认可并强制实施的，是统治阶级意志的体现；其他类似法律性质的社会规范，如管理制度、纪律规定等，是各级管理系统所制定和强制实施的，是生产资料所有者和管理者意志的体现。法律手段的实质，就是通过法律规范的约束和调控作用来实现经济上占统治地位的阶级的意志，维护这个阶级的利益，代表他们对社会经济、政治、文化等各个领域的活动实行强制性的、统一的管理。法律手段具有阶级性和利益性、规范性和约束性、权威性和强制性、概括性和明确性、稳定性和平等性，能使管理者和被管理者有法可依、有章可循、行为规范，减少主观随意性，达到行政管理的统一与稳定，为社会全面发展提供可靠的环境和规范的秩序。

科学地运用法律手段，可以有效地保证必要的秩序、维护管理系统的稳定性、调节各种因素之间的关系、促进系统的发展。法律手段的特点和优点决定了它不仅适用于经济管理、政治管理，也适用于公共事业管理，能有效地调节各种社会关系和管理关系。在社会主义市场经济体制下，法律手段在管理中的作用范围日益扩大，调控作用日益突出，成为国民经济管理和社会管理的主要手段之一。当然，法律手段也有其局限性，如缺少灵活性和弹性，只适合于处理一般性的问题，而不便于处理特殊的个别的问题，也不能及时处理管理中出现的新问题。而且，法律手段的强制性特点也不利于管理系统积极性、主动性和创造性的发挥，对思想认识问题的解决也显得无能为力。因此，法律手段还要与其他手段结合起来使用，以提高管理功效。

公共事业管理中所说的法律手段主要包括：第一，必须制定或健全各种相关的公共事业专门法律和法规，通过法律、法规来规范公共事业的发展、规划和管理行为，公共事业发展和管理各环节若有重大调整变化，必须首先修改相关的法律、法规，在法律轨道上解决公共事业发展和管理的基本问题。公共事业立法既是公共事业稳定发展的有效保证，也是对管理主体行为的一种必不可少的约束，可以防止管理部门滥用职权、随意管理。第二，公共事业管理部门必须在法律法规的框架内行使其管理职能。公共事业管理方法固然多种多样，有诸多灵活变通之处，但这种管理方法不能逾越法律的界限，必须以有关法律、法规为准绳。第三，必须建立一定的监督机制，使管理部门和管理人员得以及时有效地评估管理活动结果，并采取必要的措施预防管理问题的产生和纠正管理中出现的偏差。

2. 行政手段

行政手段是指依靠行政组织的权力，运用命令、指示、政策、规定、条例等直接对管理对象发生影响的管理方法。其特点是凭借上下级之间的权威和服从关系，直接指挥下级工作。行政手段具有如下特点：（1）权威性。管理者的权威越高，其管理效果也越大。（2）强制性。上级通过命令、指令、指示等形式向下级传递决策，下级必须服从上级的决策。（3）垂直性。信息是通过组织机构垂直输送的。（4）直接性。每一层级的管理组织依靠自身的行政权力，直接指挥下一层级的管理活动，使下一层级的组织完全置于上一层级的直接控制和影响之下。这些特点使行政手段在管理中表现出了更强的针对性和有效性。

以权威和服从为基本原则的行政手段，是实现政府职能的一种基本手段，也是公共事业管理必不可少的手段。它能确保管理系统保持集中统一，使组织的全体成员遵循一个统一的目标，服从统一的意志，在统一指挥下协同一致地行动；能保证党和国家的路线、方针、政策在公共事业发展和管理过程中得到全面的贯彻执行；凭借行政机关的权威、科层化的行政组织和直接的行政方法对管理系统的各种活动进行组织、指挥、控制，可以有效地发挥管理的职能，使高层领导的决策、计划作用得以落实；富有针对性的行政手段能够迅速有效地解决管理过程中出现的特殊的或紧迫的问题。行政手段的上述优点是其他任何管理手段所不及的。

行政手段是管理活动中最古老、最基本的手段。它适用范围最广，适应性最强，无论是政治管理、军事管理、经济管理，还是社会管理、公共事业管理，都离不开行政手段。在社会主义市场经济建设过程中，政府的公共事业管理职能主要转变为宏观管理，但宏观管理仍然离不开行政手段。当然，行政手段也有其局限性，主要表现为：管理效果受领导水平的限制；不便于分权管理，易产生滥用职权、个人专断的弊病；不利于发挥子系统的主动性和积极性；不利于横向沟通，协调发展；受行政层级繁复和管理部门及其管理者主客观因素的影响，信息传递迟缓，失真严重。

在公共事业管理过程中，要科学地运用行政手段，有效地发挥行政手段的管理作用，必须掌握几个基本原则：一是集中管理、统一指挥原则；二是系统原则；三是权责一致原则；四是党的领导和社会主义民主原则。

在运用行政手段管理公共事业的过程中，还必须注意以下几个方面：一是必须符合客观规律，避免强迫命令、个人专断、官僚主义和瞎指挥；二是要掌握适用范围和尺度，不能任意扩大行政手段的运用范围，更不能滥用行政手段；三是要与其他管理手段结合运用；四是要建立必要的行政法规和必要的责任制，使行政手段的运用科学化、规范化；五是要提高领导者自身的素质，改进管理效果。

3. 经济手段

经济手段是政府依据客观经济规律，运用价值工具、物质利益去影响人们行为的管理方法。经济手段的运用需借助具体的经济指标和经济杠杆，这些指标和杠杆涉及社会公众各自的利益，必然引起即时的、充分的反应，而且，对物质利益的反应更有真实性。

追求物质利益是人们从事各种社会实践活动的主要动力。在社会主义社会，由于存在国家、集体、个人之间的物质利益差别，对物质利益的追求仍然是人们从事各种活动的内在动力之一，价值规律在其中仍然发挥重要作用。因此，在社会主义公共事业管理中，必须运用经济手段进行管理，以调动各方面的积极因素，按价值规律的要求对公共事业活动进行干预和调控，促进公共事业发展目标的实现。

经济手段具有如下特点：(1) 利益性。即贯彻物质利益原则，通过调整各方面的经济利益关系来进行管理。(2) 调节性。各种经济手段、经济杠杆可以有效调节、制约社会组织和个人的活动。(3) 间接性和非强制性。经济手段通过改变各种经济变量来调整利益关系，引导被管理者去追求某种利益，从而间接地影响、干预管理对象的行为。这是一种非强制性的方法，被管理者的行为具有自愿和选择的余地。

经济手段主要包括财政政策、货币政策、产业政策、区域政策和收入分配政策等，可以分为宏观经济手段和微观经济手段两个方面。

宏观经济手段主要有财政手段和金融手段等。财政手段是与财政调整机能有关的一系列调控方法的总称，即利用财政收入、财政支出及与其相互平衡有关的手段。其主要内容包括财政收入中的各种税收及财政支出中的政府投资和财政补贴。国家利用税收杠杆，通过制定税收政策，调整税种和税率，鼓励或限制人们的活动；利用政府投资和财政补贴，影响国民经济投资总额和投资结构，调节国民收入中的积累、消费比例及其内部的各种比例，从而制约国民经济的发展规模、速度和经济结构。金融手段是指利用金融货币机关对货币资金运动的调整而实现对经济运行的干预的方法。具体地说，金融手段作为重要的经济调控手段，是通过中央银行对货币发行量、存款准备金率、中央银行贷款利率、公开市场业务活动等的调控来实现其经济管理功能的。宏观经济手段除了财政手段和金融手段外，还有国际贸易手段及价格和工资等杠杆。

微观经济手段既可用于微观经济管理，也可用于非经济组织的微观管理。其基本作用是把组织中各个成员的利益同其本人的工作成绩及其所在部门的乃至整个组织的生产或工作成效联系起来，使之把本人与组织统一起来，努力工作，提高技术水平、业务能力，改进工作方法，并积极参与本组织的活动。微观经济手段的主要工具有工资、奖金和罚款等。

经济手段运用得当，能够减少管理事务，提高管理效益；便于分权，实现企业的自主经营；能够充分调动各方面的积极性。但经济手段也不免产生一定的盲目性和自发性，容易导致经济紊乱；不能解决需要严格规定或立即采取措施的管理问题；对人们的思想意识会产生一定的副作用。经济手段主要运用于经济管理，是经济管理的主要手段。同时，它作为一种运用物质利益原则来调动人们的积极性的动机激励方法，也适用于包括公共事业在内的非经济领域的管理。运用经济手段要注意遵循按客观经济规律办事、保证宏观经济计划贯彻实施、国家集体个人利益兼顾、讲求实效、奖罚结合等原则。为了提高经济手段的有效性，还要注意综合运用各种经济手段；合理划分经济手段的使用权限；建立健全经济手段法规，严格依法办事。

4. 宣传教育手段

宣传教育手段是指通过对被管理者进行灌输和说服教育，启发其觉悟，从而使其自觉地按照管理者的意志行动的管理方法。它是一种动机激励方法，主要从思想、觉悟方面激发和引导人们的行为动机，促使人们积极进行实现组织目标的活动。在我国，宣传教育工作主要是通过科学理论的灌输和革命理想、道德、纪律的教育，启发人们的思想觉悟，来激发人们的行为动机，调动其积极性和创造性，使人们围绕着共同的理想和目标努力奋斗。广泛、深入而有效的宣传教育，能够为人们的管理行为提供统一的思想基础，使管理系统的运转获得巨大的精神动力，同时，也使人们的思想道德素质得到不断的提高。

宣传教育手段的特点是：具有明确的目的性和鲜明的阶级性、启发性和间接性、广泛性和多样性、长期性和反复性。它是公共事业管理的重要组成部分。管理首先是对人的管理，人是生产力诸要素中最积极、最活跃的要素，是管理系统中最重要的因素。而人是有思想、有感情的，思想和感情会影响、支配人的行为。通过强有力的宣传教育工作，提高人们的思想觉悟，激发人们的动机，充分调动人们的积极性，并将其引导到实现整个社会或组织的共同目标上来，就会形成强大的精神动力，极大地提高管理系统的功效，有效地实现社会目标或组织目标。宣传教育手段在公共事业管理中的作用表现为：可以确保社会主义方向；能够保证正确贯彻和执行党的路线、方针和政策；有助于完成各项工作任务，实现管理目标；有利于其他管理手段充分发挥作用。

运用宣传教育手段进行管理，要遵循理论与实际相结合、宣传教育工作与业务工作相结合、解决思想问题与解决实际问题相结合、物质鼓励与精神鼓励相结合、正向鼓励为主等原则。宣传教育工作形式多样，主要有灌输与疏导、说理教育与形象教育、感化教育与养成教育、言传身教与典型示范等形式，要根据管理中出现的具体情况灵活运用。

5. 技术手段

在信息时代，信息技术是最基本和最为普遍的技术手段，在人类社会生活的每一个领域、每一个方面都普遍应用着信息技术，政府管理领域也不例外。从办公自动化到管理信息系统的构建，再到互联网技术的应用和电子政务的发展，可以窥见政府管理中信息技术手段日益受到重视并被广泛地加以运用。

信息技术在公共事业管理中的积极作用也是显而易见的。一是延伸与增强管理者的体能，打破时空限制，降低信息传输的时间成本、人力成本，便于公共事业管理者学习现代化的管理知识；二是开阔视野，提高判断、分析和解决问题的能力；三是促进公共事业管理民主化和科学化；四是有助于改善现有行政方法的信息基础和信息通信手段；五是推动公共事业行政管理模式的变革。

当然，信息技术也带来了一些挑战。一是信息技术必然导致传统的国家主权弱化。信息技术的发展增加了国际活动的透明度。遥感器和卫星技术把大多数国家具有战略意义和部分具有战略意义的目标置于全时辰、全天候的监控之下；视频和多媒体技术、信息高速公路和卫星通信技术使图文信息即时传递成为现实。在国际社会的注视、舆论的监控和可能的外部干涉的影响下，国家在国内外事务，特别是在核军备竞赛、军备采购、能源政策、污染标准等具有全球影响的事务上作出决定的自主性日益受到削弱。二是互联网是现实社会的延伸，它在给人们带来便利的同时，也使人们受到各种不良现象的污染，如网络色情、网络暴力、网上走私、网上贩毒、网上黑客等。这就提出了一个严肃的课题：如何规范网络行为？积极寻求对策是公共行政部门不可推卸的责任。

公共事业管理过程中可以通过发展电子政务推进公共事业管理体制的创新，提高政府的公共事业管理水平。通过整合公共事业管理资源，完善公共事业管理体系，可以构建起基于电子政务公共事业管理平台的党委领导、政府负责、社会协同、公众参与的公共事业管理格局，实现体制创新。结合公共事业管理规律和时代特色，在公共事业管理领域推行电子政务，可以更新管理理念，创新管理方式，拓宽服务领域，服务群众，凝聚人心。在公共事业管理领域发展电子政务，还可以帮助政府构建新型的社会治理模式，实现政府和社会的良性互动，建立公正、文明的社会发展环境，促进各项社会公共事业的发展。目前，我国各地区社会经济发展不平衡，农村和城市的发展水平整体上不均衡，各社会阶层信息能力不对称。借助信息技术的技术优势、成本优势和边际效应，可以改进公共事业管理手段，提高社会综合管理能力，促进区域经济与社会的协调发展，使各社会阶层实现共同进步，实现社会各阶层的信息共存、信息共享，有效提高政府的公共事业管理协调能力。

任何管理手段都有其优点和不可避免的缺点，都不是万能的，都具有特定的适用范围。在许多情况下，只有各种手段并用，才能做到取长补短、相辅相成，取得良好的效果。虽然如此，但在不同类型的管理活动中，各种管理手段的地位和作用却是不同的。一般地说，在政府机构和军队一类组织的管理中，行政手段和法律手段是主要的管理手段；在宏观经济管理中，起主要作用的则应是经济手段，行政手段和法律手段只是必要的补充；在微观经济管理方面，行政手段和经济手段都是主要的管理手段，但行政手段是更基本的手段；在科学研究、文艺创作、文化教育等活动的组织管理中，行政手段起作用的场合则十分有限。

在不同时期的管理活动中，各种手段的地位和作用也是不同的。改革开放以前，我国的各项管理活动大多以行政手段为主；改革开放以来，法律手段和经济手段日益受到重视。公共事业管理的情形也是这样，改革开放以前，公共事业管理主要依靠行政手段，随着改革开放的不断深入，法律手段和经济手段的地位和作用日益突出，在公共事业管理职能的转换过程中，要更突出法律手段和经济手段的作用，同时，要不断提高行政手段的效率。当然，总的来说，公共事业内容丰富、情况复杂，各种管理手段的优点要兼收并用，以期收到更好的效果。

1.4 研究公共事业管理的意义

公共事业的内容相当丰富，涉及面也十分广，是社会主义物质文明和精神文明建设的重要内容。在建立社会主义市场经济体制、深化改革、推进社会主义民主和法制建设的今天，研究公共事业管理意义良多。

1. 有助于增进人类的福祉

追求美好生活是人类的共同心愿，但是，人类追求美好生活客观上又不免遭遇许多困难。由于经济利益的驱动，人们总是喜欢追逐那些容易带来自身利益的实业，而对其产生的后果，如生活污染、工业污染等，则不闻不问；由于人们天生的和社会的不平等带来社会财富的分配不公和地位的悬殊以及严重的贫困问题，可能引发社会的合法性危机；由于能力和认识水平等因素的影响，与人民生活密切相关的许多事业可能无人问津，而这一切又往往是人类追求美好生活必不可少的条件。如果政府积极有为，建立起一套良好的机制，制定符合实际的法律、法规、政策，弥补市场机制的缺陷，推进公共事业发展，满足社会必要的公共需求，无疑可以帮助人类创造更美好的生活。如发展科技、教育和文化事业，可以满足人们不断增长的科学、教育和文化等精神需要，将有效地提高人民群众的科学素养和文化素质，提高其思想觉悟和识别能力，从而可以更好地抵制伪科学、反科学的思想和活动，树立正确的世界观；改变人们诸如算命、看风水、赌博等迷信和落后的思想及生活方式，追求科学文明健康的生活方式，促进社会精神文明的发展。总之，研究公共事业管理有助于实现公共事业管理的科学化，提高公共事业管理的水平和效率，从而使人们更容易分享文明进步的果实。

2. 有助于推进社会的整体发展和进步

一方面，研究公共事业管理，有助于深化中国现行事业管理体制改革，从而全面推进中国行政管理体制改革、企业管理体制改革及其他各项管理体制改革。当前，企业改革的核心任务是建立现代企业制度，这固然要做大量的工作，但其中重要的工作是实现企事分开，将企业目前所承担的各种社会公共事业职能逐步分离出去，从根本上解决企业“办社会”的老大难问题。同时，加快科技产品的商品化与市场化，促进企业的技术创新。为此，就必须进一步深化事业体制改革，建立现代事业制度。政府机构改革的重要任务是要解决政府部门之间机构重复设置，办事效率低下，政府机构职能的错位、缺位或越位，宏观调控乏力，市场秩序混乱，行政事业机构日益膨胀，国家财政负担不断加重等问题。为此，重要的工作是要实现政事分离，改变条块分割的传统事业管理格局，解决许多政府机构忙于直接办事业的问题。研究公共事业管理，有助于推进现行事业管理体制改革，进一步明确界定和划分政府机构、企业组织、事业单位的职能、权利与责任，进一步转换政府的管理职能和企业的经营机制，从而真正实现企事分开与政事分开，进而全面推进中国各项改革，促进社会进步。

另一方面，社会是一个有机体，社会的进步需要许多助推器，既需要经济的发展，也需要大量的基础性工作。但是，发展这些事业需要投入大量的人力、物力，尤其是财力，其效果又是短期内不易显现的或者难以用一般方法来测量的，投资人的回报也就成了问题，发展的动力自然也就不足。研究公共事业管理问题，探寻公共事业发展的路径、方法，总结先进国家公共事业管理的经验，对帮助解决公共事业发展中的困扰，促进公共事业的发展，无疑是有益的。在新的历史条件下，加强教育、科技、文化、卫生、体育各项事业的管理，可以促进这些事业的发展，从而提高广大干部群众的科学、教育和文化素养，为经济发展提供智力支持、文化支持和科学动力，提高全民族的创新能力和自我发展能力，提高民族、国家的竞争力，促进社会的整体发展和进步，同时也可以自觉抵制落后思想观念、生活方式所导致的种种浪费和封闭行为。

3. 有助于促进公共事业的健康发展

20世纪80年代以来，公共事业管理体制的改革初步改变了我国传统的、单一僵化的事业管理模式，扩大了事业单位的管理自主权，激活了事业发展的各种要素，使公共事业步入了商品化与社会化的轨道。但是，由于受主客观条件的限制，改革还远远没有到位，问题还有待进一步解决，主要表现在：

（1）国家各项公共事业在商品经济的大潮中受到了巨大的冲击和破坏。

由于前期事业管理体制改革严重滞后，公共事业发展面临挑战。公共卫生中医患关系紧张，卫生资源配置失衡，医疗卫生保障普及性低；公共教育供求失衡，管理落后，资金匮乏，遭遇国外激烈竞争；科技资源浪费，成果转化率低，缺乏创新机制；公民文化需求日增，但文化产品生产不足，造成各种不当消费、愚昧消费、有害消费盛行，外国文化产品长驱直入。这一切除了国家加强投入外，亟须依靠公共事业管理体制改革和政策调整，增强我国公共事业的“造血”功能。

（2）改革出现了一些脱序现象。

例如，由于没有对各种个人事务、企业事务、社会共同事务等进行科学界定和合理划分，无法明确界定、划分和调整国家、企业与个人之间的权、责、利关系，因而也无法正确区分国家事业与非国家事业之间的界限，没有从根本上改变国家包办一切事业的局面。一些本不应该“创收”的公共服务项目变成商品，致使其社会利用率大大下降，一些无法开展“创收”的公益事业单位被迫关门；一些事业单位巧立名目乱收费，造成事业部门不正之风蔓延。另外，在事业单位“创收”活动中，大量的非经营性资产被无偿转作经营性资产，产权归属不清，经营补偿严重不足，监督管理职能缺位，浪费大，效益差，收入分配向个人倾斜，既没有达到支持事业发展的改革目的，又造成国有资产的大量流失。在事业单位人事管理制度上，由于缺乏必要的制度规范和监督管理，造成一些“兼职”人员“一人两制”的局面，吃“公家”的饭，住“公家”的房，用“公家”的药，干“私家”的活，拿“私家”的钱，搞了副业忘了正业，无偿使用单位资产，私自转让职务发明专利，造成国家有形资产与无形资产的流失，并因此引起了一些经济技术权益纠纷。①

只有加强公共事业管理研究，探索新的改革思路，构建新的改革目标模式，并提出相应的改革方案与对策，才能有效地解决公共事业改革与发展中出现的新问题，确保国家公共事业的健康发展，有效地满足人们日益增长的各种物质文化生活需要。

---

① 参见黄恒学：《中国事业管理体制改革研究》，27页。

4. 有助于减轻财政压力

公共事业所具有的特殊性，客观上造成其对政府财政的依赖，世界各国财政几乎都不同程度地受到公共事业资金需求的压力。因为公共事业不以营利为基本目标，也缺乏足够的竞争压力，因此普遍存在低效益的问题，这就导致资金的压力不断增大。近年来，虽然我国财政预算内事业经费支出日益增大，但事业经费依然紧张，有些事业尤其是基础研究、义务教育、公共图书馆、公共博物馆、公共卫生等社会公益事业的发展依然存在大量困难。造成这种困难局面的原因很多，例如，中国原有的各项事业发展基础非常薄弱，加上十年动乱的严重破坏，遗留问题和欠账太多，国家财力有限，如此等等，所有这些都需要在发展中加以解决。

此外，前期事业管理体制改革严重滞后，造成事业单位日益扩大化，从而导致国家财政性事业经费支出范围的扩大化，分散了有限的国家财力，大量的“人员经费”挤掉了有限的“公用经费”，这也是造成事业发展困难的一个重要原因。由于事业管理体制改革严重滞后，致使“事业”领域变成了改革的“大后方”，造成国家事业单位日益膨胀。目前，国家事业单位的职能不断增加，事业单位的福利化、扩大化发展势头未减，这不仅大大地泛化了国家的事业职能范围，挤占了大量的事业发展经费，加剧了事业发展的困难局面，而且严重地混淆了国家公共事业支出、社会福利支出、社会保障支出、行政管理支出等不同支出项目之间的财政界限，增加了事业经费管理与事业体制改革的难度。在事业范围没有科学界定、事业单位日益扩大化与福利化的情况下，简单地增加事业经费总投入，已无法满足发展各项公共事业的需要。

研究公共事业管理，首先，可以帮助政府部门重新界定、划分、调整、收缩和转换国家的事业职能范围，进一步调整和规范国家财政性事业经费的供给范围，合理划分不同的财政预算项目，净化事业经费的支出内容，并在此基础上适当加大事业资金的供给力度，强化事业经费预算约束及其监督管理。其次，有助于探索改善管理、提高效益的发展道路，从而一方面可以增强公共事业部门自身的“造血”功能和发展能力，另一方面也可避免公共事业经费的浪费，为国家节省大量的公共事业开支。这样就可以减轻公共财政的压力，减轻人民群众的经济负担，使国家有余力把有限的资金和精力投入生产建设中去。

本章小结

1. 社会的公共需要呼唤公共事业的发展。公共事业与事业、公共事务、公共物品诸概念既有联系也有区别，它是一个特定的概念，特指那些面向全社会，以满足社会公共需要为基本目标，直接或间接为国民经济和社会生活提供服务或创造条件，并且不以营利为主要目的的社会活动。它主要包括教育、科技、文化、卫生、体育等事业。

2. 公共事业具有公共性、非营利性、专业性、基础性等特征。公共事业管理不同于工商企业管理之处是，它以满足社会公共需要为基本目标，具有一定的强制性，不以营利为目的，具有鲜明的服务性。

3. 政府作为公共事业的行政管理主体主要是为教育、科技、文化、卫生、体育等公共事业领域及其运营管理部门提供法律法规、政策及其他管理规则，进行必要的规划、组织、协调、控制、监督，提供必要的人、财、物支持，以及信息服务等。

4. 计划、组织、协调和控制是公共事业管理部门的基本职能。在市场经济条件下，政府要很好地履行公共事业管理职能，必须综合运用法律、经济、行政和宣传教育诸手段。

5. 研究公共事业管理，有助于增进人类的福祉、推进社会的整体发展和进步、促进公共事业的健康发展、减轻国家财政压力。因此，要加强公共事业管理研究，推动公共事业管理体制改革。

关键术语

事业　公共事业　公共性　公共物品　公共需要　管理　主体　职能　特征　手段

复习思考题

1. 什么是公共事业？
2. 为什么政府要发展并管理公共事业？
3. 如何认识公共事业和公共事业管理的特征？
4. 市场经济条件下政府应如何管理公共事业？

阅读书目

1. 黄恒学. 中国事业管理体制改革研究. 北京：清华大学出版社，1998
2. [澳] 休斯. 公共管理导论（第三版）. 北京：中国人民大学出版社，2007
3. 竺乾威. 公共行政学. 上海：复旦大学出版社，2008
4. 丁茂战，陈海燕. 我国政府社会事业治理制度改革研究. 北京：中国经济出版社，2009

第 2 章

组织与公共事业管理

组织是特定群体为了共同目标，按照特定原则，通过设计，使相关资源有机组合，并以特定结构运行的结合体。在社会生活的各个领域、各个层次和各个方面，广泛存在着不同的组织，一切社会成员都生活和活动在不同的组织之中，都是特定组织的成员，在这个意义上说，组织是现代社会的基本特征。

根据不同的标准，对组织可以进行不同的分类。依据组织的目标是公共的还是非公共的，可以将组织分为公共组织和非公共组织两大类。公共组织是以实现公共利益为目标的组织，它一般拥有公共权力或者经过公共权力的授权，负有公共责任，以提供公共产品和服务，管理公共事务为基本职能。政府组织是典型的公共组织。除此之外，以特定的公共利益为目标，提供公共服务的非营利组织，也是现代社会公共组织的重要组成部分，如我国的公共事业组织。非公共组织一般不以公共利益为组织目标，是在市场经济条件下平等地参与市场活动的组织，作为市场主体的企业是典型的非公共组织。

公共事业体系庞大，事务繁多，需要大量的人、财、物投入，更需要科学高效的经营管理。究竟应由何种组织来承担这些责任，这是一个需要认真研究的问题。本章分别介绍政府组织、事业组织、市场组织的概念及特征，分析政府体制、事业体制、市场体制的职能优势、局限性，三类组织在公共事业管理中的责任以及三种体制的互补替代关系。

重点问题

- 政府体制、事业体制、市场体制的职能优势和局限性
- 政府组织、事业组织、市场组织在公共事业管理中的责任
- 政府体制、事业体制和市场体制的互补替代关系

2.1　政府组织与公共事业管理

2.1.1　政府组织的概念和特征

“政府”一词，源于希腊文的“kuberan”和拉丁文的“gubinere”，其原意是指导、驾驭或操舵，后来逐渐被赋予领导、管理和统治等含义。① 自法国的让·布丹在 16 世纪将政府与国家作了较为确切的区分后，美国的罗杰·威廉斯在 17 世纪首次将政府具体界定为“表达社会意愿的具体机构，是为公众服务的联合体，目的纯粹在于增进人民的福利”②。现代意义的政府一般指执行国家权力、进行政治统治和管理社会公共事务的机关。政府有广义和狭义之分，广义的政府和国家机构在性质上是同一的，是国家的立法机关、司法机关和行政机关等公共机关的总和；狭义的政府则专指国家行政机关，比如作为中华人民共和国最高国家行政机关的国务院，即为中央人民政府。在我国，公共事业管理中的政府组织基本上是狭义政府，指直接拥有公共权力、管理社会公共事务、提供公共物品、为公共利益服务的公共组织，包括国务院、国务院组成部门、国务院直属机构、地方各级人民政府、县级以上地方各级人民政府工作部门、地方人民政府派出机关。

要理解政府组织的内涵，必须把握好政府组织的特征：一是公共性。政府是由社会公共需要而产生的，因此具有公共的性质，即政府组织公共权力的行使必须服从和服务于公共利益，政府的所有活动都要尽可能地开辟公众参与的渠道，其最终成果也要接受公众的检验。二是强制性。强制性是公共权力得以成立并运行的基础保证，因而作为拥有公共权力的政府，无论代表着什么阶级的利益，其行为的强制性特征总是显而易见的，即政府组织具有公民赋予的一部分管理公共事务的公共权力，政府会强制公民做某些事情或要求公民遵守一定的规则以维系社会的正常秩序。三是普遍性。作为行使公共权力的政府组织，其功能涉及社会的所有领域和所有个体。一定地域内的社会个体和组织，无论其多么复杂、多么丰富多彩，都只能在同一政府下生存，接受政府的管理，因此政府之于社会，无论是施以利益还是加以强制，都具有普遍的意义。四是执行性。执行性是指政府组织执行立法机构制定的各项法律，根据立法机构的授权，出台具体的政策、措施管理包含科教文卫体在内的各种公共事务。五是规模性。政府组织作为一个管理者，往往拥有雄厚资源、专业的劳动分工和层级结构，不仅自身结构体系庞大、人员众多，而且可以集中各种力量进行一些规模性的活动，如大型基础设施的建设。六是法定性。政府权力的形式必须受到法律的约束，必须在宪法和法律的范围内开展各项活动，宪法和法律规定了一国政府职能的边界，使公共行政有法可循。

2.1.2　政府体制的职能优势

政府体制是指政府系统内部行政权力的划分、政府机构的设置以及运行等各种关系和

---

① 参见彭怀恩编著：《政治学的世界》，35 页，台北，风云出版社，1993。

② 转引自辛向阳：《新政府论》，1 页，北京，中国工人出版社，1994。

制度的总和。虽然政府不是全知全能、可以包办一切社会事务的工具，但却是社会经济发展中不可或缺的一项治理工具，在社会管理中具有独特的优势。

1. 为社会提供有效的制度

社会事务、社会关系纷繁复杂，要使社会政治有条不紊、市场有序运行、社会秩序井然，有赖于建立一系列游戏规则，制度就是社会游戏规则的总和。在一个社会中，工商组织、非营利组织和其他社会团体可以以不同方式参与规则制定，但政府作为各项制度尤其是社会基本制度制定者的权威地位和主体地位是其他各类社会组织所不能替代的。政府通过法定的程序负责提供基本的法律、法规、规章和政策，为保障政治稳定清明、经济繁荣有序、社会安全和谐奠定基础。

2. 提供公共物品，解决外部性问题、信息不对称问题和垄断问题

政府不仅拥有强制力和权威性，而且富有资源获取能力、整合能力，具有强大的社会动员能力和执行能力，可以通过国家预算支出，直接生产公共交通、邮电通信、公共水电、优美环境、基础研究、公共卫生、公共教育和公共文化服务等公共物品和准公共物品，弥补市场失灵，满足社会生产和人民生活基本需求；政府通过直接的管制或直接的公共部门的生产提供正外部性物品，通过直接的管制限制负外部性物品的供应；政府通过发挥收集信息的权威性和便捷性优势，发布、分析市场信息，为市场主体提供尽可能充分的信息资源，减少信息不对称问题；政府通过依靠反垄断法和反不正当竞争法等法律限制垄断；通过制定和运用财政税收政策和货币政策，对整个国民经济运行进行间接的、宏观的调控，通过市场监管，确保市场运行畅通、保证公平竞争和公平交易、维护企业合法权益。

3. 解决社会问题，促进和保障社会公平

谋求社会公正是政治统治得以维持的重要条件，也是现代国家政治统治的一个重要目标。但事实上，由于社会个体在生理特质和社会特质上的差异，人类几乎从一开始就存在着某种不平等的因素，这种因素与其他一些社会因素的交互作用，导致不同的社会个体在市场经济运作中的所得结果千差万别，这是一个永远无法解决的难题。但为了社会的长治久安，就不能让这种差别无限扩大。把这种差别控制在适度的范围内，需要政府的行为来实现。世界银行《1997 年世界发展报告：变革世界中的政府》认为：“发展中国家不可能依靠市场调节来为社会、尤其是穷人提供受教育的机会、改善卫生和健康条件、建立计划生育服务设施等，在这些方面只有政府才能发挥作用。”① 在现代社会中，市场机制实现运行效率，政府作为公共利益的维护者则通过税制调整建立健全社会保障体系、公共危机应对机制、社会冲突协调机制等，解决由于市场的不完备性与垄断带来的收入分配不公问题和贫富两极分化问题，促进和保障社会公平，缩小地区发展差距和个人收入差距；推行基础教育义务制、发展中高等教育、发展卫生事业，可以保障社会成员享有平等的教育卫生等权利；解决全社会范围的失业、养老、工伤事故、医疗保健及扶贫助弱、公共危机、社会冲突等社会问题，提高社会整体福利水平；通过制定法律法规、政策扶持等措施，促进社会化服务体系的建立，促进社会自我管理能力的不断提高，为市场经济的正常运行创

① 转引自赵龙跃：《社会主义市场经济中的政府职能》，38 页，青岛，青岛出版社，1995。

造条件，保持社会稳定协调发展。

4. 克服市场经济导致的某些消极后果，保护自然资源和生态环境

在市场经济条件下，人们为了谋取更多利益，总是想方设法，竭尽全力，其中也不免出现一些不择手段、为所欲为、侵害他人权益的行为，对此市场本身难以有效地加以抑制，不良公共物品的生产就是例子。所谓不良公共物品，是指那些工商企业或其他经济活动主体提供的有损于社会成员利益，而又不向受害人或受损人支付补偿的产品，这种产品的流入就导致了不良公共物品的产生，如超标排污、环境污染、制黄贩黄等。经济主体的趋利性是不良公共物品产生的直接动因，而软弱的市场约束则是其产生的温床。政府能够凭借其权威性的力量，采取积极行动，进行规范化管理，抑制不良公共物品的供给，以维护社会和公众的利益。人们也不能仅依赖于竞争性力量防止资源浪费、保护环境不被恶化并确保后代的利益不致受损。政府对一个社会所拥有的自然资源与生态环境负有保护与合理利用的责任。政府一方面要促进市场体制对资源的合理利用，另一方面要通过法律、行政、经济、技术和宣传教育等各种手段去制止和消除市场活动可能造成的资源滥用问题，对因经济发展、人口膨胀、人为破坏等因素所造成的环境恶化、自然资源破坏等进行恢复、治理、监督、控制，从而促进经济的可持续发展。

5. 维护国家安全，应对紧急事件

政府对外通过国防建设、外交努力、经贸关系和文化交流等活动，维护国家独立和主权完整、保卫国防安全、防御外来侵略，建立睦邻友好关系，促进国与国之间互惠互利，维护世界和平。对内通过综合治理，维持国家内部社会秩序、镇压叛国和危害社会安全的活动、保障人民的政治权利和生命财产安全、维护宪法和法律尊严。当一个社会遭遇一些重大的危机和威胁，如战争、自然灾害、经济危机以及广泛传染的疾病等紧急情况时，政府凭借其强大的资源汲取能力、社会动员能力，能够在有限的时间内运用公共权力，集中社会的人力、物力和财力，采取紧急措施，可以尽快克服危机和消除威胁。

此外，只要管理得法，政府举办某些公共事业就能相对快速而有效益。美国学者米尔顿·弗里德曼在《资本主义与自由》中谈及政府在市场经济中的作用时说："政府有时可以让我们共同完成比我们单独去做时具有较少困难和费用的事情。"即使在很大程度上排斥政府干预的亚当·斯密也不得不承认政府应"建设并维护某些公益事业及某些公共设施，这些事业与设施在由大社会经营时，其利润常能补偿所费而有余，但若由个人或少数人经营，就决不能补偿所费"①。所以，不论在自由资本主义时期还是在当代，西方发达国家始终把管理公共事业作为政府的重要责任，尽管在管理范围和方法上各有千秋。

当然，政府如要有效地履行其职责、执行其职能，必须要满足一些基本条件。第一，政府必须是公正、诚实、廉洁的。第二，政府必须是有能力的。政府施政，需要具备技术能力和金融能力，要有能力从事信息处理、资源配置、提供社会服务等各种活动。第三，政府必须是有效率的。政府的各种活动同样须达到投入产出的效率尺度的要求，以实现行政效率。第四，政府必须是负责任的。现代政府必须对自己的所为和所不为负责任，不仅要对国家、对法律负责，更重要的是要对公众、对人民负责。

---

① [英] 亚当·斯密：《国民财富的性质和原因的研究》，下卷，252～253 页，北京，商务印书馆，1974。

2.1.3 政府体制的局限性

20 世纪以来的全球发展实践证明，政府体制确实能够在相当程度上弥补市场体制的缺陷，限制市场体制的消极作用，对社会经济发展起到促进作用。但是，全球发展实践同样证明，政府的干预也会出现失灵，这说明政府本身也存在缺陷，政府体制存在局限性。

1. 公共政策失效

政府对经济社会生活干预的基本手段是制定和实施公共政策，以政策、法规及行政手段来弥补市场的缺陷，纠正市场失灵。与市场决策相比，公共决策是一个更复杂的过程，存在着种种困难、障碍和制约因素。由于公共决策过程本身的复杂性、决策体制和方式的缺陷，以及信息的不完全、公共决策议程的偏差、决策中的近视效应、沉淀成本、先例等的影响，政策执行中各种利益集团的博弈使科学和民主决策存在诸多困难和障碍，导致政府难以制定并执行符合民意的公共政策，导致公共政策失效。这非但不能起到补充市场机制的作用，反而加剧了市场失灵，带来更大的资源浪费，甚至引发社会灾难。

2. 政府行为存在低效率

一是政府体制具有权力集中化的趋势，权力集中限制了各级官员的积极性和主动性。二是政府体制具有僵化和官僚化的趋势，这往往导致政府体制对社会经济发展中的新问题和突发问题反应迟缓。三是政府官员往往追求机构及人员规模的最大化，以此增加自己的升迁机会和扩大自己的势力范围，使得政府体制具有不断膨胀的内在驱动力，庞大臃肿的体制不仅降低了政府施政的效率，而且其本身的存在就构成了巨大的社会负担。四是由于公共物品的估价或评价上的困难，公共机构尤其是政府部门垄断了公共物品的供给，缺乏优胜劣汰的竞争机制，以及现有监督机制的不健全，许多监督形式软弱无力，政府行为往往不计成本，政府官员没有追求利润的约束，政府更乐于做表面文章，由于成本与效益分离，不可避免地会出现行政成本过高的现象。此外，在资源配置领域，因为信息不完全，政府的配置效率也比市场低。由于政府行为的低效率和缺乏主动性，致使政府不能有效提供准公共物品。

3. 政府活动易滋生寻租行为，出现不公正现象

寻租是指通过非生产性活动来维护既得利益或追求新的利益的企业行为或个人行为。产生寻租的原因在于政府掌握着对市场进行干预的权力，这种权力能够为经济主体带来巨大的租金。缪勒将寻租分为三类：（1）通过政府管制的寻租；（2）通过关税和进出口配额的寻租；（3）在政府合同中的寻租。寻租排除竞争，扭曲资源配置，造成经济上的特权，阻碍生产效率的提高，扭曲政府的正当行为，导致不同政府部门及官员争权夺利，妨碍公共政策的制定与执行过程，降低行政运转速度，影响政府声誉和增加廉政成本甚至危及政权稳定。如果政府官员接受了来自企业的特殊利益，就会出现官员腐败现象，使政府行为出现不公正。寻租者在政府的庇护下获取高额利润，消费者付出了高昂代价，政府付出了政治成本，社会付出了道德成本。寻租及腐败是经济发展、政治稳定和文化进步的陷阱。一旦落入这个陷阱，就会使社会处于低效停滞、甚至紊乱的状态。

4. 政府在解决垄断和外部性问题时可能造成新的垄断、外部性问题

政府在解决垄断和外部性问题时难免会对市场机制造成破坏。对于垄断现象，政府的介入无疑在市场活动中增加了一股强制力量。政府很可能成为某种业务的垄断者，谁得到或接近这种垄断权，谁就能得到这种特权的好处，这样经济上的创造性活动和竞争机制就会受到破坏。政府通过强制力进行再分配也可能出现另一种不公平，即政府利用强制力将富人的财富转移到穷人手中，或者将穷人的财富集中到强势集团手中。政府权力的介入也会带来另一种外部性，这种外部性会加重公众的税收负担和经济运行成本。由此可见，带有强制性的政府调节作用是有限的。

政府失灵导致公共物品供给就总体而言不仅效率低下，而且质量不足，难以满足社会需要，这就需要有另一种机制来弥补。

2.1.4　政府组织在公共事业管理中的责任

我国正处于社会结构变革过程中，从改革与发展的全局看，政府与公共事业组织寻求一个良性互动的政策取向，是政府处理与公共事业组织之间关系的明智选择。根据我国公共事业组织发展的历史和现状，当前政府对公共事业组织管理的重点应放在以下几个方面：

1. 为公共事业组织的活动提供制度保障和行政管理的框架

在外部运作上，公共事业组织的活动离不开制度的规范和约束，政府必须制定专门的法律规章去规范公共事业组织的活动。第一，建立健全公共事业组织法人制度。明确公共事业组织的法人地位，保证公共事业组织真正成为独立的社会实体，独立开展公共服务活动。第二，建立健全公共事业组织产权制度。政府应该弱化行政干预，减少专门性的行政化管理，赋予公共事业组织更多的财产管理权限，保证其拥有独立产权。第三，建立健全公共事业组织经营制度。公共事业是公益事业，因此不能以利润最大化作为自己的最终目标。但公共事业也存在投入产出、经费补偿等问题，因而必然存在经营问题。政府必须在确保公益目标的前提下，明确公共事业组织的经营范围、经营形式、收益分配等制度。

在内部操作上，公共事业组织必须具备合理的管理框架。第一，提供灵活的组织结构安排。在明确公共事业各行业主管部门的基础上，政府应依据经济社会发展实际和公共事业各行业的管理特点，允许公共事业组织建立灵活的组织结构，充分发挥直线制、职能制、直线职能制、矩阵制等组织结构的优势。第二，制定人性化的人事规则。政府应明确公共事业组织的用人自主权，并根据不同性质的事业组织，以聘任制为基础构建公共事业组织的劳动人事关系，制定有利于人力资源开发与使用的人才市场、考核奖惩、培训等相关规则。第三，建立健全监督体系。政府应制定严格的监督制度，赋予监事会、职工代表等组织和人员监督权，同时必须合理安排监督经费，研究监督技巧，实现监督日常化和科学化。

2. 通过指导与协调为公共事业组织创造良好的发展环境

政府对公共事业组织的指导与协调，可以有效地引导公共事业组织的活动，减少公共事业组织活动的盲目性，提高其活动的有用性和有效性，同时还可以防止那些同政府战略和政策相冲突的活动。许多发达国家的政府针对非营利组织设有专门的机构，用以指导和协调它们的活动、处理政府与非营利组织之间的关系，这种做法值得我国借鉴。当前，政府的协调工作主要应该集中在三个方面：一是制度协调。对仍然束缚事业组织发展的制度，需要政府去废除，以新的制度取而代之。二是政策协调。与公共事业组织发展不相适应的现行价格政策、供应政策、税收政策、产业政策、地区事业发展政策等，都需要政府出面加以协调。三是部门协调，即通过条条和框框关系进行协调。所谓条条关系，是指在一些特定领域里，有关政府部门从中央到地方的垂直体系同公共事业组织建立起经常性的联系，设立专门机构以协调彼此间的关系，共享信息，取长补短。所谓框框关系，是指当地政府与公共事业组织之间通过经常举行各种对话，就共同关心的问题交换意见等方式，维系较为密切的关系。政府通过这些联系对公共事业组织活动进行指导与协调。

3. 直接或间接提供部分公共事业产品

萨缪尔森在论及政府职能时指出："政府需要为人民做他们所需要做的事，而这些事靠个人的努力是完全做不到或无法做得那样好的。"① 公共事业正是萨缪尔森所说的那种靠个人的努力是完全做不到或无法做得那样好的事情，因此，在公共事业产品生产、供给和管理中，需要政府积极有为。在市场经济条件下，各种经济主体都以利益最大化为目标，按照理性原则，没有直接经济收益的产品，一般的经济活动主体是不愿提供的。换句话说，事实上任何一个社会成员，都不可能仅通过市场来获取其所有的生存所需。既然市场领域无法满足社会对公共物品的需求，而社会又不能没有公共物品的供给，就需要作为公共权力主体的政府向社会提供这些公共物品，如自然科学和人文社会科学基础研究，减灾、防灾、气象等研究，义务教育、公共图书馆、文物博物事业、群众文化（艺术）事业、公共卫生预防保障等。对于这些公共事业产品，只要能保证高效率、高质量、低成本，政府可以直接提供，也可以间接提供。直接提供是政府生产和直接分配公共事业产品，间接提供是政府委托其他组织生产而政府分配公共事业产品。政府还要基于社会公共需要和财政供给能力，对关乎社会发展的大量准公共物品的生产提供直接或间接的经费支持、补助和财税优惠，如发展应用性科研、重大科技攻关、高等教育、医疗机构、文化事业等。当然，对于一些一般的准公共物品生产和供给，政府应该尽快退出，进行社会化和市场化改革，交给市场和社会力量提供，而政府只要发挥规划、监管的作用即可。

4. 建立健全公共事业组织活动的监督机制

在公共事业组织发展过程中，一方面强调事业组织的自律意识，加强事业组织自我监督，但同时也应该强调政府对公共事业组织的监督与约束作用，建立事业组织的他律机制。政府作为社会公共事务的管理者，负有监督公共事业组织的职责，只有政府实施有效的监督，才能保证各公共事业组织的行为遵守政府的统一规划与政策，才能保证公共事业组织的健康发展。政府对公共事业组织的监督可以采取多种方式，主要有：第一，行政监督，即通过有关管理机构对公共事业组织活动实行的经常性监督。第二，财政监督，即在保证事业组织预算编制合理性的基础上，对预算进行监测和督导。财政监督的主体是各级政府财政部门及其他政府机构。第三，财务和审计监督，即政府通过财会制度和审计制度等对公共事业组织的活动进行监督，这是较为有效的方式。公共事业组织的资金筹集与运作，可以反映公共事业组织的整个活动状况，有助于衡量公共事业组织活动的有效性和合法性。政府通常会要求公共事业组织建立起规范的财务报告制度，同时要求建立针对公共

---

① ［美］保罗·A·萨缪尔森：《经济学》，12版，1197页，北京，中国发展出版社，1992。

事业组织的独立的会计和审计制度。第四，对公共事业进行规制，即政府必须以合理的方式和手段，对公共事业的生产、提供和消费的全过程进行规制，但这种规制应依据公共事业组织的性质“对症下药”，应该从维护公共事业的公平效率和保障民众的社会福利出发，对公共事业进行不同程度的价格性规制、竞争性规制和激励性规制，而不是为了原有事业组织的垄断利益而进行单纯的经济性规制。

5. 与公共事业组织建立制度化的合作伙伴关系

所谓制度化的合作伙伴关系，一般是指为了完成特定的任务，实现特定的目标或前景，各个部门、各个机构或者各个团体在保持自己在组织上的自治的同时，彼此相互间作用的模式。社会转型时期的中国，政府与公共事业组织的关系正在发生转折性的变化：管理与被管理的关系正在为彼此合作和良性互动的伙伴关系所取代。随着公共事业组织独立和自治进程的加快以及自身实力的发展壮大，它将逐步获得与政府建立合作伙伴关系的资格和能力。鉴于政府在社会中所处的领导地位，在政府与公共事业组织之间的伙伴关系中，政府处于主导和开创者的地位，政府应该改变目前这种把公共事业组织当作被管理对象的思维定式，主动引导各公共事业组织成为一种与政府合作、促进社会事业发展的力量，共同为中国的经济腾飞和社会发展出力。

当然，我们强调政府在公共事业发展与管理中的责任，主张政府加强对公共事业的投入和管理，并不意味着政府要包揽一切社会公共事业，也并不表明私营部门不能参与公共事业的管理。事实上，公共事业涉及面十分广，事务相当复杂，需要投入大量的人力、物力和财力，单纯依靠政府是无法办好的。在市场经济发达的国家，私营部门介入很多公共事业的管理，而且被证明富有成效。但这并没有否定政府在其中的管理作用，只是政府更多地利用法律法规、经济杠杆和宏观政策等进行间接管理，引导、影响和约束私人经营管理活动，而不是直接地介入管理过程。

2.2　事业组织与公共事业管理

2.2.1　事业组织的概念和特征

公共事业组织虽然是现代社会公共组织的重要组成部分，但其在内涵、外延、作用范围上同其他公共组织是有差别的。从公共事业组织的本质和功能出发，公共事业组织（或非政府公共组织）可以定义为：依照一定的规则（或有关政策、法规，或有关法律），以独立、公正为原则，并凭借其特有的功能为社会提供各种服务的公共组织。公共事业组织一般具有四个基本特征：一是组织性。组织性意味着有内部规章制度，有负责人，有经常性活动。非正式的、临时性的、随意性的聚会不能算做公共事业组织的一部分。二是非政府性。非政府性意味着在体制上独立于政府，既不是政府的一部分，也不附属于政府。当然，这并不意味着完全不用政府资助，或完全脱离政府管理。其关键是，公共事业组织必须是非政府性质的。三是非营利性。非营利性意味着组织的利润不能分配给所有者和管理者。公共事业组织有可能赚取利润，但利润必须服务于组织的基本使命，而不能归所有者和管理者所有。四是自治性。自治性意味着各个组织自己管理自己，既不受制于政府，也不受制于私营企业或其他公共事业组织。

在我国，公共事业组织可以分为事业单位和民办非企业单位两大类。事业单位是国家为了社会公益目的，由国家机关或者其他组织利用国有资产举办的，从事教育、科技、文化、卫生等活动的社会服务组织。民办非企业单位是指企事业单位、社会团体和其他社会力量以及公民个人利用非国有资产举办的，从事非营利性社会服务活动的社会组织，如民办学校、民办医院、民办图书馆、民办博物馆、民办科技馆等。目前我国的民办非企业单位的数量还比较少，发挥的服务职能还很有限，但它作为一支为社会提供事业产品、不以营利为目的力量今后在教育、科技、文化、卫生和体育行业中必将发挥重要作用。

公共事业组织与政府相比，有显著不同。虽然部分公共事业组织在政府部门的授权下可履行政府职能部门的一部分职能，但政府与公共事业组织是不相同的，其区别主要有四点：第一，政府具有抽象的行政行为，如制定各种法规、政策等行为，而公共事业组织一般不具有抽象的行政行为。第二，政府的具体行政行为是不允许进行有偿服务的，而公共事业组织承担具体行政行为是允许进行有偿服务的。第三，政府在具体行政行为中如果因执行职务而发生争议，必须进行行政仲裁或行政诉讼，行政仲裁或行政诉讼的主体是政府，而公共事业组织在具体行政行为中如果因执行职务而发生争议，则要进行民事诉讼，民事诉讼的主体是独立的法人。第四，政府职能部门是由政府财政全额拨款的，同时政府部门工作人员享受国家公务员待遇，而公共事业组织经费一般不是由财政全额拨款的，财政全额拨款的只占少部分，公共事业组织的工作人员也不享受国家公务员待遇。

公共事业组织与企业相比，其区别也十分明显。第一，投资者开办企业的目的是利用其所拥有的经济资源获取投资收益，而公共事业组织对外提供服务往往并不追求组织自身收益，而且也不存在指望分红的投资者或所有者。第二，公共事业组织所提供的许多服务具有独占性，自然也不像企业那样，存在一个可供客观、自由地评价与对比的公开市场。第三，公共事业组织所提供的服务的收费（如果有的话）通常是以成本耗费为基础确定的，而不像企业那样以供求关系来确定商品或服务的价格。公共事业组织对外提供服务收费通常仅仅是其成本的一部分。

2.2.2 事业体制的职能优势

政府与市场是第二次世界大战后全球社会经济发展过程中运用的主要制度工具和组织工具。但是不论它们是被单独使用、交替使用还是结合使用，这两种制度工具都有其固有的局限性。市场机制是当代社会经济发展的一个不可缺少的基础性调节机制，但它受利润驱动，存在市场失灵问题。政府的作用在当代社会经济发展中也是不可缺少的，但政府是垂直等级式体制，带有强制性，因此也有政府失灵的问题，政府也有其不愿做或不能做好的事情。问题在于在市场与政府同时失灵的场合应怎么办？当市场与政府在一些重大的社会经济发展问题面前都感到乏力的情况下，公共事业组织就别具价值了。从理论上讲，公共事业组织作为一种组织创新，同市场体制中的企业和国家体制中的政府相比有着明显不同的职能优势。

1. 相对独立性

公共事业组织具有独立性，一是指公共事业组织本身具有独立性，不依附任何单位和组织，更不依附某一个政府职能部门（行政性事业组织除外）而存在，在组织机构上与政府相分离，而且理事或董事会的成员不由政府官员担任；二是指它为全社会提供的服务是独立的，不受任何单位和个人的干涉，只依照有关的规则来为全社会提供服务；三是指它在经济上是独立的，实行独立核算；四是指它的组成有一定的程序，有自己的活动章程，拥有一定的民事法律权利，能够承担一定的民事法律责任。公共事业组织具有像公司一样的法律地位，因此，在履行服务职责时也能保持相对的公正性。

2. 非营利性

公共事业组织要受不得分配盈利原则的约束。设立公共事业组织的目的不是为经营者创造利润，法律也禁止它们将盈利分配给组织的经营者。公共事业组织可收费，在某些年度可能会获得一些利润，但该组织理事会成员不能分红，而且收入的盈余应当全部投入符合宗旨的事业之中。这些组织的非营利性使它们愿意进入营利性组织一般不愿涉足的那些领域，如无利可图的基础研究和公共文化事业等。同时，非营利性也使人们对这些组织的信任大大高于对营利性组织的信任，既然营利不是它们的目的，它们借信息不对称之机占消费者便宜的可能性就要小得多。从消费者的角度考虑，他们当然倾向于找比较值得信赖的公共事业组织来提供这类服务。这就为公共事业组织在某些领域里（如医院、托儿所、养老院等）与营利性组织竞争奠定了优势地位。

3. 低成本、高质量

市场因外部性和高成本，提供公共服务缺乏动力，而政府烦琐的制度结构和供给程序，在某些与民众密切相关的公共服务提供上缺乏效率。公共事业组织作为一种超越“国家主义”和“市场主义”的社会机制，由于具有非营利属性，它们和营利性组织相比没有足够的动力去损害消费者。加之这些组织有志愿人员为其提供免费服务，能得到私人捐助，一般也没有叠床架屋式的行政体系，公共物品的社会供应相比较政府提供而言供应过程更简单，更能针对社会需求来确定供给策略，更能满足特殊公共需要，因此在生产、供给公共事业产品等方面具有低成本和高质量的优势。

4. 专业性

公共事业体系庞大，事务各异，需要专业化的组织和人才来进行计划、组织、协调和控制。事业组织作为专业化组织，是人才的聚集地，70%以上的科研人员、95%以上的教师和医生都集中在由政府出资设立的各类事业单位，他们在教育、科技、文化、卫生、体育等专业性比较强的领域，以自己特有的硬件和软件作为条件来为全社会提供服务；在这些组织工作的人员大多受过良好的专业训练，具有良好的专业知识和专业技能，以自己的专业知识和技能为社会提供服务，专业优势十分明显。因此，事业组织在进行公共事业决策、发展公共事业方面具有其他组织不可比拟的专业权威，在处理特定问题上更具有专业的敏锐性、针对性，能为政府决策部门和决策者提供专业性的建议，使问题化解于萌芽阶段。具有专业性的事业组织还可以掌握大量信息，因此可以为公众提供更多的信息，增加公众的博弈资本。

5. 接近性

公共事业组织成员一般既能深入社会基层的民众中间，又能同政府保持较密切的关系。他们可以宣传和普及国家的法律和政策，教育和动员民众，使民众认识自己的权利和义务；同时，又可作为传达民情的渠道，反映民众的愿望和意见，去影响政府政策和计划，以使其更符合民众的需要。公共事业组织作为一条重要的纽带，在其所服务的社会基层民众与企业、学术界、新闻媒介以及社会公众之间发挥着很好的沟通作用。公共事业组织还能够接近社会基层中易受损害的群体，促使这些社会成员参与同他们切身利益有关的决策和资源分配。由于公共事业组织的服务与民众生活息息相关，从而使事业机制更具亲和力的优势。

6. 灵活性

公共事业组织数量众多，或大或小，遍布社会生活的方方面面。公共事业组织展现出的这种多样性使它比政府组织更有能力来满足社会各群体的需求。较之政府部门，公共事业组织的结构通常没有层级节制，少受僵化体制和繁文缛节的束缚，反应迅速，善于灵活地调整自己的工作方向和运作方式，以适应时代的需要。灵活调整的优势使公共事业组织在组织体制、组织结构及活动方式上有很大的弹性，便于根据不同地区、不同领域的条件变化及时作出调整，具有很强的适应性。同时，公共事业组织往往有能力在被政府忽略的领域发现新的社会需求，为满足这些需求进行有益和必要的试验，并由此找到提供相关社会服务的较好途径。现代西方社会中，不少公共服务领域都是由非营利组织开创的，后来才得到政府的重视和支持。这种开创性是其多样性、专业性、灵活性的副产品，是公共事业组织相对于政府部门的优势之一。

7. 在培养互助精神、维护良好的社会价值等方面更具优势

一般来说，每个公共事业组织都有自己的价值取向和指导思想，其中贯穿着的是利他主义和人道主义。所以，公共事业组织的工作人员较为团结，较为谦虚，较具理想抱负和奉献精神，官僚化习气较少。公共事业组织中志愿性的工作不仅让人们感觉到互助合作的好处，而且能潜移默化地影响行动者、受益者和旁观者，培养他们积极的公民精神，使其广泛参与公共事务。同时公共事业组织对公共服务的奉献精神，对人、自然、社会的关怀与关爱，对平等权利的重视等，均体现了民主社会的基本价值，公共事业组织通过自己的行为，倡导和维护着社会正面的价值观。相比，具有强大公权力的政府依法行政虽具有权威优势，但在培养互助精神上处于劣势。

2.2.3 事业体制的局限性

正如市场和政府都可能失灵一样，受经济基础和上层建筑等客观条件的影响，从现实来观察，我国公共事业组织在发展中还达不到理论上所述的理想状况，也具有内在局限性。

1. 行政化严重

我国事业单位的活动经费需要国家财政拨款，其成立必须经过政府机构编制管理部门的审查批准，在政府“指导”下开展工作，政府与公共事业组织关系密切，政事一体化比较严重，政府过于重视行政手段的运用，在人事、财政和其他政策上对事业组织管得过多、过死，事业组织的独立性无法得到有效保证，自治性比较差，带有浓厚的行政色彩，从而影响了公共事业组织按照组织宗旨和事业发展规律展开行动，实现自我发展，也影响了公共事业组织职能优势的发挥。因此，下放自主权，推动政事分开、管办分离，建立法人治理结构，应该是未来改革的重要任务。

2. 组织性质杂乱

在事业组织中，仍存在着行政编制和事业编制交织的情况。两种性质并存，两种不同概念、不同使用范围、不同管理方法的编制套用在同一功能组织之中，难以体现公共事业组织的特征，不利于理顺事业组织与市场和政府之间的关系。一些事业组织仍然存在着事业行为与政府行为并存的现象。例如，有的事业组织除了行使事业服务职能外，还执行政府的部分控制、计划、协调职能；有的事业组织把政府部门授权或委托的权力与本单位面向社会的服务性职能交织在一起。事业单位既然以公益为目的，则与企业的性质截然相反，所以事业单位不可能同时兼有企业的性质。从法律上说，企业法人在成立、行政管理、财产关系等各个方面，与事业单位截然不同，一个组织或者依照有关企业法登记成立，或者依照事业单位登记管理的规定成立，不可能重复登记和成立。但是，实践中有大量的已经按照有关企业法登记的组织，还是被认为属于事业单位。因此，要推动并深化事业单位分类改革。

3. 立法滞后

我国各类事业组织形式多样，种类繁多，到目前为止，除了教科文卫体领域的专门法律法规外，我国规范类似公共事业组织的相关法律、法规主要就是国务院发布的《事业单位登记管理暂行条例》、《社会团体登记管理暂行条例》、《民办非企业单位登记管理暂行条例》、《社会力量办学条例》和全国人大通过的《民法通则》、《公益事业捐赠法》、《个人所得税法》等。显然，规范公共事业组织行为的法律、法规还很不完善，而且在对公共事业组织的性质、地位、职能、作用、活动范围、权责利划分上，原则性规定居多，缺乏具体界定标准、限制性规定及实施细则；有关法规的原则规定本身或不明确、不严密、不具体或自相矛盾，与税法的有关规定相抵触；原则性法律规定与国家政策相矛盾；经费预算缺乏法律上的保证，运行缺乏必要的法律监督，其发展很大程度上依赖各级领导的重视程度。一些事业组织甚至还没有取得独立法律地位，致使这些事业组织难以独立、公正、客观地行使职能。另外，还有些事业组织的设立和运行定位不准确，现有法律规范、管理制度约束较差，处于无序发展状态。因此，管理上主观随意性比较大，造成我国公共事业在地区和部门的分布极不合理，发展很不平衡。因此，需要进一步加强法律体系建设和制度建设，构筑我国完备的公共事业组织法律体系，为公共事业管理的规范化、制度化奠定良好基础，为强化公共事业管理的法律手段、改善管理绩效创造条件。

4. 经费不足

事业组织在生产和供给公共物品过程中需要投入大量的人力、物力和财力，需要有大量的资金支持，但这些投入不能靠强制性的收费加以足量弥补，这就造成公共事业组织所需的开支与所能筹集到的资源之间存在着一个巨大的缺口。就历史趋势而言，政府补贴在各国公共事业组织预算中所占的比重一直呈上升趋势，与政府相比较，在世界各国，志愿捐款通常只占公共事业组织开支的很小一部分，公共事业组织的资源动员能力显然是微弱的。尽管我国政府高度重视公共事业的发展，多方筹集资金支持公共事业发展，但发展经费不足或严重不足始终是多数事业单位的难题。所以，应该进一步放宽准入门槛，出台鼓励政策，推动多元发展。

5. 自律机制不健全

由于社会监督和环境约束所形成的事业发展的外部条件还不十分完备，公共事业组织的内部机制还远未建立健全，内部监管和行业互律薄弱。事业组织内部监管不足表现在预算的软约束、固定资产管理薄弱、岗位设置科学性不足、财务管理欠规范、财务审计薄弱，加以"道德滑坡"，观念缺失，不利于弥补刚性约束不足情况下产生的种种问题。事业组织行业之间的互律也十分薄弱，行业之间监督薄弱、缺乏竞争，客观上削弱了事业组织实现公共责任的外部约束。例如，一些事业组织热衷于办实体，搞创收，与企业在市场经济中争利，使事业组织的职能优势不能很好地发挥，从而影响了公共事业的健康、有序发展。

2.2.4 事业组织在公共事业管理中的责任

事业单位作为准公共组织、公共事业运行管理的具体实施者，肩负公益事业发展和社会福利最大化的公益使命，负有法律、政治、行政、职业和道德等责任。它们根据政府的政策和方针，各司其职，有步骤地推进各项公共事业的发展并提供更多的公共物品、准公共物品和服务。

1. 贯彻执行政府公共事业管理的法律、法规、规划和政策

公共事业体系庞大、内容繁多，政府作为管理者，在公共事业管理中的角色主要在于制定相关的法律、法规、规划和政策。相对政府更加宏观性的管理职能而言，事业组织的责任更多地体现在执行政府制定公共事业的法律、法规、规划和政策。教、科、文、卫、体各部门要针对各行业的特点，制定详细的发展目标，出台规范的制度体系，设计灵活的组织结构，构造专业化的人才网络。特别是要积极探索市场化、社会化改革模式，积极吸收其他方面的力量，推动各类公共事业健康有序发展。

2. 发挥体制优势，从事公共物品和准公共物品的生产与供给

政府虽然是公共物品和准公共物品的主要提供者，但政府直接提供这些物品的成本比较高，而且也可能因为行政手段的过度运用给公共事业的发展带来一些负面影响。而事业组织生产和提供公共物品和准公共物品的成本比较低，运行相对灵活多样，可以满足社会对公共事业产品或服务的多样化需求，便于开展补偿性的服务收费，其非营利性特征有助于解决契约失灵问题和信息不对称问题。所以，公共物品和准公共物品的生产和供给的具体任务主要应交给公共事业组织来完成。政府根据事业组织提供产品或服务的性质给予全额或差额补助，给予不同程度的财税、土地及其他政策支持。

3. 有效配置各种教育、科技、卫生、文化、体育资源

事业组织按照法律规定，按照事业组织的运行规则，合理有效地配置各种资源，主要包括：第一，事业组织在所辖范围内提升自己所拥有的资源的能力，通过开发、培养及奖惩机制使资源获得新的适应社会发展的力量。第二，实现资源价值的进一步开发，特别是在对资源潜力的挖掘及可持续利用方面不断蓄积新的力量。第三，通过结构调整，减少各种资源不合理配置之间的损耗，进行资源的重新组合，实现资源效能的最大化。

4. 充当科学理论的创新园地和实验基地

无论是科学技术成果还是各类学术、艺术成果，事业组织都是最强有力的提供者；对于科学技术产品的开发、卫生服务的提供、文化产品的制造和教育产品的生产，事业组织都是实验基地。一方面，事业组织要不断地进行各类理论创新；另一方面，它必须对理论成果进行实验证实。这个过程也可以认为是事业组织功能的最大释放，也是事业组织对整个社会最大的贡献。

2.3　市场组织与公共事业管理

2.3.1　市场组织的概念和特征

市场是人们进行经济交流（物质和信息交换）的场所。它是一个自组织体系，没有层级结构和垂直的指挥系统，是由独立的市场组织（个人、家庭、企业等）组成的，各市场组织是分散决策的，没有一个明确的共同目标。市场组织一般指以营利为目的，通过生产活动和市场交换为社会提供产品和服务的非公共组织。企业是典型的市场组织。无论是生产型企业、销售型企业还是服务型企业，都通过市场的平台为社会提供其所需要的产品或服务，通过规范的组织、人事、计划、协调等管理制度保持自身的生存和发展。市场组织一般具有四个特征：一是营利性。所有市场组织均采取各种经营方式发挥主观能动性以实现个人和组织的营利。可以说营利是市场组织一切活动的出发点和归宿，只有不断地营利，市场组织才会生存下去，并得到发展。二是竞争性。在基本的经济秩序下，同类行业或相关行业的市场组织存在广泛竞争，竞争力程度的高低促使市场组织实现优胜劣汰。三是排他性。每个市场组织均是独立的个体，除了各组织间的业务往来外，它们的财权和事权是独立的，生产的产品或服务是排他的，其他私人组织和公共组织必须在公平交易下才能取得其产品或服务。四是自发性。市场组织一般是在营利的目的下自发形成的，虽然它也需要向政府机关进行成立登记，但与政府之间不存在隶属关系，其具体的经营管理完全是利益导向下的自发性运作。

2.3.2　市场体制的职能优势

市场经济是主要通过市场机制配置社会资源的一种经济运行机制，是促进社会生产力发展的有效形式，它能够使有限的资源得到合理配置和充分利用，推动社会经济的迅速发展。市场机制作为一种经济运行机制，是指市场中的供求、价格、竞争、风险等要素之间互相联系及作用的机理。市场机制有一般和特殊之分。一般市场机制是指在任何市场都存在并发生作用的市场机制，主要包括供求机制、价格机制、竞争机制和风险机制。特殊市场机制是指各类市场上特定的并起独特作用的市场机制，主要包括金融市场上的利率机制、外汇市场上的汇率机制、劳动力市场上的工资机制等。市场的作用主要是通过市场体制这只“看不见的手”来完成的。市场体制的内涵其实指的就是这些具体的机制因素在市场运行过程中对经济活动的制约功能或调节作用。在完全竞争的条件下，市场能解决三大经济问题，即生产什么、如何生产和为谁生产。在解决三大经济问题的过程中，市场体制的总体优势得以发挥，即为满足人们的需求有效地生产和配置资源，具体来说体现在以下几个方面：

1. 有效配置资源

首先，资源相对于人们的需要而言是稀缺的，而市场是最好的资源配置方式，在“经济人”假设前提下，市场通过价格机制、供求机制、竞争机制把各类资源配置到最急需的、效益最大的地方。其次，在资源配置的过程中，市场能够提供有效的利润刺激，促使企业和居民采取合理的决策行为，加快市场主体优胜劣汰进程。最后，市场的优胜劣汰过程，使高效率的资源配置到了高产出的经济活动中，促使各类产业不断升级换代，最终推进经济社会发展。

2. 优化经济结构

一方面，市场通过商品交换活动把各个商品的生产者、消费者联系起来，充当商品生产和交换市场的纽带；另一方面，市场又是社会经济活动的晴雨表，它能够显示出社会经济运行中各种比例关系的协调或失调状态，反映出国民经济各个方面的实际状况，从而能够向生产者和消费者发出有关各种稀缺状况的足够信息，引导和调整他们的市场行为。因此在实际运行中能对经济结构（包括产业结构、产品结构、地区结构、企业组织结构、技术结构等）起到协调、平衡和优化的作用。首先，市场具有协调商品供求结构，使之趋于平衡的内在功能，这是通过价格杠杆的调节实现的。其次，市场机制具有优化企业效率结构和企业组织结构的功能，这主要是通过市场竞争机制和风险机制发挥作用来实现的。最后，市场机制具有优化产业结构的功能，这一功能是通过价格机制（实质是利润率高低）实现的，因为在价格和利润诱导下资源的自由和充分流动，可使产业结构、部门结构趋于均衡化、合理化。

3. 推动科技创新

市场在推进技术进步方面具有其他机制不可替代的功能。市场自身的竞争和技术自身的商品化使市场组织必须不断开发新的科技，降低成本，增强竞争力，从而不断谋求发展。具体体现为：一是促进市场组织不断对现有设备进行更新改造，采用新工艺、新技术、新设备；二是促使市场组织选择使用生产成本最小的技术，以实现资源的最优组合；三是促使市场组织不断地开发新产品，以性能更好、质量更高、价格最廉、成本最低的商品开辟新市场，以更好地适应人们需求的变化，创造巨大的经济效益；四是迫使市场组织不断地加强研发投入，劳动者和管理者不断地自觉接受培训、学习、掌握和运用现代科技知识，从而有效地推进科技进步。此外，市场竞争与发展还会带来技术扩散，产生更多进步效应。

4. 调节收入分配

市场价格、利率、工资的任何变动都是对市场参与者收入的重新分配。例如，某种产品市场价格的上涨，会直接提高生产该产品的企业的收益，同时也会增加使用该产品的消费者的成本或减少收入；利率的提高，会增加资本贷出者的收入，同时会减少资本贷入者的利润；工资的提高，会增加劳动力供给者的收入，同时会提高劳动力需求者的成本。因此，市场价格、利率、工资的形成变动过程，实际上就是收入分配过程，调节着不同市场参与者之间的利益关系，并促使市场参与者理性决策。

5. 促进人的发展

市场经济的发展，为人的独立、自由、全面发展创造了基础条件。一是市场经济带来的高效率和剩余劳动力的形成，使物质丰富化、社会自由时间增加，为促进人的全面发展提供了客观基础。二是市场经济促进了分工的扩大、新的生产部门的分化和新的劳动方式的形成，从而导致社会商品日益多样化，同时也带来了劳动者职业变化多样化的可能。三是市场机制的竞争性客观上促进了人的潜能的发挥，而市场机制引进的生产要素流动与重组为劳动者的发展提供了机会。因此，市场赋予了劳动者职业选择和流动的自由，也赋予了每个人改变社会经济地位的机会。四是市场经济通过普遍的社会物质交换与商品交换，逐步形成世界范围内的统一市场，从而极大地拓展了人们的活动范围和交往关系，从而有利于人的能力的全面发展。①

2.3.3 市场体制的局限性

虽然市场经济具有巨大优势，但市场经济并不是万能的，市场自身也存在缺陷，大多数学者将其称为“市场失灵”或“市场缺陷”，也有学者将其称为“市场失败”、“市场失效”。所谓市场失灵，是指由于市场内在的功能性缺陷和外部条件缺陷引起的市场机制在资源配置的某些领域运作不灵。

1. 无法有效地解决公共物品的供给问题

公共物品的最显著特征是消费的非排他性和非竞争性。由于公共物品的这种消费的非排他性，存在着不支付费用就可以享用的“搭便车”现象；靠个人之间的直接交易去解决公共物品的供给问题，由于成本太高而得不偿失；或者容易造成垄断，导致成本上升，效率下降，损害消费者利益，这使得市场机制不可能使公共物品的生产达到社会所需要的最佳水平。即使那些人们不支付价格就不能消费的公共物品也同样不适于市场调节。例如，完全可以对特定的桥收取过桥费，阻止那些不付费的人经过这座桥，但是这样做并没有什么效率，因为减少不付过桥费的人的满足程度，并不会增加其他人的满足程度。

2. 无法消除外部效应

所谓外部效应，是指某个经济主体的活动所产生的影响不表现在其自身的成本或收益上，却会给其他经济主体带来好处或坏处。例如，自家管理的花园和草坪不仅可以给自己带来赏心悦目的享受，也可以使邻居在不花费成本的条件下享受美景带来的愉悦，这是正外部效应；一个工厂污染了水源，对下游的居民和河中的鱼类造成了损害，这是负外部效应。社会为了获取最大的经济效果，应该鼓励那些能够带来正外部效应的活动，限制那些可能带来负外部效应的活动。但因为外部效应的存在，使社会利益与私人利益发生了不一致，靠市场来调节人们之间的利益关系，会促使个人对私人利益的追求，不利于增加正外部效应，有时人们为谋取更多的利益，会出现一些不择手段、为所欲为、侵害他人权益的行为，例如，一些经营者为了获取高额利润会贿赂有关机构和官员以寻求政府给予法规、政策上的庇护或袒护等，而这些会打乱正常的市场经济运作机制，带来不必要的治理成本，从而资源配置就无法达到社会所要求的最佳水平。

3. 无法消除信息不对称和垄断

信息不对称表现为交易双方对于商品质量、性能等信息的了解程度不同，一般而言，生产者和销售者比消费者在信息上更占优势。完全竞争市场的一个重要假定是，信息是完

---

① 参见陈晓春：《市场经济与非营利组织研究》，115～116 页，长沙，湖南人民出版社，2001。

全的，人们了解经济活动中的各种信息。但是市场是不完全竞争的，这样信息就会不完全，并且获取信息也不是免费的。信息不对称诱使一些经营者进行商业欺诈等活动，会破坏市场机制运行和“优胜劣汰”的规律，甚至会出现“优汰劣胜”的非常态资源配置。这就破坏了市场经济中社会利益最大化的原则，使社会资源无法实现最优配置。市场也无法消除垄断。竞争是市场经济中的动力机制。但是由于市场竞争往往不充分，市场主体之间在资金、技术、管理、信息、人才、成本及其他资源等方面也存在差异，个别企业走向垄断的趋势难以避免。因此，在现实中经常会出现由少数几家企业控制某些特定产品市场的垄断现象。市场中的垄断表现为某种产品只由几家供应商甚至独家供应商提供，供应商通过操纵物价牟取暴利，使市场均衡作用失灵，资源不能得到有效配置。因此，只有保持竞争，市场机制才能有效地发挥作用，但竞争又会导致垄断，垄断反过来又抑制竞争，从而降低市场的作用，妨碍经济效益的提高。

4. 无法保证收入分配公平和社会公正

如果以自由竞争的市场机制为前提，就可能实现资源的合理分配，并且可能在既定条件下实现消费者的极大效用和生产者的极大利润。然而，这并不等于实现了符合社会要求的收入分配结果。以市场机制为前提的收入分配，是由市场上的力量关系、个人能力、继承财产的多少、利用教育机会的可能性以及在社会上的灵活性等方面决定的，因此市场机制的运作会产生收入不公平现象，而收入不公平现象的累积会严重损害社会的公正，使社会充斥越来越多的不满，最后的结果可能是暴力事件的发生。

5. 无法解决宏观总量平衡和经济稳定发展问题

单个企业可以掌握与自己有关的信息，但它无法掌握整个市场当前的和未来的信息，因此往往造成生产过剩或生产不足。当整个社会的生产大于需求时，会出现生产过剩，价格下跌，企业产品积压，就业人员减少；而工人失业又反过来抑制消费，加剧生产过剩的程度，使整个经济陷入萧条期。当社会需求超过社会生产时，会导致价格上升，在价格机制作用下，企业会扩大生产，增加就业量，经济进入复苏期和景气期。因此，宏观总量供需均衡只是一种理想状态，而失衡是常态。此外，产业结构、就业保障、环境质量、教育水准等关系到经济发展的基本问题，单独靠市场机制都是无法解决的，这些社会问题解决不了，就无法保证社会经济稳定、健康的发展。

2.3.4 市场组织在公共事业管理中的责任

由于市场组织是完全的营利性组织，提供的绝大部分物品是私人性的，因此市场组织既不能成为公共事业管理的主体，也不能成为公共事业管理的具体操作者，而只能成为公共事业管理的参与者。虽然市场组织无法成为公共事业的主办主体，但对市场机制的优势应该加以合理利用，以提高公共事业管理效率。一方面，事业组织可以充分吸收利用市场组织丰富的成功管理经验，提高公共事业内部人事、财务管理效率。例如，有的事业组织的专业性比较强，可以使用事业部的管理体制，这样的体制赋予组织成员更多的自主权，有利于发挥成员的创造性和积极性。因此利用市场组织管理的成功经验，对公共事业组织结构和人员安排进行整合，可以提高公共事业管理效率。另一方面，可以发挥市场体制优势，提高公共事业产品的生产和供给效率。根据不同性质的事业产品的特点引入必要的竞争，选择不同的市场化运营模式，以实现部分公共事业产品生产和供给的市场化，减少政府财政负担。

1. 市场组织也是公共事业产品或服务的供给者和竞争者之一

市场组织虽然是完全营利性的实体，但这并不等于说市场组织不能从事公共事业产品和服务的生产与供给。只要具有经济价值或社会价值，有时候市场组织是乐于供给公共事业产品或服务的。第一，市场组织资助某些公共事业产品或服务的供给。一些具有社会责任感、注重自身整体形象的市场组织和一些具有乐于助人品德的企业家会资助一些事业组织或与事业组织合作提供公共事业产品或服务。第二，市场组织直接生产公共事业产品或服务。一些纯公益性事业产品，如市政道路养护、绿化、环卫等，可以由市场组织直接生产而事业组织向市场组织购买再提供给公众。第三，市场组织直接生产并提供公共事业产品或服务。一些经营性事业产品可以在政府统筹规划和宏观调控下，由市场组织直接投入、自主经营，完全按市场化方式运作。因此，在市场经济背景下，市场组织也可以成为公共事业产品或服务的供给者，并在市场组织间、市场组织与政府组织和事业组织间进行竞争，为公共事业产品或服务的供给注入新的竞争活力。

2. 将市场机制运用到公共事业改革与发展中

在传统的计划经济体制下，政府垄断了一切资源，公共事业完全是由政府统一生产并按计划进行分配，公共事业产品的质量和数量不能满足人们日益增长的物质文化生活需要，但公共事业并没有改革和发展的需要，公共事业只是国家事业的附属品。而在市场经济体制下，随着经济体制的转轨和人们观念的转变，人们对教育、文化、卫生等公共事业产品的需求越来越大，公共事业成为涉及人们生存和发展需要的“人民事业”。在这样的背景下，公共事业必须改革，必须需要新的发展思路和方式。而在不断探索的进程中，市场机制逐渐被运用到公共事业改革与发展中。第一，大力引入私营管理方式。诸如用者付费、竞争机制、私有化、项目管理、质量管理、绩效管理、合同外包、特许经营等市场工具被应用到了不同事业产品的生产和供给中。第二，“顾客导向”的经营观念被引入公共事业领域，赋予公民更多的选择权。公共事业组织吸收市场组织以“顾客”为中心的管理理念，提供回应性服务，通过调查及倾听公众对事业产品的意见，测量其满意度，并给公众自由选择事业产品的权利。

2.4　三种体制的互补替代关系

政府体制、事业体制和市场体制各有利弊，也各有其活动的重点领域和边界，但三者并不是水火不容的，在一定条件和一定范围内三者是可以优势互补、相辅相成的，有时甚至是可以替代的。

2.4.1　三种体制的互补关系

政府体制、事业体制、市场体制各有自己的优势，又各有自己的不足——政府失灵、志愿失灵和市场失灵。没有一种体制是万能的，三种体制实际上存在互补的关系，各自弥补对方的不足。

政府作为宏观管理者，通过制定法律、法规、规章、政策来规范社会活动各主体（组织和个人）的行为。对于市场机制和事业机制的正常运行，政府通过建立规则、制度、政策、法律和进行基本设施建设，为各类市场主体和社会主体从事私人性的经济活动与公共性的社会活动创造软硬件环境和条件。此外，对市场组织而言，政府的作用主要是通过完善基本的公共设施、保护守法经营的企业的合法权益等，促进企业的发展；对事业组织而言，政府的作用主要是通过委办公共事务、资金补助和税租优惠等，促进公共事业的发展。

市场组织作为市场经济运行的主体，通过各类市场机制的作用，实现资源的优化配置。对政府而言，市场组织的作用是通过市场机制的规律性变化为政府提供劳务、纳税、输送服务等，保证政府的正常运行；对事业组织而言，市场组织的作用是通过市场机制为事业组织的运行提供经济基础、财物赞助、组织支持等，保证各类公共事业的正常运行。

事业组织作为为社会提供公益性产品的专业化组织，通过事业机制的专业性、独立性、互助性等优势，为社会提供各类服务。对政府而言，事业组织的作用是通过提供劳务、输送服务、影响政策、倡导议题等，为政府管理提供后备支持和政策建议；对市场组织而言，事业组织的作用是协助市场组织达成公益使命，并促使企业承担社会责任，促进人性化与人道精神，提供人力资源。

以提供公共事业产品为例，对于政府体制而言，存在低效率、低质量和供给不足等缺陷。对于低效率、低质量问题，可以运用市场体制中的竞争机制，引入社会力量，通过特许经营、合同外包等市场化方式进行补充。对于供给不足问题，可以大力发挥事业机制中的志愿互助精神，通过公民的自愿服务，提供一部分事业产品。对于事业体制而言，最大的问题就是资金不足，而政府和市场组织可以为其提供雄厚的资金支持。对于市场体制而言，存在积极性低、信息不对称等问题。对于积极性低的问题，政府可以通过财政、税收等政策优惠，调动市场组织的积极性；对于信息不对称问题，可以发挥事业组织的专业化优势，提高信息收集的全面性和准确性，为市场组织和公众提供交易条件。三种体制互补，充分发挥各自优势的结果就是公共事业产品的高效率、高质量的生产和供给。

2.4.2 三种体制的替代关系

传统上人们习惯认为政府是公共物品供给的唯一主体，政府的职能就是通过提供公共物品和服务，来满足社会基本的公共需求，实现公共利益。但是政府并不是公共事业管理的唯一主体，没有任何一个政府能包办教育、科学、文化、卫生、体育等事业，政府对公共事业的所有者职能是有限的。这是因为事业单位国有资产主要由国家财政产生，国家所有者职能直接体现为国家财政职能，因此，财政的有限性便决定了所有者职能的有限性，财政的边界便一般地成为所有者职能的边界。事实上，公共事业的具体操作是由事业组织来完成的，特别是大量的准公共物品均是由事业组织来提供的。另外，市场组织也参与公共事业的管理，是部分公共事业产品的供给者和竞争者，市场机制被大量运用到公共事业的改革和发展中。这样，政府组织、事业组织和市场组织三者就存在替代关系。

政府组织发挥主导作用，为事业组织和市场组织的发展提供大量的制度、法律和规则；对公共事业发展进行整体规划、宏观调控，合理界定公共事业发展范围；制定各项公共事业治理运行制度，有效监管各类事业组织。市场组织发挥高效的优势，代替政府组织和事业组织提供一部分事业产品（主要是生产经营类事业产品）；推介市场机制的优势和作用，开发多种公共事业产品的供给机制。事业组织发挥自身优势，代替政府从事大量政府做不好或不适宜由政府直接去做的社会公共事务；发挥沟通的作用，以公正的中间人的形象，在诸如行业管理、咨询、信息、法律公证、评估等领域，代替政府组织和市场组织提供一些专业性的社会服务。例如，由于政府失灵，政府对许多公共物品无法进行有效率的供给，于是将公共物品的供给事务委托给了众多的公共事业组织，公共事业组织就近、方便地提供公共物品。另外，许多公共物品也通过市场交换来生产，于是就存在着一种公共物品的私人供给机制，即由私营部门通过市场化的方式提供公共物品。

值得注意的是，三种制度安排的互补与替代关系是有边界限制的，并不是公共事业管理的所有方面都可以互补和替代。同时，在三种体制的互补和替代关系中，一是要谨防政府借市场化、企业化之名，行偏离公益服务目标、逃避政府责任之实。在一个功能配置正常的社会之中，绝大多数非营利性的公共事业都应由政府通过公共资金资助和公共政策扶助来实现，科学、文化和教育事业更是如此。二是要防止市场组织假借公益之名，谋取不正当的利益，从而损害社会公共事业。对于一些市场组织为了沽名钓誉而兴办或支持福利性设施的行为要严厉打击。三是要防止事业组织借办公益事业之名逃税或营利，对于一些事业组织的工作人员与政府部门勾结侵吞国家资产等行为要严厉打击。

政府组织、事业组织和市场组织在公共事业发展和管理过程中应该建立平等的、协商的合作伙伴关系。同时，在不完善的现实政府、不发达的现实市场和现实社会之间，还应建立一种有效的选择和相互协调机制。当社会资本发展不足的时候，政府承担一切公共事业，特别是纯公共物品类公共事业，当市场和事业组织有了长足的发展之后，根据资源优化配置的经济合理性原则和交易成本最小化原则，努力寻求政府、市场和事业组织在公共事业供给领域的均衡点，建立政府、市场、事业组织三方提供公共事业的分类制度安排，以更有效地供给公共事业，达到整体最优，从而满足人们的需要，实现公共利益。

本章小结

1. 组织可分为政府组织、事业组织和市场组织三类。各级人民政府和相关行政部门是政府组织。公共性、强制性、普遍性、执行性、规模性是政府组织的基本特征。政府体制的优势体现为：为社会提供有效的制度；提供公共物品，解决外部性问题、信息不对称问题和垄断问题；解决社会问题，促进和保障社会公平；克服市场经济导致的某些消极后果，保护自然资源和生态环境；维护国家安全，应付紧急事件。局限性主要体现为：公共政策失效；政府行为存在低效率；政府活动易滋生寻租行为，出现不公正现象；政府在解决垄断和外部性问题时可能造成新的垄断、外部性问题等。但政府仍然是公共事业管理的主体，在为公共事业组织的活动提供制度保障和行政管理的框架、创造良好的发展环境、提供部分公共事业产品、建立健全公共事业组织活动的监督机制和与公共事业组织建立制度化的合作伙伴关系。

2. 事业组织一般具有四个基本特征：组织性、非政府性、非营利性、自治性。事业组织具有相对独立性、非营利性、专业性、接近性、灵活性，在提供低成本、高质量的公共事业产品，培养互助精神、维护良好的社会价值等方面具有职能优势。其局限性主要有行政化严重、组织性质杂乱、立法滞后、经费不足、自律机制不健全方面的不足。事业组织的责任在于：贯彻执行政府公共事业管理的法律、法规、规划和政策；发挥体制优势，从事公共物品和准公共物品的生产与供给；有效配置各种教育、科技、卫生、文化、体育资源；充当科学理论的创新园地和实验基地。

3. 市场组织具有四个一般特征：营利性、竞争性、排他性、自发性。市场体制的职能优势有：有效配置资源；优化经济结构；推动科技创新；调节收入分配；促进人的发展。其局限性有：无法有效地解决公共物品的供给问题；无法消除外部效应；无法消除信息不对称和垄断；无法保证收入分配公平和社会公正；无法解决宏观总量平衡问题和经济稳定发展问题。由于营利性，市场组织只能成为公共事业管理的参与者，但这并不妨碍其在公共事业管理中应用自身优势，承担提高公共事业内部人事、财务管理效率和公共事业产品的生产和供给效率的责任。

4. 政府体制、事业体制和市场体制各有利弊，没有一种体制是万能的。现阶段，三种体制在一定程度上是互补替代关系。只有发挥三种体制的各自优势并互相弥补对方的不足，才能最终推动公共事业的健康发展。

关键术语

政府组织　事业组织　市场组织　体制优势　职能　特征　政府失灵　志愿失灵　市场失灵　互补替代

复习思考题

1. 政府组织有何特征和体制优势？
2. 政府应履行哪些公共事业管理职能？
3. 事业组织有何体制优势和局限性？
4. 如何发挥市场组织和市场机制在公共事业发展与管理中的作用？
5. 政府体制、事业体制和市场体制在公共事业管理中如何实现互补？

阅读书目

1. 娄成武，郑文范．公共事业管理学．北京：高等教育出版社，2008
2. 赵立波．事业单位改革——公共事业发展新机制探析．济南：山东人民出版社，2003
3. ［美］E. S. 萨瓦斯．民营化与公私部门的伙伴关系．北京：中国人民大学出版

社，2002

4. ［美］查尔斯·沃尔夫. 市场或政府——权衡两种不完善的选择. 北京：中国发展出版社，1994

5. 席恒. 公与私——公共事业运行机制研究. 北京：商务印书馆，2003

第3章

公共事业人力资源管理

知识经济时代，人力资源的地位凸显，已经取代工业时代的资本，成为最重要的战略资源。公共事业组织是我国各类人才的主要集中地，是增强我国综合国力的重要领域，是实施科教兴国战略的重要阵地，是丰富民众文化生活、增强民众体质、保障民众健康的重要力量。公共事业组织要更好地提供公共服务、履行使命，必须加强人力资源管理，注重人力资源开发，这对建设高素质专业技术人才队伍、推动经济发展和社会全面进步、实现改革开放和现代化建设的宏伟目标都具有十分重要的意义。本章将论述公共事业人力资源管理的基本理论和基本内容，并在此基础上分析我国公共事业人力资源管理的改革与发展。

重点问题

- 公共事业人力资源管理的内涵和特征
- 公共事业人力资源管理的基本内容
- 我国公共事业人力资源管理存在的主要问题
- 深化我国事业组织人事改革的措施

3.1 公共事业人力资源管理概述

3.1.1 公共事业人力资源的内涵与特征

1. 人力资源的内涵及特征

人力资源一词最早是由当代著名的管理学家彼得·德鲁克于1954年在其《管理的实

践》一书中提出的。一般意义的人力资源是指在一定范围内能够作为生产性要素投入社会经济活动的全部劳动人口的总和，既包含正在充分发挥其智力和技能的人，如各类管理人员和专业技术人员，也包含具有一定智力水平、知识技能而未被充分利用或完全没有被利用的人，如用非所长的人和失业人员。

可以从如下三个方面理解人力资源的内涵：一是人力资源是与自然资源、资本资源、信息资源并称的四大资源之一，是一切资源中最活跃、最重要的资源。二是人力资源既是一种天然形态资源，又是一种再生性资源。其天然性表现在人具有潜在的体力和智力；其再生性表现在人可以通过教育、培训、体育锻炼、劳动锻炼等方式获得知识、技能与经验，从而使自己的工作能力、工作技巧得到不断提高。三是人力资源既是一种物质形态的资源，又是一种非物质形态的资源。其物质形态表现为人的物质实体性，人是可以用数量来计算的，人力资源离不开人的个体。其非物质形态表现在人的知识、技能、经验等是通过教育、培训、后天锻炼而获得的。

此外，人力资源作为一种特殊的资源形态，具有如下区别于其他资源的特征：

（1）能动性。

能动性是人力资源区别于其他资源的本质特征，可表现在思维变革、观念创新、自我强化、职业选择和工作态度等方面。能动性和创造性使人力资源在一切资源中处于中心位置，起主导作用，并能够操纵、支配、运用其他资源。

（2）高增值性。

组织的其他资源的运用方式和功能都有一定的限制，而人力资源基于“人”的特性，其所产生的价值和效能都远远大于其他资源，且随着生产力水平和科学技术的进步，这种特性愈加明显。经济学家舒尔茨指出，在美国经济半个多世纪的增长中，物质资源投资增加 4.5 倍，收益增加 3.5 倍；人力资本投资增加 3.5 倍，收益却增加了 17.5 倍。

（3）社会性。

人力资源是在一定的社会环境和社会实践中形成、发展的。任何人都不可能脱离人类社会而完全孤立地存在，正是劳动中的人在从事社会生产实践中结成了一定的社会关系，在社会关系中，人类又以组织为载体进行群体活动，从而使人力资源活动具有社会性。

（4）时效性。

由于人力资源与人的生命相联系，且人的劳动能力往往集中在生命的中间阶段，这就决定了人力资源在不同的时期会有数量和质量的变化，不会永久处于稳定不变的状态。

2. 公共事业人力资源的相关概念及特征

公共事业领域是一个提供公共事业产品和准公共事业产品的服务领域，是一个以知识、智力为生存基础的领域，是各类人才的汇聚地；公共事业组织是提供公共事业产品和准公共事业产品的公益性组织。公共事业人力资源的内涵和特征就是由公共事业部门的性质决定和约束的，它的含义必然反映这个部门的特点。所谓公共事业人力资源，就是在公共事业领域内从事管理、生产和公共服务工作，具备民事行为能力和权利能力的人员的总和，外延上包括管理人员、专业技术人员和后勤服务人员。可以从三个方面理解其内涵：一是公共事业人力资源是在公共事业领域从事公共事业的人力资源，在非公共事业领域从事活动的人员和在公共事业领域从事非公共事业的人员不是公共事业人力资源；二是公共事业人力资源分布范围广泛，工作内容丰富，涉及管理和服务的诸多环节，服务方式主要是提供高智力、高附加值的软性服务；三是公共事业人力资源必然具有民事行为能力和权利能力，他们必须具备国家规定的法定工作年龄区间和条件。

公共事业人力资源除具备一般人力资源的共性外，还具有一些自身的特点①：

（1）主体智能性。

公共事业组织是知识技术密集程度较高的社会组织，其中，各类专业技术人员一般要占公共事业组织员工总数的50%左右，尤其是中央和省所属公共事业组织的专业技术人员，最高占到员工总数的80%。公共事业组织不仅储备了大量的知识技术密集型人力资源，而且也源源不断地为社会造就和输送知识技术密集型人才。

（2）领域约束性。

组织是群体的组合体，这个组合体依靠规则和程序规范、约束成员的行为，影响成员的价值观念。公共事业人力资源的活动同样受到公共事业组织的强烈影响，这就决定了公共事业人力资源在思维、价值取向、工作内容和服务方式等方面都具有典型的公共事业部门化特征，即部门系统结构和功能深刻影响到人力资源功能，在其中进行活动的从业者必然受到部门特征的约束。

（3）价值公益性。

公共事业属于为社会提供公共物品和准公共物品的领域，非营利性和公益性是其存在的基础，公共事业组织以维护公共利益为基本的价值取向，这种特性反应到其活动承担者身上，就是公共事业人力资源的活动价值取向也以公益性为主。他们往往具有较高的道德觉悟、廉洁奉公的职业道德、热情的工作态度和踏实的工作作风，在业务活动中能够摒弃一些庸俗化干扰，保持平和心态，以饱满的精神从事公共事业。

（4）影响扩张性。

尽管公共事业组织不直接创造物质财富，但在知识经济时代，公共事业人力资源依然发挥着巨大的贡献作用，不仅为社会创造大量的精神财富，丰富人们的精神生活，其所具有的科学知识、专门技能训练与积极向上的心态也会影响物质财富的创造进程。人力资源发挥作用的影响也不会仅局限在本领域，有些影响往往是全局性的，如教育事业、科技事业等人力资源具有较强的正外部性，其影响能够通过不同的方式和载体传播到更广阔的领域，发挥“晕轮效应”作用。

（5）功能持久性。

公共事业人力资源具有的能力不会随着其工作的停止而结束，相反，长期奋斗在教育、科技、文化、卫生、体育等领域的专家和顾问积累了丰富的实践经验，具有较高的专业技术水平，依然可以发挥巨大作用。比如，在教育和科技领域，一些人并不会因为到了退休年龄，其掌握的知识技术就会变得无用或消失，相反，经验性知识会因为长时间的积累而对以后的工作起到很强的支持和指导作用。

---

① 参见李坚、陈德权编著：《公共事业管理概论》，177～199页，北京，首都经济贸易大学出版社，2007。

3.1.2　公共事业人力资源管理的基本理论

1. 人力资源管理理论

19 世纪末，英国经济学家马歇尔第一个认识到，人力资本是最重要的一种资本。进入 20 世纪，越来越多的企业家、经济学家、社会学家都对企业中的人进行了深入的研究，产生了将人看作企业经营中最重要资源的管理思想。总结而言，西方人力资源管理理论依次经历了三个发展阶段：古典管理理论阶段、行为科学理论阶段和人力资源管理与开发阶段。①

（1）古典管理理论阶段。

古典管理理论产生于 19 世纪末至第一次世界大战之间，人力资源管理的中心思想是管理好机器大生产中的人，通过采取提高或增加工人的生产定额、加重工人的工作量、延长工作时间等手段，达到有效提高生产效率的目的。其主要特点是强调组织必须有科学的管理，而科学的管理必须让管理人员掌握有关的原则和方法，以便使每个人都能很好地完成自己的职能。在这一阶段，人力资源管理是消极防范的管理方式，将人当作机器加以控制，工人在工作中没有任何自主权，劳动失去了个性，变成了单调机械的动作组合，而对于人的管理则表现为监督性和强制性的管理。这一阶段也被称为劳工管理阶段。

（2）行为科学理论阶段。

行为科学理论兴起于 20 世纪二三十年代。简单地将人当作机器的管理方法因为忽视了人的积极性，不仅没有提高组织的效率，反而激发了劳资矛盾，因此重视人的生理需求与人的行为开始成为这一时期人力资源管理思想的重点。行为科学认为“人”不单是“经济人”，还是“社会人”，即影响工人生产效率的因素除了物质条件外，还有人的工作情绪。人的情绪又受人所在的社会及本人心理因素的影响。

（3）人力资源管理与开发阶段。

20 世纪中期以来，随着科学技术的进步和经济的飞速发展，人力资源对一国或组织的经济增长的贡献日益突出，人力资源管理理论也取得了实质性的发展，人力资源管理作为企业的一种职能性管理活动被提出。美国经济学家舒尔茨和贝克的理论代表了现代人力资源管理的思想。他们认为，人力资本是体现在劳动者身上，通过投资形成并由劳动者的知识、技能和体力所构成的成本；人力是经济发展和社会进步的决定性因素；只有通过一定方式的投资，掌握了知识和技能的人力资源才是一切生产资源中最重要的资源；人力资源作为一种生产能力，已经远远超过了一切其他形态的资本能力的总和；人力资源的管理成为一种开发性的管理。20 世纪 80 年代中期，以知识经济为背景的新经济增长理论在西方国家兴起，罗默、卢卡斯等人在不同程度上进一步发展了人力资本理论，建立了以人力资源为核心的经济增长模型，使人力资源研究更深入、更细致、更具体化和数量化。

2. 公共事业人力资源管理的内涵及特征

公共事业人力资源管理是指公共事业组织为了更好地提供公共服务、履行组织使命，依照宪法和有关法律对其管辖内的人力资源进行规划、录用、考核、培训、晋升、奖惩激

---

① 参见张天力：《试论事业单位人力资源战略管理》，吉林大学硕士学位论文，2004。

励、保障等一系列管理活动过程的总称。可以从以下三个方面来理解公共事业人力资源管理的内涵：一是公共事业人力资源管理的主体是公共事业组织和相关的政府机构。二是公共事业人力资源管理的客体是公共事业组织的人力资源。从宏观层面上看，公共事业人力资源管理的客体是整个公共事业系统的人力资源管理；从微观层面上看，公共事业人力资源管理的客体是每一个公共事业组织内部的人力资源管理。三是公共事业人力资源管理要从量和质两个方面着手。从量的方面，要根据公共事业组织的人力和物力的特点，对人员进行培训、组织和协调，使人力和物力达到最佳整合，充分发挥它们的作用；从质的方面，要用科学的方法调动每一个个体的积极性，消除事业单位中常常出现的互相扯皮的内耗问题，使工作人员在行为、思想等方面保持协调，实现整体功能大于个体功能之和的功效。

公共事业人力资源管理与传统的公共事业人事管理相比，在管理理念、管理内容、管理模式和管理手段上存在着明显的差别。一是管理理念不同。公共事业人力资源管理把工作人员看作资源，并认为其可以被持续不断地开发和有效利用，从而注重对人的培训。而传统的公共事业人事管理则把工作人员看作成本或生产、技术要素，管理的重心侧重于事，忽视人的作用和对人的培养。二是管理内容不同。传统的公共事业人事管理内容相对简单，主要包括工作人员的录用、考核、奖惩、工资等内容。而公共事业人力资源管理内涵更丰富，不仅仅包含这些基本内容，还增加了许多新内容，如公共事业人力资源预测、规划、开发、激励等。三是管理模式不同。公共事业人力资源管理模式是战略型管理模式，不局限于具体、琐碎的管理事务中，而是立足于整个公共事业组织人力资源管理战略，在全面分析人力资源发展状况的基础上，系统地做好公共事业人力资源的规划、获取、维持和开发等工作。而传统的公共事业人事管理属于事务型管理模式，局限于人员的调入、管理、调出等日常琐事之中，对于关系到公共事业人力资源管理全局的发展战略却很少关注。四是管理手段不同。公共事业人力资源管理属于人性化管理，以柔性管理为主要手段，更加注重组织与人的互动，注重发挥人的积极性，而不仅仅是单向管理。传统的公共事业人事管理手段简单化，以刚性管理为主要手段，即对人以控制和命令为主，是一种单向管理。

与政府机关和企业相比，公共事业人力资源管理也有着自己的独特性。① 一是政治性。以政府为管理主体的公共事业组织代表公民行使社会公共权力，贯彻执行国家的方针政策，公共事业人力资源管理不可避免地具有强烈的政治色彩。二是绩效难测量性。公共事业组织的产出大都是具有非竞争性、非排他性的公共物品，其价值难以衡量，而且公共物品一般是集体性的产品，难以确定个人在其中的贡献份额，因此公共事业人力资源管理在个人绩效测评上存在技术上的困难。三是复杂性。公共事业组织是一个纵横交错、层级繁杂的庞大组织体系，涉及教育、科技、文化、卫生、体育等众多方面，公共事业组织内部上下级部门之间、同级部门之间关系错综复杂，这就导致了公共事业组织在人力资源管理权限上的划分、人力资源的获取、配置使用等方面具有私人部门无法比拟的复杂性。

---

① 参见温来成：《现代公共事业管理概论》，126～127页，北京，清华大学出版社，2007。

3. 公共事业人力资源管理的意义和原则

总体而言，科学有效的公共事业人力资源管理不仅有助于事业组织的长远发展、事业组织员工的综合提升，而且对我国公共事业的整体发展也有重大的实践意义。一是有助于完善事业组织的用人制度。一方面，事业组织要用好现有的人员，让现有的人员人尽其才，充分发挥潜力，防止和减少人才浪费现象；另一方面，事业组织也要创造条件，引进适合的、高素质的、组织急需的人才，要注意对引进的人才进行合理的安置，避免用人不当，降低人力资源的使用成本，完善用人制度。二是有助于提高事业组织员工的综合素质。通过认真的招聘、科学的培训开发、严格的考核以及优厚的福利等一系列规范化管理，有助于提高事业组织员工的综合素质。三是有助于提高事业组织的效率，实现事业组织的目标。组织所拥有的人力资源的状况直接影响组织工作的成效。事业组织加强人力资源管理，有效发掘人才，主动培养人才，合理使用人才，充分发挥人才的工作积极性和创造性，有助于提高事业组织的效率，实现事业组织的目标。四是有助于事业组织提供高质量的公共事业产品。事业组织的使命在于为公众提供贴身、周到的公共事业产品。而人的文化、技术、能力素质等在很大程度上决定了事业组织提供的公共事业产品的质量。因此，借鉴现代人力资源的管理经验，结合事业组织的特点，提高人员的专业技术水平，进行科学的人事管理，提高服务人员的综合素质，有助于事业组织提供高质量的公共事业产品。

为了做好公共事业人力资源管理工作，实现公共事业人力资源管理的目标，公共事业组织必须遵循一定的原则。

(1) 以人为本原则。

以人为本原则是指人是管理的出发点和归宿，一切活动都必须以调动人的积极性和创造性为根本。要注重对人力资源的投入、开发、管理和维持，积极创造有利于人力资源发展的良好环境，建立能充分调动人员积极性的管理和运作机制，以实现人事管理的科学化、制度化和规范化。

(2) 公平竞争原则。

可以使组织（或工作）的运行始终处于动态优势之中，从而使组织充满活力。公共事业组织必须为人力资源的竞争提供公平的环境、制度和标准。在人力资源管理的“进、管、出”方面真正做到公开考试、择优录用、考试考核、功绩晋升、适才适用、同工同酬、劳酬相符等。

(3) 岗位责任原则。

所谓岗位责任制是指根据不同组织的工作特点，科学合理地设置岗位，明确不同岗位的职责、权利和任职条件，实行岗位管理的一种管理制度。就公共事业组织而言，针对专业技术岗位，要坚持按照岗位要求择优聘用，逐步实现专业技术职务的聘任与岗位聘用的统一；针对管理岗位，要建立体现管理人员的管理水平、业务能力、工作业绩、资格经历、岗位需要的等级序列，推行职员制度；针对工勤岗位，要建立岗位等级规范和规范工勤人员“进、管、出”等环节的管理办法。

(4) 民主法治原则。

一方面，人力资源管理工作的好坏不仅取决于是否具有先进的管理理念、科学的管理原则、严格的管理制度，也取决于是否能够坚持广泛公开的民主管理，因为广泛公开的民主管理可以充分调动人的工作积极性，提高人的参与意识。另一方面，严格的依法管理是事业组织人力资源管理法制化的核心，它要求确立法律、法规在人力资源管理过程中的权威，强调在法律规定的范围内行事。

昆明市儿童医院的人事制度改革

昆明市儿童医院从1999年起开始进行人事制度改革，率先实行全员聘用制，医院与在编在岗职工通过签订聘用合同，确立了劳动关系，明确了医院与被聘人员双方的责、权、利，打破“铁饭碗”，引入竞争机制和新的用人机制。实施专业技术评聘分开，逐步解决了职称评聘的历史遗留问题，初步进行岗位设置，实现由身份管理向岗位管理的转变。规范考核评分标准，制定了职工奖惩条例，初步实施分配制度改革。

2005年起医院又先后进行了人事代理、岗位聘任、分配制度等一系列改革。职工的个人档案全部移交到人才服务中心进行托管，实现了“单位人”向“社会人”的转变。2006年，在岗位设置、工作分析的基础上，采取自上而下、自下而上的形式反复多次修改《岗位说明书》，明确了各级各类岗位的规范名称、任职条件、工作职责、考核标准；并逐步修改完善《考核实施细则》，重新细化考核量化评分标准，在考核中融入医德医风考核等内容。随后，实行国家档案工资封存和院内改革工资等两套工资分配方法，体现按需设岗、以岗取酬，多劳多得。根据岗位风险、技术知识含量、工作强度、任务指标完成情况、服务意识、服务水平、服务质量等要素，制定不同岗位的岗位等级工资标准，搞活内部分配。2010年，在省市有关岗位分级设置的政策指导下，先后制定出台《医院岗位设置方案》、《医院岗位设置实施办法》以及《岗位聘任实施细则》，实行岗位分级聘任管理。

资料来源：宋志华：《从公立医院改革看人事制度的改革与创新》，载《经济师》，2013（3）。

3.2 公共事业人力资源管理的基本内容

公共事业人力资源管理在内容上主要包括公共事业人力资源招聘、培训、绩效管理、薪酬管理、离退休管理和辞职辞退管理等环节。

3.2.1 公共事业人力资源招聘

自从公共事业组织有了用人自主权后，招聘就成为公共事业组织的一项重要工作。科学、规范的招聘能优化人力资源配置，为公共事业持续稳定发展提供人力资源保障。

1. 公共事业人力资源招聘的特点、原则和意义

（1）公共事业人力资源招聘的特点。

公共事业人力资源公开招聘是我国公共事业人力资源管理的重要内容，具有以下特点：从考察内容上讲，公共事业人力资源公开招聘重点考察人才的专业知识、业务能力和工作技能。从招聘对象层次上讲，公共事业人力资源公开招聘涵盖了低、中、高三个层次的人才，有些公共事业组织（如教育领域的高等院校和科研所）公开招聘的有可能是一个领域的专家学者，甚至是学术带头人。从录取制度上讲，公共事业组织实行的是聘用制度，聘用制度下人才的流动性比较大。从招聘技术上讲，公共事业人力资源招聘的考察方式灵活，不仅可以采取面试和笔试，对于应聘工勤岗位的人员，还可根据需要重点进行实际操作能力的测试。从招聘组织者上讲，招聘工作的组织者既可以是政府各级人事行政部门、用人单位的上级主管部门，也可以是用人单位自己，甚至可以是前面三种主体委托的政府人事行政部门所属的考试服务机构和人才服务机构。

（2）公共事业人力资源招聘的原则。

第一，公开原则。公共事业人力资源招聘实行全程公开，包括进入信息公开、过程公开、结果公开，接受社会及有关部门的监督。《事业单位公开招聘人员暂行规定》（简称《规定》）明确指出，事业单位招聘人员应当公开发布招聘信息，招聘信息应当载明用人单位情况简介、招聘的岗位、招聘人员数量及待遇；应聘人员条件；招聘办法；考试、考核的时间（时限）、内容、范围；报名方法等需要说明的事项。

第二，节约成本原则。公共事业人力资源招聘应本着节约成本的原则，能统一考试的要统一考试，不能统一考试的可以灵活运用。

第三，回避原则。《规定》指出，凡与聘用单位负责人员有夫妻关系、直系血亲关系、三代以内旁系血亲或者近姻亲关系的应聘人员，不得应聘该单位负责人员的秘书或者人事、财务、纪律检查岗位，以及有直接上下级领导关系的岗位。聘用单位负责人员和招聘工作人员在办理人员聘用事项时，涉及与本人有上述亲属关系或者其他可能影响招聘公正的，也应当回避。

（3）公共事业人力资源招聘的意义。

公共事业人力资源的公开招聘确确实实为公共事业组织管理注入了新的活力，为公共事业的健康、有序发展提供了坚实的人才基础。一是创造出公开、公平、公正的人才竞争环境。有利于消除人才录用中的不公平现象。二是扩大了选才范围，促进事业单位自身发展。实行面向社会公开招聘，充分体现出公共事业组织尊重劳动、尊重知识、尊重人才的方针政策，使人才资源能在更大范围内优化配置。三是有利于扩大公共事业组织用人自主权，调整和优化人才结构。实行面向社会公开招聘，公共事业组织可以根据事业发展的需要，结合自身需求，合理引进和整合人才资源，把最优秀或最合适的人员招到其事业最需要的岗位上，从而提高人才队伍的知识和能力水平，增强单位的活力，提升公共事业组织自身的竞争力。

2. 公共事业人力资源招聘的程序

（1）招聘前的准备工作。

首先，进行岗位设置。公共事业组织岗位一般分为管理岗位、专业技术岗位和工勤技能岗位三类。管理岗位是指担负领导职责或管理任务的工作岗位。专业技术岗位是指从事专业技术工作，具有相应专业技术水平和能力要求的工作岗位。工勤技能岗位是指承担技能操作和维护、后勤保障、服务等职责的工作岗位。公共事业组织应按照科学合理、精简效能的原则进行岗位设置，坚持因事设岗、权责明确、总体把握、注重协调。

公共事业组织工作岗位的设置是一个系统工程，既要分清主次，又要注意协调配合，不仅要强调向主业岗位倾斜，还要考虑到辅助或支持系统的岗位设置，在设定岗位时必须与本组织或本单位的职能、任务、目标直接挂钩，不能孤立地、局部地重视某一类别或子系统的岗位设置，而应该从各类别或子系统之间、各岗位之间的相互联系上，总体设置。一是公共事业组织的管理岗位、专业技术岗位、工勤技能岗位的设置目的要明确。管理岗位的设置要立足于增强组织运转，提高工作效率，提升管理水平；专业技术岗位的设置要立足于社会公益事业的发展与专业要求，符合专业技术工作的规律和特点；工勤技能岗位的设置要立足于提高操作维护技术，提升服务水平，满足单位业务工作的实际需要。二是公共事业组织的管理岗位、专业技术岗位、工勤技能岗位的结构比例应根据事业单位的社会功能、职责任务、工作性质和人员结构特点等因素综合确定。另外，在进行岗位设置的同时还需要编写岗位说明书。规定本岗位所需的任职资格条件，为公共事业组织招聘新员工和原有员工的岗位竞聘提供客观的标准和依据，避免主观因素的干扰。

其次，进行人力资源规划。人力资源规划有狭义和广义之分。狭义的人力资源规划是指组织从自身的发展目标出发，根据其内外部环境的变化，预测组织未来发展对人力资源的需求，以及为满足需求提供人力资源的活动过程，广义的人力资源规划包括组织的人力资源供求规划、组织结构变革与岗位设置规划、管理制度变更和调整规划、人员调配晋升计划、员工薪酬福利保险和激励计划、员工绩效考评计划等。我们这里讲的公共事业人力资源规划为狭义上的人力资源规划，即公共事业人力资源的供求规划，它是公共事业人力资源招聘的重要保障。

（2）制定招聘计划。

招聘计划由用人单位负责编制，主要包括招聘的岗位及条件、招聘时间、招聘人员的数量、采用的招聘方式等内容。

（3）发布招聘信息。

事业单位应当公开发布招聘信息，载明用人单位情况简介、招聘岗位、招聘人员数量及待遇，应聘人员条件，招聘办法，考试、考核的时间（时限）、内容、范围，报名方法等需要说明的事项。

（4）受理应聘人员的申请，对资格条件进行审查。

应聘人员必须具备下列条件：具有中华人民共和国国籍；遵守宪法和法律；具有良好的品行；具备岗位所需的专业或技能条件；具有适应岗位要求的身体条件；具备岗位所需要的其他条件。用人单位或组织招聘的部门应对应聘人员的资格条件进行审查，确定符合条件的人员。

（5）考试和考核。

考试内容应为招聘岗位所必需的专业知识、业务能力和工作技能。考试科目与方式根据行业、专业及岗位特点确定。考试可采取笔试、面试等多种方式。对于应聘工勤岗位的人员，可根据需要重点进行实际操作能力测试。考试由事业单位自行组织，也可以由政府人事行政部门、事业单位上级主管部门统一组织。急需引进的高层次、短缺性专业人才，具有高级专业技术职务或博士学位的人员，可以采取直接考核的方式招聘。对通过考试的应聘人员，用人单位应组织对其思想政治表现、道德品质、业务能力、工作实绩等情况进行考核，并对应聘人员资格条件进行复查。

（6）体检与背景资料审查。

进行体检和资格审查的意义在于核查事实以及获取新的信息。体检的目的在于检验拟聘人员的身体状况是否能够胜任当前的工作岗位。目前，事业单位拟聘人员体检的主要标准主要是参照公务员体检标准执行。对于拟聘人员的背景资料审查则是对拟聘人员资料的真实性进行的验证，涉及内容包括拟聘人员在原工作单位的工作绩效、所受奖惩、离职原因、原单位主管以及同事对求职者的评价等。资料验证的方法主要有走访、函调、电话审查、网络验证等。

（7）签订聘用合同，办理聘用手续。

经用人单位负责人员集体研究，按照考试和考核结果择优确定拟聘人员。对拟聘人员应在适当范围进行公示，公示期一般为7～15日。用人单位与拟聘人员签订聘用合同前，应按照干部人事管理权限的规定报批或备案。用人单位法定代表人或者其委托人与受聘人员签订聘用合同，确立人事关系。事业单位公开招聘的人员按规定实行试用期制度。试用期包括在聘用合同期限内。试用期满合格的，予以正式聘用；不合格的，取消聘用。

2014年某市产品伤害监测项目招聘产品伤害监测项目人员简章

一、报考条件

（一）遵守中华人民共和国宪法、法律、法规；

（二）遵章守纪，爱岗敬业，具有良好的品行；

（三）具有正常履行岗位职责的身体条件；

（四）具备符合岗位要求的文化程度和工作能力；

（五）具备岗位所要求的其他资格条件。

二、招聘岗位、人数及条件

招聘岗位及人数：产品伤害监测项目人员1名

应聘条件：

1. 应聘人员与原工作单位无劳动关系或聘用合同关系；

2. 中专以上学历，预防医学或护理学专业；

3. 本市户籍，年龄在40周岁以下，年龄计算截至2014年4月30日。

三、报名

报名时间：2014年5月9日至5月19日

报名方式：2014年5月19日前请符合条件的应聘者将个人简历通过电子邮件发至××××@126.com。

四、考试

面试考务由招聘单位具体组织，采用结构化面试方式，主要测评报考人员的综合素质和专业技能；总分100分，合格线为60分。

面试时间、地点另行安排。

五、体检

参加体检人员由招聘单位组织到指定的医院集中体检。体检人员应按时参加体检，不按时参加体检者，视为放弃资格。体检费用个人自理。

六、考核

体检、考核不合格的，从面试分数上合格线人员中依次递补。应聘人员放弃体检资格的，或体检、考核合格的拟聘用人选，因故退出、被取消聘用资格的，由用人单位综合考虑，决定是否递补。

体检合格的报考人员应提供户籍所在地派出所出具的无违法犯罪记录证明，已婚的提供所在地计划生育证明，不合格的不予录用。

七、录用

根据岗位要求以及面试、体检及考核结果，择优确定拟录用人员名单，并在本中心公示栏公示7天。

八、工资待遇和试用期

每月工资由基本工资和绩效工资两部分组成。其中基本工资为每人每月人民币2 500元整，包括应缴纳的社会保险费用和住房公积金。绩效工资视工作表现予以支付，由用人科室进行月考核并存档。

以上职位为合同制聘用，不解决人事、档案和户口关系。试用期1个月，考核合格后签订聘用合同。本次聘用时间1年，合同期满后视项目开展情况再协商是否续聘。

九、其他

1. 面试前考生应提供报名表（贴照片）、毕业证、身份证等资料原件、复印件；

2. 一经录用，需提供个人缴纳社保相关证明材料。

某市疾病预防控制中心

2014年5月8日

3.2.2 公共事业人力资源培训

公共事业人力资源培训是进行人才资源开发的重要手段。实施培训有利于提高工作人员的素质和技能以及组织的整体水平和工作效益。培训在公共事业人力资源管理中越来越受到普遍重视。

1. 公共事业人力资源培训的原则

（1）政治和业务相结合原则。

实施这一原则要求在公共事业人力资源培训中遵循“两手抓”的方针，即一手抓政治思想理论教育，一手抓业务培训。公共事业组织与国家、政府有着千丝万缕的联系，其工作人员需要具备一定的政治素质。所以，必须加强参训人员的政治理论教育，提高他们的政治觉悟和思想水平，要将马列主义、毛泽东思想的指导方针、原则渗透到业务教育中。同时，业务培训还要适应实际工作的需要，注重提高参训人员的业务能力。

（2）学以致用原则。

培训要从工作实际出发，组织发展需要什么、员工缺什么就培训什么，不搞形式主义的培训，要讲求实效，培训要与职位特点紧密结合，与培训对象的年龄、知识结构、能力大小、思想状况紧密结合。

（3）按需施教原则。

不同职类、层次、职位的专业技术人员和管理人员，需要的知识和技能有所差别，其培训内容与形式也应有所区别。培训要根据不同时期的不同需要以及不同公共事业组织各类各级人员不同职位的不同要求，授之以不同的知识与技能，真正做到按需施教。

（4）分级分类原则。

要提高培训的针对性，必须坚持分级分类培训原则。根据组织成员在组织中所处的层次、工作的职责和任务，分级实施培训；根据不同专业的人员培训对象，设计不同的培训内容，采取与之相适应的培训方式。

2. 公共事业人力资源培训的方式

公共事业人力资源培训的方式可分为内部培训、外派培训和员工自我培训三种。内部培训又包括新聘人员岗前培训、岗位培训、转岗培训、部门内部培训等。岗前培训内容包括本行业的有关政策法规、行业知识和基本技能等。岗位培训即在职培训，是针对员工岗位专业与技能提高而进行的培训。转岗培训是当员工在组织内调换工作岗位时，组织按新岗位要求对其实施的技能培训。部门内部培训是由各部门根据实际工作需要，对员工进行的小规模的、灵活实用的、和工作贴近的培训。外派培训，即外训，是指培训地点在组织以外的培训，具体包括国内外短期培训、海外考察、资格证书培训等。员工自我培训是员工利用业余时间参加的各种提高自身素质和业务能力的培训。

3. 公共事业人力资源培训的内容

公共事业人力资源培训的内容主要包括一般的知识培训、技能培训、素质培训和特殊的公共事业精神培训。知识培训是对员工本专业和相关专业新知识方面进行的培训，使其具备完成本职工作所必需的基本知识和创新管理所需的新知识。技能培训是对在岗员工岗位职责、操作规程和专业技能进行的培训，使其在充分掌握理论的基础上，能自由地对理论加以应用、发挥和提高。素质培训是在心理学、人际关系学、社会学、价值观方面进行的培训，满足员工自我实现的需要。公共事业精神培训是针对公共事业的特性，进行的使命感培训、责任感培训和道德感培训，针对公共事业人力资源偏好于稳定的工作，希望被委以重任、授予权力和赞赏等特点，进行柔性化管理，用目标、准则去引导、说服、鼓励员工，激发其内在的积极性。

4. 公共事业人力资源培训的程序

（1）进行培训需求分析。

所谓培训需求分析，是指在规划与设计每一项培训活动之前，先由培训管理人员采用各种方法和技术，对组织及其成员的目标、知识、技能等方面进行系统的鉴别与分析，以确定是否需要培训以及培训内容的一种活动过程。公共事业组织的培训需求分析应首先考虑组织层面和任务层面的需求分析，最终落脚于人力资源本身的需求分析。具体来讲，首先，通过考察组织面临的环境，综合考虑组织发展目标及拥有的资源状况，确定培训需求；再次，从组织活动中重要的工作任务出发，由完成相应工作所需要的员工知识、技能和行为模式出发来确定培训需求，这一层面的培训需求可以工作说明书为依据；最后，从任职者的角度考察培训需求，将员工目前的实际工作绩效与组织理想或标准的员工绩效进行比较，找出两者之间的差距，确定需要培训的员工和培训需求，这一层面的培训需求可以通过培训需求调查问卷或调查表、访谈等方式获得。

（2）制定培训计划。

培训计划是在培训需求分析的结果上建立起来的，培训计划应包括培训目标、培训方式、培训内容、培训时间、培训地点、受训人员和培训负责人员等。此外，为保证培训工作的顺利实施，控制措施也是必不可少的。培训控制主要包括培训费用控制、培训纪律、培训效果跟踪、培训秩序保证等。

护士岗前培训计划

一、培训目的：

为了帮助新毕业的护士尽快适应医院护理工作，有利于医院护理质量和整体护理水平的提高，需对新毕业护士进行上岗前培训，特制定岗前培训计划。

二、培训对象：2011年新进护士

三、培训时间：9月23日至9月26日

四、培训地点：

理论课：行政二楼1号会议室

操作：各轮转科室培训

五、培训内容及安排：

日期	时间	培训内容	授课人	职称职务
9.23	13:00—14:30	医院规章制度	×××	骨科护士长、护师
	14:30—15:30	礼貌礼仪	×××	妇产科护士长、护师
9.24	13:00—15:30	护理文件书写要求、护士条例	×××	护理部副主任、护师
9.25	13:00—14:30	护患沟通	×××	肿瘤外科护士长、护师
	14:30—15:30	护理风险防范	×××	内二科护士长、护师
9.26	13:00—15:00	消毒、灭菌技术	×××	感染科科长、主管护师

（3）实施培训。

培训主办部门应根据培训计划按期实施培训，并负责该项培训的全盘事宜，如培训场地安排、教材分发、通知培训师和受训单位等。

（4）评估培训效果。

评估培训效果应贯穿于整个培训过程。在培训期间，公共事业组织的人力资源部门应定期召开评估会议，以评估各项培训课程的实施成果并进行记录，反馈给各有关单位。培训结束后，对培训师、培训组织者的评估可以采取调查表的形式；对受训人员的评估形式包括测验式评估、演练式评估等多种定量和定性评估形式，每位受训人员要写出培训小节，总结在思想作风、专业知识、业务技能、组织认同感等方面的进步，培训小节应与培训成绩一起存入人事档案。

3.2.3　公共事业人力资源绩效管理

绩效管理是管理者通过一定的方法和制度确保组织及其子系统（部门、流程、工作团队和员工个人）的工作表现和业务成果能够与组织的战略目标保持一致并促进组织战略目标实现的过程。它通过对员工工作绩效进行有效考核与控制，获得反馈信息，为管理者的管理活动提供依据，从而促进组织目标的实现。

1. 公共事业人力资源绩效管理的意义

（1）绩效管理是公共事业组织合理配置人才的依据。

职务任用的标准是德才兼备，人员配置的原则是因事择人、人适其事、用人所长。而这些都离不开考核，只有通过对人员全面科学的考核，才能全面掌握每个人的道德品质、业务能力和工作业绩，才能确定哪些人具有从事领导工作的能力，哪些人可以作为管理者，也才能知道从事专业技术工作的人员的业务水平，掌握他们的业绩，为选拔高科技人才提供依据。

（2）绩效管理是公共事业组织确定薪酬的依据。

公共事业组织改革要求建立按劳分配和按生产要素分配相结合的分配体制，鼓励探索生产要素按贡献参与分配的实现形式和办法，收入分配政策向关键岗位和优秀人才倾斜。而没有绩效考核就不能确定一个人的劳动数量和劳动质量，这样就很难做到分配的公平公正，影响员工的工作积极性，最终不利于组织目标的实现。

（3）绩效管理是公共事业组织进行人员培训的依据。

通过绩效考核可以了解人员在政治思想素质、专业知识和工作能力等方面的欠缺，从而为培训指明方向。

（4）绩效管理是公共事业组织对员工进行有效激励的前提条件。

奖惩分明是人力资源管理的基本原则，也是激励有效的主要手段。要做到奖罚分明，就必须要科学地、严格地进行绩效考核，根据考核确定奖罚对象。同时，绩效考核本身就是一种激励措施，科学合理的考核能够肯定成绩、提出不足、鞭策后进、促其进取。

2. 公共事业人力资源绩效管理的环节

绩效管理是一系列活动的连续不断的循环过程，一个绩效管理过程的结束是另一个绩效管理过程的开始，具体包括以下几个环节：

（1）绩效计划。

绩效计划是一个确定组织对员工的绩效期望并得到员工认可的过程。绩效计划必须清楚地说明期望员工达到的结果以及为达到该结果所期望员工表现出来的行为和技能。

（2）绩效监控。

在绩效管理实践中，管理的主要功能是保证员工能够按照绩效计划设定的目标，在规定时间内顺利地完成工作任务。

（3）绩效考核。

绩效考核可以说是绩效管理的核心环节。绩效考核是一个按照事先确定的工作目标和发展目标及其衡量标准，考察员工实际完成的绩效情况的过程。根据《事业单位工作人员考核暂行规定》，考核的内容包括德、能、勤、绩四个方面，重点考核工作实绩。考核标准应以岗位职责及年度工作任务为基本依据，具体标准在政府人事部门与主管部门的指导下由各单位根据实际情况自行制定。考核标准应明确具体，不同专业和不同职务、不同技术层次的工作人员在业务水平和工作业绩方面应有不同的要求。

（4）绩效结果的运用。

绩效结果的运用是绩效管理系统中的最后一个环节，其目的是通过将绩效结果与员工的管理联系起来，从而更有的放矢地提升员工绩效水平，激励员工。绩效结果的运用是多种多样的，如运用于绩效反馈面谈、绩效申诉、绩效改进计划的制定、绩效薪酬以及晋升等。根据《事业单位工作人员考核暂行规定》，对德、能、勤、绩表现较差，在年度考核中难以确定等次的人员，可先予以告诫，期限为3～6个月。告诫期满有明显改进的，可定为合格等次；仍表现不好的，定为不合格等次。当年考核被确定为不合格等次的，不发年终奖金，并予以批评教育。连续两年考核被确定为不合格等次的，根据不同情况，可予以降职、调整工作、低聘或解聘。连续两年考核被确定为不合格等次，又不服从组织安排或重新安排后年度考核仍不合格的，予以辞退。事业单位工作人员在年度考核中被确定为合格以上等次的，按照有关规定晋升工资档次和发给奖金。职员连续三年考核被确定为合格以上等次的，具有晋升职务的资格；连续两年以上被确定为优秀等次的，具有优先晋升职务的资格。专业技术人员年度考核被确定为合格以上等次的，具有续聘的资格。工人连续两年考核被确定为优秀等次的，具有聘任技师的优先资格。

3. 公共事业人力资源绩效考核的方法

（1）目标管理法。

公共事业组织的组织战略目标多出于社会公益的考虑，以提供更多、更优质的社会公共服务，因而基于目标管理的系统考核方法就成为效率比较高的绩效考核工具。基于目标管理的绩效考核的整个流程包括设定绩效目标、确定目标达成的时间框架、实际绩效水平与绩效目标相比较、设定新的绩效目标四部分。

（2）关键事件法。

当一种行为对考评对象的绩效产生无论是积极的还是消极的重大影响时，管理者都把它记录下来，这样的事件被称为关键事件。其特点是突出工作的重点环节和内容，能把握住管理底线。

（3）民主测评法。

民主测评法是公共事业组织最常用的一种方法。根据设定好的测评表格。由参与测评人员对全部考核对象的考核等次分别作出评价。民主测评法适用于年度综合考核。

（4）评定组织共同确定法。

这种方法主要适用于公共事业组织的专业技术业绩评价，先由基层考评小组推荐，然后由评价学术委员会评议投票。公共事业组织的职称评审、优秀专家推荐都采用这种方法。

（5）配对比较法。

配对比较法是指将被考核者进行两两比较，在比较中将绩效更好的记为“＋”，另一比较对象得“－”，两者水平一致的则记为“0”。在进行完所有比较后，将每个人的所得分加总就是这个人的相对成绩，之后根据成绩排出被考核者的优劣等次。这种方法限于考核人员不多时采用。在被考核对象难以区分高低或是考评者不愿当面表明人选时，可以采取这种强制排序的方法。

例如，我们要对赵、钱、孙、李、王五个人进行评价。在运用配对比较法时，应先设计出如表 3—1 所示的表格，标明要评价的绩效要素并列出需要评价的人员名单。然后将所有人根据表中标明的要素进行配对比较，将比较结果填入两个比较对象相交的单元格中，“＋”表示 A 栏上的人比 B 栏上的人绩效水平高，“－”的含义与“＋”相反，用“0”表示两者绩效水平一致。最后，将 A 栏每个人得到的“＋”的次数纵向相加。得到的“＋”越多，这个人的评价得分越高。如表 3—1 所示，评价结果为钱的评价等级最高。

表 3—1　　配对比较法举例

B \ A	赵	钱	孙	李	王
赵	0	＋	＋	－	－
钱	－	0	－	－	－
孙	－	＋	0	＋	－
李	＋	＋	－	0	＋
王	＋	＋	＋	－	0

资料来源：方振邦：《战略性绩效管理》（第四版），北京，中国人民大学出版社，2014。

（6）网上考评法。

传统的绩效考评方式由于受考评双方主观意识的影响较大，难免对考评的准确性和科学性产生一定的影响。为了进一步增强考评工作的规范化管理，减少随意性，提高工作效率，部分公共事业组织开始采用网上评议的形式，对公共事业组织的人力资源进行绩效考评，以发挥网上评议操作方便、运用灵活、评价客观等优点。

3.2.4　公共事业人力资源薪酬管理

薪酬是员工因为组织提供劳动或劳务所得到的报偿，包括工资或薪水、奖金、福利、津贴等具体形式。[①] 薪酬管理一方面保障了员工的基本生活，另一方面可以充分激励、发挥员工的潜力，更好地实现组织的发展目标。

1. 公共事业组织工资制度改革的历程

新中国成立以来，我国公共事业组织的工资制度经历了由解放初期的供给制和工资制两种制度并存，到全部实行工资制，又由职务等级工资制改为以职务工资为主要内容的结构工资制，再由结构工资制改为以专业技术职务等级工资制、岗位工资制为主要内容的工资制度的历史发展过程。

---

① 参见孙剑平：《薪酬管理》，1 页，长春，吉林人民出版社，1999。

第一个时期为1949年10月至1956年3月，从供给制和工资制两种制度并存，到建立全国统一的新的工资制度，完成了由供给制向工资制的过渡。

第二个时期为1956年4月至1985年6月，国家推行了事业单位统一的职务等级工资制，即把全国干部职务分为25个等级，每个等级都有不同的工资标准，根据职务的大小和工作时间的长短划定具体的等级。这一制度符合当时的实际，起到了一定的积极作用，但随着形式的发展和干部队伍的变化，逐渐出现了职级不符的问题。

第三个时期为1985年7月至1993年9月，将职务等级工资制改为以职务工资为主要内容的结构工资制，强调贯彻按劳分配的原则，主要根据职务的高低确定工资的多少，它对解决长期存在的职级不符的问题具有明显的积极意义。但这次改革仍然存在不少弊端，如加重了平均主义的倾向，挫伤了广大专业技术人员的积极性。

第四个时期为1993年10月以后，这次改革提出了“政事分开、分类指导”的工资管理体制原则，事业单位根据行业、工作性质和特点，实行不同类型的工资制度。对于专业技术人员，建立了专业技术职务等级工资制；对于管理人员，建立了职员职务等级工资制。

2. 公共事业人力资源薪酬管理的目标和原则

薪酬管理作为公共事业组织进行管理的有效工具之一，最终是为实现公共事业组织的组织目标服务的。具体来看，主要有以下几点：一是提升组织实力。合理的薪酬体系能引导和创造组织内部的竞争气氛，构建充满活力的内部竞争机制，发挥人力资源的潜能，优化员工的整体素质，为组织创造价值，提升组织整体的竞争优势。二是稳定岗位结构。公共事业组织要想生存和发展，首先需要保持相对稳定的结构。而薪酬管理通过承认和明确岗位的不同价值，并结合岗位绩效考核结果对员工的贡献给予合理、公平的回报，以此保留和吸引人才，激励员工在岗位上努力工作，使组织保持一个相对稳定合理的结构。三是满足员工需要。组织的生存和发展归根到底要靠人来进行，合理的薪酬就是要体现对员工基本生活水平的保障。

薪酬的制定要遵循一定的原则，原则由薪酬的目标来决定，遵循正确的原则将有利于薪酬要素在薪酬体系里高效地发挥功能，保证薪酬目标的实现。

（1）系统性原则。设计薪酬时坚持系统性原则首先就是要使薪酬管理与人力资源管理的其他职能联系起来，使薪酬体系作为人力资源管理的一个子系统融入人力资源管理这个大系统当中；其次，在薪酬体系的设计中所选择的指标不仅要涉及组织的近期目标，还要包含组织的长远目标，否则容易造成员工急功近利的行为；最后，薪酬体系不仅要奖励单个员工业绩，还要奖励团队业绩，从而有利于团队协作和组织整体目标的实现。

（2）竞争性原则。薪酬的制定应依据薪酬水平调查，对于与市场水平差距较大的岗位薪酬应予以一定幅度的提高，使组织的薪酬水平具有一定的市场竞争力。

（3）激励性原则。薪酬制定应增强弹性，通过绩效考评使员工的收入与组织业绩和个人业绩紧密结合，激发员工的积极性。

（4）公平性原则。薪酬设计重在建立合理的价值评估机制，应在统一的规则下，通过对员工的绩效考评决定员工的最终收入。

（5）经济性原则。薪酬的制定要考虑组织的实际承受能力。人力成本的增长幅度应低于经济效益或社会效益的增长幅度，用适当的工资成本的增加激发员工创造更多的效益增加值，保障出资者的利益，实现可持续发展。

（6）合法性原则。公共事业组织在薪酬的制定和实施中必须遵守相应的法律和相关的政策。

3. 公共事业人力资源薪酬的构成要素

（1）基本工资。基本工资一般高于当地政府公布的最低收入水平，用于维持员工的基本生活。

（2）岗位工资，也称职务工资。它是与岗位的价值挂钩的一个薪酬要素，组织对岗位的工作进行分析和评价之后确定岗位的等级，然后对应不同的等级，确定不同的岗位工资。它仅跟岗位有关，与岗位人员的业绩无关。

（3）技能工资。这里的技能工资不是仅仅根据员工职称确定的，而是综合考虑历史业绩、职称和学历等确定的工资单元。

（4）绩效工资。这部分工资根据员工工作业绩的好坏和考核的结果来确定，通过绩效工资差异可以区别同一职位上的优秀者、合格者和不合格者。绩效工资作为薪酬体系的一个重要要素直接发挥着激励员工的作用。

（5）工作奖金。这是对员工完成额外工作量的回报。

（6）福利。福利是公共事业组织员工所能享受到的一种待遇。福利的范围很广，它对于员工起到了保障性的作用。公共事业组织的员工福利主要包括社会保险和为员工提供的出差、住房、交通、通信等方面的补助。

（7）特殊岗位津贴。在公共事业组织中，有一些岗位的工作需要特定的工作条件或者工作较为艰苦、危险，劳动付出较大，需要有相应的回报。

（8）关键人员津贴。它是专门针对有突出贡献、对公共事业组织发展有决定性作用的人才实施的一种薪酬要素。

（9）关键岗位津贴。与关键人员津贴不同的是，关键岗位津贴是对岗不对人，竞争上关键岗位则享受该津贴，一旦调离该岗位则不再享受此津贴；而关键人员津贴则与有突出贡献的高层次人才挂钩，享受关键人员津贴的人员调换工作岗位依旧享受该津贴。

（10）利润分享。一些自收自支的经营性公共事业组织为了鼓励员工帮助组织获取利润，提高他们继续留在组织工作的可能性，在薪酬体系中需要包括根据利润或回报的某种衡量标准来确定工资的要素，这就是利润分享。

4. 薪酬结构调整

薪酬调整是指根据已有的薪酬计划，根据基本薪酬制度所规定的薪酬标准调整员工标准薪酬的一系列活动过程。在我国，事业单位实行定期增资制度。凡在年度考核中被确定为优秀、称职的，可以按照规定晋升工资和发给奖金。增资制度采取以下四种途径：一是正常升级；二是晋升职务、技术等级增加工资；三是定期调整工资标准；四是随着工资标准的调整，相应提高津贴水平。①

---

① 参见石雪清：《浅析中国事业单位薪酬管理的现状、问题及对策》，载《经济研究导刊》，2013（16）。

3.2.5 公共事业人力资源离退休管理和辞职辞退管理

1. 公共事业人力资源离退休管理

离退休人员的生活状况直接影响社会的稳定，并对在职人员产生间接的影响，因此，离退休人员管理是公共事业人力资源管理一个不可忽视的环节。

在离退休的资格上除参照执行《国家公务员法》的公共事业组织外，公共事业组织工作人员的退休仍按照国发［1978］104号行政法规的规定执行，即符合下列条件之一的，都可以退休：男年满60周岁，女年满55周岁，参加革命工作年限满10年的；男年满50周岁，女年满45周岁，参加革命工作年限满10年，经过医院证明完全丧失工作能力的；因工致残，经过医院证明完全丧失工作能力的。提前退休必须满足如下条件之一：干部男年满55周岁，女年满50周岁，工作满20年，本人要求，组织批准；工作年限满30年；在事业单位机构改革中，富余人员男年满53周岁，女年满48周岁，工作满20年，本人自愿。

公共事业组织人员离退休必须发放离退休费。离退休费是指按国家统一规定发放给离退休人员的离休、退休费及经国务院或人事部、财政部批准设立的津贴补贴。公共事业组织离休人员离休后工资要照发，并按照参加革命工作的不同时间，每年增发1～2个月的本人标准工资作为生活补贴。离休干部所需各项经费，由事业单位在事业经费项下的离休退休人员费用项目列支。公共事业组织工作人员的退休费，按本人职务工资与津贴之和的一定比例发放。其中，工作满35年的，退休费按90%发放；工作满30年不满35年的，退休费按85%发放；工作满20年不满30年的，退休费按80%发放。机关技术工人、普通工人退休后的退休费分别按本人退休前岗位工资和技术等级工资之和、岗位工资的一定比例计发。其中，工作年限满35年的，按90%计发；工作年限满30年不满35年的，按85%计发；工作年限满20年不满30年的，按80%计发。①

2. 公共事业人力资源辞职辞退管理

辞职是公共事业组织工作人员的法定权利，但辞职不是无条件的。我国全民所有制的事业单位的专业技术人员和管理人员都可以提出辞职。辞职必须按人事管理权限，向所在单位或主管部门提出书面申请。所在单位或主管部门从收到辞职申请起，除与所在单位订有聘用合同或法定的特殊情况外，应在3个月内予以办理辞职手续并发给辞职证明书。与所在单位订有聘用合同的，其辞职按聘用合同的规定办理。有下列情况之一的人员，其辞职必须经过批准：国家和省、市重点科研项目的主要负责人和业务骨干，辞职后对工作可能造成损失的；在边远地区、少数民族地区工作的；从事特殊行业、特殊工种的；从事国家机密工作，或曾从事国家机密工作，在规定保密期内的；经司法或行政机关决定或批准，正在接受审查、尚未结案的；法律、法规、规章规定的其他情况。

辞职的具体程序是：（1）辞职申请人填写《辞职申请表》，所在单位根据辞职规定进行审核或审批。（2）辞职人员所在单位将其《辞职申请表》及人事档案转交同级政府人事

---

① 参见人事部、财政部关于印发《关于机关事业单位离退休人员计发离退休费等问题的实施办法》的通知，国人部发［2006］60号。

部门所属人才流动服务机构，人才流动服务机构与辞职人员签订有关协议后，发给辞职人员《辞职证明书》，并将《辞职人员档案转递通知单》的回执退回辞职人员原单位。（3）辞职申请人的情况符合辞职规定的条件，但超过3个月单位仍不给办理辞职的，辞职申请人可到同级政府人事部门所属人才流动服务机构申请办理辞职。人才流动服务机构可向辞职申请人所在单位调转其人事档案，并发给辞职申请人本人《辞职证明书》。（4）辞职申请人的情况属于聘用合同或法定的特殊情况的，如果个人与单位发生争议，经有关部门仲裁后，辞职申请人凭裁定辞职的仲裁文书，到同级政府的人事部门所属人才流动服务机构申请办理辞职。人才流动服务机构向辞职申请人所在单位调转其人事档案，并发给辞职申请人本人《辞职证明书》。

相对于公共事业组织员工有辞职的权利，辞退专业技术人员和管理人员是公共事业组织的一项权力。公共事业组织对有下列情况之一的，经教育无效的专业技术人员和管理人员，可以辞退：连续两年岗位考核不能完成工作任务，又不服从组织另行安排或重新安排后一年内仍不能完成工作任务的；单位进行撤并或缩减编制需要减员，本人拒绝组织安排的；单位转移工作地点，本人无正当理由不愿随迁的；无正当理由连续旷工超过15天，或1年内累计旷工时间超过30天的；损害单位经济权益、造成严重后果以及严重违背职业道德、给单位造成极坏影响的；无理取闹、打架斗殴、恐吓威胁单位领导、严重影响工作秩序和社会秩序的；贪污、盗窃、赌博、营私舞弊情节严重但不够刑事处分的；违反工作规定或操作规程，发生责任事故，造成严重经济损失的；犯有其他严重错误的。

专业技术人员和管理人员在下列情况下，单位不得辞退：因工负伤、致残，丧失劳动能力的；妇女在孕期、产期及哺乳期内的；享受休假待遇的人员在休假期间的；患绝症、精神病及本专业职业病的；符合国家规定的其他条件的。

3.3　我国公共事业人力资源管理的改革与发展

公共事业组织的人事制度是事业单位在运用特殊的手段和方式的基础上，计划、组织、指挥、协调和监控人事活动，促进和保障人与事的最佳联结，以便人适其事、事得其人、人尽其才，为实现组织目标提供有效的人力保障的制度总和。我国公共事业人力资源管理在经历了30多年的事业组织人事制度改革后，已初步建立了一套适合我国事业组织发展的人力资源管理体系，但现行的人事制度体系还没有真正突破计划经济体制下的保守思想和党政机关行政化的人事管理方式，至今仍存在诸多问题。深化事业组织人事制度改革，还必须树立新观念，明确指导思想、目标和任务，采取针对性措施。

3.3.1　事业组织人事制度改革

1. 我国传统事业组织人事制度的基本内容

从新中国成立到1978年，我国传统事业组织人事制度经过几十年的发展，逐渐形成了完整的条条框框。总的看，包括六大方面：第一，在干部的任用上，长期坚持委任制，由上级行政主管部门向事业组织委派领导班子成员，并审批事业组织内部的干部任用。第二，在人员的录用上，长期采用“调入”、“分配”办法，由政府的人事主管部门或事业组织的上级行政主管部门调配。第三，在专业技术人员的职称上，长期采用评审制，由行政上级分配职称指标，事业组织再根据详细的细则选拔人选，由各个级别的评审委员会评议批复。第四，在分配制度上，长期坚持全国统一的等级工资制，根据工作年限、职务职称确定工资标准。尽管工资形式名称叫“等级工资制”，但级差很小，平均主义色彩十分鲜明。第五，在考核上，参照党政干部的办法，以群众评议、领导鉴定为主要形式，在政治、业务、品德三方面进行年度考核。第六，在退休制度上，基本采用年龄划杠的办法，男性以 60 岁为限，女性以 55 岁为限。

2. 事业组织人事制度改革的历程

传统事业组织人事制度是在高度计划经济体制时代建立起来的，在改革开放以前曾对我国的经济发展和社会进步发挥了积极的作用，尤其是在经济落后、物质资源相对匮乏、技术薄弱的时代，有利于把优秀人才调集到最需要的领域和岗位，发挥社会主义集中人力、物力办大事的优势，有利于体现党的干部人事政策的强大力量。但随着经济体制改革和政治体制改革的不断深化，尤其是经济全球化的趋势，传统事业组织人事制度明显不能适应时代发展要求，完全不能适应我国社会主义市场经济体制。因此，必须对传统事业组织人事制度进行改革。特别是 1993 年《国家公务员暂行条例》的颁布，更凸显了事业组织人事制度改革的紧迫性。事业组织人事制度改革在实践中不断积累经验并逐步推进，其改革过程大体可分为以下四个阶段①：

（1）初步探索和重建时期。该时期为 1979—1987 年。这一阶段的主要工作是：进行机关后勤社会化的试点，恢复了职称评审工作，开始推行专业技术职务聘任制；适当下放事业组织人事管理权限，初步搞活了事业组织人事制度。

（2）不断深入时期。该时期为 1988—1992 年。这一阶段的主要工作是：建立了政府特殊津贴制度；进行工资分配制度改革；开始管理人员和专业技术人员辞退辞职制度的试点；进一步推行专业技术职务聘任制，取得了一定的成绩，在一定程度上激发了事业组织的活力。

（3）持续发展时期。该时期为 1993—1997 年。这一阶段的工作是：事业组织人员分类制度初步形成；一些地区和有条件的部门进行了聘用合同制和管理人员职员制的试点；部分科研院所进行了固定岗位与流动岗位相结合、职务工资与课题工资相结合的人事制度和分配制度改革试点；颁布了《人事争议处理暂行规定》，有效地处理了人事争议问题，有力地保障了事业组织聘用制的实施与推行，保障了单位和员工的合法权益；建立事业组织社会保障体系，社会保障工作也由理论探索进入实施阶段。

（4）突破进展时期。该时期为 1998 年至今。这一阶段的工作是：完善事业组织人事制度的法制建设；全面推行聘用合同制和职员制；按照分类管理原则，对不同类型的事业组织实施不同的人事管理；在事业组织内部实行多种形式的分配制度；加强事业组织社会保险制度建设。2002 年，国务院办公厅转发了人事部《关于在事业单位试行人员聘用制

---

① 参见郭鹏、万杭：《我国事业单位人事制度发展历程与改革展望》，载《武汉冶金管理干部学院学报》，2008（3）。

度意见》（国办发［2002］35号文件），出台了《事业单位聘用制条例》，为事业组织试行聘用制度提供了政策依据，以全面推进事业组织人事制度改革。2005年人事部发布了《事业单位公开招聘人员暂行规定》，规定事业组织新进人员，除国家政策性安置、按干部人事管理权限由上级任命及涉密岗位等确需使用其他方法选拔任用人员外，都要实行公开招聘，录用时要面向社会公开。由此，事业组织人事制度改革在较全面的意义上展开。2006年7月和8月，人事部先后颁发了《事业单位岗位设置管理试行办法》和《〈事业单位岗位设置管理试行办法〉实施意见》，开始进行科学合理的岗位设置管理。我国2014年7月1日正式公布和实施的《事业单位人事管理条例》（简称《条例》），是我国第一部系统规范事业单位人事管理的行政法规。《条例》将岗位设置、公开招聘、竞聘上岗、聘用合同、考核培训、奖励处分、工资福利、社会保险、人事争议处理以及法律责任作为基本内容，确立了事业单位人事管理的基本制度，对事业单位人事管理作出了全面系统的规范。这是促使市场经济条件下事业单位人事管理系统规范发展的重要一步，也是我国事业单位人事管理走向制度化、科学化、规范化的又一重要标志。

经过30多年的调整与改革，我国事业单位人事制度改革工作不断深化，以转换用人机制和搞活用人制度为重点，大力推行聘用制度和岗位管理制度，突破改革的关键环节，促进事业单位由固定用人向合同用人转变，由身份管理向岗位管理转变，取得了积极进展。具体表现在以下几个方面：一是聘用制度推行面不断扩大；二是岗位设置管理制度实施工作全面推开；三是公开招聘制度稳步实施；四是事业单位人事管理法规建设步伐加快。人力资源和社会保障部会同有关部门研究制定了《事业单位人事管理条例》。同时，制定了《条例》的配套规章，研究起草了事业单位工作人员处分、奖励、考核、申诉等规定。总的来看，通过事业单位人事制度改革的不断深化，逐步改变了按照管理党政机关工作人员的办法管理事业单位人员的做法，初步转换了事业单位用人机制，淡化了身份，强化了岗位，优化了结构，增强了活力，调动了事业单位各类人才的积极性、创造性，促进了社会事业的健康发展。

3. 事业组织人事制度存在的主要问题

由于事业组织体系本身的复杂性，使公共事业组织现行的人事制度体系并没有真正突破计划经济体制下的保守思想和党政机关行政化的人事管理方式，至今仍存在诸多问题。

（1）虽然坚持了以人为本观念，但并没有把人力资源工作作为一项战略性工作来做。

人力资源是核心资源，应该由一个完整的、强有力的机构来进行管理。而现在的公共事业组织对这一资源的管理根本谈不上有一个完整的机制，仅仅把人力资源管理当作一项事务性工作，劳资、党办、工会、共青团等多体系管理，人力作为一种资源的管理是支离破碎的，没有专职人员从事管理，严重阻碍了事业组织发展战略的实现。

（2）虽然实施了公开招聘制度，但缺乏人力资源的整体规划，招聘工作不公平现象依然严重。

人力资源规划职能缺失几乎是所有事业组织的共同问题。由于人力资源规划职能缺失，人力资源管理的方向就无法明确，导致出现了一系列问题①：一是人力资源结构不合

① 参见王璞主编：《事业单位管理咨询实务》，112～115页，北京，中信出版社，2004。

理。事业组织的工作人员在职类结构、知识结构、能级结构、年龄结构等方面存在大量不合理问题。二是人才没有梯度，青黄不接现象严重，人才储备没有建立起来。有效人力资源经常处于过度使用状态，“一人多岗、身兼多职”的现象在事业组织中依然非常普遍。三是由于缺乏规划，导致招聘时总量与个体需求的矛盾无法解决。许多事业组织凭感觉进行个体需求与总量协调，有些业务部门需要人时又受限于指标，不需要人时又遇到上级的强行安排。而缺乏合理公平的招聘程序，又使事业组织招聘的过程显得很不公平。在招聘流程的处理上，往往是用人部门有职位空缺后，直接找它们觉得合适的人或熟悉的人去交涉，达成双向意愿后，人事部门审核；或者是员工跟用人部门“沟通”好后，部门“炮制”出了职位需求，并指定人员交人事部门审核，最后经领导审批后办理录用手续。另外，公共事业组织的招聘渠道主要是全国的大专院校，招聘形式单一问题严重。

（3）虽然引入了竞争机制，但缺乏有效的激励机制。

现代竞争是人才的竞争，人才竞争的核心就是人力资源激励机制的竞争。我国事业组织的激励机制主要由考核、职务升降、奖励、工资福利、保险管理等环节构成，目前缺少针对不同职务层次的分类考核体系，考核效果不佳，仅靠职务晋升难以调动中低层管理人员的积极性，工资保险和福利制度的激励保障功能依然不明显。特别是工资制度中的工资“水平”与“公平”问题已经成为社会热点问题。事业组织更关心工资、奖金、福利等外在激励，而忽略了提供富有挑战性的工作、让工作更有趣、给予更大的工作自由度、承担更多的责任等内在激励，致使员工忠诚度低、归属感差，最后带来的是人才流失、工作不尽力。

（4）虽然建立了培训体系，但培训缺乏科学性。

目前，虽然培训得到了组织的足够重视，建立健全了培训体系，也进行了一些培训，但是事业组织依然强调人才使用，而忽视为人才提供更专业的知识、技能的更新培训和职工职业生涯设计，培训的途径和方式太过单一。对于培训质量，很多事业组织没有足够重视，只是把其当作工作之余的一种放松方式，没有真正认识到进行知识更新的重要意义。而且公共事业组织人力资源培训工作也存在误区：一是盲目选择课程。很多事业组织的管理者往往不注意课程与本组织的切身适用程度，选择了不适合本组织的课程，使员工培训难见实效。二是忽视“高管”的培训需求。一些事业组织的高层管理人员错误地认为培训只是针对基层管理人员和普通职员的，而高层管理人员不需要培训。三是对培训的投入不足。事业组织的管理者往往错误地认为培训是一种成本，这种观念的存在直接影响了组织对于培训的投入。四是对培训效果的评估不够，缺乏针对受训人员的奖惩措施，致使培训形式化，不能很好地实现培训目的。

（5）虽然建立了绩效考核制度，但绩效考核困难重重。

一是绩效考核指标简单粗放。考核指标与被考核者职务工作的关联性不强，考核指标权重设置不合理，操作性不强，指标内涵不明晰或缺乏具体化的考核标准、方法作支持，使考核执行过程难度较大、一致性较差，影响了绩效考核信度。二是考核周期过长，不能及时激励员工。事业组织的考核周期最为普遍的就是一年，这种周期一方面无法准确地评估个人绩效，另一方面不能很好地激励员工努力工作。三是考核结果缺乏应用。考核结果不能与培训、薪酬奖励、升迁挂钩的现象在事业组织比较突出，不利于进一步调动员工的积极性、主动性和创造性。四是信息缺乏反馈。考核结果缺乏正式的渠道与员工进行有效的沟通，不利于员工改善绩效。

另外，改革也缺乏整体性配套改革条件。一是事业组织体制、机构改革滞后，制约了事业组织人事制度改革的进展，一些符合改革条件的事业组织至今没有改制，科研单位工作人员的创造力没有真正调动起来，缺乏事业组织的正常退出机制；二是养老保险制度改革与人事制度改革不衔接，目前多数事业单位已经实行了聘任制，但养老保险制度并不统一，劳动合同制职工和新进人员参加新的社保，而其他多数事业员工仍然实行旧的不同于企业和国家机关的养老保险制度，因此，事业单位养老保险制度需要进一步改革，使之与人事制度改革相适应：三是收入分配制度改革不配套，合同用人制度难推开，制约了事业组织内部分配制度的改革，也阻碍了事业组织用人自主权、分配权的落实；四是财政供给体制改革没有跟上，人事制度改革缺乏经费支撑，改革难以深化。

3.3.2　深化事业组织人事制度改革

为贯彻落实党的十七大和十七届二中、三中、四中、五中全会精神，按照《关于分类推进事业单位改革的指导意见》和《2010—2020 年深化干部人事制度改革规划纲要》的要求，中共中央办公厅、国务院办公厅印发《关于进一步深化事业单位人事制度改革的意见》的通知，具体内容如下：

1. 树立公共事业人力资源管理的新观念

（1）确立人力资源是第一资源的观念。

一个社会或组织要想保持存在，一般需具备四种资源，即物力资源、财力资源、信息资源和人力资源，而要想保持不断发展，就必须把人力资源作为第一资源，注重对其的开发与管理，因为人力资源具有主动性和能动性，能掌控其他资源更好地为目标服务。同样，事业组织的成败也取决于是否重视人才的开发与管理。公共事业组织必须把人力资源作为第一资源，特别是对专业技术类的人员更应该加强专业化培训，不断提升其专业水平和服务精神。

（2）确立公共事业人力资源战略管理的观念。

在传统人事管理时代，管理过程被看作一种事务性活动，人事管理的角色在整个组织系统中处于辅助性地位，目标也仅限于人员的获取、组织、使用和维持。当人力资源上升为一种战略性资源，人力资源管理就成为整个组织战略的重要环节，战略性管理的目标与整个组织的目标相融合。战略性人力资源管理强调人力资源对组织战略目标的支撑作用，从战略层面考虑人力资源战略规划的内容和作用，包括对人力资源数量、质量和结构的系统规划与安排，也包括实现人力资源战略目标的策略与相应职能的系统安排。对于为广大公众提供众多专业性公共事业服务的事业组织而言，必须树立战略性观念，从事业组织整体目标和发展角度出发，把事业组织的人才管理纳入整个事业组织长远发展的体系中。

（3）确立人才商品化的观念。

在以往的计划经济体制下，不承认人才是商品，不允许人才进入市场流动，一次就业定终生，造成了人力资源的浪费。今天，在市场经济体制下，必须确立人才商品化的观念。具体到事业组织而言，就是要破除干部终身制，引入竞争机制，全面建立和推行聘用制度和解聘辞聘制度，以赋予事业组织和事业人员自主性、平等性，保证人力资源管理的灵活性和流动性，不断为事业组织注入新鲜活力。

2. 深化事业单位人事制度改革的指导思想、基本原则和目标任务

中共中央办公厅、国务院办公厅印发《关于进一步深化事业单位人事制度改革的意见》的通知中提出了我国事业单位人事制度改革的指导思想、基本原则和目标任务，为我国公共事业的人事制度改革提出了明确的发展方向：

（1）指导思想。

深化事业单位人事制度改革，要以邓小平理论和“三个代表”重要思想为指导，深入贯彻落实科学发展观，根据完善社会主义市场经济体制和发展社会事业的需要，坚持科学化、民主化、制度化方向，全面推行聘用制度和岗位管理制度，创新管理体制，转换用人机制，整合人才资源，凝聚优秀人才，充分调动事业单位各类人才的积极性、主动性、创造性，为促进社会公益事业发展、全面建设小康社会、构建社会主义和谐社会提供人才保障。

（2）基本原则。

贯彻落实党的干部路线方针政策，坚持党管干部和党管人才；坚持德才兼备、以德为先用人标准；坚持民主、公开、竞争、择优；坚持分类推进，充分体现不同类型、不同行业的特点；坚持责、权、利相结合，维护事业单位和工作人员的合法权益。

（3）目标任务。

按照中央关于深化干部人事制度改革和分类推进事业单位改革的总体要求，以转换用人机制和搞活用人制度为核心，以健全聘用制度和岗位管理制度为重点，形成权责清晰、分类科学、机制灵活、监管有力，符合事业单位特点和人才成长规律的人事管理制度，实现由固定用人向合同用人转变，由身份管理向岗位管理转变。到2015年，全面建立聘用制度，完善岗位管理制度，普遍推行公开招聘制度和竞聘上岗制度，建立健全考核奖惩制度。到2020年，形成健全的管理体制、完善的用人机制和完备的政策法规体系。

3. 人事制度改革的具体措施

（1）锐意进取，确立公共事业人力资源开发新机制。

一是按人力资源的规模要求，积极推行招聘引进与内部挖潜的人才开发机制，从形态上使其成为一个人力资源的“富矿”。二是按人力资源的层次要求，积极组织员工素质与技能培训计划的制定与实施，以能力建设为中心，拓宽人才培训和教育途径，加大关键岗位人力资源开发投入，从形象上使其成为一个整体质量好的优秀团队。三是按人力资源的结构要求，积极推行专业结构和知识结构的中、高级人才培养，特别是对青年人才的培养；制定挑战性的工作目标，为青年人才提供施展才能的工作平台，增加专业技术人才专利申请的数量。四是按人力资源的积聚力要求，积极建立具有吸引力和凝聚力的人才机制，完善重要岗位人才选聘和评价认可机制，广开才路，不拘一格积聚不同地域、不同文化背景的人才。五是按人力资源的效能要求，积极探索多种形式的分配机制和激励机制，实行市场工资机制，使收入分配真正成为积聚人才的有效杠杆，让业绩优秀的人才取得与贡献相对应的报酬，真正体现人才的价值，体现人力资源的创造效能。

（2）齐头并进，完善公共事业人力资源管理环节。

在招聘上，全面推行聘任制，营造“公开、平等、竞争、择优”的用人环境；逐步推行个人择业的双向选择制和用人单位的聘任制；各部门通力合作，精心研究，周密组织，扎实做好各项招聘环节。在培训上，做到紧缺人才重点培养，专业人才专门培养，实现培训的制度化。在薪酬标准制定上，在考虑人力资源成本前提下注意薪酬外部的均衡性，充分显现其竞争力。在分配上，建立关键岗位绩效管理的薪酬制度，与个人能力、岗位、贡献相联系，运用绩效分成、按要素分配办法，调动关键岗位人才的积极性。在绩效考核上，建立完善的达标考核制度，定期进行人才考核，为人才创造良好的工作环境，营造群体建功立业的工作氛围，加强压力管理，执行人力资源整体管理开发方案并反馈结果。在辞职辞退上，建立灵活的“退出”机制，鼓励和支持事业单位的人才流动，促进专业技术人才资源配置的社会化、市场化。在人才结构上，优化事业组织人才群体结构合理配置，发挥人才资源的整体优势。按管理和专业技术人员智能、专业、年龄、特长等因素，合理配置现有管理和专业人才资源，通过招聘、选拔、安置、晋升、考核、培训的过程，使之达到最佳组合状态，提高事业组织综合竞争力。

（3）因材施教，加大关键岗位的人才开发力度。

对于中、高级管理人员而言，要拟订职位要求，确定管理人员的任职资格，根据不同的职务和组织需要拟订职务说明书。职务范围的确定要适当，要清晰反映中、高级管理人员的工作技能。对管理人员所必需的领导技能以及完善其职业生涯的发展，要提供应有的指导，要确定中、高级管理人员职业生涯路径，开发管理人员的“安置图”。要进行人才盘存，确定现任职人员以及可能供给的候选人。根据标准，对现有的候选人进行人才评价，将那些学业优秀或绩效突出的人挑选出来。在制定管理人员开发方案时，要采用在职开发与脱岗开发相结合的形式。对中、高级管理人员，在开发活动上让其承担较大范围的工作任务，在上下级与职能之间转换，启动某项活动，领导或参加一个特别工作小组等，在开发技术上可根据目的分类进行。

对于中、高级专业技术人员而言，首先，要强化继续教育的激励机制和约束机制，积极制定培育学科带头人工作计划和工作责任制。围绕经济建设和科学技术发展的重点领域、重点项目、重大技术政策，开展继续教育，突出培养业务尖子和重点对象，采用保送、选派国外学习进修与考察等方式，提高专业技术人员的研究能力和创新能力。其次，要用项目培育人，促进学科带头人成长。广泛吸纳人才，多渠道吸引教育界、科技界学科带头人，鼓励他们开展信息交流，提供科技信息，并给予其优厚报酬和奖励。通过聘请专家讲学、咨询、参加技术诊断、设计及技术承包等多种方式，为学科带头人成长提供有效途径。

（4）配套改革，提供公共事业人力资源管理的制度保障。

一是健全和完善事业组织人事管理的政策法规体系，保障事业组织人事制度改革的顺利进行。二是提供充分的资金保障。建立人力资源投资基金制度，每年投入一部分资金用于人力资源的全方面、高层次培养，提供人力资源成长环境；政府将人力资源开发专项资金纳入财政预算，设立人力资源开发专项经费，为事业组织输送专业人；个人根据自己的发展要求，自费进修各学术专业，开展科研创作。三是建立人力资源的动态管理制度。建立人力资源管理的快速反应机制，在注重实效的前提下及时修正和调整人才引进策略、薪酬制度、绩效考核办法，提高转型中事业组织的竞争力；坚持动态管理，人才引进策略要有弹性，在注重个性品质和工作技能的前提下，能根据本组织的经营状况及时作出调整，满足各部门的用人需求，合理配置人力资源，使之达到最佳组合状态；人员流动要合理，在引进的同时建立顺畅的冗员流出机制，保持单位活力。四是建立人事争议制度，妥善处理人才流动争议，切实保障和维护人才与用人单位的合法权益。五是引入报酬风险机制，发挥薪酬的激励导向功能。设计关键岗位优秀人才实行重酬的方案，基本工资可随着等级升高而递增，绩效工资可随着绩效提高而递增，根据市场需要，对关键岗位优秀人才也可推行谈判工资制。六是完善人事监督制度。要保障单位和职工的合法权利，保证事业组织在国家法律、法规规定的范围内行使用人自主权。要发挥事业组织职工代表大会的作用，依法保障事业组织职工参与民主管理和监督。

（5）不断创新，加快公共事业人力资源管理技术和方法的现代化。

开发人力资源信息管理系统，确保在人力资源管理开发中信息提供的安全性、准确性和及时性，积极高效地实现人力资源配置。运用先进的科学决策手段，在选拔人才方面采用定性分析与定量分析相结合的办法，在人才管理上，注重培训的科学化、考评的指标化、薪酬设计的规范化、辞职辞退的人性化，使人力资源管理从工作手段到理念视野都进入一个崭新阶段。

本章小结

1. 公共事业人力资源具有主体智能性、领域约束性、价值公益性、影响扩张性、功能持久性等特点。公共事业人力资源管理是指公共事业组织为了更好地提供公共服务、履行组织使命，依照宪法和有关法律对其管辖内的人力资源进行规划、录用、考核、培训、晋升、奖惩激励、保障等一系列管理活动过程的总称。人力资源管理理论的发展为公共事业人力资源管理提供了理论基础。

2. 公共事业人力资源管理在内容上主要包括公共事业人力资源招聘、培训、绩效管理、薪酬管理、离退休管理和辞职辞退管理等环节。

3. 我国事业单位人事制度经过30多年的改革和发展，在招聘机制、培训机制、考核机制、福利机制、保障机制等方面取得了显著成绩。但由于事业组织体系本身的复杂性和配套改革的缓慢，使公共事业组织现行的人事制度体系并没有真正突破计划经济体制下的保守思想和党政机关行政化的人事管理方式，至今仍存在诸多问题：缺乏战略观念、缺乏整体规划、激励不足、培训缺乏科学性、绩效考评困难重重等。

4. 为了推进我国公共事业的发展，必须进一步深化事业单位人事制度改革。树立新观念，明确指导思想、目标和任务，在人才开发、管理、配套保障以及管理技术等方面采取针对性措施。

关键术语

人力资源　人力资源管理　人事制度改革　招聘　培训　薪酬管理　绩

效管理　　离退休管理　　辞职辞退管理

复习思考题

1. 何谓公共事业人力资源？公共事业人力资源有何特征？
2. 公共事业人力资源管理与传统人事管理有何区别？
3. 公共事业人力资源管理包括哪些主要内容？
4. 现阶段我国事业组织人事制度存在哪些主要问题？
5. 如何深化我国事业组织人事制度改革？

阅读书目

1. 刘晓苏. 事业单位人事制度改革研究. 上海：上海交通大学出版社，2011
2. 刘霞. 制度活力的重构：事业单位人事管理新解. 北京：中国人事出版社，2010
3. 滕晓丽. 事业单位绩效考核与绩效工资设计全案. 北京：中国劳动社会保障出版社，2010
4. 岳颖. 事业单位薪酬管理：内部收入分配的决定基础与模式选择. 北京：中国劳动社会保障出版社，2009
5. 黄乐平. 事业单位人力资源法务全解. 北京：法律出版社，2007
6. 葛延风. 中国机关事业单位养老金制度改革研究：一种方案设计. 北京：外文出版社，2003

第4章

公共事业财务管理

公共事业财务管理是公共事业管理中的重要组成部分。只有构建完善的财务管理制度，遵循规范化、节约性、社会效益优先、利益兼顾等原则，实现对资金的科学管理，才能从根本上提高公共事业组织的资金利用率，防止腐败，预防危机，合理配置组织内部和外部的资源，实现财务资源的有效整合和合理使用，为组织的顺利运行提供必要的条件。本章我们将介绍公共事业财务管理的概念、特点、目标、原则、主要内容和基本方法等基本理论知识，事业单位资产、负债和净资产的管理，事业单位收入和支出的管理，事业单位财务报告和财务分析。

重点问题

- 公共事业财务管理的基本特点
- 事业单位资产、负债和净资产的管理
- 事业单位收入和支出的管理
- 事业单位财务报告和财务分析

4.1 公共事业财务管理概述

公共事业的有效发展需要一个完善的财务管理体制，公共事业组织的财务管理在组织的发展过程中有着不可替代的作用。

4.1.1 公共事业财务管理的概念和特点

公共事业的社会公益属性决定了公共事业财务管理体现公共财政发展目标，是整个公共部门财务管理的重要组成。十几年来，我国财政制度和财政管理的改革取得了较大的成果，先后实施了部门预算改革、国库集中支付、政府采购改革、“收支两条线”改革。在这种背景下，国家在 2011 年启动和实施了事业单位分类改革，把公益类事业单位和承担行政职能、从事生产经营的事业单位进一步区分开，强化公共财政责任和公共财务管理。2012 年 2 月，财政部针对重新定位和区分之后的公共事业单位颁布了新的《事业单位财务规则》。

公共事业财务管理是指公共事业组织在事业单位财务规则框架下，对资金筹集、使用、分配等所进行的计划、决策、调节、控制、监督等一系列工作的总称。公共事业组织在管理本单位财务活动过程中与有关各方面之间发生的经济关系，构成其财务管理工作所需要处理的财务关系。其中主要有：公共事业组织与政府之间在预算资金及预算外资金的上缴下拨中所形成的资金分配关系，公共事业组织与国家税务、金融及审计部门之间的经济关系，公共事业组织与其上下级单位之间、与相关协作单位之间的资金往来，公共事业组织与其本单位工作人员之间的经济关系等。

公共事业组织是以管理社会公共事务、协调社会公共利益关系为目的的组织，在一定意义上是国家职能的承担者，是国家为满足社会公共需要而成立的。其动机在于加强服务、便民利民、谋求公共利益、开展非营利性的活动。以上的特殊性也决定了公共事业组织在财务管理上具有一定的特点。

一是类型多样化，以社会公益为核心。历史上，公共事业组织种类繁多，因此类型也比较复杂，从不同角度看，可分成不同的类型，但是财务管理将紧密围绕社会公益这一核心。例如，从经费来源看，有的由国家财政全额拨款，有的为差额拨款，还有的是自收自支；从提供公共产品和服务的方式看，有的是免费的，有的是付费的；从业务内容看，有教、科、文、卫、体等。不同的组织，性质不同，业务内容也不同，因此财务收支也有很大的差异性。随着事业单位分类改革的推进，事业单位财务管理将进一步分离出公益一类和公益二类，两类不同公益程度的公共事业单位未来也将体现出各自财务管理上的特征。

二是领域广泛化。因为公共事业组织具体承担了大量的公共事务，因此涉及的范围比较广泛。例如，公交、商贸、农林、水电、科技等事业单位，为社会生产服务；学校、医院、文艺团体、新闻机构、社会福利机构等事业单位及消费者协会、行业协会等社会团体，直接为人民群众提供服务。由此可见，公共事业组织涉及的领域与人们的生活息息相关，为人们的工作、生活提供了方便和服务。

三是经费来源的无偿性。公共事业组织的经费来源主要依靠国家财政。财政分配的无偿性决定了各组织获得的经费也具有无偿性。由于不以营利为目的，公共事业组织的服务往往是低价的，甚至是免费的，因此其消耗很难通过自身经营或收费得到完全补偿。尽管有少部分组织能够通过捐助等方式获得一定的资金，但是国家的财政拨款仍占主流。因此，公共事业组织要根据勤俭节约的原则把握好经费的用途，合理运用，达到实效。

四是政策性强。对承担了国家职能的公共事业组织来说，各项活动都对社会和国家的发展有着重要作用。这些活动都不同程度地涉及财务问题，都要受到国家事业财务制度和政策的约束，具有很强的政策性。因此，只有在公共事业组织运行过程中严格遵循国家的各项财务规章制度及财政纪律，合理有效地利用各类资金，才能保证各项公共事业的顺利发展。公益类事业单位集中分离之后，国家将强化财政责任和财政投入机制，同时这些单位也将由于获得国家财政资金而承担公共受托责任，新的《事业单位财务规则》在某些方面强化了责任约束。

4.1.2 公共事业财务管理的目标与原则

1. 公共事业财务管理的目标

公共事业财务管理的目标是指公共事业组织财务活动所希望实现的结果，是评价公共事业组织理财活动质量的基本标准，是公共事业组织财务实践、财务决策的出发点和归宿，也是公共事业财务管理的行为导向，公共事业组织的一切财务活动都是围绕这个目标而进行的。因此，我们必须遵循以下几个方面的目标以规范组织的发展：

（1）加强预算管理，保证各项公共事业计划和工作任务的完成。

预算是事业单位完成事业发展目标和计划的重要保证，是单位财务工作的基本依据。公共事业单位的公益性决定了它的预算管理要体现国家对社会经济的调控。一方面，公共事业单位应事先根据社会经济发展需要和国家调控目标制定计划，依据量入为出、收支平衡的原则科学、合理编制预算；另一方面，应严格执行审批的预算，抓好预算执行管理，严格预算执行进度，注重预算执行的绩效。年末，应根据预算执行结果完整、准确编制单位决算。

（2）加强财务管理，建立健全财务制度，实现公共事业财务管理的规范化和法制化。

财务制度是公共事业财务管理的基本依据和行为规范。只有建立健全财务制度，国家的路线、方针、政策才能得到落实，组织各项财务活动才有法可依、有章可循，从而减少各种失误和损失，提高资金使用效益。而各项财务制度是在具体财务管理活动中不断完善、改进的。通过加强财务管理，查找各项制度实施中的漏洞，分析其原因，采取有效措施，使之逐步趋于合理、健全，走上规范化和法制化的道路，为公共事业组织各项公共服务提供制度保障。

（3）加强收支管理，提高资金使用效率。

公共事业组织的资金主要来自政府财政拨款、社会捐赠、事业服务收入等，属社会公共资金。而在一定时期内，这些公共资金资源是有限的。公共事业组织要利用有限的资金，为社会提供更多的服务，对纳税人、捐赠人负责。因而，公共事业收支管理是公共事业财务管理的基础，是公共事业预算顺利实现的保证。加强收支管理，有利于公共事业组织增收节支、合理安排资金、有效使用资金、提高资金的使用效益。

（4）加强财务分析与监督，保证公共事业各项活动的合理性与合法性。

财务分析与财务监督，是公共事业财务管理的一项重要任务。公共事业组织利用各种财务分析方法，并结合自身的特点，对组织内部财务活动的各个方面进行全面分析，与来自公共事业组织内部与外部的各种监督形成合力，为公共事业内部决策提供信息支持，及时发现公共事业决策与执行过程中的失误并予以纠正，以保证公共事业各项活动的合理性与合法性。

2. 公共事业财务管理的原则

公共事业财务管理的原则是公共事业组织财务管理工作中应遵循的基本规范。它是对财务管理工作提出的基本要求，也是评价公共事业组织财务管理工作质量的标准。它反映了公共事业组织理财活动的内在要求，对于规范各类公共事业组织的理财活动，防止各组织自行其是，确保财务管理工作的质量，实现财务管理的目标，具有重要意义。

（1）依法理财原则。

在社会主义市场经济条件下，一切经济活动都必须在法律规定的范围内运行，财务活动也不例外。公共事业组织的非营利性决定了它们的发展和活动经费由国家预算来供给，这在客观上决定了其各类资金的收支活动比企业的收支活动更具有强有力的规范性和程序性。2012 年，国家颁布了新的《事业单位财务规则》，这是目前公共事业单位财务活动应遵循的总体框架，各个事业单位应在此框架的基础上制定单位内部的财务管理办法，出台财务管理措施，开展财务活动。当然，依法理财的原则也包含了事业单位的财务活动应该严格遵守国家的其他法律法规。

（2）勤俭节约原则。

勤俭节约是公共事业组织财务活动中必须长期坚持的一项基本原则。在一定时期内，国家财政资金的供给是有限的，各类公共事业组织所能取得的活动经费是有限的，因此就要求我们在财务活动过程中应坚持厉行节约、勤俭办事业的方针，努力优化资源配置，加强绩效管理，努力提高资金的使用效益。

（3）社会效益、经济效益相统一的原则。

效益包括社会效益和经济效益两个方面。由于公共事业组织的特殊性，其在提供公共产品和服务时应将社会效益放在首位，一切活动都必须围绕社会效益最大化来进行。但对于许多组织来讲，经济效益也是必要的。因此在追求社会效益的前提下应当兼顾经济效益。

（4）利益兼顾原则。

公共事业组织的发展要遵循国家、集体、个人三者利益兼顾的原则。在公共事业组织财务管理中，必须处理好三者的关系，既要防止过分强调集体利益和个人利益而忽视国家利益的情况，又要防止单纯强调国家利益而不顾集体利益和个人的利益的情况。只有把握好三者之间的关系，合理兼顾，才能促进组织的健康发展。

（5）量力而行原则。

量力而行原则是公共事业组织开展工作并完成其目标的保障。不论从时间上、数量上还是质量上，都要在财务管理上体现出量力而行的原则。支出与收入要达到基本平衡，要从财政经济的实际情况出发，充分考虑财力可能，有多少钱，办多少事，努力办好可办之事，避免不顾客观实际过分追求力所难及之事。

4.1.3　公共事业财务管理的主要内容

公共事业财务管理的内容非常丰富，包括预算管理、计划管理、资产管理、负债管理、收入管理、支出管理、专用基金管理、结余管理、清算管理、财务报告和财务分析以及财务监督等。这里主要介绍其中的八个主要方面。

1. 预算管理

公共事业单位的预算是事业单位根据事业发展目标和计划编制的年度财务收支计划，是政府总预算的一个重要组成部分，每年根据国家既定的政治和行政过程实施。编制一个好的、科学合理的预算计划是预算管理的基础。预算计划经法定程序下达之后，事业单位的财务管理紧密围绕预算计划，依法组织收入，合理分解任务，注重预算执行绩效，强化预算支出管理。事业单位在财政年度末还需要做结算工作，结算管理是事业单位预算管理的重要部分，对一年以来的财务收支、计划完成情况和取得的各项绩效进行汇总分析，给一年的预算管理画上完整的句号。

2. 资产管理

资产是指各公共事业组织占有或者使用的能以货币计量的经济资源，包括各种财产、债权和其他权利。资产管理是对公共事业组织的各项资产的取得、保管、使用、储备、维修、报废及清查盘点等，制定管理措施，加强管理，以保证公共事业组织财产、物资的安全完整，并充分挖掘财产、物资的潜力，做到物尽其用。根据事业单位资产的性质、特点和实际使用情况，事业单位资产的内容主要包括四个方面：流动资产、固定资产、对外投资和无形资产。

3. 负债管理

负债是指公共事业组织所承担的能以货币计量、需以资产或劳务偿还的债务。负债管理主要是对公共事业组织的各种借入款项、应付款项、预收款项、应缴款项等进行管理。由于公共事业组织的非营利性，公共事业组织要对负债进行及时清理，应当对不同性质的负债分别管理，及时清理并按照规定办理结算，保证各项负债在规定期限内归还。

4. 收入管理

公共事业组织的收入管理是指公共事业组织为开展业务及其他活动依法取得的非偿还性资金，包括财政补助收入、拨入专款事业收入、经营收入、上级补助收入、附属单位上缴收入以及其他收入等。事业组织的各项收入全部纳入组织预算，统一核算，统一管理。

5. 支出管理

公共事业组织支出是指公共事业组织开展业务及其他活动所发生的各项资金耗费和损失。公共事业组织支出按资金运用性质可以分为事业支出、经营支出、对附属单位补助支出和上缴上级支出，对不同的支出类型要分门别类地进行管理。

6. 结余管理

公共事业组织结余是指公共事业组织在一定期间各项收入与支出相抵后的余额，包括事业结余和经营结余两部分。事业结余是指公共事业组织各项非经营收支相抵后的余额；经营结余是指公共事业组织各项经营收支相抵后的余额。公共事业组织结余（不含实行预算外资金结余上缴办法的预算外资金结余），除专项资金按照国家规定结转下一年度继续使用外，可以按照国家有关规定提取职工福利基金，剩余部分作为事业基金用于弥补以后年度单位收支差额；国家另有规定的，从其规定。

7. 清算管理

公共事业组织发生划转撤并时，应当进行清算。公共事业组织清算，应当在主管部门、财政部门和国有资产管理部门的监督指导下，对单位的财产、债权、债务等进行全面清理，编制财产目录和债权、债务清单，提出财产作价依据和债权、债务处理办法，做好国有资产的移交、接收、划转和管理工作，并妥善处理各项遗留问题。划转撤并的公共事业组织清算结束后，经主管部门审核并报国有资产管理部门和财政部门批准，其资产分别按照下列办法处理：因隶属关系改变，成建制划转的事业组织，全部资产无偿移交，并相应划转事业经费指标；转为企业管理的事业组织，全部资产扣除负债后，转作国家资本金；撤销的事业组织，全部资产由主管部门和财政部门核准处理；合并的事业组织，全部资产移交接受单位或新组建单位，合并后多余的国有资产由主管部门和财政部门核准处理。

8. 财务报告和财务分析

公共事业组织财务报告是反映公共事业组织财务状况和经营成果的总结性书面文件，是财政部门和上级单位了解情况、掌握政策、指导组织预算执行工作的重要资料，也是编制下年度单位财务收支计划的基础。公共事业组织应定期向主管部门和财政部门以及其他有关的报表使用者提供财务报告。公共事业组织报送的年度财务报告包括资产负债表、收支情况表、有关附表以及财务情况说明书。公共事业组织财务分析主要指会计报表的分析，即以国家有关方针、政策和事业组织发展战略为依据，运用事业计划、财务报表、统计数据和其他有关资料，对一定时期内的组织财务活动过程进行比较、分析和研究，并进行总结，作出正确评价。

4.1.4　公共事业财务管理的基本方法

公共事业财务管理的基本方法就是在进行财务活动时采用的各种手段和形式。它是组织达到管理目标、完成财务管理任务的重要手段，也是财务人员从事财务工作的基本技能。只有正确地掌握和运用财务管理方法，才能有的放矢，顺利推进财务管理工作，实现财务管理的最终目标。

公共事业财务管理最基本的方法有三种，即法律方法、行政方法和经济方法。

1. 法律方法

法律方法即通过制定、实施有关法律、法规和财务制度，对各项活动及相关的经济活动进行组织、协调、控制和监督的方法。公共事业组织运用法律方法进行财务管理，主要是通过制定、执行国家的有关法律、法规和规章制度来进行的。法律方法通过国家权威，将财政分配中的各种经济关系及有关各方在财政分配中的权利和义务、职责和利益以及行为规范等，以“法”的形式固定下来，以规范各方的财务及经济行为。各项法律、法规及规章制度一经颁布实施，就成为有关各方处理一切财务活动必须遵守的行为规范。因此，法律方法具有权威性、稳定性、规范性和强制性的特点。市场经济是法制经济，在社会主义市场经济条件下，法律是一切市场主体（政府、企业及居民个人）都应遵循的行为规范，法律方法是所有组织及个人财务管理的基本方法。我国公共事业财务管理所依据的财税方面的法律、法规和规章制度主要包括《预算法》、《会计法》、《事业单位财务规则》和其他有关财务管理、资产管理及财务监督方面的法规、规章。

2. 行政方法

行政方法主要指通过依法利用行政权力，按照规定的权限和程序，采取命令、指令、布置任务、指令性计划等形式，对各项财务活动及相关经济活动进行组织、协调、控制和监督的方法。行政方法由于使用了国家行政权力，因此具有权威性、强制性、速效性和直接性等特点。由于国家赋予某些公共事业组织一部分公共权力，因此这些公共事业组织在社会的不同领域中承担了协调者、服务者等角色，成为具有国家权力机关性质的公共服务机构。这也决定了这些公共事业组织在日常的工作和项目承载过程中必须运用一定的行政方法。公共事业财务管理的行政方法所具有的强制性、权威性、速效性和直接性等特点，决定了公共事业财务管理的行政方法具有独特的优越性，主要表现在：直接体现国家及上级机关的意志，保证国家统一的方针、政策，统一的规章制度，统一的财政财务计划得以贯彻实施。特别是在财务活动出现特殊的、紧急的和不正常的情况时，采用行政方法进行管理，能收到明显的效果。但是，行政方法也有明显的缺点，那就是管理过于直接，缺乏灵活性，限制了各单位自主性及财务工作者主观能动性的发挥，容易造成消极应付工作的局面。因此，各公共事业组织在运用行政方法时，要注意以下几点：一要依法合理运用公共权力；二要尊重客观经济规律；三要克服形式主义；四要加强权力监督，防止权力滥用。

3. 经济方法

经济方法是指按照客观经济规律的要求，利用经济杠杆，建立利益机制，调节经济利益关系，对公共事业组织的各项财务活动及相关经济活动进行组织、协调、控制和监督的方法。经济方法具有引导性、自动性和间接性等特点。在传统计划经济体制下，各类公共事业组织的财务管理主要依靠行政手段与法律手段，随着改革开放的深入和社会主义市场经济体制的建立与发展，各类公共事业组织顺应历史潮流，与国有企业及居民个人一样，被逐步推向市场，成为市场活动的主体。它们的各项活动，越来越多地受到价值规律、供求规律等市场经济基本规律的影响。因此，各种经济方法被越来越多地应用于公共事业财务管理是历史的必然。目前，我国公共事业组织的很多财务收支管理办法，运用的都是经济方法，如核定收支、定额或定项补助、超支不补、结余留用等。

无论是法律方法、行政方法还是经济方法，其共同的目的都是为了促进财务管理目标的实现。但是它们的特点、功能和作用不尽相同。法律方法和行政方法侧重于从外部利用国家权威，采取强制的方式来达到目标；而经济方法侧重于从财务活动内部，通过利益驱动方式来引导财务管理目标的实现。在实际工作中，应根据各项工作的实际情况和管理要求，分别运用或综合运用这三种方法。

4.2 事业单位资产、负债和净资产的管理

资产是指各公共事业组织占有或者使用的能以货币计量的经济资源，包括各种财产、债权和其他权利；负债是指公共事业组织所承担的能以货币计量、需以资产或劳务偿还的债务；净资产是指资产减去负债的差额，包括事业基金、固定基金、专用基金、结余等。资产管理、负债管理、净资产管理都是公共事业财务管理的重要内容。

4.2.1 事业单位资产的管理

根据事业单位资产的性质、特点和使用的实际情况，事业单位资产的内容主要包括四个方面：流动资产、固定资产、对外投资和无形资产。下面就这四个方面的一些具体内容进行介绍：

1. 事业单位流动资产的管理

资产通常按其流动性分类，流动资产与固定资产是相对的概念，它是指可以在一年以内变现或者耗用的资产，包括现金、各种存款、应收款项、零余额账户用款额度、预付款项和存货等。其一般特征是流动性大、周转期限短、不断改变形态，其价值一次消耗、转

移或实现。

现金有广义和狭义之分：狭义的现金仅指单位的库存现金，广义的现金除了库存现金外，还包括银行存款和其他符合现金特点的票证。事业单位的现金是指库存现金，主要用于事业单位的日常零星开支。现金是流动资产及其他所有资产中最富流动性的一种资产，是可以立即投入流通的交换媒介，因此事业单位必须严格遵守国家关于现金管理的各项规定，加强和健全对现金的内部控制制度，确保现金的安全，提高现金的使用效率，防止发生不必要的损失和浪费。事业单位在办理现金收付业务时应坚持以下原则：一是遵守现金的使用范围。现金的使用范围，按国务院颁发的《现金管理暂行条例》执行。二是遵守库存现金限额。为了方便各单位零星现金开支的需要，各单位应提出申请，报开户银行审批，核定库存现金限额，原则上以 3～5 天的日常开支量为准，超过限额的应及时送存银行。三是不得坐支现金。所谓坐支，是指用收入的现金直接办理现金支出。单位支出现金，应从库存现金限额中支取，或者从银行提取，不得从本单位的现金收入中直接支付。四是建立健全现金内部控制制度。现金内部控制制度主要包括以下内容：执行钱账分管原则，即会计、出纳要分开，会计管账不管钱，出纳管钱不管账；严格履行现金收付手续，办理任何现金收支，都必须以合法的原始凭证为依据；如实反映现金库存，如发现长款或短款，应及时查明原因并作出处理。

事业单位的银行存款是指事业单位存入银行和其他非银行金融机构的存款。国家规定，一切企事业单位和行政机关的货币资金除了保留少量的备用金外，都必须存入国家银行，事业单位必须严格按照国家有关规定开立银行存款账户，据以办理有关存款、取款和转账结算等业务。事业单位在银行开户时要特别注意以下几个问题：一是事业单位的各项收支由单位财务部门统一管理；二是事业单位要本着相对集中、利于管理的原则开立账户，防止和杜绝开立账户过多、过滥的现象；三是事业单位必须在经国家有关部门正式批准的银行或非银行金融机构开立账户及办理有关存款、取款和转账结算等业务。根据有关规定，事业单位必须遵守下列银行账户管理原则：(1) 严格遵守国家银行的各项结算制度和现金管理制度，接受银行监督。(2) 银行账户只限本单位使用，不得出借、出租、套用或转让给其他单位或个人使用。(3) 各单位应当严格管理支票，不准签发空头支票；空白支票必须严格领用注销手续，支票存根应由领取人签章；各单位按月与开户银行对账，保证账账、账款相符。为了保证全国企事业单位、机关单位之间结算工作的顺利进行，国家银行对结算方式、程序、手续都作了统一规定。根据中国人民银行现金结算办法的规定，银行的结算方式分为银行汇票、商业汇票、银行本票、支票、汇兑、委托收款（同城、异地）和托收承付（异地）等。

零余额账户用款额度是财政部门按照预算和批准的用款计划，通过国库集中支付代理银行下达到各预算单位零余额账户的资金使用额度，是一种无纸化的货币，具有与现金和银行存款基本相同的支付结算功能，属于事业单位可支配的流动资产之一。为配合国库集中支付制度在行政事业单位全面铺开，新的《事业单位财务规则》在流动资产项目中增加了“零余额账户用款额度”，这是我国财政和预算体制改革的一个成果。国库集中支付改变了以往资金层层下拨到各单位、财力分散的情况，取而代之的是财政国库单一账户，国库集中支付下单位支出将不再由事业单位以现金支付给商品和劳务提供方，而是由代理银行通过零余额账户下达支付指令，在财政允许的额度范围内由单一国库完成清算任务，把资金支付给商品和服务提供商。财务管理中，零余额账户每日发出的支付指令，应该在每个营业日终了前及时与国库单一账户进行交割清算；对单笔数额较大的支付，应在指令下达后及时与单一账户清算。在每个年度终了，零余额账户用款额度必须清零。

应收款项和预付款项是事业单位应收未收、暂时垫付或预付给有关单位或个人而形成的一种停留在结算过程中的资金，体现为事业单位对有关单位或个人的一种债权，包括应收票据、应收账款、其他应收款、预付款项等内容。事业单位应加强对各种应收、预付款项的管理，具体是指：一要严格控制各种应收、预付款项的额度。二要按照提供劳务或有偿服务的合同协议，指定专人做好结算和催收工作，制定工作计划，按期足额回收，防止可能的意外和损失发生。三要对各种应收、预付款项，督促有关经办人员或单位及时办理结账和结报手续。四要对各种应收、预付款项，按照购货或劳务合同的规定，按单位名称分科目设置有关明细账，详细记载。五要通过加强对应收、预付款项的管理，加速资金的周转，提高资产的使用效益。

事业单位存货是指事业单位在开展业务活动及其他活动中为耗用而储存的资产，包括材料、燃料、包装物和低值易耗品等。事业单位的存货处于经常性的不断耗用或者重置之中，是流动资产十分重要的组成部分，其金额往往要占流动资产的相当比例。需要指出的是，只要占有权或者使用权属于事业单位的材料、产成品和低值易耗品等，无论存放在什么地方，都应视为该事业单位的存货；相反，如果上述物品的占有权或者使用权已经转移，即使这些物品还放置在该事业单位的仓库内，也不能作为该事业单位的存货予以统计。

关于事业单位存货的管理，主要有三个方面的内容：第一，由于各事业单位的业务性质和特点不同，在存货的管理上可以采取不同的方式：存货品种多、数量大、价值较高的事业单位，应对存货进行细类划分；存货品种少、数量小、价值较低的事业单位，不一定对存货进行细类划分，其购入和耗用可以直接列作支出。第二，事业单位应建立、健全存货的购买、验收、进出库、保管、领用等管理制度，明确责任，严格管理，并尽可能降低存货的库存和消耗，保证存货的安全，提高存货的使用效益。第三，加强对存货的清查盘点工作。由于在存货的验收、计量、核算、管理中可能发生的疏漏，以及存货的自然损耗和发生的其他意外事故等原因，有时会发生存货的盘盈或者盘亏，造成存货的账实不符，因此，为了及时发现问题、堵塞漏洞、加强管理、健全制度、最大限度地保证存货的安全和完整，做到账实相符，事业单位必须对存货进行定期或者不定期的清查盘点，进而核实存货的实际库存数，并与存货的账面记录进行核对。

2. 事业单位固定资产的管理

固定资产是指通用设备单位价值在 1 000 元以上、专用设备单位价值在 1 500 元以上，使用期限在 1 年以上，并在使用过程中基本保持原有物质形态的资产。单位价值虽未达到规定标准，但是耐用时间在 1 年以上的大批同类物资，作为固定资产管理。事业单位的固定资产是事业单位开展业务及其他活动的重要物质条件，按自然属性和用途一般可将其分为六类：房屋及构筑物，专用设备，通用设备，文物和陈列品，图书、档案，家具、用具、装具及动植物。

资产的管理主要体现在两个方面：其一是资产实物形态的管理，其二是资产价值形态的管理。财务管理的重点是固定资产价值管理，但是也应当通过建立健全有关规章制度促使有关部门做好固定资产的实物管理工作。（1）健全账、卡设置，实行固定资产三级管理。事业单位无论通过何种途径（包括用各种资金购置、自制、基建投资、无偿调入或接受捐赠等）取得的固定资产，都应登记入账，包括登记总账与分类明细账以及填制实物登记卡，做到账账相符、账卡相符、账实相符，不应存在账外财产。三级管理应做到财会部门有账，管理部门有账有卡，使用单位有卡，有利于清查核对，互相制约。（2）明确资产管理部门、实物使用部门和财务部门各自的职责范围。事业单位的固定资产应当实行统一领导、归口管理、分级负责、责任到人的管理责任制。各事业单位应当有一名领导，主管固定资产管理工作。事业单位的资产管理部门应当侧重做好固定资产的实物管理工作；事业单位的固定资产使用部门应当侧重做好固定资产使用的管理工作；事业单位的财务部门应当侧重做好固定资产的财务管理工作，并协同单位内部有关部门做好固定资产的采购、供应、保管、使用和清查盘点等项工作。（3）规范固定资产使用及领用手续。固定资产的使用除指定专人管理外，应制定操作规程、维修保养、交接手续以及使用情况登记等制度，以保证设备的正常运转和工作人员的人身安全。领用固定资产必须严格手续，应由使用单位主管人员和经办人填写“财产物产出库单”一式三份，经设备管理部门负责人批准签章后，一联交保管员凭以发放设备，一联领用单位存查，一联交财务部门；管理部门发放固定资产时，应填写“设备领用卡片”一式两份，一份留管理部门凭以掌握财产分布情况，一份交使用单位管理，做到领发双方责任明确，手续完备。（4）建立固定资产的清查盘点制度。事业单位要对固定资产进行定期或不定期的清查工作，每年至少盘点清查一次，尤其是在年度终了前必须进行一次全面的清查盘点，包括查明固定资产的实有数与账面结存数是否相符，固定资产的保管、使用、维修等情况是否正常等，平时可根据需要进行轮流的局部清查。通过清查盘点，及时发现和堵塞管理中的漏洞，妥善处理和解决出现的各种问题，制定相应的改进措施，做到“账、卡、物”三相符，保证固定资产的安全和完整。（5）建立固定资产档案。凡属大型贵重、精密的仪器、设备，事业单位应按台（件）建立档案。设备档案应从基层做起，详细记载从设备安装之日起有关使用、维修、故障、事故、移位变动等运转日志，以便使用单位和管理部门掌握分析情况，提高资产的使用效率。

3. 事业单位对外投资的管理

对外投资是指事业单位利用货币资金、实物、无形资产等方式向其他单位的投资。事业单位对外投资一般是为了取得投资回报，这种投资可以是对其他事业单位的投资，也可以是对企业的投资。2011 年事业单位分类改革之后，公共事业单位的社会公益性质进一步提升，原则上以提供公共服务为目标，一般情况下不直接从事物质资料的生产。但在有些情况下，事业单位确实需要通过对外投资等方式来实现其特定的公益目标，例如科技成果转化造福社会。事业单位用于对外投资的资源一般来自其自身占有的存量资产，这些资产应该在优先保证事业发展的前提下用于投资；国家拨给事业单位的预算经费，不允许用于开展生产经营活动。

由于社会公益性要求，公共事业单位的对外投资活动受严格的监管：（1）严控对外投资行为。在国务院 2011 年发布的《关于分类推进事业单位改革的指导意见》中，明确规定公益一类的事业单位不得从事经营活动；公益二类的事业单位在确保公益目标的前提下，从事与本业相关的经营活动，且所取得的投资收益的使用必须严格按照国家规定执行。(2) 对外投资要按照规定的程序报批。事业单位符合规定允许对外投资的，应当按照国家有关规定报经主管部门、国有资产管理部门和财政部门批准或者备案。对外投资属于将非经营性资产转作经营性资产的投资，应由单位申报，主管部门审核，国有资产管理部门批准，如果一次性转作经营性投资的资产价值量巨大，由国有资产管理部门送同级财政部门征求意见后审批，并将批准文件报财政部门备案。(3) 合理确定资产价格，坚持投资回报的原则。事业单位进行对外投资必须进行必要的技术和经济可行性论证，避免投资损失，保障投资回报。以实物、无形资产对外投资的，要按照有关规定进行资产评估。(4) 事业单位利用国有资产对外投资的，资产的国家所有性质不变。(5) 事业单位对外投资的对象包括其他事业单位、企业及事业单位兴办的独立核算的生产经营单位等；不包括事业单位依法兴办的附属的非独立核算的生产经营单位，也不包括事业单位对外出租、出借有关资产的行为。

高校科技成果转化与资产运营

2010 年 8 月 6 日，从湖南山城江永传来好消息，永康富硒生物科技有限公司的果胶生产线试产成功，产品质量超过国家标准。在美丽的江永虎山脚，可以看到一座崭新的现代化工厂，标准的厂房、崭新的设备、科学的厂区规划，这就是湘南房地产开发有限公司与中南大学以专利为纽带牵手合作的结晶——湖南永康富硒生物科技有限公司。

地处江南的湖南江永是中国长江以南柑橘类水果最适宜生长的地带，自古以来，以盛产香柚而闻名于九州。而如何对香柚进行深加工，全面开发柚叶、果皮、果肉的营养和药用价值，提升香柚的科技附加值，带动柚农致富一直是当地群众期盼和当地政府努力的目标。湖南郴州的湘南房地产开发有限公司决定从当前热门的房地产行业抽资转战香柚生物高新技术产业化行业。通过多方考察，公司最终选择了牵手中南大学，中南大学化学化工新技术研究所在天然药物提取技术方面属国内领先水平，已完成从柚中同时提取香精油、果汁、果胶、食用纤维、柚皮甙、橙皮甙、柚子提取物等以及利用果渣生产生物有机肥的研究，拥有多项专利技术和科技成果。于是中南大学资产经营有限公司以其拥有知识产权的《柑橘类果皮中果胶的提取与制备工艺》（专利号：ZL200510032091.8）、《柚类青果、次果、果皮综合利用的加工工艺》（专利号：ZL200710035811.5）、《香柚生物高新技术研究——柚次果、青果及果皮的深加工及综合利用研究》（湖南省科学技术厅成果鉴定，湘科鉴字［2007］第 052 号）技术成果作价人民币 600 万元出资，占公司注册资本的 20%，湘南房地产开发有限公司出资 2 400 万元人民币，占公司注册资本的 80%，组建了湖南永康富硒生物科技有限公司。公司注册后，两专利技术及科研成果转归公司所有，今后在实施香柚系列产品开发生产中形成的知识产权归公司享有。目前，公司已完成了果胶提取的中试，果胶提取率为 80%，质量超过国家标准，能源消耗为传统工业的 1/4，成本为传统工艺的 1/2；香精油的小试、中试，粗精油的回收率为 80%，香形保持良好；残渣制备有机肥料的中试。

资料来源：根据湖南省知识产权局 2010 年 8 月 6 日发布的新闻整理编辑。

4. 事业单位无形资产的管理

无形资产是指不具有实物形态而能为使用者提供某种权利的资产，包括专利权、商标权、著作权、土地使用权、非专利技术、商誉以及其他财产权利。虽然它们没有实物形态，但能表明事业单位所拥有的一种特殊权利，并且这种权利能帮助事业单位获得比较高的收益水平。无形资产管理就是对无形资产资源进行计划、组织、控制，使之发挥最佳效益。无形资产是事业单位资产的重要组成部分，是其开展业务活动不可缺少的基础，在将来的业务活动或经营活动中将发挥越来越重要的作用。事业单位应将无形资产放在与有形资产同等重要的地位，加强无形资产的管理，根据业务活动的需要合法取得无形资产，正确运用法律武器保护自己的无形资产免受侵犯，合理有效地使用无形资产，充分发挥其使用效益。

在对无形资产管理上主要应注意三个问题：(1) 要增强无形资产管理的意识。无形资产虽然是一种看不见、摸不着的资产，但却是一种客观存在的权利，这种权利本身具有内在的价值，尤其是当无形资产进行转让或投资时，这种价值就会得到确认和实现。因此，事业单位要提高认识，转变观念，充分认识到无形资产是一种“无形”但却具有实实在在价值的资产。(2) 要重视对无形资产的保护。事业单位要充分运用国家颁布的有关法律、法规，加强对所拥有的无形资产的保护，发明创造要及时申请专利，产品使用的商标要及时注册，还要注意对各种非专利技术的自我保护等。同时，对各种侵权行为，事业单位要利用法律武器，保护自己拥有的合法权利不受侵犯。(3) 要依法合理利用无形资产。事业单位转让无形资产要进行合理计价，有的还要经过法定资产评估机构的评估，以确保自身的权益不受侵害；事业单位取得无形资产也必须以法律、法规为依据，无论是通过自行开发或从外部购入，还是接受捐赠或投资者投入等方式取得无形资产，其购入必须入账，取得无形资产发生的支出应计入事业支出。

4.2.2　事业单位负债的管理

负债是事业单位资产总额中属于债权人的那部分权益或利益，它代表的是事业单位对其债权人所应承担的全部经济责任。负债是事业单位在开展财务活动过程中不可避免的一种经济行为，内容上主要包括借入款项、应付款项、预收款项、应缴款项等。

1. 借入款项

借入款项是指事业单位向财政部门、金融机构、上级单位或其他组织及个人借入的有偿使用的各种款项，到期需还本付息。主要包括向财政部门借入的事业行政周转金、向金融机构借入的贷款和向其他单位或个人的借款。事业单位借款时，必须经财政部门或主管部门批准；必须按指定用途使用；要控制借款规模；要统筹规划，合理使用；借款手续要完备；要按时偿还借款，不得拖欠。

2. 应付款项

应付款项是指事业单位应当支付而尚未支付的各种款项，是公共事业组织在结算中发生的一种负债。应付款项包括应付票据、应付账款和其他应付款。应付票据是指事业单位对外发生债务时所开出的、承兑的商业汇票，分为商业承兑汇票和银行承兑汇票；应付账款是指事业单位发生的，除应付票据以外的应付购货款及接受劳务的款项；其他应付款是指事业单位应付、暂收其他单位或个人的款项，如租入固定资产的租金、存入保证金、应付统筹退休金、个人交存的住房公积金及应付给投资者的收益等。事业单位所有的应付款项，都应设置专门的账户，并及时与对方单位或个人结算，不应拖欠。这样一方面可避免加重本单位的利息负担，影响正常业务活动；另一方面可保证对方单位或个人的经济利益。

3. 预收款项

预收款项是指事业单位在经济活动中，根据合同约定向对方单位或个人预收的部分或全部款项。这些预收款项需要事业单位在约定期限内以提供商品或劳务的方式来偿付，在未作结算前，便构成事业单位的一项负债，例如预收的购货款、租金、报纸杂志订阅费等。只有在事业单位按合同约定提供了商品和劳务后，预收款项才能转为收入。在对预收款项进行管理时，也要设置专门的账户来核算，还要划清预收款项与应收款项的界限；事业单位要按照合同规定，按时向对方单位或个人提供质量合格的商品或劳务，并尽快结清预收款项，解除债务，结余数应退还对方单位或个人。

4. 应缴款项

应缴款项是指事业单位按照有关规定应当缴纳的各种款项，包括财政部门规定应缴预算的资金、应缴财政专户的预算外资金、应缴税金以及其他按上级单位规定应上缴的款项。应缴预算款是事业单位按规定应缴入国家预算的收入，主要包括：事业单位代收的纳入预算管理的基金；行政性收费收入；罚没收入；无主财物变价收入；追回的赃款、赃物变价收入；其他按预算管理规定应上缴预算的款项。应缴预算收入，属于国家财政性资金，事业单位应依法积极组织，并按时足额上缴，不得暂存不缴，不得挪用，不得误入预算外资金“财政专户”，也不得以任何借口截留、坐支。应缴财政专户款是指事业单位按规定代收的应上缴财政专户储存的预算外资金，这属于国家财政性资金，不是部门和单位自有资金，必须纳入财政管理；财政部门要在银行开设统一的专户，用于预算外资金收入和支出管理；部门和单位的预算外收入必须上缴同级财政专户，支出由同级财政按预算外资金收支计划和单位收支计划统筹安排，从财政专户中拨付，实行收支两条线管理。应缴税金是指事业单位按税法规定应缴纳的各种税金，主要包括：属于一般纳税人的事业单位应缴纳的增值税，事业单位提供劳务或销售产品应缴纳的税金（包括营业税、城市维护建设税、资源税等），有所得税业务的事业单位应缴纳的所得税等。事业单位要按规定及时足额地上缴各种税金，以维护国家利益。

化解地方政府债务和高校债务风险

2011 年 3—5 月，国家审计署抽调专人对我国的地方性政府债务进行了一次专项审计，此次审计对政府负有偿还责任的债务、政府负有担保责任的债务和其他债务进行了全面摸底。审计结果显示，截至 2010 年底，这三类债务总计达 10.72 万亿元，按照举债主体划分，地方政府融资平台及地方政府部门和机构债务达 7.47 亿元，事业单位债务达 1.97 万亿元，其中公共事业单位债务 0.25 万亿元，占总债务额的 2.33%（见图 4—1）。

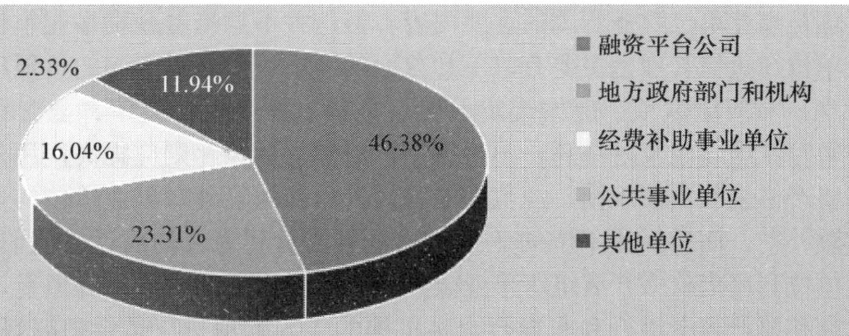

图 4—1　2010 年全国地方性政府债务举债主体分布

审计报告专门指出了地方高校和医院在此次债务审计中发现的问题：1 164 所地方所属普通高校和 3 120 家公立医院分别有政府性债务 2 634.98 亿元和 977.74 亿元。其中有 387 所高校和 230 家医院 2010 年政府负有担保责任的债务和其他相关债务的借新还旧率超过 50%，当年借新还旧偿债额分别为 542.47 亿元和 95.29 亿元。有 95 所高校和 575 家医院存在债务逾期现象，逾期债务分别为 27.18 亿元和 30.42 亿元。一些地方已安排 441.38 亿元财政资金用于偿债。

事实上，早在 2010 年，教育部和财政部就已经开始关注地方高校债务风险问题，在 11 月发布的《财政部教育部关于减轻地方高校债务负担化解高校债务风险的意见》中做了安排和部署，主要包括：

(1) 合理安排化债资金。化债资金的安排实行高校自筹和财政支持相结合的办法。要切实落实高校主体责任，督促高校统筹资源，以土地置换、安排事业收入等方式积极偿还贷款，地方财政要加大支持力度，帮助高校化解债务。地方财政化债资金的安排，要突出重点，公平合理，充分发挥调动和引导高校筹资的作用。2010—2012 年，中央财政在锁定截至 2009 年底地方高校为完成扩招任务必须进行建设而从金融机构取得的尚未还清的贷款余额的基础上，根据地方财政通过一般预算安排的化债资金，综合考虑各地高校化债工作努力程度、高校债务规模下降幅度以及扩招学生数等因素，采取基础奖励加浮动奖励的方式，对有效化解高校债务的省份给予支持。其中：基础奖励额度，按各省份每年安排化解高校银行贷款（本金）财政一般预算资金的一定比例确定，中西部地区为 45%，东部地区分省份确定；浮动奖励额度，根据各地高校化债工作努力程度、高校债务规模下降幅度以及扩招学生数等因素，最高不超过各省份每年安排化解高校银行贷款（本金）财政一般预算资金的 10%。2012 年以后的高校化债工作，由各地自行开展。

(2) 严格控制新增贷款，降低债务规模。在减轻高校现有债务负担的基础上，要加强财务管理，建立高校建设项目规划、银行贷款审批制度和高校债务情况动态监控机制，从严审批高校建设标准和建设项目，严格控制新增贷款的产生，防止出现“举新债、化旧债”现象。今后几年，对高校化债工作实施后，高校债务余额未减少的省份，财政部、教育部除扣回该省份的奖补资金外，还将减少或停止安排高等教育专项转移支付资金。

负债管理是事业单位财务管理的重要内容，但这并不意味着鼓励事业单位负债运转和经营。事业单位在负债管理上主要有以下几方面的要求：一是对不同的负债项目要分门别类地进行管理。对应缴款项，应按规定及时、足额上缴，切勿截留、坐支和挪用；对应付、预收和暂存款项，应及时结算，不得挪用；对借入款项，则应提高使用效益，并按期归还。二是要严格控制负债规模，规范和加强借入款项的管理。事业单位的资金来源主要依靠国家财政补助，而且事业单位的业务活动是不以营利为目的的，其偿债能力很有限。因此，事业单位利用借款来开展组织事业收入和经营收入活动时应格外慎重，应严格控制其规模，尤其是要严控向银行和非银行金融机构的借入款项。三是要把握好借款的结构，控制借款的资金成本。每类借款都有相应的资金成本——利息，利息成本和借款总量、期限和来源密切相关。事业单位应该根据事业发展，做好科学的财务规划和预测，做好内部资金调度，系统测算借款规模和期限，努力节约资金成本。四是建立健全财务风险控制机制。近年来，我国一些公共事业部门在事业的高速发展中形成了较大的债务风险，例如一些高校以未来的财政投入和学费收入作为偿债资金来源，向银行等金融机构申请贷款解决校区扩建的资金不足问题，一些高校在偿债高峰期到来时还债压力增大，形成了财务风险。针对公共事业单位负债高主要来源于基本建设的特点，建立健全财务风险控制机制，主管部门要严格审批贷款建设项目，严格控制建设标准。事业单位需要做好建设项目规划，建立有效的债务动态监控机制，预防财务风险的发生。

4.2.3 事业单位净资产的管理

公共事业单位的净资产主要包含事业单位结转和结余以及事业基金两部分，它体现着事业单位年度运行的财务成果。近年来，随着我国财政体制开展部门预算、国库集中支付、收支两条线等一系列改革措施，一些公共事业单位出现了较多的资金结转和结余，新的《事业单位财务规则》和财政管理一系列文件强调强化对事业单位净资产的管理。

1. 事业单位结转和结余的管理

过去，事业单位运行的财务成果称为结余，它是指事业单位在一定期间各项收入与支出相抵后的余额，这样的划分是比较笼统的，缺乏对事业单位产生结余的具体原因的甄别，不利于强化预算和财务管理。新的《事业单位财务规则》把原事业单位的结余进一步区分为事业单位“结转资金”和事业单位“结余资金”，两者合称“事业单位结转和结余”，它是事业业单位年度收入和支出相抵后的余额。把财务运行成果区分为结转和结余项目进行分类管理，是财政管理科学化、精细化的必然要求。

（1）结转和结余的区别。

结转资金，是指事业单位当年预算已经执行但尚未完成，或者因故未执行，下一年度需要按照原用途继续使用的资金。结余资金，是指当年预算工作目标已完成，或者因故中止，当年剩余的资金。这两者虽然同为事业单位年度预算资源的剩余，但是产生的原因不一样，需要分别定义，分类管理。不仅如此，事业单位单位结转结余中，经营收支的结转结余应该单独反映，区别于公共服务收支所产生的结转结余。经营性项目的收支一般有比较强的配比性，公共服务收支体现公益性而非配比性，两种结转结余产生的机理不同，区别管理有利于客观地反映事业单位的经营成果。

（2）财政拨款结转结余的管理。

近年来，随着我国预算和财政体制改革深化，国库集中支付和收支两条线统一管理有利于集中财力办大事，但同时也出现了中央和地方各级单位财政拨款结转结余较多，资金持续沉淀的现象。财政拨款结转和结余是当前财政管理中的一个重要问题，新的《事业单位财务规则》强调各级财政部门应出台相关的管理政策。对于中央预算单位，2010 年财政部颁布了《中央部门财政拨款结转和结余资金管理办法》，进行了更细化的分类管理。按照规定，财政拨款结转资金被进一步分为基本支出结转资金（主要反映人员和办公经费）和项目支出结转资金，基本支出结转资金原则上结转下年继续使用，项目支出结转资金结转至下一年继续按照原用途使用。财政拨款结余资金则主要来自项目支出结余资金，这一部分应该全部统筹应用于编制以后年度的部门预算，在部门预算编制完之前不得动用。

（3）事业单位非财政拨款结转结余资金的管理。

公共事业单位的非财政拨款结转和结余大都和经营性收入结余有关，经营性结余主要是事业单位通过存量资产经营收入获得，亦不得随意分配，需要分类管理。非财政拨款结转部分按照规定可接转至下一年继续使用，非财政拨款结余可以按照国家有关规定提取职工福利金，剩余部分则作为事业基金用于弥补以后年度的收支差额。

2. 事业单位基金的管理

事业单位基金的管理包含对事业基金、专用基金及固定基金的管理。

根据前面的叙述，事业基金来源于非财政拨款结余扣除提取的职工福利金之后剩余的部分。事业基金是公共事业净资产的一部分，它没有限定用途，正因为如此，它在财务管理中往往起到资金蓄水池的作用，可以用来平衡单位的预算收支。

事业基金的结余在一定程度上体现着事业单位努力经营的成果，不限定其用途体现了国家对事业单位经营自主性的认可，涉及事业单位的集体利益和积极性。目前一些事业单位有较大规模的事业基金结余累积，但在新的年度预算时并未有意识地加以考虑，可能继续追加财政补助的申请，资金缺口留给财政，这样，事业基金就很难起到蓄水池应有的功能。在实践中，事业单位可能倾向于把事业基金用于扩大经营性活动和对外投资，因此需要从统筹国家利益和集体利益的角度加强对事业基金的管理。

事业基金管理的关键在于：（1）严格遵循收支平衡的原则，事业单位应该量入为出，支出不得超出基金规模。（2）统筹安排，切实把年度预算和事业基金支出统筹关联，每年应安排部分结余用于弥补年度差额。（3）合理使用，事业基金的使用应该考虑本事业的发展需求，避免过多地用于经营性活动。

专用基金是指事业单位按照规定提取或者设置的有专门用途的资金，主要包括修购基金、职工福利基金和住房基金等。专用基金一般不直接参加业务经营活动，其运动过程具有相对独立的特点：一是专用基金的取得一般都有专门的规定，如修购基金是根据事业收入和经营收入的一定比例提取的，职工福利基金是根据结余的一定比例提取转入的；其他基金的提取也有专门的规定。二是各项专用基金都有规定的专门用途和使用范围，专用基金一般不得占用或挪作他用。三是专用基金的使用均属一次性消耗，没有循环周转，不可能通过专用基金支出直接取得补偿。专用基金的管理应遵循“先提后用，收支平衡，专款专用”的原则。“先提后用”是指各项专用基金必须根据规定的来源渠道，在取得资金以后，方能安排使用；“收支平衡”是指事业单位提取专用基金后，要严格按照规定的开支范围和标准支出，支出不得超出基金规模；“专款专用”是指各种专用基金都要按照规定的用途和使用范围安排开支，支出不得超出资金规模，以保证专用基金使用的合理、合法。

固定基金是指事业单位固定资产占用的基金，是固定资产的货币表现形式，其主要来源于国家基建拨款，专项经费拨款，专用基金转入，新制度施行前用事业经费或自有资金购置、自制、无偿调入、融资租入或接受捐赠的固定资产等。加强固定基金管理，可以充分发挥固定资产的使用效益，有利于调整和盘活固定资产，防止固定资产的流失。因此，要注意根据实际情况的变化，及时调增或调减固定基金。

4.3 事业单位收入和支出的管理

事业单位收入是指事业单位为开展业务及其他活动依法取得的非偿还性资金。事业单位支出是指事业单位开展业务及其他活动所发生的各项资金耗费和损失。事业单位收入管理和支出管理都是公共事业财务管理的重要内容。

4.3.1 事业单位收入的管理

事业单位的收入包含以下几层含义：事业单位的收入是开展业务及其他活动取得的；事业单位的收入是依法取得的；事业单位的收入是通过多种形式、多种渠道取得的；事业单位的收入是非偿还性资金。事业单位的收入包括财政补助收入、事业收入、经营收入、上级补助收入、附属单位上缴收入和其他收入等。

从总体上看，事业单位的收入管理有以下几个方面的要求：第一，各项收入都要全面真实准确地纳入核算体系，尤其是全部纳入单位预算。公共事业单位按规定编制年度预算时，须将收支全面纳入预算。收入预算编制应遵循法律，把依法取得的收入纳入预算；收入预算应紧密围绕事业发展目标和计划，与经济和社会发展相匹配；预算收入测算应遵循先估算非财政补助收入，而后依缺口规模申请财政补助的原则；在部门预算体制下，收入预算应全面完整，不应在部门预算之外保留其他收入项目；收入测算应真实准确，应参考近年收入情况做边际调整，不能随意夸大或者隐瞒收入。公共事业单位在日常财务管理过程中还应做到各项收入全面核算，统一管理，杜绝私分收入、瞒报收入、私设小金库、坐收坐支等现象。第二，正确划分各项收入，依法缴纳各种税费。事业单位应做好事业收入与经营收入的划分、事业收入中预算外资金的划分、预算外资金中应当上缴财政专户资金的划分等；对经营性收入，要依法缴纳各项税费。第三，公共事业单位应围绕单位职能和事业发展目标组织收入，不能以营利为目的。事业单位分类改革指导框架立足于公益性和社会服务目标，公共事业单位的定位比以往更为明确，应围绕着社会服务和事业发展开展活动组织收入，不能以营利为目的。事业单位在开展经营活动、获取经营性收入时应该把握适度原则。第四，保证收入的合法性与合理性。所谓合法性，就是要依法办事，比如，对于各种事业性收费，必须严格遵守国家规定的收费政策和管理制度，制定和调整收费标准，必须按照规定程序报经国家有关部门批准，非经批准不得自立章程乱收费；所谓合理性，就是要从我国的实际出发，取之得当，用之合理。第五，坚持把社会效益放在首位，社会效益与经济效益相统一。在确保公益性和社会服务的同时，事业单位一些收入还应该按照市场经济规律办事，讲求经济效益，两者应该协调统一。

具体来看，事业收入的管理根据其内容的不同，管理的要求也不同。

1. 财政补助收入

财政补助收入是指事业单位直接从同级财政部门取得的各类财政拨款。过去的财政管理曾经把事业单位的财政补助收入和一些专项拨款分开，我国财政体制改革开展部门预算以来，为了体现部门预算的完整性，财政补助收入中的“各类财政收入”指的是同级财政的全口径拨款。财政补助收入既包含原《事业单位财务规则》规定的各类事业经费，如教育事业费、文体广播事业费、科学事业费、农林水利气象等部门的事业费、卫生经费等，也包含原来没有纳入财政补助的基本建设、社会保障、住房改革经费项目。财政补助收入的用途主要包括两个方面：一是作为基本支出，保障单位正常运转和日常工作开展而安排的财政拨款，按性质分为人员经费和日常公用经费；二是用于项目支出，根据特定工作任务和事业目标，在基本支出之外安排的财政拨款。

2. 事业收入

事业收入是指事业单位通过开展专业业务活动及其辅助活动取得的收入。所谓专业业务活动，是指事业单位根据本单位专业特点所从事或开展的主要业务活动，如教育事业单位的教学活动、卫生事业单位的医疗保健活动等；所谓辅助活动，是指与专业业务活动相关，直接为专业业务活动服务的单位行政管理活动、后勤服务活动及其他有关活动。通过开展上述活动取得的收入，均作为事业收入处理。此外，事业单位还有一些特殊的收入参照政府非税收入的管理：按照国家有关规定应当上缴财政预算的资金和应当缴入财政专户的预算外资金，不计入事业收入；从财政专户核拨的预算外资金和部分经核准不上缴财政专户管理的预算外资金，应计入事业收入。

非税收入是我国财政收入的一个重要组成部分，它包括事业单位依法利用政府权力、政府信誉、国家资源、国有资产或提供特定公共服务所取得的用于满足社会公共需求的财政资金，过去，这些收入相当一部分未纳入预算管理。2001 年以来，我国财政管理体制逐步推行收支两条线和部门预算改革，各级财政对预算外资金逐步实施了纳入预算管理或收支脱钩的办法。2010 年，财政部印发了《关于将按预算外资金管理的收入纳入预算管理的通知》，要求中央部门于 2011 年始将预算外资金全部纳入预算管理，主要分两种情况：纳入财政专户管理的，在单位上缴财政专户之后，财政部门根据部门预算和单位用款申请核拨给单位，单位则作为事业收入纳入预算管理；除去纳入财政专户以外的部分，要全额上缴国库，支出再通过一般性预算程序下达。

3. 上级补助收入

上级补助收入是指事业单位从主管部门和上级单位取得的非财政补助收入。资金来源上，应该是事业单位的主管部门或者上级单位利用自己组织的收入拨给事业单位，不能是来源于财政性的拨款。

4. 经营收入和附属单位上缴收入

经营收入是指事业单位在专业业务活动及其辅助活动之外开展非独立核算经营活动取

得的收入。附属单位上缴收入是指事业单位附属独立核算单位按有关规定上缴的收入。这是两个单独核算和管理的收入项目，它们的主要区别在于是否产生于独立核算经营活动。事业单位对其经济活动过程及结果独立、完整地进行会计核算，称为独立核算；事业单位从上级单位领取一定数额的物资、款项从事业务活动，不独立计算盈亏，把日常发生的经济业务资料报由上级集中进行会计核算，称为非独立核算。按照国家的精神，公共事业单位凡开展经营活动，应尽可能进行独立核算，执行企业的财务制度；有些经营活动规模较小，不便或者无法独立核算，才纳入经营收入中核算。

5. 其他收入

除了上述五种收入项目规定以外的各项收入纳入“其他收入”项目核算。一般包括投资收益、利息收入、捐赠收入。由于新的《事业单位财务规则》把财政补助收入限定为从同级财政部门取得的各类财政拨款，因此从 2011 年开始事业单位从非本级财政部门所获得的财政补助也纳入“其他收入”项目。如我国很多中央高校除了获得中央财政拨款，还因为对地方科研和社会服务产生“溢出”效应，获得地方财政的一定支持，地方财政给这些中央高校的财政补助应作为“其他收入”，而不是财政补助收入。

4.3.2 事业单位支出的管理

1. 事业单位的支出类型

事业单位支出是指事业单位开展业务及其他活动所发生的各项资金耗费和损失。从我国财政管理体制实行部门预算和收支两条线管理以来，事业单位收入全口径纳入预算形成“大收入”格局，那么，这里的事业单位支出也应该是“大支出”，它包括了事业单位发生的所有支出。事业单位支出按资金运用性质可以分为事业支出、经营支出、对附属单位补助支出和上缴上级支出以及其他支出。

（1）事业支出。

事业支出是指事业单位开展专业业务活动及其辅助活动发生的基本支出和项目支出，它是事业单位会计的主要核算对象，也是财政部门和上级单位考核事业单位支出预算情况的根据。事业支出并不是和事业收入相配比的，事业单位所获得的一切收入都可以用于安排事业支出，满足公益需求。有财政补助收入的事业单位，其财政补助资金必须按拟订的用途使用，不得自行改变资金用途。事业支出按用途划分，可以分为两大类。一是基本支出，主要包括：人员经费支出，指用于个人方面的开支，如工资、补助工资、职工福利费、社会保障费、助学金；公用经费支出，指为了完成事业计划，用于单位公务、业务活动方面的开支，如公务费、业务费、设备购置费、修缮费和其他费用。二是项目支出，主要是指事业单位为了完成特定工作任务和事业发展目标，在基本支出之外所发生的支出。项目支出在财政和财务管理体制中通常会跨越一个财政年度，若项目在年末没有完成目标和任务，则项目支出会产生结转资金，可在下一个预算年度按照原用途继续使用；若项目已经完成经验收或评估，则剩余资金形成结余。

（2）经营支出。

经营支出是指事业单位在专业业务活动及其辅助活动之外开展非独立核算经营活动

发生的支出。经营支出的具体科目按照事业支出的相应科目执行。事业单位非独立核算的经营活动所发生的全部支出，都应纳入经营支出核算反映，经营支出与经营收入要配比。对独立核算的经营活动，应当按照企业财务制度单独进行核算，不在经营支出中反映。

（3）对附属单位补助支出和上缴上级支出。

对附属单位补助支出是指事业单位用财政补助收入之外的收入对附属单位补助发生的支出；事业单位转拨财政部门拨入的各类事业费，不能列入对附属单位补助支出中。上缴上级支出是指实行收入上缴办法的事业单位按照规定的定额或比例上缴上级单位的支出。这两类支出都属于调剂性支出，不同于事业支出和经营支出，属于事业单位本身的正常支出。对这两类支出应当分别进行管理：对属于补助性质的支出，应按规定的标准和资金渠道列支，并用于规定的受补助单位；对属于上缴性质的支出，应按核定的定额或收入的一定比例上缴上级单位。

（4）其他支出。

除上述四种支出项目以外的各项支出列入其他支出项目，包括利息支出、捐赠支出等。其他支出项目是事业单位新财务规则新增的项目，考虑到我国事业单位普遍存在捐赠支出和利息支出，在原事业单位财务规则中没有明确列支渠道，新增规定便于更规范的财务管理。

2. 事业单位支出管理的基本要求

（1）严格执行国家财政财务规章制度和财经纪律。

国家规定的各项财政财务规章制度和财经纪律，是支出管理的行为规范，事业单位必须严格执行，不得违反。对国家有关财务规章制度没有统一规定的，可由事业单位作出规定，报主管部门和财政部门备案。同时，主管部门和财政部门还应进行审查，如果发现事业单位作出的规定违反法律和国家政策的，主管部门和财政部门应当责令其改正。

（2）节约支出，强化绩效管理，提高资金使用效益。

在支出管理中，事业单位要精打细算、勤俭节约，反对铺张浪费、花钱大手大脚的做法。事业单位要结合当前我国正在开展的公共支出绩效改革，加强单位支出的绩效管理，在预算时要明确各项支出目标，把支出形成的结果对照目标进行绩效评价，不断提高公共资金的使用效益。

（3）合理分类，科学管理。

事业支出是确保事业单位公益职能和公共服务目标实现的基本保障，是支出管理的重中之重，所有来源的收入都可用于事业支出，财政补助收入主要满足事业支出，不得用于经营性支出。事业支出在基本支出和项目支出应合理分配，严格控制人员编制，遵守国家对人员工资、津贴、补贴和职工福利的各项标准；事业活动中严格控制“三公经费”支出，严格执行国家支出标准；项目支出应完备筹划，区分轻重缓解，量力而行。经营性支出的管理应注重：区分独立核算与非独立核算活动；独立核算经营活动应遵照执行企业财务制度进行管理，而非独立经营活动应该注重收入和支出的配比，以期获得经营收益；经营活动中的材料消耗和人力补偿应计入经营支出，经营活动不可避免占用事业资产资源，应当参照企业固定资产和设备折旧办法提取修购基金。

“211 工程”和项目预算支出管理

人民网 2008 年 3 月 25 日电：教育部今天举行例行新闻发布会，介绍“211 工程”十年建设成就及开展三期工程建设的有关情况。财政部教科文司司长赵路在回答记者提问时说，中央财政将对“211 工程”三期建设投入 100 亿元。

赵路指出，随着国家财力的增长，在实施“211 工程”的过程中，国家对“211 工程”不断加大投入力度，在一期的时候，财政部、发改委是 27 亿 5 500 万元，二期的时候是 60 多亿元，三期也就是 2007—2011 年是 100 亿元。

太湖明珠网 2012 年 12 月 28 日讯：“211 工程”三期建设项目于 2008 年启动，江南大学共承担“新一代工业生物技术”、“食品精细加工技术”、“食品安全与健康”、“先进纺织制造技术”和“工业设计系统创新理论与方法”等重点学科建设项目，以及创新人才培养项目和队伍建设项目，历时 4 年建设，于 2011 年底完成，总投资 6 400 万元，其中中央专项预算资金 4 100 万元。

2012 年初，根据发改委、教育部、财政部的统一部署，“211 工程”三期建设项目验收工作随即开展。在该校前期开展 7 个项目校内验收的基础上，又接受了国家整体验收，经过网络验收、抽查验收和第三方验收，对各建设项目的任务完成情况、资金使用管理情况、建设成效和标志性成果、项目管理情况、总体评价等方面进行了综合评议。经评估认为，江南大学“211 工程”三期建设专项资金和使用工作符合规范，中央专项资金到位率 100%，财务制度比较健全，建设成果突出，达到了预期建设目标。

（4）严格专项资金使用管理，提高专项资金使用效益。

公共事业单位的专项资金主要用于特定项目的支出，区别于事业单位的基本支出，在管理中要划清两者的界限。一般来说，专项资金主要用于基本建设项目以及按事业发展目标设定的计划项目，如科研项目，这些项目本身在启动之前需要进行项目论证、申请，获得主管部门的审批并核拨项目经费。除了事业单位一般的财务规则，项目在审批和实施过程中往往会附加预算和财务管理细则，形成专款专用、单独核算的管理要求。项目实施的期间应定期开展评估，及时向主管部门报送专项资金使用情况，项目完成后则需要及时报送专项资金支出决算和使用效果的报告，并接受财政部门或主管部门的检查验收。

4.4 事业单位财务报告和财务分析

事业单位财务报告是反映事业单位一定时期财务状况和事业成果的总结性书面文件，事业单位应当定期向主管部门和财政部门以及其他有关的报表使用者提供财务报告，并进行财务报告管理。事业单位财务分析是财务管理的重要手段和组成部分，通过财务分析，可查明各事业单位财务管理工作中的积极因素和消极因素，促进事业单位提高经济效益，保证其各项工作任务的完成。

4.4.1　事业单位财务报告

事业单位财务报告是主管部门和财政部门以及其他有关的报表使用者了解事业单位财务状况和运营业绩的主要信息来源，也是事业单位加强内部管理、进行管理决策的主要依据。

1. 财务报告编制的要求

财务报告管理主要是对财务报告的内容、格式、编制方法、报送时间等进行管理，促使事业单位认真做好财务报告的编制工作，保证财务报告的统一性、真实性、准确性、完整性和及时性，保证财务报告的质量，充分发挥财务报告的作用。为了能够做好财务报告，事业单位在编制财务报告时，必须做到以下几点：（1）数字必须真实。各单位应当加强日常会计核算工作，财务报告的数字要根据经审核无误的会计账簿记录汇总，切实做到账表相符。（2）格式必须统一。我国财政和预算分多级管理，为了有利于政府和社会对公共事业部门的预算执行和收支定额执行情况进行监督管理，有利于地区和行业进行数据报表汇总，事业单位财务报告体系的内容、格式和编制方法应该严格根据主管部门或财政部门的要求执行，不得随意更改。（3）内容必须完整。财务制度所规定的不同财务期间内应报送的财务报告，单位必须编织齐全，不得遗漏；应根据收支统一管理的要求，把各项收入和支出全部纳入财务报表中报告；对财务报表中需要说明的事项，进一步编写财务情况说明书进行解释。（4）编报必须及时。国有事业单位应按事业单位会计制度规定的时间及时编制并向财政部门或主管部门报送所要求的财务报告。

2. 事业单位财务报告的三种形式

事业单位的财务报告在编制上有三种形式，即月报、季报和年报（决算）。月报是反映事业单位截至报告月份的财务状况和收支情况的报表，包括资产负债表和收入支出表及附表。季报是反映事业单位截至报告季度末的财务状况和收支情况的报表，季报的编制方法与月报基本相同。年报是反映事业单位年度财务状况和收支情况的报表，包括资产负债表、收入支出表、附表及会计报表附注和收支情况说明书等。事业单位在年度终了前，应根据财政部门或主管部门的决算编制工作要求，对各项收支账目、往来款项、货币资金和财产物资进行全面的清理结算，并在此基础上办理年终结账，编报决算。

3. 事业单位财务报告的主要内容

财务报告分财务报表和财务情况说明书两部分内容。财务报表是财务报告的主体和核心，它是指以货币为计量单位，用一定的财务指标体系总括反映一段时期事业单位预算执行情况和财务成果及其分配情况的报告文件。事业单位的财务报表是根据财政部门和主管部门财务管理尤其是财政预算拨款的管理要求，对事业单位会计账簿记录的数字及其他有关资料加以归类、整理、分析和汇总后编制而成的。事业单位财务报表由资产负债表、收入支出表、财政拨款收入支出表、固定资产投资决算报表等主表和有关附表构成。事业单位还可以根据财务管理的需要自行设置一些辅助报表。

财务情况说明书是事业单位在一定时期内对财务状况和收支情况进行分析总结所形成的书面文字报告，它是财务报表的分析说明，也是财务报告的重要组成部分。它通常是在报表分析的基础上完成的，包括本期收入、支出、结转、结余及其分配、资产负债变动、对外投资、资产出租出借、资产处置、固定资产投资、绩效考评等情况。对本期或者下期财务状况发生重大影响的事项，也需要在财务情况说明书中进行说明。

4. 资产负债表、收入支出表和财政拨款收入支出表的编制

事业单位财务报表是准确反映事业单位财务活动状况的重要资料，事业单位必须按一定的编制方法，做好各项财务报表的编制工作。这里主要介绍资产负债表、收入支出表和财政拨款收入支出表的编制。事业单位资产负债表（见表4—1），是反映事业单位一定时点资产、负债及净资产等财务状况的报表，它能够反映事业单位在截至报告时间的经济资源和负担的债务状况，以及事业单位的偿债能力和财务前景。资产负债表是世界各国通用的财务报表。资产负债表向有关方面提供以下几个方面的信息资料：第一，事业单位所掌握的经济资源及这些资源的分布和结构；第二，事业单位债务状况；第三，事业单位净资产的情况；第四，通过对该表的分析，可以了解事业单位的财务实力、短期偿债能力和支付能力，若把前后期的资产负债表加以对照分析，还可以看出事业单位资产变化情况及财务状况的发展趋势。资产负债表按照“资产＋支出＝负债＋净资产＋收入”的平衡公式设置。左方为资产部类，右方为负债部类，左右两方总计数相等。“年初数”按事业单位上年末资产负债表期末数字填列；“期末数”按事业单位期末各总账账户余额填列。事业单位应事先编出本单位的资产负债表，然后将审核无误的所属下级单位汇总的资产负债表汇总，编制成本部门汇总的资产负债表。

表4—1　　事业单位资产负债表

编表单位：　　年　月　日　　单位：元

资产	期末数	年初数	负债和净资产	期末数	年初数
流动资产：			流动负债：		
货币资金			短期借款		
短期投资			应缴税费		
财政应返还额度			应缴国库款		
应收票据			应缴财政专户款		
应收账款			应付职工薪酬		
预付账款			应付票据		
其他应收款			应付账款		
存货			预收账款		
其他流动资产			其他应付款		
流动资产合计			其他流动负债		
非流动资产：			流动负债合计		
长期投资			非流动负债：		
固定资产			长期借款		
固定资产原价			长期应付款		
减：累计折旧			非流动负债合计		
在建工程			负债合计		
无形资产			净资产：		
无形资产原价			事业基金		
减：累计折旧			非流动资产基金		

续前表

资产	期末数	年初数	负债和净资产	期末数	年初数
待处置资产损益			专用基金		
非流动资产合计			财政补助结转		
			财政补助结余		
			非财政补助结转		
			非财政补助结余		
			1. 事业结余		
			2. 经营结余		
			净资产合计		
资产总计			负债和净资产总计		

事业单位收入支出表（见表 4—2），是综合反映事业单位一定时期财务收支状况及财务成果的报表。该表由收入部分、支出部分、结转、结余及其分配部分组成，通过收入支出表，可以判断事业单位的经营成果、评价业绩、预测未来事业发展方向。

表 4—2　　事业单位收入支出表

编表单位：　　年　月　日　　单位：元

项目	本月数	本年累计数
一、本期财政补助结转结余		
财政补助收入		
减：事业支出（财政补助支出）		
二、本期事业结转结余		
（一）事业类收入		
1. 事业收入		
2. 上级补助收入		
3. 附属单位上缴收入		
4. 其他收入		
其中：捐赠收入		
减：（二）事业类支出		
1. 事业支出（非财政补助支出）		
2. 上缴上级支出		
3. 对附属单位补助支出		
4. 其他支出		
三、本期经营结余		
经营收入		
减：经营支出		
四、弥补以前年度亏损后的经营结余		
五、本年非财政补助结转结余		
减：非财政补助结转		
六、本年非财政补助结余		
减：应缴企业所得税		
减：应提取专用基金		
七、转入事业基金		

事业单位财政拨款收入支出表（见表4—3），是反映事业单位一定时期财政拨款收支及财务成果状况的报表，该表由财政补助收入部分、支出部分、结转、结余及其分配部分组成，体现了财政性资金在一个年度内的运动情况和预算过程。首先，根据上年度财政补助收入支出表中的“年末财政补助结转结余”转入“年初财政补助结转结余”的本年数；而后，若本年发生的一些事项需要对以前以前年度的结转结余项目进行调整，应该在“调整年初财政补助结转结余”相应各项中增减，如今年发生的某项交易造成了去年的项目支出结转减少50万，那么应记入“－50万”；如果某预算单位有上级主管部门，事业单位还可能获得上级主管部门归集调入的财政补助结转结余资金，那么应记入在“本年归集调入财政补助结转结余”相应的子类目下；“本年上缴财政补助结转结余”，反映了本年度事业单位按照规定实际上缴的财政补助结转结余资金或者额度；“本年财政补助收入”，反映了当年事业单位从同级财政部门取得的各类财政资金，应该填入所属明细科目的本年发生额中；“本年财政补助支出”，事业单位应该根据本年事业支出所属明细中归集源自财政补助支出的金额，根据所属科目填入本年发生额中；上述六项收入支出到年末汇总，再度形成“年末财政补助结转结余”。

财政拨款收入支出表是我国2012年《事业单位财务规则》中的新增财务报表。随着我国事业单位分类改革，国家财政逐年加大对公共事业单位的财政投入，确保事业公益目标和基本公共服务职能的履行。另一方面，公共事业单位也因公共资金的投入和使用产生了公共受托责任，需要通过适当、必要的财务报告解除公共受托责任。在这种背景下，增加财政拨款收入支出表报告要求体现了对事业单位财政拨款的核算、考核和信息披露责任的强化，有利于推进财政资金科学化、精细化管理。

表4—3　　财政拨款收入支出表

编表单位：　　　　年　月　日　　　　单位：元

项目	本年数	上年数	项目	本年数	上年数
一、年初财政补助结转结余			2. 日常公用经费		
（一）基本支出结转			（二）项目支出结转		
1. 人员经费			××项目		
2. 日常公用经费			（三）项目支出结余		
（二）项目支出结转			四、本年上缴财政补助结转结余		
××项目			（一）基本支出结转		
（三）项目支出结余			1. 人员经费		
二、调整年初财政补助结转结余			2. 日常公用经费		
（一）基本支出结转			（二）项目支出结转		
1. 人员经费			××项目		
2. 日常公用经费			（三）项目支出结余		
（二）项目支出结转			五、本年财政补助收入		
××项目			（一）基本支出结转		
（三）项目支出结余			1. 人员经费		
三、本年归集调入财政补助结转结余			2. 日常公用经费		
（一）基本支出结转			（二）项目支出结转		
1. 人员经费			××项目		

续前表

项目	本年数	上年数	项目	本年数	上年数
六、本年财政补助支出			××项目		
(一) 基本支出结转			(三) 项目支出结余		
1. 人员经费					
2. 日常公用经费					
(二) 项目支出结转					
××项目					
七、年末财政补助结转结余					
(一) 基本支出结转					
1. 人员经费					
2. 日常公用经费					
(二) 项目支出结转					

4.4.2 事业单位财务分析

1. 事业单位财务分析的基本内容

事业单位财务分析，就是根据事业单位的事业计划、财务报告、统计数据和其他有关资料，对一定时期内单位财务活动和经济活动过程进行比较、分析和研究，并进行总结，作出正确评价的一种方法。财务分析是财务管理的重要组成部分，事业单位财务分析可以更好地保证党和国家有关路线、方针、政策的实行和事业目标的实现，促进单位预算管理的强化和预算收支目标的实现，是提高资金使用效率和公共支出绩效的必要的基础性工作。事业单位财务分析的内容很多，可以说涉及事业单位财务管理及相关性经济活动的各个方面。概括起来主要有以下几个方面：

(1) 分析单位预算的编制和执行情况。

主要分析单位的预算编制是否符合党和国家有关路线、方针、政策、财务制度、事业计划和工作任务的要求，是否贯彻了“量力而行、尽力而为”的原则，预算编制的计算依据是否正确可靠；在预算执行过程中，则要分析预算执行进度与事业计划是否一致，与以前各期相比，有无特殊变化及变化的原因。

(2) 分析资产、负债的构成及资产使用情况。

主要是分析单位的资产构成是否合理，固定资产的保管和使用是否得当，账实是否相符，各种材料有无超额储备，有无资产流失等问题；分析单位房屋建筑物和设备利用情况；分析流动资产周转情况；分析负债来源是否符合有关规定，负债水平是否合理以及负债构成等。负债水平可用资产负债率来衡量。

(3) 分析收入、支出情况。

首先要了解掌握单位的各项收入是否符合有关规定，是否执行了国家规定的收费标准，是否完成了核定的收入计划，各项应缴收入是否及时足额上缴，以发现超收或短收的主客观因素，及时采取措施，增加收入；其次要了解掌握各项支出是否按进度进行，是否按规定的用途、标准使用，支出结构是否合理等，找出支出管理中存在的问题，提出加强管理的措施，以节约开支，提高资金使用效益。

（4）分析定员定额情况。

主要分析单位人员是否控制在国家核定的编制以内，有无超编人员，超编的原因是什么，内部人员安排是否合理；分析单位各项支出定额是否完善合理，定额执行情况如何等。支出情况，可以用人员支出比率和公用支出比率来分析。

（5）分析财务管理情况。

主要是分析单位各项财务管理制度是否健全，具体管理是否符合国家有关规定和单位的实际情况，各项管理措施的落实情况如何。同时，要找出存在的问题，进一步健全和完善各项规章制度和管理措施，提高财务管理水平。

2. 事业单位财务分析的常用指标

事业单位财务分析的常用指标有经费自给率，人员支出、公用支出占事业支出的比率，资产负债率等。

（1）预算收入与支出完成率。

该指标主要衡量事业单位收入和支出总预算及分预算完成的程度。其中，预算收入完成率反映事业单位预算管理水平。

预算收入完成率＝年终执行数÷(年初预算数±年中预算调整数)×100%

年终执行数不包含上一年结转和结余收入数。

预算支出完成率＝年终执行数÷(年初预算数±年中预算调整数)×100%

年终执行数不包含上一年结转和结余支出数。

（2）人员支出、公用支出占事业支出的比率。

这个指标反映事业单位事业的支出结构，是分析事业单位支出结构是否合理的重要指标，其计算公式为：

人员支出比率＝人员支出÷事业支出×100%
公用支出比率＝公用支出÷事业支出×100%

这一指标在一定程度上能反映事业单位人员配备情况和人员工作效率；该指标主要适用于对单位自身事业支出的历史变化和未来发展趋势的分析，以及同类型单位之间的比较分析。一般而言，应当尽量降低人员支出比重，提高公用支出比重，以使事业单位获得更快发展。

（3）人均基本支出。

该指标主要衡量事业单位按照实际在编人数平均的基本支出水平。

人均基本支出＝(基本支出－离退休人员支出)÷实际在编人数

这一指标的分析，有利于了解事业单位正常的人均运转成本，以便建立健全定员定额支出标准体系。

（4）资产负债率。

资产负债率是反映事业单位的偿债能力，衡量其利用债权人提供的资金开展业务活动的能力，以及反映债权人提供资金的安全保障程度的指标。其计算公式为：

资产负债率＝负债总额÷资产总额×100％

一般而言，资产负债率越低，说明偿还债务能力越强；资产负债率越高，说明偿还债务的能力越差。因而，事业单位的资产负债率保持在一个较低的水平上比较合适。

除了上述常用的财务分析指标，事业单位及其主管部门还可以根据事业和业务的特点，增加一些财务分析指标。事业单位可以增加一些基本通用的分析指标，如人均支出指标、收支结余率指标；事业单位可以根据公共财政支出绩效评的要求，增加一些反映结果和绩效的分析指标，如科研项目支出和成果评价；事业单位也可以根据单位特点增加一些财务分析指标，如教育单位可以通过“生均支出指标”的分析来看支出是否达到国家有关政策的要求。

3. 事业单位财务分析的常见方法

事业单位的财务分析方法有很多，常见的有比较分析法、因素分析法、差额分析法等，其中前两种方法又是最主要的。

（1）比较分析法。

比较分析法是事业单位财务分析的一种基本方法，又叫指标比较法，它是将两个或两个以上的相关指标（可比指标）进行对比，测算出相互间的差异，从中进行分析、比较，找出产生差异的主要原因的一种方法。比较分析法主要用于以下三个方面：一是本期实际执行与本期计划进行比较；二是本期实际执行与同类单位先进水平进行比较；三是本期实际执行与历史同期进行比较。

（2）因素分析法。

因素分析法建立在比较分析法的基础上，是比较分析法的深入和发展，又叫连环替代法，就是在几个相互联系的因素中，以数值来测定各个因素的变化对总差异的影响程度的一种方法。因素分析法一般是将其中的一个因素定为可变量，而将其他因素暂时定为不变量，将二者进行替换，以测定每个因素对该项指标的影响程度，然后根据构成指标诸因素的依存关系，再逐一测定各因素的影响程度。

（3）差额分析法。

差额分析法是以各个因素实际数与计划数之间的差额为基础，按照因素分析法的排列和替换顺序直接计算各个因素对经济指标影响程度的一种分析方法。

财务分析除以上所述的常用方法外，还可以根据分析的具体要求采用指数法、图表法、比率分析法、结构分析法和平衡分析法等。

收入支出、结转结余和分配的产生

某工程技术大学定位于研究型大学发展目标，主要培养本科生和研究生，并通过应用性科研活动服务于社会。每一年，学校会得到财政部门一定数量的财政补助，收入的主要部分还是来自学费收入和科研服务收入，为了研究型大学目标的实现，学校出台了专项财务管理规定，所获科研服务收入主要用于支持学校教师科研项目研究。

假设某年学校所有的收入、支出情况如下：年初获得财政补助收入（a）5 000 万元，其中专项补助（b）1 000 万元；学校事业收入（c）10 000 万元，其中科研事业收入（d）2 000万元；上级补助收入（e）100 万元，附属单位上缴收入（f）100 万元，经营收入（g）300 万元，其他收入（h）50 万元；事业支出（i）12 300 万元，其中基本支出（j）10 000 万元（含财政补助基本支出（k）3 800 万元），项目支出（l）2 300 万元（其中财政补助项目支出（m）800 万元，科研项目支出（n）800 万元）；经营支出（o）200万，上缴上级单位支出（p）50 万元，对附属单位补助支出（q）100 万元。根据上述收支数据，收入支出和结转结余核算如下。

第一步，计算事业单位收支差额。

收支差额＝收入总额－支出总额＝(a＋c＋e＋f＋g＋h)－(i＋o＋p＋q)
＝(5 000＋10 000＋100＋100＋300＋50)－(12 300＋200＋50＋100)
＝2 900(万元)

第二步，计算财政拨款结转。假设当年项目没有完成，项目支出形成结转。

财政补助结转＝专项财政补助收入－财政补助专项支出＝b－m＝1 000－800＝200（万元）

第三步，计算财政补助结余。由于没有项目结余，财政补助结余来自基本支出。

财政补助结余＝(财政补助收入－专项财政补助收入)－财政补助基本支出
＝(a－b)－k＝(5 000－1 000)－3 800＝200(万元)

第四步，计算非财政补助结转。由于该校对科研收入和科研支出实行专项管理，非财政补助结转要计算事业收支中的专项结转。

非财政拨款结转＝专项事业收入－专项事业支出＝d－n＝2 000－800＝1 200(万元)

第五步，计算非财政补助结余。

非财政补助结余＝收支差额－(财政补助结余＋专项财政补助结转＋非财政拨款结转)
＝2 900－(200＋200＋1 200)＝1 300(万元)

第六步，计算职工福利基金提取额。如果主管部门规定职工福利基金按照非财政补助结余的 20%提取，当年没有应缴企业所得税。

职工福利基金可提取额＝非财政补助结余×20%＝260(万元)

第七步，计算转入事业基金额。非财政补助结余在在提取职工福利基金之后应转入事业基金。

转入事业基金额＝非财政补助结余－提取的职工福利基金＝1 300－260＝1 040(万元)

本章小结

1. 公共事业组织的有效发展需要一个完善的财务管理体制，公共事业组织的财务管理在组织的发展过程中有着不可替代的作用。

2. 事业单位资产、负债和净资产的管理是公共事业组织财务管理的重要内容。事业单位资产管理包括对流动资产、固定资产、对外投资及无形资产的管理。事业单位的负债在内容上主要包括借入款项、应付款项、预收款项、应缴款项等。事业单位净资产是指资产减去负债的差额，包括非流动资产基金、专用基金、事业基金、结转和结余等。

3. 事业单位收入是指事业单位为开展业务及其他活动依法取得的非偿还性资金，它包括财政补助收入、事业收入、上级补助收入、经营收入和附属单位上缴收入以及其他收入。事业单位支出是指事业单位开展业务及其他活动所发生的各项资金耗费和损失；事业单位支出按资金运用性质可以分为事业支出、经营支出、对附属单位补助支出和上缴上级支出以及其他支出。

4. 事业单位财务报告包括财务报表和财务情况说明书两部分内容；财务报表分资产负债表、收入支出表、财政拨款收入支出表和固定资产投资决算表。事业单位财务分析的基本内容包括分析单位预算的编制和执行情况，分析资产、负债的构成及资产使用情况，分析收入、支出情况，分析定员定额情况，分析财务管理情况；常用指标有预算收入和支出完成率，人员支出、公用支出占事业支出的比率，资产负债率，人均基本支出；常用方法有比较分析法、因素分析法和差额分析法。

关键术语

事业单位财务管理　固定资产　对外投资　无形资产　财政补助结转和结余　零余额账户用款额度　净资产　事业结余　事业基金　财政补助收入　事业收入　事业支出　财务报告　财务报表　财务分析　预算收入完成率　资产负债率

复习思考题

1. 简述公共事业财务管理的概念、特点、目标与原则。
2. 简述公共事业财务管理的主要内容与基本方法。
3. 事业单位的资产是如何分类的？对固定资产是如何计价的？
4. 结合国库集中支付改革，谈一谈引进零余额账户用款额度在事业单位财务管理中的意义。
5. 谈一谈财政补助结转和结余资金在预算和财务管理上的区别，并且以专栏“收入支出、结转结余和分配的产生”中的收支数据分析财政和非财政补助结转结余的产生和分配，试着把相应的结果填入表 4—2 中。
6. 在专栏“收入支出、结转结余和分配的产生”中，如果该校没有出台科研收入专款用于科研支出的规定，而是科研收入可以用于所有事业支出，那么非财政结转和结余以及随后的分配结果会发生什么变化？
7. 事业单位的支出管理有什么要求？
8. 简述事业单位财务报告的组成。

阅读书目

1. 王为民. 公共组织财务管理. 北京：中国人民大学出版社，2013
2. 钟泽圣. 公共财政体制下的事业单位财务管理研究. 北京：经济科学出版社，2012
3. 温来成. 现代公共事业管理概论. 北京：清华大学出版社，2007
4. 财政部编写组. 事业单位财务规则解读. 北京：中国财政经济出版社，2012
5. 中华人民共和国财政部. 事业单位会计制度 2012. 北京：经济科学出版社，2013

第5章

公共事业项目管理

项目管理是20世纪50年代发展起来的综合性和应用性管理学科和实践方法，它与技术经济学、项目评估学、投资经济学、企业管理学、财务管理、计算机、系统工程等学科有着密切的联系，是现代管理学的重要组成部分，在建筑、航空航天、水利工程、通信、化工、软件开发等重大领域得到了迅速运用并发挥了巨大作用。

在中国公共管理环境发生巨大变化和传统的政府公共事业管理模式发生变革的情况下，政府公共事业管理模式引入项目管理能提高公共事业管理绩效，改善公共服务质量，为公共事业从垄断式管理向服务式管理转变提供一个可借鉴的方法，在解决公共事业组织财政压力、释放社会资本活力、满足公众需求等方面表现出了明显的优势。我国的公共事业管理界也正在探索公共事业项目管理的理论和实践问题。

重点问题

- 项目管理与公共事业项目管理的一般理论
- 公共事业项目管理的过程和阶段
- 公共事业项目管理的范畴和要素

5.1 公共事业项目管理概论

5.1.1 项目与项目管理

现代社会有组织的活动一般分为两种类型：一种是循环往复、不断重复的活动，一致性高、不确定性小，有比较成熟的标准可供参考，称为“作业或运作”，如企业生产线的产品加工活动；另一种是为创造独特的产品、服务或成果而进行的临时性工作，带有一定的创新性或创造性，一致性低、不确定性高，往往缺少现成的标准性参考依据，人们称之为“项目”（project）。项目的“临时性”是指项目有明确的起点和终点。当项目目标达成时，或当项目因不会或不能达到目标而中止时，或当项目需求不复存在时，项目就结束了。如果客户（顾客、发起人或项目倡导者）希望终止项目，那么项目也可能被终止。临时性并不一定意味着项目的持续时间短，它是指项目的参与程度及其长度。项目所创造的产品、服务或成果一般不具有临时性。大多数项目都是为了创造持久性的结果。例如，国家纪念碑建设项目就是要创造一个流传百世的成果。项目所产生的社会、经济和环境影响，也往往比项目本身长久得多。

每个项目都会创造独特的产品、服务或成果，项目的产出可能是有形的，也可能是无形的。尽管某些项目可交付成果或活动中可能存在重复的元素，但这种重复并不会改变项目工作本质上的独特性。例如，即便采用相同或相似的材料，由相同或不同的团队来建设，但每个建筑项目都因不同的位置、不同的设计、不同的环境和情况、不同的干系人等，而具备独特性。

持续性工作通常是遵循组织已有流程的重复性过程。相比之下，由于项目具有独特性，所以其创造的产品、服务或成果可能存在不确定性或差异性。项目活动对于项目团队成员来说可能是全新的，需要比其他例行工作进行更精心的规划。此外，项目可以在组织的任何层面上开展。一个项目可能只涉及一个人，也可能涉及很多人；可能只涉及一个组织单元，也可能涉及多个组织的多个单元。

1. 项目及其特征

关于项目的定义，一般认为：项目是一个组织为实现自己既定的目标，在一定的时间、人员和资源约束条件下，所开展的一种具有一定独特性的一次性工作。比较有代表性的有以下几种：

- 一个产品，可能是其他产品的组成部分、某个产品的升级，也可能本身就是最终产品；
- 一种服务或提供某种服务的能力（如支持生产或配送的业务职能）；
- 对现有产品线或服务线的改进（如实施六西格玛项目以降低缺陷率）；
- 一种成果，例如某个结果或文件（如某研究项目所创造的知识，可据此判断某种趋势是否存在，或判断某个新过程是否有益于社会）。

项目的例子包括（但不限于）：

- 开发一种新的产品、服务或成果；
- 改变一个组织的结构、流程、人员配备或风格；开发或购买一套新的或改良后的信息系统；
- 建造一座大楼、工厂或基础设施；
- 实施、改进或提升现有的业务流程和程序。

美国项目管理学会（PMI）认为，项目是为创造特定产品或服务的一项有时限的任务（其中：“时限”是指每一个项目都有明确的起点和终点；“特定”是指一个项目所形成的产品或服务在关键特性上不同于其他相似的产品和服务）。

英国项目管理协会（APM）认为，项目是为了在规定的时间、费用和性能参数下满足特定目标而由一个人或组织所进行的具有规定的开始和结束日期、相互协调的独特的活动集合。

德国 DIN69901 认为，项目是指在总体条件上符合如下条件的唯一性任务：具有预定的目标；具有时间、财务、人力和其他限制条件；具有专门的组织。

联合国工业发展组织《工业项目评估手册》认为，项目是对一项投资的一个提案，用来创建、扩建或发展某些工厂企业，以便在一定周期时间内增加货物的生产或社会的服务。

哈罗德·科兹纳（Harold Kerzner）认为，项目是具有以下条件的任何活动和任务的序列：有一个将根据某种技术规格完成的特定的目标；有确定的开始和结束日期；有经费限制；发生消耗资源（如资金、人员、设备）。

本书所论的项目是指一个组织为实现自己既定的目标，在一定的时间、人员和资源约束条件下，必须达到约定质量水平为目标，所开展的一种具有一定独特性的一次性工作。现代项目的共性是作为管理对象，按限定时间、预算和质量标准完成的一次性任务。

无论何种项目，都具有如下基本特征：（1）目标性：项目的结果可以是某种期望的产品或特定的服务。项目的目标遵循 SMART 原则，即具体性、可测量性、可实现性、全员相关性和期限性。（2）一次性：每个项目都有确定的起点和终点，当一个项目的目标已经实现或项目的需求不再存在，项目就到达了终点。项目的一次性并不意味着时间短，而是体现为项目是一次性的成本中心，项目经理是一次性得到授权的管理者，项目管理是一次性的组织，作业层由一次性的劳务构成。（3）系统性：项目是为实现特定目标而展开的多项任务的集合，是一系列活动的有机结合，是一个完整的过程（见图 5—1）。（4）寿命周期性：项目作为一次性的独特任务，有起点和终点，任何项目都表现为启动、成长、成熟和终止四个阶段。

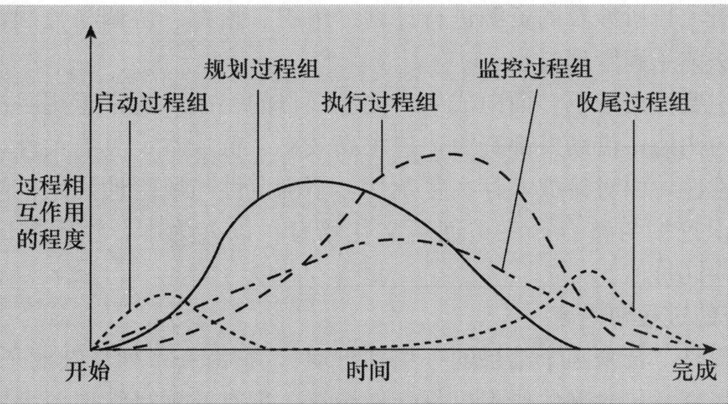

图 5—1　过程组在项目或阶段中的相互作用

此外，我们还可以从项目与常规作业的对比中来理解项目的特征，如前所述，项目是一次性的活动，要求在一定的期限内完成，不得超过一定的费用，并有一定的性能要求；而作业则是重复性的工作，是连续不断、周而复始、程式化的活动，往往有以往相同的活动可以对照。项目与作业的主要区别如表 5—1 所示。

表 5—1　　项目与作业的主要区别

项目	作业	项目	作业
独一无二	重复进行	资源需求多变	资源需求稳定
有限时间	无限时间（相对）	临时性、柔性组织	稳定、刚性组织
带来突变	带来渐变	面向目标	面向任务
资源不均衡	资源均衡	注重效果	注重效率
目标不均衡	目标均衡	不确定性、风险性高	标准性、程序性强

2. 项目管理及其特点

传统上，项目管理的直观概念就是“对项目进行管理”，说明项目管理属于管理的范畴，项目管理的对象是项目。随着项目管理实践与理论体系的发展，人们一般从两个角度对项目管理作出定义：一是指一种管理实践，是有意识地按照项目的特点和规律进行组织管理的活动；二是指一门管理学科，是以项目管理活动为研究对象，探求项目活动的科学组织管理方法的学科。下面我们将从管理实践的角度列举关于项目管理的几个代表性定义。

美国项目管理学会认为，项目管理是指把各种系统、方法和人员结合在一起，在规定的时间、预算和质量目标范围内完成项目的各项工作。

池仁勇认为，项目管理是全过程的动态管理，是指在项目的生命周期内，不断进行资源的配置和协调，不断作出科学决策，从而使项目执行的全过程处于最佳的运动状态，产生最佳的效果。

周跃进认为，项目管理是在特定的组织环境中，为了有效地管理目标明确的工作，运用科学的理论和方法，对项目进行计划、组织、指挥、控制和协调而制定的一整套原则、方法、辅助手段和技术技巧。

综上可知，项目管理是在有限的资源约束下，通过项目经理和项目组织的努力，运用系统理论和方法对项目所涉及的资源进行计划、组织、指挥、协调与控制，以实现项目特定目标的管理方法体系和管理过程。

项目管理的主要特点如下：面向成果，关注项目的完成，通常运用目标式管理；基于团队，注重协作与沟通；借助外部资源，追求高效率、低成本；具有柔性，面对变化，适应变化；具有探索性，面对挑战，存在复杂性、不确定性与风险性问题；注重知识与经验的积累，注重知识挖掘与整合，注重创新文化培育；以人为本，注重共同愿景、共同参与、共同发展、共同价值。

3. 项目管理的过程和内容

项目管理过程是“带来某个结果的一系列行动”，它由一系列复杂的子过程有机组成。关于项目管理过程究竟包含哪些要素也是众说纷纭。现有的项目管理两大国际组织为：美国项目管理学会（创建于60年代。性质：国际性组织；拥有分会：245个；职能：促进国际间项目管理发展；成员：主要集中于企业、高校、研究单位；给出PMP标准PMBOK，形成九大知识领域）；欧洲国际项目管理协会（IPMA）（创建于1965年。性质：非营利的国际性组织；成员：国家级项目管理协会；职能：促进国际间项目管理发展；产品和服务：研究和发展，教育与培训，标准和资质认证；给出IPMP标准ICB）。

美国项目管理学会将项目管理划分为七个阶段，即需求确定、项目选择、项目计划、项目执行、项目控制、项目评价和项目收尾。陈建西把项目管理的生命周期分为四个阶段，即识别需求阶段、提出解决方案阶段、执行项目阶段和项目结束阶段。一般地，我们将项目管理过程分为五个模块化阶段：(1) 启动过程 (initiating processes)：认定一个项目应当开始并保证去做。(2) 计划过程 (planning processes)：基于实现项目目标的需要而作出系统的任务安排。(3) 执行过程 (executing processes)：为执行计划而协调人员、物资、信息和其他资源。(4) 控制过程 (controlling processes)：通过过程监测在必要时采取纠正行动以确保项目目标得到实现，并通过后期评估为决策者提供相关决策依据，为未来发展积累经验。(5) 结束过程 (closing processes)：项目有序结束。

欧洲国际项目管理协会基于项目管理能力标准 ICB 提出了 42 个知识和实践元素，其中核心元素 28 个，增加元素 14 个，主要有：项目与项目管理；项目管理的实施；按项目进行管理；系统方法与综合；项目背景；项目阶段与生命周期；项目开发与评估；项目目标与策略；项目成功与失败的标准；项目启动；项目收尾；项目结构；范围与内容；时间进度；资源；项目费用与融资；技术状态与变化；项目风险；效果度量；项目控制；信息、文档与报告；项目组织；团队工作；领导；沟通；冲突与危机；采购与合同；项目质量管理。

项目管理是由启动、计划、执行、控制和结束等要素组成的复杂过程，在这一系列活动中，项目管理者需要有效处理诸如时间、资金、人员、信息等方面的错综复杂的关系和问题，这就涉及项目管理的具体内容。1996 年，美国项目管理学会在其颁布的项目管理知识体系中将项目管理的内容划分为九大板块：(1) 项目整体管理：项目各要素和各部门相互协调和配合的综合性管理工作和活动；(2) 项目范围管理：对整个项目的工作范围和工作内容进行确定、控制和保持所需的工作；(3) 项目时间管理：也叫项目进度管理，是为了确保项目准时完成而进行的一系列管理活动和工作；(4) 项目费用（成本）管理：对项目执行过程前后所耗费的各种费用的总和予以估算，对项目资金的使用状况予以适时的监督与调整；(5) 项目质量管理：为了项目能够达到规定的质量标准而进行的计划、控制、监督等活动；(6) 项目人力资源管理：对项目过程中的所有人员给予有效的协调、控制和管理，使其为了同一项目紧密配合，激励并保持其对项目的热情和奉献精神，最终实现项目的目标；(7) 项目沟通管理：对项目信息的收集、整理、存储、传递和应用等一系列工作的总称；(8) 项目风险管理：对项目在进行周期中的风险即可能导致项目损失的不确定性进行预测并使之尽量减少；(9) 项目采购管理：对整个项目采购活动所进行的计划、审批等一系列活动，使采购的物品符合项目目标的要求，从而提高项目的质量。

5.1.2　公共事业项目

1. 公共事业项目的内涵

公共事业项目是指政府、社会事业团体或社会福利机构等公共事业管理主体直接或间接向社会公众提供公共物品，以促进国民经济和社会发展、改善公共生活质量、提高社会科学文化水平和人民素质而进行的组织和配置社会资源的一次性活动。根据公共事业项目的性质和范围，可以将其特点归结如下：

一是公共性。一个项目所能提供的产品或服务按其是否具有竞争性和排他性可以区分为三类：私有物品、准公共物品和公共物品。竞争性是指某一产品只能向一个消费者提供，而不能同时供多个消费者消费的性质；排他性是指只有按价付费的人才能得到某产品的性质。公共物品的特征是非竞争性和非排他性，即公共物品可以集体消费，并且是免费的。准公共物品是介于私有物品和公共物品之间的物品，如收费公路可以集体使用，但却将不付费者排除在外。公共事业项目的产品或服务一般都是准公共物品和公共物品。

公共事业项目是经济系统和社会生活系统的重要组成部分，它为整个社会运转提供基础条件，是生产和生活共同使用的领域。它不单纯是为个别人、个别家庭、个别单位服务，而是为整个社会或一个局部区域提供社会化服务。因此，公共事业项目提供的产品或服务具有公共性。

二是效益的外部性。外部效应是指项目投资对其他生产者或消费者产生的有利或不利影响。许多公共事业项目（特别是公共基础设施项目）的投资效益和经济效益，尽管也可以用投资回收期的长短以及获取利润的多少等直接经济指标来衡量，但公共事业项目的主要效益经常体现为间接效益和社会效益的提高，其中包括因为没有该公共事业项目而造成的损失。由于公共事业项目具有较大的社会影响，因此项目的外部效应较大。许多公共事业项目效益的外部性是间接体现的，公共事业项目不仅产生经济效益，还产生社会效益和环境效益；不仅要着眼于物质资料的生产，还要充分体现精神文明建设的需求，如良好的公共关系、整洁文明的市容、投资环境的建设等。此外，公共事业项目的效益经常需要在较长时间周期内才能得到充分体现。例如，城市园林绿化提高了环境质量，给人们创造了良好的休息娱乐场所，使人民群众的身心得到健康发展，可以减少疾病的发生和传播。

三是运转的系统性和协调性。公共事业项目的运转是一个有机的综合体，是社会大系统中的一个子系统。这就要求系统内部诸因素以及系统和外界环境之间要协调一致，这样公共事业项目才能保持良好的状态。例如，城市基础设施项目在时间、空间以及总量平衡、结构平衡方面相互联系的紧密程度是非常高的，以至于可以把一个城市的全部基础设施建设工程看作一个持续多年的特大项目。因而，城市基础设施项目建设具有整体性，如城市交通建设与供排水设施建设、供电供气设施建设、园林绿地建设之间有着很密切的联系，是一个大的系统整体，需要配套建设。以水资源的开发利用为例，防洪、水资源保护、城市供水、排水、污水处理、污水利用构成一个复杂的水分支系统，水分支系统内部的各项设施也是互相依存、互相制约的。

2. 公共事业项目的分类

可以按照不同的标准对公共事业项目进行分类，常见的分类有：

（1）按照公共物品种类的不同，可以将公共事业项目分为公共卫生项目、科技项目、教育项目、文化项目和体育项目等。

公共卫生项目是以提高人民群众的健康水平、改善人们的医疗条件和生活条件、提高人们的身体素质为目的的项目，包括医疗卫生项目、环境卫生项目、妇幼保健项目等。

科技项目是指由科技管理机构出资，在国家科技计划中实施安排，由单位或个人承担，并在一定时间周期内进行的科学技术研究开发活动。科技项目的目的在于落实国家科技兴国战略，巩固国家的综合实力和国际竞争力，提高科学技术转化为生产力的能力和速度。

教育项目是指以培养和提高受教育者的认知技能、劳动技能、文化修养、道德水平等为目的的活动，包括高等教育、基础教育、职业教育、岗位培训等各级各类普通教育和成人教育项目。

文化项目的目的在于通过文化交流开阔人们的视野，改善和调整人们的知识结构，陶冶人们的情操，提高文化修养，从而提高全社会的文化水平、加速社会物质文明建设，包括图书馆、博物馆、美术馆、文化馆（宫）、展览馆、档案馆、科技馆、广播电台、电视台及发射中心、电影院、戏院（剧场）等建设项目。

体育项目以增强劳动者体质、促进劳动者智力开发、减少因病伤而损失的劳动时间、提高劳动生产率、满足劳动者精神和文化生活的需要、为人们身心健康全面发展创造条件为目的，包括群众体育设施、运动训练设施和运动竞赛设施等，如体育场、游泳池、射击场和训练房等建设项目。

（2）按照投资来源划分，包括政府投资项目和非政府投资项目。

公共事业项目面向社会公众提供公共产品，政府在公共事业项目中起着特殊的作用。在很长的一段时期，国内的公共事业项目主要是由政府投资兴建和经营。在国外，许多国家的政府也在公共事业项目的建设和管理中发挥重要作用。

项目的投资来源不是划分项目是否属于公共事业项目的基本条件。就公共事业项目建设和运行的资金来源看，有可能来自政府财政预算，即政府投资项目；也有可能来自非政府机构、民间企业或个人投资，即非政府投资项目。

（3）按照项目投资的国别划分，可分为国内公共事业项目和国际公共事业项目。

来源于国内政府部门、社会团体、福利机构、基金会、企业或个人资助的项目，可称为国内公共事业项目；反之，则为国际公共事业项目。随着世界经济一体化和全球化趋势的加强，国外资本进入公共事业项目领域进行投资和参与经营的情况越来越普遍。可以预见，国外民间社团、福利组织等在医疗、教育、救灾等公共事业项目中将以更加积极的姿态出现。

（4）按照建设模式的不同，从政府、市场分工的角度，将公共项目建设管理模式分为三类。

这三类分别为财政性直接投资为主的代建制，民间融资为主的 BOT、PPP 模式和多种经济成本并存、组建国有专门公司的运作模式。其中，具有代表性的有 BOT、TOT 和 PPP 等。这三种模式可以衍生出多种项目融资模式。因此，三种典型模式之间的比较分析对于公用事业引入项目融资具有普遍的指导意义。下面从项目的融资结构设计、运作程序及周期、投资风险和责任、政府监管、经济和法律环境五个层面对此进行比较分析。

BOT 是对 Build-Own-Transfer（建设—拥有—转让）和 Build-Operate-Transfer（建设—经营—转让）形式的简称，现在通常指后一种含义，意指项目公司承担公用事业项目的设计、融资、建造、经营和维护，在协议期内拥有该项目所有权，允许向项目使用者适当收费，以回收成本并获得合理回报（见图 5—2）。特许期满后，项目公司将设施无偿移交给政府部门，目前很多高速公路、桥梁建设、污水处理和垃圾回收项目采用该模式。在实施过程中，BOT 也存在如下几种变换形式：1）BT 是 BOT 的一种历史演变，即 Build-Transfer（建设—转让），政府通过特许协议，引入国外资金或民间资金进行专属于政府的基础设施建设，基础设施建设完工后，该项目设施的有关权利按协议由政府赎回。通俗地说，BT 投资也是一种“交钥匙工程”，社会投资人投资、建设，建设完成以后“交钥匙”，政府再回购，回购时考虑投资人的合理收益。2）BOOT 方式，即建设—拥有—运营—移交。3）BOO 方式，即建设—拥有—运营。4）BLT 方式，即建设—租赁—移交。5）BOOST方式，即建设—拥有—运营—补贴—移交。6）BTO 方式，即建设—移交—运营等。

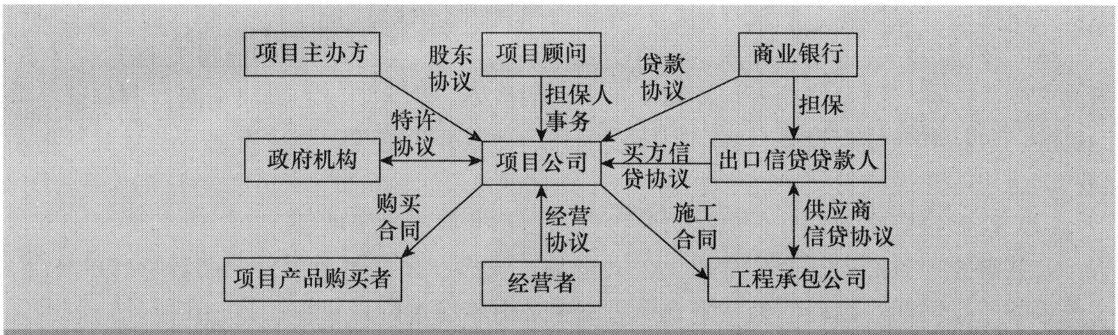

图 5—2 BOT 项目融资模式

TOT（Transfer-Operate-Transfer），即转让—运营—转让方式，投资者购买国家所有的基础设施的所有权。由该国政府授予特许经营权，投资者在约定的时间内拥有该基础设施的所有权及经营权。通过经营活动取得收入，收回全部投资并获得相应的利润，约定期届满，投资者将该基础设施的所有权及经营权无偿移交给该国政府（见图 5—3）。

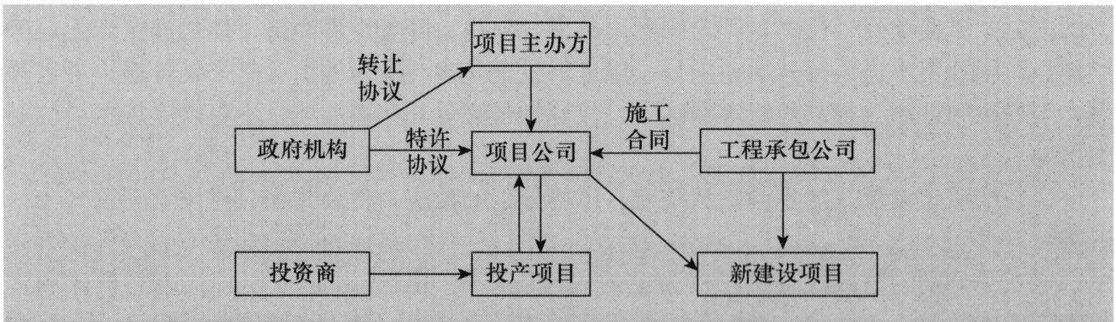

图 5—3 TOT 项目融资模式

PPP（Private-Public-Partnership），是指政府部门通过政府采购形式，与中标单位组成的特殊目的项目公司签订特许权协议。由该项目公司负责筹资、建设与经营。政府通常与提供贷款的金融机构达成一个直接协议，该协议不是对项目进行担保，而是政府向借贷机构做出的承诺，将按照政府与项目公司签订的合同支付有关费用。这个协议使项目公司能比较顺利地获得金融机构的贷款。采取这种融资形式的实质是，政府通过给予民营企业长期的特许经营权和收益权来换取基础设施加快建设及有效运营（见图 5—4）。

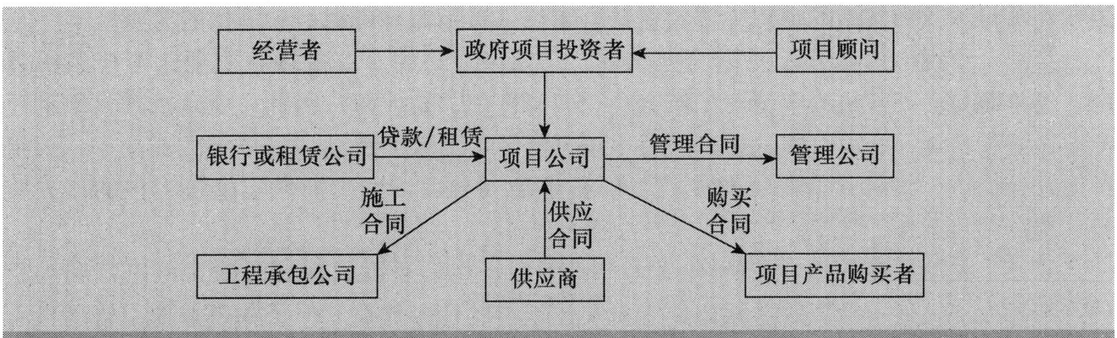

图 5—4　PPP 融资运作模式

公共项目可大致分为两类，一是具有一定经济效益的设施，如污水处理设施、轨道交通项目等；二是完全不具备经济效益的设施，如机关用房、消防设施等。前者在建成后投入运营，后者在建成后投入使用，但可统称为投入运行。当前，学术界和工程界对于公共项目建设管理模式的研究很多，而对其运行管理模式的关注较少。实际上，运行阶段是公共项目真正发挥功效的阶段，其重要性不容忽视。我国传统的运行模式就是使用单位自行管理或专设机构管理，近年来，运行管理也出现了一些新模式，如委托运营、合作运营等。

5.1.3　公共事业项目管理

作为一种管理项目的理论与方法，项目管理已日臻完善和成熟。在欧美发达国家，项目管理的理论与方法逐渐被应用于军事、工商企业、政府以及其他领域，并取得了显著成效。公共事业项目具有项目的一般特征，当然也可以用项目管理的方法来管理。因此，在公共事业管理中引入项目管理有助于公共事业管理主体对公共事业实行有效管理；而且，在中国公共管理环境发生巨大变化和传统的政府公共事业管理模式受到质疑的情况下，政府公共事业管理模式引入项目管理能够有效克服现有的种种弊端，提高公共事业管理绩效，改善公共服务质量。

1. 公共事业项目管理的概念

公共事业项目主要是指在教育、科技、文化、卫生、体育等社会公共服务领域的项目。公共事业管理是部分行政组织和社会公共组织，依法对社会公共产品的生产、公共服务的提供、公共秩序的维护等所进行的规划、组织、决策、协调和控制的过程。公共事业项目管理是公共事业管理的重要组成部分，是指公共事业组织为实现其满足公共需要、维护公共利益的宗旨，通过项目申请的形式获得资金、人力等社会资源，对项目进行有效的计划、组织、实施和评价，从而达到预定目标的管理活动。公共事业项目管理的主体是公共组织，客体是各类公共事业项目，基本目标是保证社会公共利益。

2. 公共事业项目管理的原则

项目管理是组织实现其战略目标的重要手段，在组织生存和发展中处于十分重要的地位。公共事业项目管理既有一般项目的共性，又有其自身的特点。因此，在公共事业项目管理的过程中应遵循以下原则：

第一，紧扣组织宗旨，以目标群体为导向。宗旨是组织的灵魂，是其存在和发展的依据。公共事业组织是不以营利为目的、向社会提供广泛的社会服务的组织，因此公共事业组织在项目设计和实施的过程中要紧密结合组织宗旨，充分考虑目标群体的需要。

第二，重视申请环节，强化过程监督。公共事业组织开展的项目主要来源于组织外部，通常需要向外部机构申请，如基金会、政府部门、企业等。因此，要重视项目申请环节，做好项目选择、可行性分析、项目申请书等环节，努力提高项目申请的成功率，为组织向社会提供公共服务争取资源支持。项目申请成功后，也应加强实施过程中的多方监督，提高项目运作的效率。

第三，关注社会效益，兼顾项目运行效率。公共事业组织开展的项目不以营利为目的，与私人部门追求经济效益相比，它更关注项目的社会效益。但公共事业项目管理也需要优化资源配置、控制成本，以确保项目运行的效率。

5.2 公共事业项目管理过程

项目管理是一种整合性工作，要求每个项目过程和产品过程都与其他过程恰当地配合与联系，以便彼此协调。在一个过程中采取的行动通常会对这一过程和其他相关过程产生影响。例如，项目范围变更通常会影响项目成本，但不一定会影响沟通管理计划或风险程度。过程间的相互作用经常要求对项目需求和目标进行折中平衡。具体的平衡方法，则因项目而异，因组织而异。成功的项目管理需要主动管理过程间的相互作用，以满足发起人、客户和其他干系人的需求。有些情况下，为了获得所需的结果，需要反复地执行某个过程或某组过程。作为公共事业项目管理过程，同样可以将它看成是一个由不同阶段组成的系统流程，按项目的生命周期可分为以下阶段：项目立项与论证阶段、项目计划阶段、项目实施与监控阶段、项目终结与后评估阶段。每个阶段均有其特定的内容和需要解决的问题。

5.2.1 公共事业项目立项与论证

1. 撰写公共事业项目建议书

项目建议书是立项的前提条件，是承约商按客户的要求提供给客户的有关客户需求的承约申请。公共事业项目建议书是对拟投资的公共事业项目所作的轮廓设想和初步选择的建议性文件，是在宏观上考察拟建项目是否符合投资者长远规划、宏观经济政策和国民经济发展要求，初步说明项目实施的必要性，初步分析人力、物力和财力等建设条件的可能性与具备程度。对于公共事业组织来说，项目建议书是决定能否得到资助方审批的重要环节之一。

公共事业项目建议书主要从总体上对拟建公共事业项目的目标与产出、进度计划、资金估算、社会效益和经济效益等进行说明，作为决策者选择项目的初步依据和进行可行性论证的基础。因此，一般情况下，项目建议书至少应该包括以下内容：

（1）项目概要（总论）。

该部分内容包括：机构的背景信息、使命与宗旨；项目要解决的问题和解决问题的方法；项目申请方的能力和以往的成功经验等。

（2）项目背景、存在问题和需求。

该部分通常包括以下信息：项目范围（问题与事件、受益群体）；项目产生的宏观背景与社会环境；提出项目的理由和原因以及其他长远的战略意义等。这一部分需要凸显项目实施的必要性。

（3）目标、产出与受益群体。

该部分要详细介绍项目的总体目标、阶段性目标与任务以及各目标的评估标准。总体目标通常是一个长期的、宏观的、概念性的、比较抽象的描述。总体目标可以分解成一系列具体的、可衡量的、带有明确时间标记的阶段性目标。如对一个教育事业项目而言，"减少文盲"是总体目标，"到 2005 年 10 月，使每个农村妇女认识 1 000 个汉字"就是一个阶段性目标。此外，这一部分还要对项目的受益群体加以详细描述，可将其分为直接受益群体和间接受益群体。如 NGO 信息咨询中心的能力建设项目，直接受益群体是该组织本身及其从业人员，间接受益群体是组织的服务对象。通过能力建设，提高了 NGO 的服务能力与效率，从而使之能够为服务对象提供更好、更多、更完善的服务。受益群体的广泛参与，尤其是在项目设计阶段的参与，对公共事业组织项目管理来说至关重要。可以在附件中列出受益群体参与的项目活动，包括组织受益群体参加的讨论会、会议主题、时间、参加人员等，这样既体现出项目是针对受益群体而设计的，又反映出项目在目标人群中的支持与认可情况。

（4）解决方案与所需资源。

该部分需要介绍如何解决问题以达到目标，即采用什么方法、开展什么活动来实现预期目标；充分说明项目所选择的方法是最科学、最有效、最经济的；客观表明采用这种方法时可能存在的风险和挑战。此外，还要列出在方案执行中需要的条件和资源，包括由谁、在什么时候、使用什么方法、做哪些事、做这些事的人要具备什么能力和技能等。

（5）费用预算与效益。

该部分需要叙述和分析费用预算中的各项数据、总成本与各分成本，包括人员、设备的费用等。其中，人员经费类别可以包括工资、福利和咨询专家的费用；非人员经费类别可以包括差旅费、设备和通信费等。要写出所需经费的总数以及与项目相关的财务与审计方法。尽管公共事业项目的社会效益难以量化，但还是应该利用一些数据对其加以分析和估算。如一个为吸毒人员免费提供戒毒服务的机构，其经济效益无从谈起，但其社会效益是可以估算的：通过服务于一个吸毒人员，可以减少哪些方面的社会问题，可以对吸毒人员的医疗费用、失业、犯罪等相关费用进行估算。

（6）项目进度计划（时间表）。

该部分需要详细描述各项任务的先后顺序以及起始时间。可以用一个带有时间标记的图表来表示，这样就可以一目了然地说明"在什么时候做什么"，以及各项工作的先后顺序、逻辑关系等。

（7）项目组织架构。

该部分需要描述为了达成项目目标，需要什么样的执行团队和管理结构。执行团队应包括所有项目组成员：志愿者、专家顾问、专职人员以及他们与项目相关的工作经验、专业背景、学历等。执行团队的经验与能力往往在很大程度上决定项目的成败。另外，还要明确项目的管理结构，应该明晰地写出项目总负责人、财务负责人及其他各分项目的负责人。如果是两个或多个机构合作完成一个项目，还需要说明各机构的分工。

2. 公共事业项目可行性论证

“先论证、后决策”是现代项目管理的基本原则。公共事业项目可行性论证是在公共事业项目作出实施决策前，为判断该项目是否合理可行而对与其相关的社会、经济和技术等各方面情况进行调查研究，全面分析论证，为项目决策提供科学依据的过程。项目论证的重点是：技术上是否可行，社会上是否有益，经济上是否合理（见图 5—5）。

（1）项目可行性论证的原则。

可行性论证要求评估者以高度负责和严肃认真的态度对待论证工作，保证每一项目的提出和决策都有充分的依据，保证不带有主观随意性或受其他外界因素影响。因此，项目可行性论证应遵循以下原则：第一，科学性原则。按规律办事，用科学的方法和认真的态度收集、分析和鉴别原始数据与资料。第二，公正性原则。在论证工作中，应该把国家和人民的利益放在首位，不为单位或个人而生私心。第三，客观性原则。承担可行性论证的单位应该从实际出发，正确认识客观条件，排除主观臆想，实事求是地运用客观资料作出科学的结论。

（2）项目可行性论证的步骤。

公共事业项目可行性论证是对项目最后决策提出结论性意见的重要工作，大致分为三个步骤：第一，准备阶段。对项目前期所搜集的相关资料进行初步分析，明确生产什么、用什么生产、项目选址、什么条件、什么方法等。第二，论证阶段。对准备阶段提出的问题进行论证分析，从项目本身和组织内外部条件出发，结合实际情况，从技术、社会、经济等各个角度，运用系统分析的方法，对项目各种方案的可行性进行全面系统的分析、比较和论证，为决策的选择提供科学依据。第三，编写可行性论证报告。在对项目进行分析论证并证明了项目建设上的必要性、技术上的可行性、经济和社会上的合理性后，要编制详尽的可行性论证报告，推荐一个项目可行性方案和实施计划，提出结论性意见，为最终决策提供重要依据。可行性论证报告是公共事业项目在前期准备阶段的纲领性文件，是进行其他各项准备工作的主要依据。

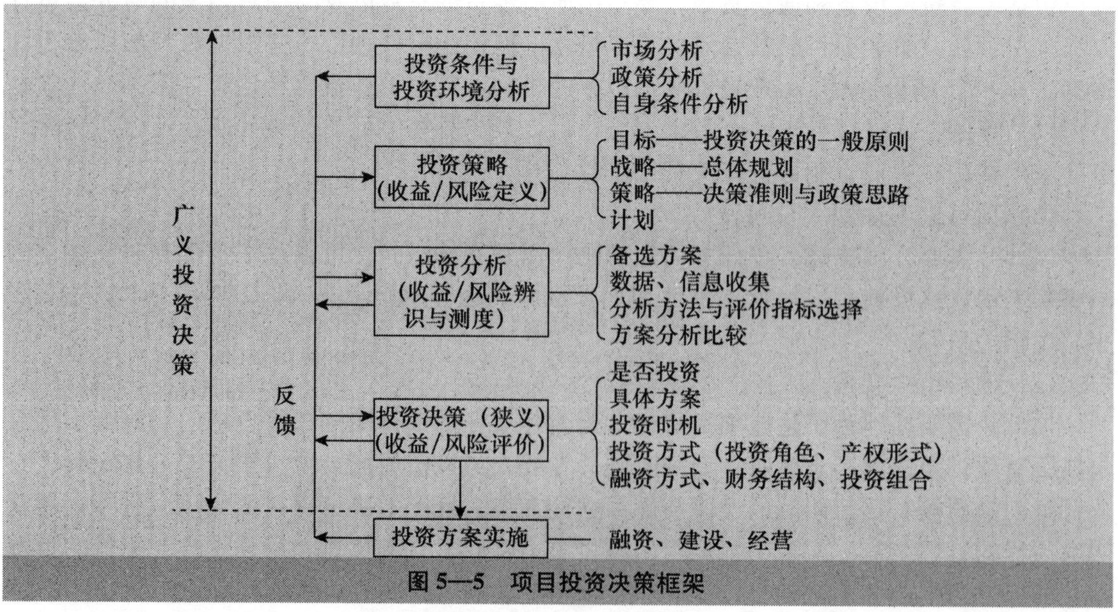

图 5—5 项目投资决策框架

3. 公共事业项目团队的构建

项目正式立项后，进入启动阶段。启动阶段的主要工作是建立项目管理组织以开展项目的管理工作，解决的是项目管理组织的构建问题。这也是工作的重点和难点。

公共事业项目管理组织采用弹性方式，与传统的管理模式不同，项目的管理不是通过等级命令体系而是通过所谓“扁平化”结构或矩阵结构来实施的，来自不同职能部门的专家因为某一个项目而组成临时团队，这个团队成员具有相关专业技术知识，而且对金融、预算、后勤、客户关系与合同等都有深入的了解。为了使公共事业项目管理工作保持明确的方向性和连续性，该管理组织需要配备足够的人员，并明确每个成员的权利与职责。公共事业项目管理组织结构可以设计成三个不同的层次：领导小组、管理小组和各种类型的工作小组。

第一个层次是领导小组，由政府职能部门或其他公共事业组织的领导组成。领导小组的建立要解决三个方面的问题：首先，制定启动战略，确定下属管理小组和各个工作小组的职责和任务，制定衡量公共事业项目的业绩标准。其次，对政府公共事业项目管理工作提供战略和政策方面的指导。领导小组成员并不是把全部时间都用于项目管理工作，而是通过定期开会来批准计划和检查公共事业项目进展情况，以实现对项目的宏观控制。最后，在项目管理中起协调作用。部门领导之间的沟通对公共事业项目管理的成功起非常关键的作用，通过部门领导之间的协调，项目管理工作中的个人或部门之间的沟通障碍或冲突比较容易克服，矛盾容易被化解。

第二个层次是管理小组，由政府职能部门和项目承包商中选调出的专职人员组成。公共事业项目管理小组建立的目的是编制项目计划、制定衡量工作业绩的标准以评估项目进展是否顺利，确保项目工作按既定的日程进行，并提供日常指导和决策。管理小组对领导小组负责，在领导小组的领导下协调和处理下属各工作小组提出的方案。

在项目管理体制中，公共事业项目一般实行项目经理负责制。项目经理是项目的负责人，负责公共事业项目的组织、计划和实施全过程。项目经理是决定项目成功与否的关键人物，作为项目负责人，其责任就是通过一系列领导和管理活动，使公共事业项目的目标得以实现，并使项目利益相关者满意。在公共事业项目的实施过程中，项目经理的主要任务体现为：对项目目标有一个全局的观点，制定计划，报告项目进展，控制反馈，组建团队，在不确定的环境下对不确定问题进行决策，在必要的时候进行谈判并解决冲突，以确保项目的成功实施。公共事业项目管理的实践证明，公共事业项目经理必须具备相应的素质和能力，如良好的品质、健康的身体、全面的理论知识、系统的思维能力、娴熟的管理能力、积极的创新能力、卓越的领导能力以及丰富的项目管理经验。

领导小组要指派来自项目承包商的小组成员作为项目经理，对项目的进展负总责。一般情况下，项目经理责大于权，所以要授予其指导全部项目活动的权力。同时，来自政府职能部门的成员要对其进行监督。为弥补项目经理能力和知识的不足，可以外聘专家、学者或经理人等作为项目经理助理。

第三个层次是工作小组，由项目承包商企业人员组成。工作小组可能不止一个，各个小组负责资源、技术、财务、采购等方面的问题，执行管理小组的指令，解决项目过程中需要解决的具体问题，提出解决方案供管理小组决策，对管理小组负责。

5.2.2 公共事业项目计划

1. 公共事业项目计划概述

一般而言，项目的计划包括如下几个方面：一是制定项目计划；二是和项目干系人进行必要的沟通，并达成承诺；三是维护已经制定的计划，制定项目计划的起点是产品和项目的需求。

当项目可行性论证结果表明公共事业项目已经具备了必要条件时，项目经理和项目小组就需要着手制定公共事业项目计划了。公共事业项目计划是为完成项目目标而对项目实施工作中的各项活动作出的安排；是项目实施的蓝本，规定了执行哪些活动、什么时候执行、由谁执行、执行活动的质量要求、活动成本、评估活动绩效的方法及标准等。

公共事业项目计划应该是项目管理人员必备的、专业性较强的基本技能，是项目经理的一项职责，是公共事业项目管理的核心。公共事业项目计划是指导组织、实施、协调和控制项目过程的文件，是避免浪费、提高效率的手段，不但要确定目标，还要设计实现目标的有效方案、措施和手段。公共事业项目计划可以是阶段性计划，也可以是全程性计划，这取决于项目的性质、时间跨度和项目小组掌握的详细资料等。一般而言，项目和项目环境总是处于变化之中，因此，计划也要适时作出修改。

在制定公共事业项目计划之前，必须首先明确项目小组拥有的或可支配的资源，了解项目小组目前已完成的工作情况，同时确定未来的工作目标。项目计划一般要做以下工作：一是收集资料，即收集制定公共事业项目计划的资料、数据、依据和前提等，如以往的历史资料、组织方针、制约因素以及假设前提等；二是学习制定公共事业项目计划的方法、工具、技术、知识和经验等；三是编制公共事业项目计划书和相关文件。

2. 公共事业项目计划的作用

制定一个良好的项目计划，是公共事业项目管理的关键。任何项目管理都是从制定项目计划开始的，项目计划是项目实施的龙头，是一种协调工作、交流思想和分析变化影响的工具。

项目计划是为方便项目的实施、协商、交流和控制而设计的，使整个项目都始终处于可控制状态。其具体作用表现为：第一，项目计划可以确定项目管理成员工作的责任范围及相应的职权，以便按照既定要求去指导和控制项目的工作，从而减少风险；第二，项目计划可以使项目管理成员明确自己的努力目标，实现目标的方法、途径及期限，并且确保时间、成本及其他资源要求的最小化；第三，项目计划可以促进项目管理成员及项目委托人和管理部门之间的交流和沟通，增加客户的满意度，并使项目各项工作协调一致，然后在协调关系中了解哪些是关键因素；第四，项目计划可以作为分析、协调、记录项目范围变化的基础，也是预定时间、人员和经费等的基础。项目计划为项目的进一步跟踪和控制提供了一条基准线，可以用于衡量进度、计算各种偏差、决定预防或修正措施。

3. 公共事业项目计划的编制

计划阶段的工作是根据政府公共事业项目的目标和要求，制定一个完整、系统的项目进度计划，以保证公共事业项目按期完成。形成文字后的项目计划书不仅用于指导项目的实施，还用于获取客户的信任和管理层的审批。项目计划书可以采用多种形式，一般情况下，它主要包括以下内容：项目范围说明、拟采取的项目管理办法、项目工作分解结构、项目费用估算、项目工期计划、人员安排计划、项目绩效评估制度、项目的主要风险分析及应对措施、未解决的问题及尚未作出的决策等。

项目进度计划常用网络图或横道图表示。进度计划必须确定各项重要工作的轻重缓急，恰当地分配资源，并对项目所涉及的预测、计划、调度、资源分配及控制手段进行详细说明。计划阶段还需要重新考察公共事业项目的风险，如果发现新的风险，需要在评估报告中进行说明，并制定应急计划和对策，以控制风险。

需要注意的是，事先制定的计划往往很难反映出项目的实际进度，许多项目随着进度的深入，需要对原计划进行频繁、重大的调整。造成这种情况的原因是进度计划由于缺乏足够的数据难以准确地编排、进度计划难以协调各部门各工作环节的进度、常用网络图或横道图表示的计划不科学等。

针对这种情况，可以利用关键链项目管理方法（CCPM）。由于某些资源是有限的，关键路径上的工序和工期可能因此而延长，所以项目的工期一般都要长于通过 CCPM 法得到的关键路径。在此时形成的项目网络图中，就可以识别该项目的瓶颈，它是网络图中最长的那一条工序链，该链的长度就是整个项目的完成时间。这条链成为关键链，关键链上所需要的资源就是关键资源；对其进行优化产生新的计划，这种计划往往比用传统方法编制的计划要容易执行得多。

5.2.3　公共事业项目实施与监控

公共事业项目实施是公共事业项目管理的决定性环节。在实施过程中，项目实际进度会由于内部条件的不确定性和外部环境的随机性而发生变化。因此，项目经理和项目团队需要对项目各阶段进行监督和控制。所谓监控，是指监视和测量项目进展情况，若发现实际情况偏离目标，应找出原因并判断这种偏离是否会最终影响目标的实现，必要时应采取措施使过程回到计划的轨道上来。

因此，公共事业项目实施与监控阶段的工作是追踪公共事业项目的进展，根据项目计划的要求提出具体的改进方案和矫正对策，该阶段的工作要点是诊断、分析和调整。项目管理小组要经常将实际进展与计划进度相比较，监控项目工作的日程和预算执行情况，以便发现进度的偏差，及时采取应对措施。当某项工作进展显示公共事业项目可能延期时，要找出实施的关键路线，采取积极的应变措施，保证关键活动按时完成。

1. 公共事业项目监控的步骤

监控系统主要覆盖项目的三个阶段，即投入、过程、产出。投入是指实施项目的现有资源，如人力、经费、设备、物资和工作时间等；过程是在现有的项目资源下，为达到项目的预期结果而开展的一系列活动；产出是在一系列活动开展后，项目能够立刻得到的结果，如发放的物品数量、接受培训的人数、活动覆盖的人数、获得服务的人数等。其中，最重要的是对过程的监控，主要包括以下三个层级递进的步骤：

一是制定监控标准。公共事业项目过程监控要从编制计划开始，各项计划是公共事业项目过程控制的基本标准，计划从数量、质量、时间、成本和效益等方面作出规定，控制工作应以各项实施计划为准绳。二是衡量执行结果。对公共事业项目的实际执行情况与标准和计划作比较，据此发现问题。检查衡量的方法有直接观察法、统计分析法、例会报告法等。三是采取措施纠正偏差。发现问题找到偏差后，要分析产生偏差的原因，采取可行的有针对性的纠偏措施，或者重新修订计划，或者重新调配资源，或者改善管理方法。

2. 公共事业项目监控的方法和策略

公共事业项目监控的方法和策略主要有以下几种：

第一，保留控制权。公共事业项目实施过程中，具体工作由团队成员去做，要把必要的权限交给他们，但是，在他们完成任务后应把相应的权限及时收回。在把工作权限委托给下属时，下属的自我控制能力就变得非常重要。遇到难题或不利局面时，需要请项目团队和利害关系者讨论，提出建议。有些人可能企图控制局面，要求按照他们的意图进行，这时项目经理一定要保持清醒的头脑，不要在咄咄逼人的气氛中放弃控制。为了保持对项目的控制，一定要有多种备选方案，对于团队成员的工作多给予指导和帮助。

第二，让决策者及时了解情况。项目管理团队可支配的资源及权力都是有限的，对于一些重大问题，必须争取公共事业项目上层决策者的支持，提前将重大问题通报给他们，使其能够根据及时、准确和可靠的信息作出决定。需要上层决策者批准的问题，要提前准备好相关资料和文件，包括问题的来龙去脉和相关背景，以便他们及时批准，不至于影响项目进展。

第三，充分利用决策层的协调能力加强监控。在对项目进行监控时，往往需要项目团队以外的有关职能部门配合。由于决策层可以统率全局，因此在许多情况下，请项目实施组织的决策者出面，可以加强对项目的监控。

第四，加强沟通。加强项目内外和上下的沟通，顺畅信息交流，做到上情下达，是实行项目控制的基本条件。项目团队应当建立起完善的沟通网络、信息反馈机制和定期报告评价系统。

第五，根据修改后的计划进行监控。监控的基本依据是项目计划，但是项目计划随时可能修改，所以项目控制的标准、方法和策略也要不断更新，不能固守不变。

3. 公共事业项目管理成本—进度监控工具：挣值管理

挣值管理（earned value management，EVM）是把进度计划、成本预算和实际成本相联系的三个独立的变量和资源绩效综合起来考虑，以评估项目绩效和进展的方法。它是一种常用的项目绩效测量方法。它把范围基准、成本基准和进度基准整合起来，形成绩效基准，以便项目管理团队评估和测量项目绩效和进展。作为一种项目管理技术，挣值管理要求建立整合基准，用于测量项目期间的绩效。EVM 的原理适用于所有行业的所有项目。它针对每个工作包和控制账户，计算并监测以下几个关键指标：

计划值（plan value，PV）：又叫计划工作量的预算费用（budgeted cost for work scheduled，BCWS），是指项目实施过程中某阶段计划要求完成的工作量所需的预算工时（或费用）。

计算公式是：

$$PV=BCWS=计划工作量\times 预算定额$$

PV 主要反映进度计划应当完成的工作量，而不是反映应消耗的工时或费用。

实际成本（actual cost，AC）：又叫已完成工作量的实际费用（actual cost for work

performed，ACWP），指项目实施过程中某阶段实际完成的工作量所消耗的工时（或费用），主要反映项目执行的实际消耗指标。

挣值（earned value，EV）：又叫已完成工作量的预算成本（budgeted cost for work performed，BCWP），指项目实施过程中某阶段实际完成工作量及按预算定额计算出来的工时（或费用）之积。

计算公式是：

EV＝BCWP＝已完成工作量×预算定额

SV＝EV－PV

CV＝EV－AC

对挣值管理的评价指标：

进度偏差（schedule variance，SV），是指检查期间项目 EV 和 PV 之间的差异：

SV＝EV－PV＝BCWP－BCWS

当 SV 为正值时，表示进度提前。

当 SV 等于零时，表示实际与计划相符。

当 SV 为负值时，表示进度延误。

成本偏差（cost variance，CV），是指检查期间项目 EV 和 PV 之间的差异：

CV＝EV－AC＝BCWP－ACWP

当 CV 为正值时，表示实际消耗的人工（或费用）低于预算值，即有结余或效率高。

当 CV 等于零时，表示实际消耗的人工（或费用）等于预算值。

当 CV 为负值时，表示实际消耗的人工（或费用）超出预算值或超支。

费用绩效指数（cost performed index，CPI），指预算费用与实际费用之比（或工时值之比）：

CPI＝EV/AC＝BCWP/ACWP

当 CPI＞1 时，表示低于预算，即实际费用低于预算费用。

当 CPI＝1 时，表示实际费用与预算费用吻合。

当 CPI＜1 时，表示超出预算，即实际费用高于预算费用。

CPI 的值越大，说明项目的实际成本相对于预算会越发节省。

进度绩效指数（schedule performed index，SPI），指项目挣值与计划值之比：

SPI＝EV/PV＝BCWP/BCWS

当 SPI＞1 时，表示进度超前。

当 SPI＝1 时，表示实际进度与计划进度相同。

当 SPI＜1 时，表示进度延误。

SPI 的值越大，说明项目的实际进度越发会相对提前于计划进度。

挣值管理是项目管理的一种方法，主要用于项目成本和进度的监控。

挣值通过项目开始时的计划与所完成的工作进行比较，给出了一个项目何时完工的估算，通过从项目已经完工的部分进行推算，项目经理可以估计出项目完工的时候，将会花费多少资源。

为了在项目中应用挣值方法，项目经理需要下列首要数据：

工作分解结构（WBS）：以层次化分解的所有任务的列表。

项目主进度计划（PMS）：关于哪些任务将完成以及谁完成的甘特图。

计划完成的工作的预计成本（计划值）：每一个周期预计当前完成的工作的预算。

实际完成的工作的预计成本（挣值）：每一个周期当前实际完成的工作的预算。

实际完成的工作的实际成本（实际成本）：每一个周期工作的实际成本。

项目总预算（BAC）：预计用于完成项目所花费的总预算。

例子：

某项目计划工期为 4 年，预算总成本为 800 万元。

在项目的实施过程中，通过对成本的核算和有关成本与进度或记录得知，在开工后第二年年末的实际情况是：开工后第二年年末实际成本发生额为 200 万元，所完成工作的计划预算成本额为 100 万元。

与项目预算成本比较可知：当工期过半时，项目的计划成本发生额应该为 400 万元。试分析项目的成本执行情况和计划完工情况。

由已知条件可知：

PV＝400 万元　AC＝200 万元　EV＝100 万元

CV＝EV－AC＝100－200＝－100　成本超支 100 万元

SV＝EV－PV＝100－400＝－300　进度落后 300 万元

SPI＝EV/PV＝100/400＝25％　二年只完成了二年工期的 25％，相当于只完成了总任务的 1/8

CPI＝EV/AC＝100/200＝50％　完成同样的工作量实际发生成本是预算成本的 2 倍

5.2.4　公共事业项目终结与后评估

1. 公共事业项目终结

（1）项目终结的概念。

公共事业项目终结是公共事业项目管理组织向项目业主交接项目的阶段，这一阶段的工作主要包括项目竣工验收、评估工作质量、分析项目成功或失败的原因以确定今后公共事业管理的内容等。

当某一公共事业项目出现下列情形之一时，就要适时终结：项目目标已经实现；项目超出预算或严重不能按计划进展，难以实现目标；公共事业组织或合作者的战略发生变化；项目无法得到必需资源，项目融资无法实现；环境发生变化；项目不再拥有竞争力或者实际价值；项目被无限期延长。

（2）项目终结的种类。

根据项目的最终结果，可将项目终结分为成功式终结和失败式终结。前者是项目达到了预期目标，按计划圆满结束；后者反之。

根据造成终结的原因，可将项目终结分为正常式终结和非正常式终结。在项目正常终结后，应进行项目验收和后评价，实现项目的移交和清算。非正常式终结是指项目由于种种原因不能完成预定计划目标，或者项目管理者主动放弃项目实施而造成项目任务无法完成。

根据项目终结的性质，可将项目终结分为自然式终结、整合式终结、内含式终结和绝对式终结。自然式终结是一个逐渐终结的过程，通过缩减或停止项目资源的供应而使其自生自灭，一般不成功或无力继续实施的项目采用这种方式终结。整合式终结多被成功项目采用，当项目终结时，项目的结果将被融合为组织的一部分。若是组织内部项目，则整合终结方式是分散与派遣项目成员最有效的方式。内含式终结一般应用于成功项目的终结，多是相对组织内部项目而言，当项目终结时，它将成为组织的一个组成部分。以这种方式终结的项目，其项目成员及所属财产、资源等可直接转移给新成立的部门。绝对式终结指项目一旦终结，与项目相关的所有实质性活动都将停止。

(3) 项目终结的程序。

作出项目终结的决策后，就要开始项目终结的具体实施过程。通常为了使公共事业项目有一个较好的结果，特别是对一些大型项目或有较大影响的项目，有必要对终结过程进行计划，整理各种相关资料，做好相应的人员安排，并提交项目终结的详细报告。项目终结程序通常包括以下步骤：

第一，作出项目终结决策。在作出终结决策之前，要仔细核查项目的工作范围从而确定项目是否已经完成。在这一过程中，现场查看是一种有效的方法，它可以避免遗留问题的出现以及项目成员对工程的乐观估计。第二，列出工作活动清单。把项目中需要完成且易被忽视的工作列在清单上，并安排专人负责，以引起足够重视。第三，征得项目成员的一致意见并召开结束会议。当项目成功时，项目团队成员比较容易达成终结意见。但如果项目是由于某些原因导致非正常终结，则会使项目成员产生分歧，这时，一定要争取使团队成员在项目终结决策上达成共识。第四，做好内部沟通。当项目经理作出终结决策时，要及时通知项目成员，使成员能够了解项目终结的最后期限，以便他们根据时间的要求来调整自己的工作进度。第五，做好外部沟通。把项目终结日期及时通知客户等利益相关者，这样不仅能帮助项目组织及时清收款项，还可以为项目节省一定的开支。第六，进行项目决算。财务部门成员要总结项目全过程的资金情况，为项目的后评价提供第一手资料。第七，合理处置资源。把项目中使用过的设备、仪器和剩下的物资、原材料归集起来，登记入册，暂借或租用的设备要及时归还。第八，项目移交。当上述工作全部完成时，就可以把项目移交给有关部门。

2. 公共事业项目后评估

(1) 项目后评估概述。

公共事业项目后评估是相对于项目前评估（即项目论证）而言的，是指对已经完成的公共事业项目的目标、执行过程、效益、作用和影响进行系统、客观的分析，通过考核、检查来确定项目预期的目标是否达到，项目主要的效益指标是否实现，并分析项目成功或失败的原因，总结经验教训，为未来新项目的决策和管理提供借鉴。

项目后评估与项目论证的区别在于：项目论证的目的主要是确定项目是否可以立项或实施，主要应用预测技术来分析评价项目未来的效益，以确定项目是否可行；项目后评估则是在项目完成后，总结项目的执行过程，并通过预测对项目的未来进行新的分析和评价，其目的是总结经验教训，以改进决策和管理水平。

（2）项目后评估的内容。

基于现代项目后评估理论的发展，公共事业项目后评估的基本内容包括项目目标后评估、项目效益后评估、项目影响后评估、项目管理后评估以及项目持续性后评估。下面将重点介绍项目目标后评估、项目效益后评估和项目管理后评估。

第一，项目目标后评估。公共事业项目目标后评估的任务是评定公共事业项目立项时各项预期目标的实现程度，对照原定的主要指标检查项目实现的实际情况和有关变更，分析偏差产生的原因，以判断目标的实现程度。目标后评估的另一项任务是对决策目标的正确性和合理性进行分析评价。有些项目的原定目标不明确、不符合实际情况或遇到重大变数以致项目实施过程发生了重大变更，对此，项目后评估要给予重新分析和评价。

第二，项目效益后评估。效益后评估即财务评价和经济评价，但基于公共事业项目本身的特点，项目效益后评估应侧重项目的社会效益评估，兼顾项目的经济效益评估。

公共事业项目社会效益评估指从国家或社会整体发展目标出发，评价项目对收入分配、社会公平、环境保护等社会发展目标的影响。公共事业项目主要是在教育、科技、文化、卫生、体育等社会公共服务领域的项目，社会效益是第一位的追求，因而对项目社会效益的评估要看单位投资在上述服务领域取得的改善。

项目微观经济效益后评估是从公共事业项目本身出发，根据国家现行财税制度和现行价格，测算项目投产后的成本与效益，分析项目的财务净效益，检验财务效益指标的计算是否正确，以确定项目在财务上的可行性。公共事业组织尽管是非营利组织，但为了可持续发展，为社会提供更优质的公共服务，一般也要求项目管理以收抵支，自求平衡或者略有结余。

项目宏观经济效益后评估通常是从宏观的角度分析公共事业项目对国民经济和社会的贡献，检验经济效益指标的计算是否正确，分析与评估项目财务上的营利性和偿还能力，采用影子价格和国际经济参数审查项目投入和产出预算是否科学合理，全面客观地反映项目的宏观经济效果，通过宏观经济效益评估，对项目进行比较、筛选，可以从全社会范围内实现人、财、物等资源的优化配置。

第三，项目管理后评估。公共事业项目管理后评估以项目目标和效益后评估为基础，结合其他资料，对整个项目周期中各阶段的管理工作进行评价，目的在于通过对项目各阶段管理工作实际情况进行分析研究，作出比较和评价，了解目前公共事业项目管理工作的水平，并通过总结经验教训使之不断改进和提高，为更好地完成以后的项目目标服务。项目管理后评估主要包括项目过程后评估、项目综合管理后评估以及项目管理者评估。

项目后评估的结果汇总后形成一份项目后评估报告，内容一般包括摘要、项目概况、评估内容、主要变化和问题、原因分析、经验教训、结论和建议等。

（3）项目后评估的方法。

公共事业项目后评估的方法主要有财务评估法、国民经济评估法和社会评估法。由于公共事业项目一般同时具有效率和公平两个目标，最终目标是社会综合效益的最大化，更强调宏观经济效益和社会效益，因此，公共事业项目的后评估更注重国民经济评估和社会评估。

公共事业项目财务评估法是在国家现行财税制度和价格体系下，分析计算项目直接产生的财务效益和费用，编制财务平衡表，计算评估指标，考察项目的盈利能力、清偿能力等财务状况，据此判断项目财务可行性的一种分析评估方法。一般采用现金流量分析、静态和动态获利性分析及财务报表分析等基本方法。

公共事业项目国民经济评估法是按照资源合理配置的原则，从国家整体角度和社会需要出发，采用影子价格、影子汇率、影子工资、社会折现率等经济评估参数，计算和分析国民经济为投资项目所付出的代价及投资项目对国民经济所作出的贡献，以评估投资项目在经济上的可行性。国民经济评估可以直接进行，也可以在财务评估的基础上进行。

公共事业项目社会评估法是指从国家或社会整体发展目标出发，除了在经济学范围对项目产生的社会影响进行评估外，还进一步分析评估项目对实现国家或地方各项社会发展目标所作的贡献与影响，也包括项目与当地社会环境的相互影响。公共事业项目社会评估法主要有文献调查法、问卷调查法、专家讨论法、访谈法和观察法等。

5.3　公共事业项目管理范畴

公共事业项目管理的纵向过程和横向范畴是紧密结合的。公共事业项目管理不仅要在项目生命周期内协调从立项到评估的管理过程，还要处理不同阶段中的项目时间、资金、质量、人力资源、风险等管理范畴。

5.3.1　公共事业项目时间管理

公共事业项目时间管理又称进度管理，是为了确保项目准时完成而进行的一系列管理活动，包括具体进度计划、进度优化、进度控制等工作。进度问题在项目生命周期中引起的冲突最多，按时交付项目是项目管理者面临的最大挑战之一，因此，成功的项目时间管理是实现项目目标的关键。

1. 项目进度计划

公共事业项目进度计划是在项目工作分解结构的基础上，对项目活动作出的一系列的安排，包括项目活动定义、项目活动排序、项目时间估算以及项目进度计划的编制。

项目活动定义是指界定完成项目目标、交付成果或半成品所必须进行的具体活动，通过活动定义可以得到项目活动清单，活动清单不仅包括本项目中将进行的所有活动，还包括对每一个活动的具体说明，以确保项目成员能够理解该项目工作应该如何完成。

项目活动排序是确定各活动之间的依赖关系和前后秩序，并使之形成文档，这可以用手工来做，也可利用计算机进行（如使用项目管理软件），或者二者结合使用。

项目时间估算是对完成项目的各种活动所需时间所作的估算，时间估算应尽可能接近实际并不断更新，以保证项目的正常实施，避免失控。影响项目时间估算的因素主要有参与人员的熟练程度、工作能力和效率以及突发事件和项目计划的调整等。估算的方法主要有经验类比法、历史数据法和专家建议法等。

项目进度计划的编制形式主要有甘特图法、关键路径法。其中，甘特图又称横道图，它通过日历形式列出项目活动工期及其相应的开始和结束日期，为反映项目进度信息提供了一种标准格式，这是一种应用比较广泛的方法。关键路径法是一种运用特定的、有序的网络逻辑来预测总体项目历时的网络分析技术，它可以确定项目各活动最早、最晚的开始和完成时间。

2. 项目进度优化

项目进度优化又称项目进度调整，是指在项目实际的运行过程中，根据项目遭遇的实际情况，对项目计划所作的一种建设性调整。项目进度优化的途径主要有：第一，在不增加资源的前提下压缩项目时间，即改变活动间的逻辑关系来缩短总时间，主要是将某些原来前后衔接的活动改为互相连接。同时，适当减少非关键活动的资源供给，将扣除的资源投入到关键活动中去，从而缩短关键活动的持续时间。第二，时间—费用优化法。为了加快项目进度必须增加投入，以最少的投入增加得到最优的计划。可以根据网络分析得到的项目活动的费用率、极限项目时间、每项活动可以压缩的时间以及相应要增加的成本来调整项目的时间和每个活动所需的费用，以达到最佳效果。

3. 项目进度控制

项目进度计划的制定是为了指引员工按照计划行事，但由于计划阶段的工作具有极大的主观色彩，难免与实际情况不相符，因此项目进度控制尤为重要。通过对项目实施的全程进行跟踪，查看记录和报表，将实际进度与计划进度进行比照，当实际进度超出了一定限度时，就需要及时纠正。项目进度控制的方法有：

（1）加强对项目团队成员的管理。

项目负责人要用授权、激励和纪律等各种方法和措施来强调按进度计划执行项目的重要性。由于项目是由不同层次的人群共同完成的，并不是由项目负责人独立完成，因此，项目负责人应该授权给团队成员，让其各尽其责，这样才有利于进度计划的实施。与此同时，根据马斯洛需求层次理论，只有满足员工不同层次的需求，才能激发员工的积极性和主动性，因此，应适时地利用各种奖罚制度来敦促项目团队成员认真执行项目计划，以促进项目的快速进行。

（2）利用甘特图等进度图表实施控制。

图表具有直观、形象等特点，有助于及时找到实际进度与计划的偏差，避免由于拖延时间而耽误了项目的顺利进行。值得注意的是，利用图表的方式确认时间和工作量的完成情况，应定期进行检查，如果发现问题，应马上分析问题出现的原因，并及时进行调整。

5.3.2 公共事业项目资金管理

公共事业项目资金是公共事业项目执行过程中所耗费的各种费用的总和，包括项目基础投资、前期费用、项目执行中的管理费和其他费用等。公共事业项目资金管理是指为了保证项目实际发生成本不超过项目预算成本而进行的资源计划、资金估算以及资金控制等活动。

1. 项目资源计划

项目资源计划是指确定完成项目活动所需资源（包括人力、设备、材料、能源等）的种类、数量、质量、来源等，从而为项目成本估算提供信息的活动。实际的项目资源计划主要包括以下内容：一是资源需求分析，包括工作量、人员需求量、材料需求量、设备需求量等的计算；二是资源供给分析，主要分析资源的可获得性、获得的难易程度以及获得的渠道和方式；三是资源分配，这是一项系统工程，既要保证各项任务得到充足的资源，又要努力实现资源最小化。

2. 项目资金估算

项目资金估算是指对项目执行前后的费用进行尽可能精确的估算，是安排项目进度的前提，其精确性尤为重要。项目资金的估算方法有自上而下法（专家法）、自下而上法、参数模型法、计算机工具法。由于公共事业组织申请的主要是研究型和干预型项目，所以主要采取专家法。专家法是在项目资金估算精确度要求不高的情况下使用的项目资金估算方法，通过比照已完成的类似项目的实际资金来估算新项目资金的方法。通过召开座谈会、讨论会等形式，由专家共同探讨，提出项目资源计划方案，在意见比较一致的基础上确定项目资金。合理的资金估算，既能保证项目前期申请获得批准，又能保证项目中后期执行得到充足的资金支持。

3. 项目资金控制

在项目资金管理的实践中，常常会出现项目超支的情况，产生该情况的主要原因有：项目前期估算偏低，项目质量标准提高，项目进度调整，项目管理失误，不可抗力的影响。项目资金控制指为保障项目实际的资金不超过项目预算而进行的管理活动。对公共事业组织这样的非营利机构来说，项目资金控制的方式主要有直接管理和托管机构代管。直接管理是对于已经合法注册的组织，项目资助方通过与其签订双方协议，将项目资金直接划至公共事业组织账户，由项目组织直接管理自身的项目资金；托管机构代管是对于未经合法注册的组织，项目资助方通过与项目组织、托管机构签订三方协议，将项目资金划至第三方账户代管项目经费（第三方要求是已经注册的非营利性组织或资助方在项目组织的项目办）。

在公共事业组织的资金控制管理中，直接管理和托管机构代管都要在项目执行前期制定项目资金使用明细表，由项目负责人审核通过后作为整个项目执行过程中的资金使用标准。在资金具体使用方面，一般采用负责人签字和票据原件报账制度，即项目组成员需要凭借项目负责人已签字的项目使用明细表和发票等票据原件报销。同时资金管理部门需要对不同的票据加以归类整理，并定期向项目资助方提供资金会计报告，接受资助方的监督。

5.3.3　公共事业项目质量管理

1. 项目质量概述

质量指的是产品的适用性，即产品在使用时能够满足用户需要的程度。项目质量就是项目的可交付成果满足项目相关方要求的程度。一般而言，项目的最终结果作为一种产品，其质量标准与一般产品并无本质区别，但是，作为一种特殊产品，项目除具有一般产品所具有的质量标准（如性能、使用寿命、安全性、经济性）之外，还具有其特定的内涵，如建筑工程项目的质量特性就包括建筑的宜居性、耐久性、与环境的协调性等。一般而言，公共事业项目的社会效益和长远影响是项目管理者应该优先考虑的质量标准。

公共事业项目质量是诸多因素共同作用的结果，主要影响因素有：第一，人员素质，包括项目决策者、管理者和工作者的生理素质、文化水平、技术水平、决策能力、沟通协调能力、组织能力等；第二，材料与设备质量，这是项目最终得以成功的物质条件，包括构成项目实体的各种原材料、半成品以及进行项目建设的各类机械、电子仪器等；第三，运作程序，科学的建设程序不仅可以大大节约项目建设时间，而且可以有效改善工程质量；第四，环境条件，主要包括项目建设的技术条件、社会条件和宏观经济条件，这些条件同样对项目质量发生影响；第五，目标群体的观念，这一点对于公共事业项目质量的影响尤其明显，以环境保护项目为例，如果目标群体没有意识到环境保护的重要性，便难以取得满意的结果。

2. 项目质量管理的原则与内容

公共事业项目质量管理是指通过建立质量目标，设定质量标准，使用质量计划、质量控制、质量保证和质量改进等措施来确保质量目标得以实现的全部管理活动。它是决定项目成功与否的关键因素，是项目管理的核心内容之一。优质的项目质量管理，无论是对项目相关方组织，还是对国家、对社会都具有重要的战略意义。

良好有效的公共事业项目质量管理应遵循以下原则：一是顾客导向性原则。项目质量管理应该以客户满意为中心，充分了解客户的需求，把客户最大限度的满意作为管理工作的重心。二是全员参与性原则。每个工作成员的活动和行为都会对项目的最终结果产生影响，所以项目经理要提高项目团队成员的质量意识。三是系统性原则。如前所述，项目质量取决于多种因素，项目质量管理是一个系统工程，必须全方位、多层次地进行。四是持续性原则。项目质量管理必须贯穿项目建设从立项到终结的全过程，同时对任何质量问题都应该坚持从检查到处理再到改进的全过程。

公共事业项目质量管理一般包括项目质量规划、项目质量控制和项目质量保证三大板块。项目质量规划是指为了实现项目目标对项目质量管理进行计划，它包括设立项目质量目标、制定项目质量标准、确定项目采用的质量体系以及所要求的活动。项目质量控制是指为了使项目质量符合规定的要求而对项目的生产过程、采购工作、材料设备等采取的一系列控制措施，包括确定质量控制对象、制定控制标准、明确应采用的控制方法、规定质量的验证方法等内容。项目质量保证是为了提供足够的证据表明项目质量能满足规定标准和要求，并且使项目相关方信任这种能力所采取的活动，包括两个方面：一是项目内部保证，即项目组织向项目经理和项目领导层所提供的质量保证；二是项目外部保证，即项目组织向外部的项目客户或目标群体所提供的质量保证。

3. 项目质量管理的工具

（1）因果图，又称鱼骨图或石川图。

问题陈述放在鱼骨的头部，作为起点，用来追溯问题来源，回推到可行动的根本原因。在问题陈述中，通常把问题描述为一个要被弥补的差距或要达到的目标。通过看问题陈述和问“为什么”来发现原因，直到发现可行动的根本原因，或者列尽每根鱼骨上的合理可能性。要在被视为特殊偏差的不良结果与非随机原因之间建立联系，鱼骨图往往是行之有效的。基于这种联系，项目团队应采取纠正措施，消除在控制图中呈现的特殊偏差。

（2）流程图，也称过程图。

用来显示在一个或多个输入转化成一个或多个输出的过程中，所需要的步骤顺序和可能分支。它通过映射 SIPOC 模型中的水平价值链的过程细节，来显示活动、决策点、分支循环、并行路径及整体处理顺序（见图 5—6）。

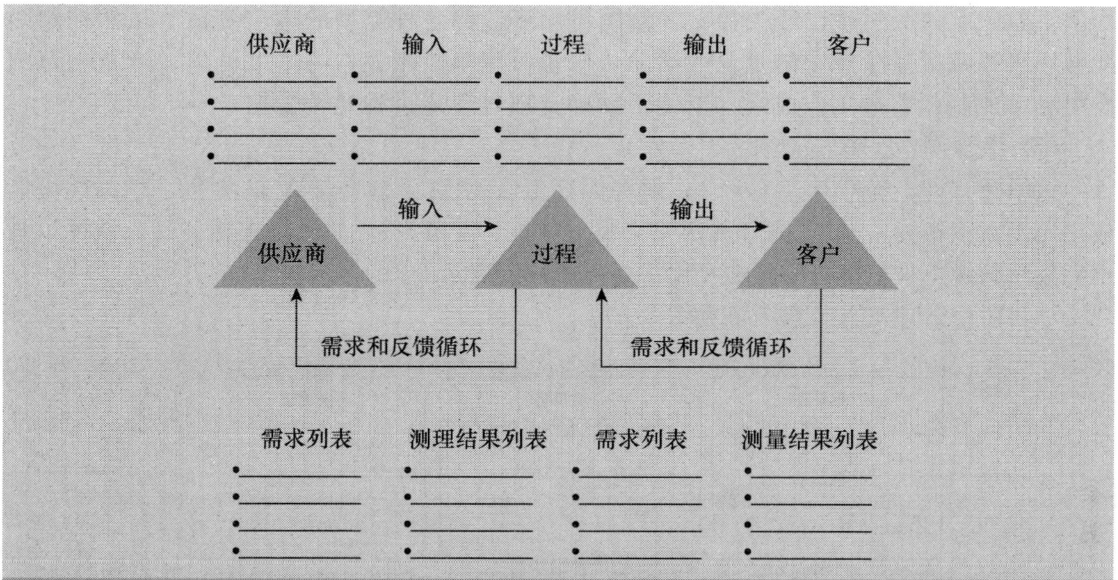

图 5—6　SIPOC 模型

流程图可能有助于了解和估算一个过程的质量成本。通过工作流的逻辑分支及其相对频率，来估算质量成本。这些逻辑分支，是为完成符合要求的成果而需要开展的一致性工作和非一致性工作的细分。

（3）核查表，又称计数表。

它是用于收集数据的查对清单。它合理排列各种事项，以便有效地收集关于潜在质量问题的有用数据。在开展检查以识别缺陷时，用核查表收集属性数据就特别方便。用核查表收集的关于缺陷数量或后果的数据，又经常使用帕累托图来显示。

（4）帕累托图。

它是一种特殊的垂直条形图，用于识别造成大多数问题的少数重要原因。在横轴上所显示的原因类别，作为有效的概率分布，涵盖 100%的可能观察结果。横轴上每个特定原因的相对频率逐渐减少，直至以“其他”来涵盖未指明的全部其他原因。在帕累托图中，通常按类别排列条形，以测量频率或后果。

（5）直方图。

它是一种特殊形式的条形图，用于描述集中趋势、分散程度和统计分布形状。与控制图不同，直方图不考虑时间对分布内的变化的影响。

（6）控制图。

该图是用来确定一个过程是否稳定，或者是否具有可预测的绩效。根据协议要求而制定的规格上限和下限，反映了可允许的最大值和最小值。超出规格界限就可能受处罚。上下控制界限不同于规格界限。控制界限根据标准的统计原则，通过标准的统计计算确定，代表一个稳定的过程的自然波动范围。项目经理和干系人可基于计算出的控制界限，发现须采取纠正措施的检查点，以便预防非自然的绩效。纠正措施旨在维持一个有效过程的自然稳定性。对于重复性过程，控制界限通常设在离过程均值［-3σ，$\pm3\sigma$］的位置。如果1）某个数据点超出控制界限，或2）连续7个点落在均值上方，或3）连续7个点落在均值下方，就认为过程已经失控。控制图可用于监测各种类型的输出变量。虽然控制图最常用来跟踪批量生产中的重复性活动，但也可用来监测成本与进度偏差、产量、范围变更频率或其他管理工作成果，以便帮助确定项目管理过程是否受控。

（7）散点图，又称相关图。

该图标有许多坐标点（X，Y），解释因变量Y相对于自变量X的变化。相关性可能成正比例（正相关）、负比例（负相关）或不存在（零相关）。如果存在相关性，就可以画出一条回归线，来估算自变量的变化将如何影响因变量的值。

项目质量管理工具示意图可见图5—7。

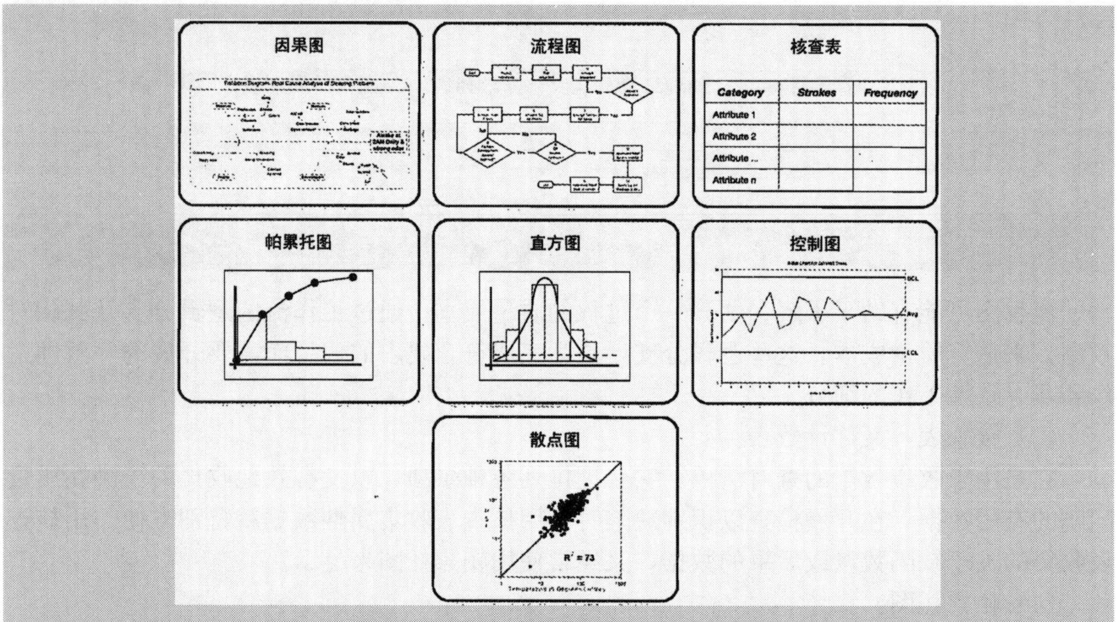

图5—7　项目质量管理工具示意图

5.3.4　公共事业项目人力资源管理

公共事业项目人力资源管理是指在对公共事业项目目标、规划、任务、进展情况以及各种变量进行合理的分析、规划和统筹的基础上，采用科学的方法，对项目过程中的所有人员（包括项目负责人、项目核心团队和项目志愿者、项目协调人、项目资助方等）给予有效的协调、控制和管理，使其为了同一项目目标紧密配合，激励并保持其对项目的热情和奉献精神，最大限度地发掘其潜能，最终实现项目目标。

1. 项目人力资源管理的内容

项目人力资源管理是对人力资源的取得、培训、保持和利用等方面所进行的计划、组织、指挥和控制活动。主要内容包括：第一，项目人力资源规划。根据项目对人员数量、质量和结构的具体要求，运用科学的方法对项目的人力资源需求和供给进行预测，制定相应的政策和措施。第二，项目人员招聘。根据项目人力资源规划招募适合的、具有一定潜力的人员，既包括项目组核心成员，也包括项目小组负责人和项目志愿者。第三，项目人员培训和开发。为了使项目人员获得与工作相关的知识、技能和态度，组织相关的培训以提高项目人员的工作效率。在培训和开发过程中，要善于发现和团结项目志愿者中的骨干，使其更好地发挥作用。第四，项目薪酬管理。公共事业组织的工作人员需要有志愿精神，但并不意味着绝对不领取报酬。通过建立公平、公开、透明的补助制度，可以激励和促进项目人员的潜能。第五，项目绩效评估。绩效评估指对工作行为的测量过程，也是将绩效结果反馈给员工的过程。

2. 项目人力资源管理的关键

项目人力资源管理的关键在于如何激发项目人员的热情，提高相关人员的工作效率，即如何采用有效的激励方式来激发项目人员积极性的问题。公共事业项目具有特殊的社会公益性，从一定意义上说，其项目人员的工作建立在志愿服务精神的基础上。这就决定了对项目人员的激励不能仅仅停留在满足其生理、安全需要的层次上，而应更多地考虑其社会情感、自我实现等方面的需要。一般而言，对公共事业项目人员的激励主要有以下几种：

一是物质性激励，包括给予一定的工资报酬，提供交通费、工作餐，提供特定的项目纪念章等物品。

二是社会情感激励。通过友谊、亲密关系、信任、认可、表扬、尊重、荣誉等社会情感性的方式来激励。对于公共事业项目人员来说，最重要的是付出的劳动得到认可，取得的劳动成果受到尊重。在项目执行过程中，让项目人员参与协助项目组织进行决策、召开表彰大会等都有利于激发项目人员的积极性。

三是项目自身的激励性。公共事业项目本身给人带来的新颖感、挑战感、满足感和成就感也是值得重视、发掘和利用的有效激励方式。公共事业项目对项目人员的智力和技巧提出了较高的要求；项目具有培训性，在工作中项目人员能够感受到自身的进步和成长；工作中会接触到不同的人（如项目资助方代表、项目组其他成员、目标人群等），提供了交往机会，扩大了项目人员的社交范围；项目工作顺利完成后，能感受到工作带来的自豪感和成就感。基于项目自身的激励性，项目负责人只要注意工作内容的丰富性、时间安排的灵活性、人员培训的合理性等细节就能收到事半功倍的效果，既能满足项目人员的需要，又能满足项目的整体需要，提高项目的工作效率。

5.3.5　公共事业项目风险管理

风险是现代社会的热点名词，也是任何活动和工作不可避免和必须面对的，公共事业项目管理的过程尤其如此。项目管理的研究者和实践者甚至认为，公共事业项目管理本质上就是风险管理，项目管理团队的目标和任务就是有效处理各种风险和突发事件。

1. 项目风险概述

风险意味着将来会出现的某种不确定性或损失的可能性。项目风险是指在实现项目目标的过程中所存在的不确定性或可能发生的突发事件。在现实中，项目风险可能表现为项目进度落后、成本超支、质量下降、利润减少、效益贬值等方面。总的来看，项目风险像其他风险一样，具有如下特征：第一，不确定性：不确定性是项目风险的本质特征，它指的是风险发生的必然性、时间、地点、程度以及影响都是不确定的；第二，客观性：项目风险的存在是不以人的主观意志为转移的，这主要是因为不确定性是任何事情都具有的，只要具备一定的条件，这种不确定性就会成为现实；第三，相对性：项目风险的相对性意味着某个事件对于一个实力单薄、管理能力不足、社会经验缺乏的项目团队是一种风险，而对那种实力强大的团队却只是一个正常事件；第四，阶段性：一般而言，项目风险是阶段式发展的，主要包括风险潜伏阶段、风险发生阶段、风险发生影响阶段和风险处理阶段。

项目风险多种多样，根据风险来源的不同，可以分为以下几种：第一，自然风险。由于自然力的作用而产生的风险，如暴雨、台风、海啸、地震等造成的项目进度滞后、财产设备损失以及人员伤亡等。第二，社会风险。由于个人、团队、政府或国际社会的不可预见行为或突发事件而导致的风险，如战争、经济形势的恶化等因素对项目结果造成不良影响的可能性。第三，管理风险。由于项目领导层或管理层决策失误、经营不善、市场恶性竞争等原因造成的项目损失的可能性。

2. 项目风险管理及步骤

公共事业项目风险管理是项目管理人员对可能影响项目的不确定性或潜在的不利事件进行预测、识别、分析和处理并力求最大限度地达成项目目标的活动。项目风险管理一般包含以下内容：项目风险识别、项目风险分析、项目风险处理。

项目风险识别就是确定风险的来源和风险发生的条件、描述风险特征、确定风险等级和风险类型，并将其记录在案的管理活动。项目风险识别一般包含以下几项工作：第一，确定风险识别的依据。项目识别的主要依据是相关的资料和数据，完整齐备的资料和数据是进行风险识别的前提条件，这些资料主要包括项目产品或服务的说明书，项目的前提、假设和制约因素描述书，以前出现过的类似该项目的案例。第二，寻找合适的识别工具和方法。一般而言，现代项目风险识别的主要方法和工具有头脑风暴法、德尔菲法、流程图、系统分析法、情景分析法等，在实际风险识别工作中，各种方法的适用性取决于项目本身的特点。第三，项目风险识别的结果。得出正确的识别结果是项目风险识别的目的所在，风险识别的结果一般包括已识别的项目风险和潜在的项目风险。

项目风险分析就是分析风险的性质、估算风险事件的发生概率以及可能产生的不良影响的程度。常用的风险分析方法有风险定性分析和风险定量分析。前者是通过估算风险发生的概率和风险发生后对项目目标的影响，对已识别风险进行的优先性评估，主要方法有风险概率评估法、风险影响矩阵和风险紧迫性分析等；后者是指对定性分析过程中识别出的对项目需求存在重大影响而排序在先的风险进行的量化分析，主要方法有风险敏感性分析、决策树分析和模拟分析等。

项目风险处理是指根据风险性质而采取合适的应对策略的过程和活动，常见的风险处理策略包括风险回避、风险转嫁、风险降低、风险接受、风险利用、风险促进等。需要注意的是，这些方法主要适用以下两种情况：一是项目风险超过了项目管理人员能够接受的水平和处理能力；二是项目风险在项目管理人员能够处理的范围之内。在这两种情况下，处理风险的策略是不同的，在实际情形中应酌情来用。

5.4 公共事业项目管理案例——中英甘肃普及九年义务教育项目（SUBEP）

中英甘肃普及九年义务教育项目是在中英甘肃基础教育项目（中英一期项目）成功实施的前提下，为了扩散项目成果，促进项目成果在甘肃的可持续发展，由甘肃省教育厅提出项目成果扩散建议，经甘肃省政府与英国国际发展部多次协商，英国政府于 2005 年底正式批准立项的双边合作项目。2006 年 4 月，中英两国政府正式签署《中英甘肃普及九年义务教育项目谅解备忘录》，2006 年 4 月，项目正式启动。

1. 项目目标

支持甘肃省 2010 年普及九年义务教育，提高公平教育机会，使更多的儿童少年完成高质量的九年义务教育。

2. 项目投入、产出及受益人

英国国际发展部投入资金 625 万英镑（按现行汇率计算约合人民币 8 700 万元）。该项目的产出主要有：基础教育的质量得到改善；教学支持系统的加强及其可操作；通过学校发展计划，提高了学校的管理水平；教育行政水平得到加强。项目的主要受益人是得到项目支持的 35 个县 6 842 所学校里的 180 万名小学生和初中生。

3. 项目时间安排及资金预算

2006 年 4 月 21 日至 2010 年 3 月 31 日，为期约 4 年。

该项目总费用预计为 625 万英镑，其中 550 万英镑为财政援助，75 万英镑为技术合作。年度预算将以英镑为计算单位，并由英国国际发展部审核和批准。甘肃省承担该赠款的外汇汇率风险。预算细目分类情况如下：教师培训 256 万英镑；校长培训 53 万英镑；学校督导培训 37 万英镑；教学支持系统 38 万英镑；学校发展计划 49 万英镑；项目管理与评估 62 万英镑；国内与国际技术援助 75 万英镑；不可预见费 55 万英镑。按地理划分的预算比例为：未实现九年义务教育目标的 23 个县 66%；12 个试点县 26%；省级 8%。

4. 项目实施范围

中英甘肃普及九年义务教育项目将在甘肃省 12 个市（州）的 35 个县（市）实施。

5. 项目前评估

(1) 社会评估。

贫困家庭子女无法上学或不能完成基础教育的主要原因相当复杂，包括教育的财力负担、教学设施差、教学质量低、与民族相关的障碍因素、身体状况和性别等。该项目采用的方法体现了这方面需求。

该项目优先考虑了贫困地区和入学率低的学校，未得到充分代表的教育人员（如女性教育人员和边远地区学校管理人员）是该项目重点目标。社会公平、参与式教学法和课程内容是教师培训的三个重点方面。通过制定学校发展计划，让社区积极参与学校管理规划，将加强贫困人群在这些领域的呼声。

（2）经济与财政评估。

项目活动与各项经济效益之间有直接和间接的联系。提高教学质量是主要直接效益，包括提高教育程度、提高小学生的入学率和巩固率，以及提高小学至初中的升学率等。由于项目计划的活动已经过甘肃基础教育项目的验证，因此项目建议的各项活动符合成本效益。该项目还将提高政府增加九年义务教育投入的成本效益。

（3）政治评估。

该项目拥有良好的政治氛围。在最近制定的五年发展计划中，政府规划了调整中国城乡不均衡发展的具体措施。近年来，政府加强了对基础教育的投入，并计划进一步增加投入。中央政府计划在未来3～5年内取消农村教育收费。此外，政府还作出了政治承诺，从较贫困的农村地区开始，提高教学质量和直接向学校提供更多的资金。

甘肃省政府承诺于2010年实现九年义务教育目标。提高教育质量和确保最贫困家庭儿童得到帮助的政治承诺呼声很高。政府官员已认识到甘肃基础教育项目的成果，并保证通过此项目在全省范围内推广。

学校发展计划应起到促进贫困人群参与学校管理活动的作用。改进后的监督与评估制度应确保制定政策时充分理解贫困者的困境，确保他们的子女能上学，并接受良好的教育。

6. 项目实施

（1）管理安排。

该项目将由甘肃省教育厅负责管理。省教育厅将设立一个省项目管理办公室，由一名副厅长担任领导。该办公室将负责项目的总体管理工作，包括起草工作计划和预算、撰写进度报告、监督县级项目实施情况，以及确保高质量的财务管理等。项目管理办公室将向项目协调委员会汇报。

建立一个项目领导小组。该小组将对项目的实施提供政策支持并在宏观问题上给予指导。该小组将负责提供政策指导和在省政府部门之间进行协调，以确保项目的顺利实施。该小组将在每年的年度评估结束时开会。项目县也将成立相应的项目领导小组。在省教育厅内建立一个由省教育厅厅长为领导的项目协调委员会。该委员会将负责以下各项工作：学习交流，项目宣传，批准项目年度工作计划和预算，审查项目花费并在必要时帮助解决项目中出现的问题。该委员会的会议为一年两次。

英国国际发展部驻华代表处的教育顾问将负责英国国际发展部对该项目的参与。

（2）主要活动。

第一，教师培训。对31个县（一期4个项目县除外）约7万名小学、初中教师开展有针对性的培训，使他们掌握参与式教学方法，适应国家新课程改革的需要。培训中重点关注少数民族、女性和山区学校教师。针对甘南藏族自治州藏、汉双语教学的需要，开发培训教材，开展双语教学培训。

第二，加强教师支持系统建设。依托全省教研系统，加强教研室能力建设，建立更有效的教师支持机制，提高教研员的业务能力，构建以市（县）教研室为基地、中小学课堂为终端的覆盖全省的教师支持系统。

第三，提高学校管理能力。对31个项目县3 000余名校长进行管理能力培训。推广学校发展计划，推广新的督导模式并开展学校督导。

第四，提高教育行政管理能力。加强对市、县教育行政管理人员的培训，进行督导、学校发展计划、监测与评估等方面的整合培训，提高教育行政管理能力与水平。

（3）项目风险及应对。

该项目在实施中存在的风险主要有：取消学杂费速度大大落后于计划；边远地区受训教师数量不足；项目管理能力薄弱；对女童教育和社会排斥因素重视不够；学校缺乏资金，使学校发展计划无法达到预期效果；教师培训机构和县级官员抵制改变现状。

针对以上风险，采取相应的应对措施：政府明确承诺逐步取消学杂费；项目将监督实施进展情况；确保更多的教师接受培训，重点增加女教师和少数民族教师培训数量；项目实施初期尽早进行项目管理培训；在所有项目活动中强调全民教育和女孩接受教育的重要性；在政府实施相关安排之前，由项目向学校提供资金；使用曾参与甘肃基础教育项目的机构；对县级官员进行培训。

7. 项目年度评估

2006 年 11 月 13—17 日，英国国际发展部项目经理克里斯汀·华莱士等一行五人，对甘肃普及九年义务教育项目 2006 年实施情况进行了年度评估。

评估组专家对项目的进展情况比较满意，给予了充分肯定：（1）各级项目组织机构健全，工作出色。（2）教师培训工作进展顺利，25%的教师已经按计划接受了不同层次的培训。参与式教学方法已在课堂上得到运用，学生参与讨论的积极性很高，课堂气氛活跃。（3）学校管理能力不断提高。学校发展计划试点工作实施良好，一些校长已经在学校发展计划试点中开始关注弱势群体。（4）在教育管理方面，基线调研工作顺利完成，为项目实施提供了客观准确的依据。

同时，评估组对工作中存在的问题提出了改进意见和要求：一是课堂教学质量参差不一，需要在学校一级及时进行总结提高。二是要加强校级、县级和省级层面对学校发展计划的监测工作。建议增加社区大会的次数，建议把会议地点由学校改到各村。建议对县级学校发展计划协调员提供更多的培训和研讨支持，为下一轮推进制定学校发展计划工作打好基础。三是建议社会发展咨询专家介入个案研究的设计中。

本章小结

1. 项目是指在一定的时间约束下，在预算规定的范围内，必须达到约定质量水平的一项一次性任务，具有目标性、一次性、系统性、寿命周期性等特征。项目管理是在有限的资源约束下，通过项目经理和项目组织的努力，运用系统理论和方法对项目所涉及的资源进行计划、组织、指挥、协调与控制，以实现项目特定目标的管理方法体系和管理过程。

2. 公共事业项目是指政府、社会事业团体或社会福利机构等公共事业管理主体直接或间接向社会公众提供公共物品，以促进国民经济和社会发展、改善公共生活质量、提高社会科学文化水平和人民素质而进行的组织和配置社会资源的一次性活动，具有公共性、效益的外部性、运转的系统性和协调性等特征。公共事业项目管理是公共事业管理的重要组成部分，是指公共事业组织为实现其满足公共需要、维护公共利益的宗旨，通过项目申请的形式获得资金、人力等社会资源，对项目进行有效的计划、组织、实施和评价，从而达到预定目标的管理活动。

3. 公共事业项目管理过程是科学性与艺术性的统一，可以看成是一个由不同阶段组成的系统流程。按其生命周期可分为项目立项与论证阶段、项目计划阶段、项目实施与监控阶段、项目终结与后评估阶段。

4. 公共事业项目管理的纵向过程和横向范畴是紧密结合的，不仅要在项目生命周期内协调从立项到评估的管理过程，还要协调不同阶段中纷繁复杂的工作。公共事业项目管理的范围主要包括项目时间管理、项目资金管理、项目质量管理、项目人力资源管理、项目风险管理等。

关键术语

公共事业项目　公共事业项目管理　项目立项　项目计划　项目控制　项目终结　项目评估　项目时间管理　项目资金管理　项目质量管理　项目人力资源管理　项目风险管理

复习思考题

1. 简要概述公共事业项目管理的全过程。
2. 结合实际，谈谈如何构建公共事业项目团队。
3. 联系实际，谈谈你如何看待项目管理实践中“重申请、轻管理”的现象。
4. 如何优化项目进度计划？
5. 公共项目管理中的质量管理和企业项目的质量管理有何区别与联系？

阅读书目

1. ［英］罗德尼·特纳. 项目管理手册 . 2 版. 北京：清华大学出版社，2002
2. ［美］克利福德·格雷，埃里克·拉森. 项目管理教程 . 2 版. 北京：人民邮电出版社，2005
3. 徐盛华，刘彤编著. 项目管理. 北京：清华大学出版社，2011
4. 齐中英，朱彬. 公共事业项目管理与评估. 北京：科学出版社，2004
5. 温来成. 现代公共事业管理概论. 北京：清华大学出版社，2007
6. 简德三. 项目评估与可行性研究. 上海：上海财经大学出版社，2004
7. ［美］宾图. 项目管理. 北京：机械工业出版社，2010
8. ［美］科兹纳. 项目管理：计划、进度和控制的系统方法. 10 版. 北京：电子工业出版社，2010

第6章

公共事业监督管理

所谓公共事业监督管理，就是指管理系统内外监督主体通过一定的政策、规则、制度、法律、法规等，运用制度化和法制化的手段对公共事业组织及其工作人员的管理行为进行监督、检查，保证组织作业程序和工作制度全面、准确、有效地执行，根据其活动是否符合法律和政策的要求，进行积极的鼓励、促进或消极的限制、禁止，以使系统各环节的管理活动更加规范合理，从而推进组织目标的达成。本章主要介绍加强公共事业组织监督管理的必要性，公共事业组织监管的目标、主体和内容，并在此基础上提出完善我国公共事业组织监管体系的具体措施。

重点问题

- 加强公共事业组织监督管理的必要性
- 公共事业组织监管的目标、主体和内容
- 完善公共事业组织的监管体系

6.1 加强公共事业组织监督管理的必要性

6.1.1 公共事业存在外部性和信息不对称

事业组织虽然与经济组织有诸多不同，但在打破国家统包统管的传统事业管理模式之后，经济组织存在的不完全竞争、外部性、信息不对称、不确定等问题也在事业组织中显现出来，带来诸多亟待解决的问题。

1. 公共事业的外部性

外部性最早由亨利·西季威克和阿尔弗雷德·马歇尔提出，之后庇古在福利经济学的研究中提出了边际社会净产值和边际私人净产值，形成了外部性理论。所谓的外部性，是指一种经济力量对另一种经济力量的“非市场性”附带影响，这种非市场性附带影响使价格机制不能有效地配置资源。[①] 外部性可分为生产活动上的正外部性与负外部性和消费活动上的正外部性与负外部性。正外部性是指某个经济行为主体的生产或消费活动使他人或者社会受益并且受益者无须花费任何代价；负外部性是指某个经济行为主体的生产或消费活动使他人或者社会受损而他却没有为此承担成本。在现实生产和生活中，外部性的例子是经常存在的。

从经济学角度看，为全体社会成员共享的、在消费上具有非竞争性、在受益上具有非排他性的产品被称为公共产品；在消费上具有排他性而又无外部社会效益的产品被称为私人产品；既具有公共产品特性又具有私人产品特性的产品被称为准公共产品。萨缪尔森将公共产品界定为某商品的效用扩展于他人的成本为零，无法排除他人参与共享。公益服务的效用容易扩展于他人，但扩展的成本为零，并且存在收益的分散性，难以由市场机制自发提供，却又和大多数人的利益密切相关。[②] 公共事业本质上具有外部性和非排他性的特性，为公共产品或准公共产品。因而，在公共事业生产和供给过程中不仅存在正外部性，同时也存在负外部性。

（1）公共事业的正外部性。

作为公共产品或准公共产品的教育事业，具有明显的外部效应，而且更多地表现为外部经济效应。美国经济学家布坎南认为，教育的直接受益者是受教育者及其家庭，如此看来，教育与一般商品无异。但是，教育除了其可分割的私人利益外，还具有重要的社会利益。社会集团的全体成员（至少大部分人），通过使社会的儿童得到良好教育而间接地得到好处。这些利益从家庭外溢给该社会的其余成员。因此，教育是一种准公共性的服务。[③] 它既具有私人产品的性质，又具有公共产品的性质。在各类教育中，基础教育的外部效应更为显著。基础教育是其他各类教育的基石，也是决定国民素质的关键，具有巨大的外部效应。

教育投资收益率

萨卡罗普洛斯计量了 32 个国家教育投资的社会收益率和私人收益率，1981 年又根据对 44 个国家 1958 年至 1978 年不同受教育程度的工人收入的调查，估算出了这 44 个国家教育投资的收益率，1996 年又对不同时期教育的外部性做了研究（见下表）。卢卡斯对教育外溢作用的估计值为 0.417，即在美国，人力资本和教育产出每增加 1%，非教育部门产出会因此而增加 0.417%。

① 参见厉以宁：《西方福利经济学述评》，206 页，北京，商务印书馆，1983。

② 参见郑国安等：《非营利组织与中国事业单位体制改革》，97 页，北京，机械工业出版社，2002。

③ 参见［美］J. M. 布坎南：《公共财政》，356 页，北京，中国财政经济出版社，1991。

按地区和国家类型分类的教育收益率

地区或国家的类型	国家数	私人收益率（%）			社会收益率（%）		
		初等	中等	高等	初等	中等	高等
非洲	9	29	22	32	29	17	12
亚洲	8	32	17	19	16	12	11
拉丁美洲	5	24	20	23	44	17	18
发展中国家	22	29	19	24	27	16	13
中等水平国家	8	20	17	17	16	14	10
发达国家	14	—	14	12	—	10	9

蔡增正对世界欠发达国家教育的外溢作用分时段进行估计，其结论是：在 1965—1973 年间为 0.217，在 1973—1980 年间为 0.336，在 1980—1990 年间为 0.422。林洁分析了我国 1978—1998 年教育的外溢效益：在其他因素不变的情况下，教育支出每增长 1%，非教育部门的产出增长 0.839 2%，GDP 增长 8.647 1%。

资料来源：陆喜元：《教育外部性研究探微》，载《大庆师范学院学报》，2006，26（4）。

卫生事业也具有公共产品或准公共产品特性。卫生事业提供的卫生服务与产品既包括典型的公共产品，如传染病、地方病防治，食品药品卫生监督，计划免疫等；也包括准公共产品，如常见病、多发病的基础医疗服务等；还包括私人产品，主要是其他医疗卫生需求。其中医疗服务是一种准公共产品，不仅具有私人性质，同时又具备公共性的特点。医疗服务的正外部性表现为医疗服务的提供者所采取的经济行为对他人产生了有利影响。可见，医疗服务还是一项社会公益性的福利事业。

科技事业的正外部性也是显而易见的。科技事业产品大部分属于准公共产品，具有突出的外部收益和“溢出效应”。科学技术的发展，使运用这一技术的人获得了收益，同时也使没有直接使用这一技术的人在观念上发生了变化，并且在人们将这一技术应用于不同产品的生产上，使产品变得便宜，或者使产品的功能增加。这就是科技事业的正外部性。科技事业的正外部性不仅体现在应用技术的研究上，更体现于基础研究、人文社会科学研究、公益性研究和技术推广中。

文化也具有公共物品的某些属性。公益性文化即非营利性的文化事业，其最主要的特点是具有准公共物品的特性。文化事业一般都具有较强的正外部性，公共文化本身对公民具有熏陶作用，有助于形成良好的社会文化氛围，是提高人的欣赏水平、塑造公民的人格、构成国家精神的主要载体。优秀文化遗产也需要通过文化活动尤其是有引导的文化活动得到继承和发展。文化产业在激发其他活动的创新与开发，推动经济发展与社会进步方面也具有重要作用。

（2）公共事业的负外部性。

在教育服务供给领域中存在负外部性。民间资本进入教育领域，资本的寻利性导致在教育领域过分追求私益，各教育机构扩大招生规模，纷纷制定各种形式的招生优惠政策和奖励办法，出现了“卖生源”、“权钱交易”等腐败与唯利是图的现象，造成了极坏的社会影响。资本的寻利性也使教育资源流向那些能够给教育服务提供者带来最大化利润的个人、群体和地区，在个人之间、学校之间和地区之间造成教育资源配置的不均衡发展。此外，不断上升的教育成本、令人担忧的教育质量问题，都是教育事业供给中的负外部性。

在卫生领域中也存在负外部性。医疗服务效益的负外部性，是指医疗服务提供者的经济行为对他人产生了不利影响，使他人为此付出了代价。公共卫生问题的积累导致的重大公共卫生安全事件和危机就是典型的负外部性公共问题，不仅使个人的利益受到损害，也使社会福利受损。此外，医院现行的“以药养医”政策、药品收入加成机制、医院补偿机制、医疗市场化改革及内部分配机制的作用，使医疗服务供给过程产生买卖贵重药品、开大处方、滥检查等过度服务现象，从而带来看病贵、危害健康的负面效应，从另一种意义上来说，也是一种负外部性。

在科技领域同样存在负外部性。由于缺乏以知识产权为基础的技术产业发展分配机制，科技事业单位或企业很难建立良好的激励相容机制，最终使科技市场化的从业者不敢创新和承担风险。科技活动过分的功利化导致滥用公共研究资源，违背公共利益和公共伦理，使科技发展走上危害社会和人类的道路。

文化产品和服务进入市场后，某些经营者片面注重经济效益而忽视社会效益，对社会造成不良影响，如低俗表演、非法出版物、盗版、走私等。这些不良现象不但侵犯了合法文化企业的权益，也污染了社会环境。

总之，公共事业领域的正外部性与负外部性都是普遍存在的。科斯定理认为，如果产权能够界定清晰，在存在低交易成本的情况下，即使有外部性，人们也可以通过讨价还价的市场行为解决问题。但在现实中，大量公共事业资源消费的控制成本高，产权界定的成本和交易成本也很高，容易导致失控状况。因此，公共事业领域这种因个人利益与社会利益的对立而产生的外部性问题，有赖于政府对事业组织的监督管理来加以解决。

2. 公共事业的信息不对称

英国剑桥大学教授詹姆斯·莫里斯（James Mirrlees）和美国哥伦比亚大学教授威廉·维克里（William Vickery）提出信息不对称（asymmetric information）理论。“信息不对称理论是信息经济学的核心概念之一，指在日常经济生活中，由于某些市场参与者拥有另一些市场参与者不拥有的信息，由此造成的不对称信息下交易关系和契约安排的经济理论。”① 它主要研究在信息不对称的情况下，市场参与者怎样依据自己掌握的信息采取行动，从而使自己的收益达到最大化。信息不对称可以从两个角度来进行分类：一是不对称发生的时间；二是不对称信息的内容。从不对称发生的时间来看，可将研究事前不对称信息对策模型称为逆向选择模型（adverse selection），而将研究事后不对称信息对策模型称为道德风险模型（moral hazard）。从信息不对称的内容来看，将研究不可观测的行动的模型称为隐藏行动模型（hidden action），将研究不可观测的知识的模型称为隐藏知识模型（hidden knowledge）或隐藏信息模型（hidden information）。

市场机制的有效运作常常需要生产者和消费者双方拥有对称的信息。但在市场交易中，由于信息搜寻的成本较高，或者是知识和专业技能、产品或服务的属性及信息垄断造成的信息差，都常常使双方所得到的信息是不对称的。可以说，凡是存在市场交易的地

---

① ［英］詹姆斯·莫里斯：《詹姆斯·莫里斯论文精选》，7 页，北京，商务印书馆，1997。

方，都不同程度地存在信息不对称问题。这些问题在计划经济体制下的公共事业领域基本上是不存在的，因为当时公共事业组织的资源投入是国家统包的，在个人分配上也是平均主义，事业组织提供产品和服务的行为以及员工的收入均受到国家的严格控制。但在市场经济条件下，这种情况发生了重大变化，公共事业领域实行政事分开的管理体制，事业组织获得了经营自主权，使事业组织存在提供不真实信息为自己谋取利益的可能性和动机，从而使信息不对称问题变得日趋严重。在市场经济活动领域发生的情形，在教、科、文、卫、体等公共事业领域也同样存在。

教育服务领域就存在信息的不对称性。从理论上讲，只有教育信息对所有的市场主体来说都是完全和对称的，教育市场才可能实现对教育资源的优化配置。但是在教育实践中，教育信息却很难达到完全和对称的要求。一方面，消费者只能通过使用教育产品获得产品质量信息。受技术条件等因素的影响，求学者个人及其家庭可获得的关于教育机构以及劳动力市场的信息是不充分的或者是不准确的，市场反馈的信息往往还是滞后的。另一方面，教育机构有意扩大正面宣传而隐瞒对自己不利的信息。信息不对称会直接导致教育消费者蒙受损失。以我国高校招生录取为例，我国高校招生录取程序中向外公布的信息相当缺乏，高校招生信息的不对称直接引发了道德风险并极易导致招生人员“败德行为”的产生。由此可知，信息的不对称是存在道德风险并引发高校招生腐败行为的根源之一。

文化事业领域也存在信息不对称。我国的文化事业部门，包括图书馆、大众传媒以及博物馆，都存在信息不对称现象。以图书馆为例，图书馆作为知识信息的提供者和传播者，其发展壮大离不开主管部门的理解和支持，对文献信息的充分占有离不开与文献数据供应商的密切合作和馆际间的共享交流互动，功能和作用的体现离不开具体的业务工作和读者。但是，在现实图书馆的运作过程中，存在着大量的、种类繁多的信息不对称。主要反映在国内与国外图书馆，图书馆与上级主管部门、信息资源供应商、用户以及图书馆内部门之间的信息混淆和相关政策变动等运行的多个环节和层面。[①]

医疗卫生领域的信息不对称更为明显。在药品生产、流通与交易中，由于信息不对称和信息不完全导致的交易成本，最后往往都由消费者承担。医疗卫生特别是药品有着双种功效，正效益是能够治疗疾病、保健身体，但是伪劣药品能导致病情的恶化，甚至死亡。对广大的消费者来说，由于不可能具备医药方面的专业知识，处于信息劣势，而药品商或医院处于信息优势，这种信息的不均衡要求政府对信息优势方进行规制。

对于信息不对称引起的逆向选择和道德风险以及由此造成的负面影响，必须有效加以解决，其方法有二：一是可以采取市场的方法来解决，如信息传递、信息甄别和信息激励。二是实行政府监管。在市场经济中，“经济人”以追求利润最大化为目标，会垄断、隐蔽信息，从而产生有损他人健康、安全的行为。因此，市场手段对改变信息不对称现象也存在局限，必须由政府行使社会管制职能。

6.1.2　确保公共事业组织履行公共责任的需要

公共部门是个人与组织“权力让渡”的结果。人们把自己的一些权力让渡出来交给公

---

①　参见黄光明：《图书馆信息不对称与信息披露研究》，载《情报理论与实践》，2005 (1)。

共部门，委托其为实现自己的需求和利益服务，那么，公共部门就必须为“权力让渡者”承担责任。从法律上讲，行使权力就应承担相应的责任，权力必然伴随着责任，否则这种权力就是非法的、不合理的。对于公共权力也应该规定相应的责任，这就是公共责任。在政治活动和公共管理中，责任最通常、最直接的含义是指与某个特定的职位或机构相连的职责。广义的公共责任是指国家公共管理部门的行政人员在工作中必须对国家权力主体负责，必须履行自身职责来为国民谋利益。狭义的公共责任是指国家的公务人员违反行政组织及其管理工作的规定、违反行政法规所规定的义务和职责时所必须承担的责任，而这一责任具有复杂的表现形式和多样化的层次结构，一项责任可能既是经济责任、法律责任，又是伦理责任，或者既是政治责任，又是伦理责任。最初的公共部门主要是政府，但随着商品经济和民主政体的建立，政府职能不断分化，许多公共事务开始由政府以外的公共部门来承担。我国的事业组织就属于这样的公共组织。

事业组织负有公共责任，其原因有：第一，公共事业具有鲜明的公益性。发展公共事业的事业组织是公益性服务组织，因此，它承担公共责任、接受政府监管和社会监督、有效地履行职责是义不容辞的。第二，事业组织与政府、社会和服务对象之间存在一种多极的委托—代理关系。作为代理人的事业组织对委托人负有一定的公共责任。第三，公民的期望增长和事业组织间的资源竞争日趋激烈，也要求事业组织强化公共责任意识，树立良好形象，为公共事业的永续发展争取更多的公共资源。

事业组织的公共责任是指事业组织及其工作人员为实现公共利益，不断提高自身履行职责的能力，在向公众就自身管理行为作出解释和说明的同时，承担管理行为所导致的结果。事业组织的公共责任是一个多层次的概念，可以分为宏观和微观两个层次：宏观层次的公共责任要求以“结果为本”、注重创新意识，表现为有效利用公共资源以实现公共利益的价值目标，具有主动性的特征；微观层次的公共责任要求服从和遵守规则，表现为努力做好分内之事，具有被动性的特点。事业组织作为公益性服务组织，承担着一定的公共责任：追求公共利益，实现公共管理目标，完成公共管理任务的责任；遵守公共管理法规和职业道德，承担职权范围内管理后果的责任；实现和保持公共管理系统的不同岗位之间有序合作的责任；对自身行为进行规范，维持行业秩序；等等。此外，公共责任的范畴在原有的政治责任、经济责任、法律责任和道德责任等基础上又有了新的扩展和细化，包括：适当运用资金的财务责任，遵守适当程序与规则的过程责任，确保工作品质与行动效果的项目责任以及重视工作相关性与适当性的优先性责任。

但事业组织的公共责任不能自然生成，如果没有有效的制度设计和监管机制，不能有效地对组织的领导人和成员进行约束，事业单位可能会出现公益失灵和契约失灵。西方慈善组织在运行过程中出现的家长作风、官僚化倾向等志愿失灵现象之所以得不到及时的纠正，有的甚至在路径依赖的作用下，问题变得愈来愈严重，其重要原因就在于监管机制的无效。如果缺少对公益服务市场的必要限制，则对于私益的追逐就会演变成一种无序状态，如高管腐败、商业化和逐利化严重、服务品质问题等，最终将无法保证公益服务的有效供给。

从管理的角度来看，公共事业的政府监管具有保障、规范和促进三大功能：一是可以对公共事业起保障作用。政府监管的有效运用可以保证公共事业管理活动的合法性，促使各项政策全面贯彻执行。对公共事业组织的政策实施行为进行监管，可以防止违背政策的不当措施和行为，预防执行偏差，确保国家公共政策按正确的目标贯彻执行，从而维护绝大多数公民的合法利益，在公正、公平的前提下切实满足社会的共同需要。二是可以对公共事业起规范作用。政府监管也是一种管理功能，即通过人、财、物等的合理配置，保证公共事业各项管理活动的合理性和合法性，强化组织的功能，提高工作效率。公共事业管理的目标是通过有效的管理实现公共利益。政府对事业组织的监管对其管理规章的执行、管理程序的实施以及工作人员的管理行为有着重要的规范作用，能及时发现执行过程中的失误与偏差，纠正不当行为，使公共事业管理活动科学、合理、规范，确保公共事业管理各环节高效能地运转。三是可以对公共事业起促进作用。公共事业的政府监管也是一种工作方式，即通过有效的启发、激励、辅助和督导来调动成员的内在工作热情，实现人尽其才。通过对不法与不当管理行为进行惩戒和处置，可以约束和促使工作人员恪尽职守，充分调动管理人员的积极性，提高管理素质，促进公共事业良性发展。

由此可见，公共事业组织监管三大功能的实现，有利于事业组织履行财务责任、过程责任、项目责任和优先性责任等公共责任。因此，加强和完善对公共事业组织监管是确保其履行公共责任的需要。

6.1.3　治理公益失灵的客观要求

公共利益一直是社会进步和文明发展的产物，在我国努力推行依法治国、依法管理的新的历史时期，公共利益当然成为公共管理及其政策的核心价值。公共利益是一个与私人利益相对应的范畴，是指能为一定社会群体中不确定的多数人所认可和享有的利益。现代社会是由不同阶层、群体构成的集合体，存有不同的利益、行为准则、习俗乃至价值观，但作为现代社会的成员，也存在相对一致的物质文明与精神文明的衡量及判断标准。

30 多年来，我国公共事业组织在管理体制、运行机制上多有改革与创新，教、科、文、卫、体事业发展迅速并焕发出勃勃生机，有力地促进了改革开放的发展，满足了人民的公共需求，改善了社会福利。但是，市场会失灵，政府会失灵，公益服务也会失灵。公共事业组织在高速发展的同时，也存在着诸多失范现象，出现了公益失灵。

1. 商业化和逐利化现象严重

公共事业组织是公益性服务机构，非营利性和公益性是其基本特征，也是其基本原则。由于资金供给的不足，20 世纪 80 年代以来国家按照国家、集体、个人三者共同承担的方式来推动公共事业的财政改革，允许事业组织在国家财政资助之外接受捐赠、适当收费、进行投资等，以解决资金拮据的困难。国家把事业单位推向市场，赋予事业单位更大的管理自主权，允许其扩大服务范围，而且把管理层和职工的收入与创收联系起来，这样就把管理者和职工置于一种“剩余索取者”的位置。随着时间的推移，“工资外收入”已经制度化并成为报酬结构的一部分，这就提高了事业单位追求创收的积极性。事业单位自己创造的收入，也开始扮演与市场环境下私营企业利润相类似的角色。由此出现了医疗乱检查、乱开药、回扣和红包，教育乱收费、“卖生源”、“权钱交易”，文化业中的制黄贩黄、伪冒假劣，科技经费的滥用，将非营利资产擅自转为营利性资产等问题。同时，逐利动机的强化也推动了事业各项收费的出台和收费的上涨。在市场经济条件下，事业组织转变宗旨以确保组织的生存是无可厚非的，但作为“为社会公益目的”而从事公共事业活动的社会服务组织却出现了较为严重的商业化、逐利化。这些商业化、逐利化的倾向使有限的事业资源向产业运作倾斜，致使公益服务偏离了社会责任目标，必然造成极为严重的负面后果。

2. 财务管理混乱，滋生腐败现象

我国公共事业组织的财务监督管理机制“脱胎”于计划经济，属于典型的高度集中型的政府财务监督机制，即会计监督权、审计监督权、税务监督权均掌握在政府手中。这种体制尽管在历史上具有重大贡献，但随着我国社会主义市场经济体制的逐步完善，其监督主体职责不清、监督效能低下、运转乏力等弊端开始暴露。由于事业经费来源的多元化和财务自主权的扩大，财务管理的约束性措施未到位，财务监督较薄弱，使财务领域成为滋生腐败的温床。目前事业组织的财务违规和腐败主要体现为：收支两条线不清晰，隐瞒收入，从而形成资金管理盲区；背离公益初衷，进行违规筹款；预算与执行脱节，任意挪用、截留预算资金现象严重；暗箱操作、权钱交易、侵占贪污；日常管理中的财务浪费；经费支出管理不严，定额管理失灵，费用开支标准膨胀；等等。

3. 事业组织官僚化日趋严重

我国的公共事业组织大多“脱胎”于传统体制，政府的运作规范及行为方式对公共事业组织具有重大影响。随着公共事业规模的扩大和业务范围的拓展，事业组织也逐渐感染上官僚主义、主观主义、形式主义、命令主义等官场积习，官僚化倾向日趋严重。其主要表现有：政事不分、机构臃肿、人浮于事；“官本位”意识根深蒂固，衙门习气重，独断专行；好大喜功，喜欢搞形象工程、政绩工程；滥用职权，营私舞弊，行贿受贿，相互推诿，任人唯亲；没有法制观念，不依法办事，甚至违背法律政策和规章制度。

4. 服务品质问题突出

事业单位是公益性服务组织，提供优质服务是其义不容辞的责任。由于“官本位”思想的影响，公益服务供给竞争性差，政府规制和管理不到位，这些组织的服务质量问题还比较突出。主要表现为：组织缺乏服务社会、服务公民的精神和“服务质量”的意识；服务质量缺乏可靠保证；高品质的服务供给不足，无法满足日益增长的服务质量需求。如在教育事业领域，目前我国对教育服务质量的监管制度实际上就是传统计划管理体制的延续，并没有按照市场经济逻辑进行重构，对其服务质量问题难以进行有效监管，存在诸多问题。主要表现为：教育质量不稳定，学生的素质难以全面提高；教育质量不平衡，乡村教育质量低于城市教育质量；师资队伍整体素质和教学条件偏低；提高教育质量的方法和手段缺乏科学性。服务质量问题的产生固然有很多原因，其中质量标准不明、政府监管不到位是重要原因。

5. 出现“道德滑坡”

与腐败一样令人痛心疾首的是目前我国社会所面临的道德危机。事业组织作为公益性服务机构，始终要求组织人员充满奉献精神、人道精神和崇高的道德情怀。在外在的刚性约束还不够健全、社会利益诱惑多多、个人内心的道德自觉松懈的情况下，事业组织出现了“道德滑坡”现象。作弊渎职、造假谋私，黄、赌、毒沉渣泛起，“注水学术”、“泡沫学术”等学术不端与失范行为时有所闻。一些网络、出版机构和媒体为了牟利，不惜刊登发行虚假、色情、暴力等方面的信息、论著；一些科技机构骗取、滥用科研经费；一些医疗机构救死扶伤的人道主义精神日渐淡薄，肆无忌惮地谋求自身利益最大化；一些事业组织漠视服务对象的利益要求和愿望，公益精神逐渐丧失，道德沉沦与公共责任丧失并行。

此外，人事管理方面也存在一些问题。在进人方面，存在着不公开、不透明、招聘不规范或舞弊问题。在管理上，聘用合同还没有真正成为确定人事关系的依据。岗位管理也缺乏具体政策。在出口上，事业单位社会保障制度不健全，相关政策不完善，致使出口不畅。在人事监管上，缺乏对事业单位用人的监督管理手段。在人事法规上，行政机关有《国家公务员法》，企业有《劳动法》，事业单位 2014 年才有《人事管理条例》，人事管理的单项政策规定也不健全。

上述问题的产生，严重危及公益机构的公益性质，出现了公益失灵的现象。究其原因，无不与薄弱的约束机制密切相关。强烈的创收动机只有在遇到同样强烈的市场约束和监管约束时，才能真正带来服务结果的改善。对我国的事业单位来说，与强烈的创收动机相比，来自政府和市场的约束软弱无力。过去的改革确实把大多数事业单位“推向了市场”，但这个“市场”本身是一个高度扭曲的市场。市场约束薄弱主要是因为存在制度性缺陷：消费者没有足够的权利；监管体制仍不健全；市场竞争仍不完全且常常被扭曲。市场约束薄弱的同时来自政府的约束同样薄弱，这在很大程度上是由于绩效管理制度和问责制度不健全。在现行制度下，某一政府部门常常既是政策制定者和绩效考核者，又是服务提供者，这就是所谓的“管办不分”，导致在对服务提供的结果以及公民或消费者的满意度进行监督和评估方面出现空缺，绩效考核和问责制度难以实行。因此，加强和完善对事业组织的监管成为政府治理公益失灵的客观要求。

6.2　公共事业组织监管的目标、主体和内容

6.2.1　公共事业组织监管的目标

从政府、事业组织和公共事业本身的属性来看，公共事业组织监管的总目标应该是维护公共利益，实现社会福利的最大化。结合当前我国事业组织的实际，公共事业组织监管的目标主要体现为如下几个方面：

1. 限制垄断，增进社会福利

经济学研究表明，在垄断条件下，垄断者可以控制和操纵市场，利用垄断地位低价采购，限制产量，高价销售，妨碍实现产量最大和资源的最优配置，导致消费者付出更多代价，损害社会公平，因而有必要对垄断进行政府干预，对垄断企业实行价格限制，以维护消费者的利益，减少社会福利损失。事业组织的垄断同样也会造成社会福利的损失，因此，要调整事业门槛，引进社会资金、社会力量参与事业发展和管理，促进公私组织的竞争，打破条块分割，实现资源和事业生产要素的适当流动，加强价格管制，维护消费者利益。同时，要按照新的准入标准和规范对达不到要求或不具备能力和资格的各类事业产品的供给者及其违规行为进行规制，使事业组织有进有出，吐故纳新。

2. 通过规范税费等手段为社会提供公共产品

由于公共产品不具备消费的非竞争性和非排他性，成本难以补偿，或投资大、建设周期长、收回投资慢，甚至难以收回投资，私人经济部门一般不愿意生产和提供。但是社会的生产、生活和福利离不开公共产品。因此，政府必须通过征收税费、财政拨款和补助、给事业组织税收优惠等方式方法，担负公共产品生产和供给的主要责任。

3. 实现外部性内部化和解决信息不对称

事业组织行为外部性的存在，不可能完全依靠市场本身自发调节和纠正，必须由政府进行监管。政府通过产权与权利的界定、税收、处罚、禁止、限制、建立产品和服务标准、明确绩效标准等方式进行调节，达到使外部成本和收益内在化的目标。同时，在信息不对称的情况下，市场机制的作用受到限制，社会资源无法实现最优配置。因此，必须要由政府介入，建立一定的信息披露机制，弱化交易双方的信息不对称程度。

4. 提高事业组织的工作效率和公众形象

由于事业组织是非营利组织，运行过程缺少利益激励机制、竞争机制、约束机制和风险机制，易形成事业单位的低效率或无效率的现象。因此，提高事业组织的工作效率就成为对其进行监管的目标之一。同时，由于事业组织缺少商业领域中的强制性的责任机制，效率低、服务质量差的行为经常发生。因而，要对事业组织的服务质量提出合理规范，以制约事业组织的行为，从而提高事业组织在公众中的形象。

6.2.2 公共事业组织监管的主体

监管活动离不开监管主体。监督主体是指对公共事业组织实施监督和管理的机构。事业组织属于特定的主体，应由“社会公共机构”即政府有关部门或政府委托机构依法对其进行监管。关于监管主体，国际上存在主体多元化和专门机构两种模式。前者以美国为代表，后者以英国为代表。在美国的非管制模式下，税务部门和司法部门负有监督慈善机构的主要责任。在英国，公共事业组织的监管主体是慈善委员会，委员会兼行政机构、准立法机构和准司法机构的多重身份。

目前我国事业组织监管主体模式类似于美国模式，属于主体多元化模式。但由于我国的特殊国情，更多地表现为一种典型的政监合一的监管模式，也就是政府事业主管部门在履行行政管理职责的同时，也承担监管职能，这是一种政府主导型的监管模式。我国的司法、行政和立法机关都在事业组织及其活动的监管中发挥着不同程度的作用。

第一，司法机关依据民法等进行监管。我国《民事诉讼法》第二十二条明确规定：“对法人或者其他组织提起的民事诉讼，由被告住所地人民法院管辖。”此处的其他组织包括事业单位。因此，司法机关可依据民法对事业单位所发生的民事纠纷或其他情况提起诉讼。

第二，行政机关依据《事业单位登记管理暂行条例》和其他有关的公共事业法律、法规等进行监管。在国外，行政机关的业务主管部门对事业单位进行直接且全面的管理，从事业单位的产生到撤销，从注册登记到日常管理，都属于业务主管部门管制的范围。此外，非营利机构的成立要向政府的行政主管部门提出书面申请，尽管在多数国家经过主管行政机关审查同意后，需到法院进行法人登记，但实际上法院只进行形式审查。我国对事业单位实行归口管理和双重管理，有其独到之处。双重管理指的是事业单位要同时接受管理机关和业务主管部门的双重管理；归口管理则是将由业务主管部门审核同意的事业单位重新归口到民政部门登记。①

第三，立法机关通过制定公共事业法律、实施监督对事业组织行为进行监管。在国外，许多发达国家都有专门的立法来规范非营利组织的行为，并确立政府和社会对非营利组织的监督机制。各国政府的监管主体尽可能地完善相关法律、法规及规章，为非营利组织的健康发展创造宽松的法律环境。相比之下，我国事业组织监管主体的法律规范缺乏权威性，从宪法、法律到行政法规、地方立法等都有待加强。

监管机构具有准立法功能，可以依据法规制定具体的行为准则，约束被监管主体的行为。同时，监管还具有行政和准司法性质，可通过准予注册、批准或禁止特定活动、对违规者处罚等形式实施管理。因此，监管不仅体现在主管部门制定的成文细则上，而且体现在其政策和管理行为中。因而，监管主体要明确其权利、义务和职责分工，要通过制定相应的法律框架和实施规制来创造一个适合事业组织发展的社会环境。

我国目前的监管主体模式的优点在于权威性强，具有足够的强制力，较容易被社会公众和被监管行业接受，也被认为更有利于保护社会公众的利益。在独立监管机构设立的条件还不完全具备，行业自我监管不甚理想，监管法规尚不健全的情况下，还应当充分发挥政府监管主体的权威性作用。但是这种模式也存在一些明显缺陷，这也大大削弱了政府监管的效率。因此，伴随着事业组织的日益健全及事业组织自治的发展和机制的完善，原有政监合一的监管体制必须改革，如改善立法、行政和司法机关对公共事业组织的监管，建立公共事业组织的自我约束机制，加强社会监督，提高监管的科学性和有效性。

6.2.3　公共事业组织监管的内容

事业组织从产生到撤销，从注册登记到日常管理，包括对事业组织的注册登记、投资、财务、服务的质量和数量等相关行为实行的规范化管理，都属于政府监管范围。根据我国事业组织的实际情况，目前的政府监管应该重点围绕事业组织的进退、财务、质量、信息和教、科、文、卫、体事业中比较突出的问题展开。具体来说，公共事业组织监管的内容主要有以下几方面：

1. 进行进退监管，把好进出关

公共事业组织从事活动的前提是注册登记并获得相应的法律地位。注册登记可以给公共事业组织带来三大好处：免税优惠；法律保护；由官方认可而获得声誉和信任。同时，也有利于政府对事业组织的管理，防止垄断和过度竞争，防止随意进入或任意退出，以免影响公共事业的有效供给，促使事业组织依法运行，担负“供给责任”。

进退监管包括进入监管和退出监管。公共事业多元化是先进国家促进公共事业发展的基本经验。随着公共事业领域改革的深入，将有更多的私人企业、非营利组织和国外资本参与到公共事业的投资与管理中。但作为社会的公共产品和准公共产品，公共事业与人民

---

① 参见冯云廷、苗丽静：《公共事业管理导论》，140页，北京，中国商业出版社，2001。

利益攸关，改革应当有序推进，因此进入监管必不可少。进入监管要关注下列四个问题：第一，明确准入范围和领域。在对公共事业产品、部门、业务科学划分的基础上形成准入标准，对属于纯公共产品和具有垄断性质的部门和业务，政府须加强监管；对属于准公共产品或私人产品和非垄断的部门或业务，应发挥民营企业的作用。第二，设定准入资格条件。可依据事业内容与社会公共利益的关系、事业运营所需资本、技术的需要，设定准入资格条件。对与社会公共利益紧密相关的事业，应从职业资格、从业条件等方面给予一定限制；对投资需求大、回报周期长、技术依存度高的公用事业，从注册资本、技术等方面给予一定限制。第三，设定准入程序。主要是指对事业组织法人登记程序的监管。通常情况下通过申请、核对与受理、审核、颁发证书等步骤，事业单位可以合法开展活动。第四，确定监管的主要手段，如特别许可、注册制度、申报制度等。退出监管指的是事业单位在被撤销、解散时应当向登记管理机关办理注销登记或者注销备案，然后由登记管理机关予以公告。退出监管的核心工作是清算和注销登记。

2. 进行信息监管，增加服务透明度

公共事业组织服务信息透明度监管主要是为了解决公共事业产品或服务存在信息不对称、合约失灵、外部负效应带来效率损失的问题，旨在促进公共事业组织服务信息的透明化，最大限度地利用公共事业组织服务信息为社会服务，保护公共利益。公共事业组织服务信息透明度监管是政府对公共事业组织服务信息的生成、披露、使用过程的干预。政府可以制定相关法规，要求公共事业领域的生产者全面及时地向公众提供产品或服务的信息，组织相关部门定期进行产品或服务的检查，并在不同范围内公布结果。公共事业组织服务信息透明度监管除了要明确监管主体、监管原则外，主要要研究以下内容：第一，信息透明度监管的主要内容，明确信息公开与信息安全的边界。第二，信息透明度监管的工具和方式，涉及信息监管的制度及法律，监管的途径、平台和程序。第三，对不按照要求披露信息的行为的经济或行政处罚。

3. 实行价格监管，提高产品或服务的分配效率

为保证公共事业产品或服务提供的高度稳定性和连续性，政府需要对其进行严格的监管，尤其是价格监管。价格监管是针对公共事业领域引入竞争机制可能产生自然垄断现象而采取的政府干预措施，是指“由政府规定公共事业产品与服务的收费标准或价格”①，它在有关事业服务的监管中具有关键性作用。由于公共事业服务提供的多是社会公众的生活必需品且多属于“上游产品”，定价过高将会影响众多部门的成本与最终销售价格。我国作为发展中国家，政府必须站在第三方、仲裁者立场上，形成合理、透明的价格决策机制，做到既要刺激经营者提高生产效率又能提高社会分配效率，从而使各方利益能充分表达，通过协调各方利益形成合理的价格。

4. 加强财务和产权监管，防止财务违法违规和资产流失

财产是组织的物质基础，财务监管不足和产权制度不健全是制约事业主体多元化、事业单位向民营组织转化的重要因素。经费和资产方面的监管主要包括部门预算、国库支付、政府采购、财务信息集中监管、项目拨付及资产清算、登记和监管等手段，较为全面

① 魏志春：《公共事业管理》，99页，上海，上海教育出版社，2004。

地囊括了事业单位资产与预算管理的各个领域，使得事业单位从投入、运营到产出这些环节都纳入规范的监管体系之下，提高事业单位的资产利用效率，为社会提供更为高效优质的服务。

事业组织财务监管的目标是：努力增收节支，提高资金使用效益，防止国有资产流失；建立健全财务制度，实现事业组织财务管理的规范化、科学化；加强财务分析与财务监督，保证事业组织各项活动的合法性、合理性。针对目前我国事业预算执行的刚性不强、腐败违规行为滋生、事业支出增长过快、事业资产管理混乱、公共投资非理性等问题，事业组织的财务监管主要应抓好预算监管、收入监管、支出监管、资产监管、盈余分配约束、财务报告及账目公开等环节，完善规则，从严监管，防止各类财务舞弊、腐败和浪费等行为的发生，保护公共利益。

5. 加强质量监管，确保服务品质

质量监管是指为了提高事业服务的总体质量水平、提高资源配置的效率、维护人们的安全与健康、提高人们的生活水平而进行的限制和监管的行为。它主要是出于确保受监管事业组织的服务或产品具备一定的质量、规格以及安全、外部性等方面因素的考虑，对有关事业服务进行的以一定的标准体系和审核制度为主要途径的监管。事业组织作为公益性服务组织，有责任向服务对象提供高品质的服务，以满足人们不断增长的需求。但是如果不对事业组织的服务质量加以监管，就有可能出现服务质量低劣、效率低下、服务态度恶劣的情况。因此，政府应重视制定不同类型事业组织的服务质量标准，建立服务质量监管体系，对各类事业组织的服务质量进行监管。同时，应建立服务补救制度，改善事业组织在公众心目中的形象。事业组织的质量监管也包含为了防止因投资过多（过少）或产出过多（过少）而造成资源浪费或消费者需求难以获得满足而采取的数量监管。政府对学校的办学规模、招生数量、班级学生数的限制就属于数量监管。

6. 进行分配政策监管，落实非营利原则

我国为支持事业组织的发展，提供了许多公共补贴，包括国家财政经费投入、税收优惠、土地占用等。因此，任何事业组织都不得以营利为目的。这点类似于国外的非营利组织，但与其并不完全相同。标准的非营利机构，其核心理念是没有所有权人，淡化利益驱动。一般来说，它在法律上需要有三个要件①：一是不因出资而对该组织享有所有权；二是不能对该组织的盈余进行个人分配，三是清偿债务后的剩余财产要继续用于公益事业。因此，非营利组织都有着不分配政策的限制。不分配政策执行能力的高低和执行情况的好坏，将直接影响公共事业产品或服务的价格与收费监管。从我国教育领域的“乱收费”和医疗卫生领域的“药价高、看病贵”现象的严重情况，可以在一定程度上推出我们不分配政策的执行情况是不令人满意的。因此，加强对公共事业组织不分配政策执行能力的监管是我国公共事业组织监管的重要内容之一。

7. 实行专项监管，解决特定事业问题

要针对事业组织突出的问题依法实行规范、整改、处罚等措施，制止其违法违规行为和不负责任行为，并使之为此负起相应的法律责任和公共责任。公共事业多是社会基础性

---

① 参见黄云鹏：《公共服务监管研究——以中国教育、医疗监管为例》，208页，北京，经济科学出版社，2008。

的事业，对社会生产和人民生活不可或缺。我国社会处于改革和转型时期，变迁快速，旧的管理制度失效了，新的管理制度又未很好地建立，事业组织的问题丛生，诸如收费问题、服务质量问题、腐败问题、组织人事问题等都需要政府和社会提供解决方案。公共事业社会化和市场化也要求相应的政府规范。但有些问题解决起来并不容易，比如，为让事业服务的对象适当分担成本费用，一些事业服务就要收费，但如何使这种收费与经济发展程度相适应、与社会事业消费能力相适应，使经济效益与社会效益相统一、经济原则与社会公益原则相统一，既对服务供给者产生诱导刺激其提高生产效率、维护其发展潜力的功能，又能促进社会分配效率，使消费者能分享服务水平提高、公共事业发展带来的益处，十分需要政府监管的智慧。

8. 加强法制建设，促进公共事业的规范化发展

监管的核心内容之一就是运用法律法规进行管理，因此应探讨如何进一步完善相关领域的法律法规问题，利用立法、司法的手段来引导、规范、调控和保障其方向及其目标的实现，确立法律的秩序，形成法制的环境，从而在公民与公民、公民与社会、社会与国家之间建立起清晰的权利与义务规范，为事业组织的政府规制提供更加完备的法律依据。这是公共事业发展的必然选择，也是改善政府对事业组织及其活动监管的必然要求。目前，我国宪法、法律、行政法规、行政规章、地方性法规与规章、其他规范性文件对事业组织的规范已经不少，对事业组织的发展发挥了很好的保障作用、规范作用和引导作用。但在市场化、社会化、多元化发展的背景下，事业组织及其活动的法制建设依然任重道远。

当然，除了上述内容，事业组织及其活动需要监管的内容还很多，诸如事业投资活动的监管，对公共事业组织的财政优惠的监管，对公共事业组织“不公平竞争”的监管等。

6.3 完善公共事业组织的监管体系

要实行对公共事业组织及其活动的有效监管，除了要继续完善相关法律、法规、政策、标准，使事业组织的行为有法可依，使其行为有明确的权利和义务，做到有章可循、有法可依，从而使事业组织的发展能符合其自身发展的规律和国家经济发展的要求外，重点是要针对目前公共事业组织的监督机制问题，进一步健全政府和社会的监督网络，为强化和落实事业组织的公共责任，为政府监管的有效实施创造良好的环境。

1993 年的《政府工作报告》首次提出：事业单位要按照政事分开和社会化的原则进行改革。1996 年中央机构编制委员会出台的《关于事业单位机构改革若干问题的意见》再次明确事业单位改革要遵循社会化的方向。社会化是针对我国社会事业的现实情况和典型问题而提出的公共事业改革的重要取向，突出了事业单位的社会属性，强调事业单位要面向社会开展服务、获取资源，因此隐含着事业主体多元化的要求。而事业主体多元化则意味着国家、市场、社会三种机制共同提供事业服务，同时可能发生市场失灵、政府失灵、公益失灵。我国公共事业组织的存在与社会发展密切相关，它的不断成长是社会发展的必然趋势。完善我国公共事业组织的监管体系是确保公共事业组织良好发展的必然要求。为防止或减少失灵，确保公共利益的实现，必须建立政府监管、社会监管和事业组织自身监管三位一体的多元化监督体系，发挥各方的监督约束作用。

6.3.1　改善政府监管

在我国这样一个政府主导型的市场经济国家，政府对公共事业组织的主导和监督始终占据首要地位，它是唯一具有法律权威对事业组织进行监督和管理的机构。政府对公共事业组织进行监管的措施主要有：

1. 完善事业组织法律、法规

立法机关颁布的相关法律构成了公共事业组织的基本环境，这“既是对公共事业组织行为的系统约束，又是判断其行为正当性的基本标准”①。良好的法律环境，能够使公共事业发展做到有法可依，有章可循，从而形成规范、公平、有效、竞争的改革与发展环境。我国公共事业组织存在大量的法律问题有待解决：一是各种公共事业组织的法律地位问题，尤其是事业单位的法律地位问题。二是我国目前只有国务院颁布的几个行政法规在规范公共事业组织的行为，至于调整公共事业组织行为的单行法至今仍未制定。三是现行的有关行政法规尚有许多不尽合理之处。比如，国家有关法律、法规对有关民办非企业单位产权的规定存在分歧，如《民办教育促进法》及其实施条例与《民办非企业单位登记管理暂行条例》有关规定不一致等等。四是民办非企业组织的相关立法严重滞后。因此，急需加快改革公共事业组织国家立法的步伐，建立针对事业单位非营利性等特点设立的约束性法规和根据事业单位的不同类别设立的专业性法规，制定专门的公共事业组织法，增强法律规范的操作性和针对性，对公共事业组织行为的具体内容进行系统规范，建立健全对“监管的监管”，为公共事业组织的发展创造良好的法律政策保障环境。当前要加紧制定事业单位管理法、行业协会法、民办事业单位管理法、基金会法等，并注意克服以往立法层次低，侧重登记管理，片面强调对事业组织严厉管理而忽视对其培育、支持和代表其成员合法利益等倾向。

2. 明确政府各监管主体的责任

监管主体是监管制度的首要构成要素。我国现有法规已初步区分了登记管理机关和业务主管单位的职责，但对于其他监管主体之间的具体职责划分不明确，容易出现监管缺位。从目前来看，教育部、文化部、科技部、卫生和计划生育委员会、广电总局、新闻出版总署、体育总局等都是专业行政监管机构，这些监管机构与财政部、人力资源和社会保障部、审计署等其他监管主体之间的具体职责划分，须进行立法规范，明确界定政府行政主管部门与其他监管主体的职责权限，按各自职能设置相应的权力，避免权力配置的缺位与越位。如在立法上明确规定监管机构的职责权限，并对监管的目标作出详细的说明等。同时，这些监管机构必须转变职能，在建章立制的基础上实现管办分离，尊重事业组织的自主权，改革监管方法，提高监管水平。其中最重要的是这些政府监管机构必须具有独立性、统一性和权威性。独立性要求监管机构的监管职能必须与政府的其他职能相分离，以防止政府其他职能的影响和干扰，确保监管机构能够依据法律、法规和政策公正行使自己的权力。当前就是要使政府的监管者和所有者职能分离，切断二者之间的利益关系，保证

---

① 娄成武、郑文范：《公共事业管理学》，68 页，北京，高等教育出版社，2008。

政府规制的独立性和公正性。统一性要求消除现阶段规制机构庞杂、职能交叉、职权不明的现象，以监管法规为依据，建立法定的政府监管机构，并明确监管机构的职责及其相应权力。权威性要求政府监管应确立监管机构明确的法律地位，保证监管机构的公正监管能得到良好执行。这样可以适当地提高监管的公正性，降低监管成本，提高监管质量与效率，从而最大限度地保护公众利益，最大可能地实现监管目标。

3. 对公共事业的经营和从业实行认证制度

认证制度是针对公共事业组织以自愿性或半自愿性实现公共利益的特征而采用的一种监管方式。它是指对从事公共事业的经营活动实行政府准入和许可，对进入公共事业领域的从业人员实行资格认证。这实质上是一种通过对公共事业组织的从业资格的认定来进行监督的机制。我国认证工作的总体结构可划分为四个层次：第一，企业或事业单位。这是认证的主体，是需求者和受益者，具有充分的自主权。第二，认证机构。这是为企业或事业单位提供服务的中介组织，应接受政府主管部门的资格审定和监督。第三，认可机构。这是由政府主管部门授权，对认证机构的能力水平进行评价并确认其资格的组织。第四，政府主管部门。这是根据法律和国务院的授权，负责制定有关认证的方针政策的宏观管理机构。① 目前，从业许可和从业人员资格认证制度在我国主要的公共事业领域得到了初步发展，如教育事业的从业许可与教师资格认证制度、医疗卫生行业许可与从医人员资格认证等。但是，我国的从业和资格认证制度无论在理论上还是在实践上都存在许多漏洞。以教师资格认证制度为例，教师资格认证形式过于简单，几乎所有在职教师都“自然过渡”；教师资格认证制度中没有关于教师资格的有效期限和有效性鉴定等内容。因此，对公共事业的经营和从业实行认证制度可以通过打破资格终身制、实行定期认证和加大教育实践环节的认证力度等途径来加以完善。

4. 改善对公共事业日常运行的监管

控制是保证组织实际运行状态与组织计划相一致的管理职能，它是与监督相关联的一项管理活动。公共事业运行过程控制，是指公共事业组织为保证公共事业计划的实施和公共事业目标的实现，采取有效的措施使各项工作与计划相匹配的过程。② 公共事业运行过程呈现出与其他组织不同的特点：首先，公共事业的专业性特征使公共事业组织在组织形态上具有系统性、程序性的特点。一些具有系统性、程序性的公共事业，其控制过程可通过制定计划和标准、执行计划和标准、绩效衡量、偏差纠正等“标准”的控制流程进行。而对于作业人员，如教师、医生、演员等，只要照章办事就行。这基本上能保证计划的实施和对偏差积累的控制，其次，公共事业组织的弱势地位使公共事业对环境的适应和控制面临诸多困难，因为许多公共事业组织对公共资源的获取和私人资金的募集这些环境因素的结果都无法控制。但事实上，许多公共事业组织可通过游说、劝募等影响企业和相关团体，用自己的思想和观点来影响政府的公共政策，以争取有利于公共事业组织发展的环境资源。

为保证公共事业组织履行公共责任，在适当放宽对公共事业组织的登记控制，即放宽

---

① 参见席恒：《公与私——公共事业运行机制研究》，362～363 页，北京，商务印书馆，2003。

② 参见上书，370 页。

对事业组织成立和所进行的活动进行监管后，政府应加强对公共事业组织运行期间的日常监督[①]，包括：首先，将公共事业组织章程中至少要包含的条文在立法中作出明确规定。如必须列出组织的目标、基本管理结构、最高管理机构的职权以及责任授权的相关限制；此外，任何法律上的约束，也应在组织章程中作出声明。其次，要加强公共事业组织的财务监督。主要目的是防止诈骗、挪用公款、财务混乱等行为以保护利益相关者的利益。再次，应增强年检的可操作性。由于行政法规对此未进行立法规定，使实际执行中的年检成为例行公事。因此，急需加强公共事业组织年检的制度建设，若发现组织私人谋利或从事某种被禁止的政治活动，则取消其免税资格，追究其责任。最后，需实现公共事业组织财政优惠的制度化。减免税政策是国家扶持公共事业组织的一项十分有力的措施，对我国公共事业组织的发展起着明显的推进作用，近年来民办非企业单位的快速成长正是得益于此项政策。但民政部门与税务部门仍未能在税收政策上形成统一的规定，因此应当加快公共事业组织税收的制度化，明确规定申请减免税的条件及减免的范围。

为了改善日常监管效果，政府部门应利用网络信息平台来实现对事业单位进行全天候、多主体、全方位和高效率的监管，拓展监管主体、监管内容和改善监管方式，以达到降低监管成本和提高监管效率的目的。网上监督管理系统可以涵盖编制管理、编制查询、监督管理、网上投诉、统计报表、法人查询、年检情况、奖惩情况、法人证书电子验证等，其中，监督管理模块还可以扩展为编制监督、人事监督、组织监督、财政监督、年检代码证法人监督、税务监督、工商监督、社会保障监督、劳动部门监督等子模块，内容可以较为全面地覆盖事业单位机构人员编制情况、法人信息、财税状况、社保劳动等多个方面。公众可以通过网上投诉模块对事业单位运行效率、人员执行工作纪律、财政管理等情况进行监督和投诉，将信息直接传达给相关主管部门。可以考虑完善中央编办 2006 年创建的 12310 电话举报系统，增强监管效果。

5. 加强监管制度建设

为了便于落实监督责任，实施有效监督，要进一步完善事业单位监管机构、法人治理制度、年度工作报告制度、重要信息公开制度、法人绩效评估制度、财务管理制度、责任追究制度等。

一是设立专门监管机构。专门监管机构的主要职责是：制定具有法律效力的行为规则和管制标准；颁发和修改事业单位服务准入许可；对相关事业单位的服务内容、质量、价格等进行规范、监督和依法依规处罚；进行登记管理和法人资格审查，加强对事业单位法定代表人的登记管理；实行机构编制实名制管理，强化对事业单位机构编制、人员调配和财政预算工作的社会监督，调查事业单位的运行状况并合理公开相关信息；听取专家和社会人士对相关事业单位提供服务情况的意见并适时提出改进意见等。专门监管机构的建立是对事业单位进行有效监管的外部保障。

二是建立新型的法人治理结构。原则上，对财政全额拨款的事业单位，实行理事会领导下的执行人日常负责制度。考虑到财政全额拨款事业单位资产关系的特殊性，其理事会成员应通过竞争方式选出，由包括出资者、业内专家等在内的若干有代表性的人士组成。

---

① 参见娄成武、郑文范：《公共事业管理学》，69 页。

日常运营由执行人负责，执行人由理事会向社会公开招聘选出，并向理事会负责，形成事业单位监管机构、理事会和执行人三者间的制衡机制。由多元投资形成的事业单位，可以参照企业的董事会及其领导下的总经理负责制，建立法人治理结构。

三是完善年度工作报告制度。事业单位要对年度工作情况进行全面系统的总结，编制年度报告。年度报告主要包括本年度发生的重要决策、重要活动、预算执行情况；计划与目标的完成情况、主要财务状况、运作中出现的问题；社会公众对本单位服务工作的反馈意见和其他应报告的重大事项。年度报告内容应客观、真实、准确，如社会公众对本单位年度报告内容有异议、认为需要进一步澄清的，该单位应做出解释。事业单位登记管理局应主动收集社会各方面的意见，并对该单位年度报告内容做出质询，该单位应根据其要求作出相应的改进。

四是实行重要信息公开制度。为建立社会监督机制，提高事业单位社会效益，事业单位应通过单位网站、政务网等多种渠道发布各类信息，对社会公众利益有重大影响的信息还应在新闻媒体发布。事业单位应当公开的信息包括：年度工作报告、绩效评估报告、财务审计报告；重大决策和重大决策落实情况；理事会的组成和理事任免、理事会决议；为民办实事完成情况及本单位向社会的服务承诺；为民服务的内容、服务价格、服务标准、政策依据、运作状况、发展规划等内容及变化调整情况；其他应公开的信息。信息公开应做到完整、及时、准确、真实，在运行过程中涉及公众利益的重大举措应通过听证会等形式进行论证，主动接受社会监督。重点核实公开的内容是否真实规范、方式是否便于公众查询，避免流于形式；对违反信息公开规定的单位，不予办理变更登记和年度检查，对违反规定、未予整改的单位，暂停办理机构编制事项；研究界定事业单位需要进行公示听证的重大公益服务事项的具体范围，探索建立符合事业单位特点的公示听证制度。

五是建立法人绩效评估制度。坚持社会效益优先原则、质量和效率并重原则，以服务数量和群众满意度等为主要指标，结合事业单位公益服务的特点和职责运行情况，事业单位登记管理局制定出台事业单位整体管理和质量评估标准。主管部门与事业单位应建立绩效管理合约，明确绩效标准，明确预算和自筹资金的使用规则，包括预算和财务管理。依据绩效评估标准和要求，事业单位应于次年年初做好自评工作，并连同各项佐证材料以及应由第三方评估或审计的报告报理事会，由理事会对年度工作绩效进行初评，形成绩效评估报告提交事业单位登记管理局和举办单位。然后登记局会同举办单位对下属事业单位的经营管理状况实施绩效考核，考核结果向社会公开发布。绩效评价结果作为本单位理事选聘、管理人员任免、确定预算拨款、负责人奖惩与收入分配和机构编制事项调整等的重要依据，形成有效的激励约束机制。

六是完善财务管理制度。首先，要把全成本核算概念引入事业单位财务管理制度，优化财务管理。全成本核算概念的引入是指把所有的公共资源投入都包括在成本核算和报告制度之中，主要是土地、固定资产、各种政府补贴、税费优惠、无形资产等。通俗地讲，就是在特定时期内究竟有多少公共资源投入了事业单位。改革还要求预算管理纳入综合预算统筹安排的资金、基金，在编制部门预算时优先考虑结存资金，逐步消化，同时加大综合统筹力度，协调区域经济和社会发展，切实将部门结存资金用实用好。其次，要完善产权制度，建立一体化财产保护制度。最后，要完善国有资产特别是国有非经营性资产相关制度，健全国家非经营性资产监督管理体制，防止事业单位改制过程中国有资产流失问题。

七是健全问责制度。要在坚持合法性、公平公正公开、高效便利的原则下建立科学、健全的事业单位问责制。构建法制化的权力体系，在法律框架之内，政府对事业单位管理应由全员管理向目标管理和审查管理模式转变，以防止对事业单位问责的过度与不足；构建同体问责和异体问责的多元问责形式；建立科学的问责运行程序，依据法律法规和纪检监察条例规定的内容、途径、方式、程序，采取述职、考评、监察、检查、审计、质询、举报、民主评议等多种形式进行问责；建立健全问责监督体系，形成内外兼治的合力，强化监督成效。当前，除了监督法律制度建设外，重点要建立决策失误追究制度、经济责任审计制度等。

6.3.2　加强社会监管

各国有不同的监督管理制度，但社会监管均是一个不可替代的机制。对事业组织实行社会监管的理论依据来自对事业组织承担与实现“公共责任”的追问。社会监管在公共事业组织的监管和问责机制中占有重要地位，主要包括媒体与公众监管、捐赠者监管和消费者监管。完善社会监管，是对政府监管存在漏洞的弥补，是完善公共事业组织监管体系的重要环节。

1. 发挥新闻媒体的监管作用

在现今信息时代下，我们生活在一个空气中充满大众传播信息的社会。在现实生活中，媒体无孔不入，媒体监督也发生着举足轻重的作用，成为监管部门一个强有力的工具。媒体作为一种社会监督形式，具有协调社会各方的社会性、传达和代表公众利益的公众性、监督主客体多元化的扩散性等属性。近几年来，随着政府职能的转变、公民社会的崛起和广大公民的参与率的提高，尤其是随着互联网技术的发展，大众媒体的监督作用日趋明显，成为披露公共部门有关信息的重要渠道，它是规范公共事业组织行为的重要防线。在美国，媒体的重要职能是揭露政府、企业和非营利组织的违规行为，特别是公共部门的失范行为。现阶段，我国的媒体监督仍存在诸多问题，如缺少明确的法律保障、媒体自身体制不健全、一些从业人员素质不高、舆论监督执行不力、新闻舆论监督与司法关系尚未理顺等。

为充分发挥媒体对公共事业组织的监督作用，新闻媒体的监督机制可从三个方面加以完善：一是加快媒体监督法规的建设。通过界定媒体监督的内容、范围、监督对象的责任义务和对媒体的自律行为进行规范来为媒体监督提供法律保障。二是加快媒体自身管理体制的改革。调整好内部管理模式和原则，着眼于全社会的利益，正确把握正面宣传与舆论监督的辩证统一关系。三是提升新闻工作者自身的作业素质。新闻工作者要有扎实的基本功，严守新闻纪律和职业道德，增强法律意识，在进行新闻舆论监督时，应多作调查，广泛听取意见，保证信息的真实性。

2. 引入谈判程序，实现公众监督制度的创新

公众对公共事业组织的监督作用也不可忽视。在美国，公众对非营利组织的监督有制度化的渠道，加之互联网发达，公众通过互联网对非营利组织的监督作用越来越大。而我国在设计公众监督制度时，关键在于要设计出一种保证监管者为公共利益服务并且能服务好的制度。英国哲学家休谟的“无赖原则”认为，政府在设计民主政治制度时，必须把一切官吏假定成无赖。[①] 将谈判程序引入公共事业组织的监管中，让群众参与公共事业组织提供产品或服务的过程，是对公众监督制度的一种创新。在传统的监管实践中，政府更多的是依靠强制性、镇压性的手段来进行监管，但在现代市场经济社会，政府与公民、法人和其他组织之间的关系得到了重新确立，他们之间更多的是一种服务提供者和接受者的关系。这就需要一种更为柔性的、更能为社会公众所接受的方式——谈判。

所谓谈判，就是在社会生活中，当事人为了满足和维护各自的需要和利益，为妥善解决某一问题而进行的协商。而公共事业组织中的谈判就是社会公众、事业组织和监管机构互相结盟并讨价还价的过程，监管的过程就是社会公众和事业组织在对监管政策及其后果进行讨价还价的过程中所发生的战略互动关系。它与听证制度的引入有异曲同工之妙。真正实现谈判，需从三个方面着手：首先，需要制度上的保障。将监管中的谈判程序以法律的形式固定下来，并使之成为一种较为恒定的制度。其次，需要参与的各方在平等的基础上进行自由的辩论，从而得出较为合理的意见，真正实现提供参考的价值。最后，需要参与各方掌握充分的信息，进行全面、深入的讨论，得出比较有价值的结论。通过设置谈判这一程序，监管机构可以广泛听取各方建议，了解相关群体的想法和意愿，从另一种角度实现对公共事业组织的监督。因此，谈判制度的引入在实质上也是公众监督的方式，是一种柔性化的公众监督方式。

3. 重视捐款者和消费者的监管作用

对于资源依赖于外部的公共事业组织来说，捐款者也是公共事业监管的重要力量之一。捐款者的监管往往需要通过一些组织化和制度化的渠道，比如通过政府监管机构、第三方评估机构、媒体或者事业组织自身的投诉来实现，也可以通过其捐助意图、对捐助金（物）使用的监管以及对公共事业组织领导人的影响而发生作用。消费者也是一种监管力量，要赋予消费者权利。保障消费者主权，使消费者（服务对象）以公共管理的相对人和消费者双重身份对公共事业行为目标、服务数量与质量进行监管。使公众参与到事业单位的监督评估过程中来，是赋予客户权利的主要方式。客户评估的展开，促使服务提供者之间相互竞争，从而提高服务质量和降低成本。可以用“公民表”、“记分卡”、“排名表”等工具来对服务提供者进行比较。通过改变付费方式，由直接补助服务提供者转向补助用户，并允许他们选择提供者，在提供者中引入竞争。

6.3.3 完善事业组织自律机制

事业组织的自律机制主要包括第三方评估制度、行业自律和事业组织成员的内部约束。

1. 强化第三方评估

政府监管能力有限，不能做到面面俱到，或政府管制力度过大，都容易造成对守法经营的事业组织的限制。而第三方评估作为政府监管机制的替代形式，不仅不会限制其健康

---

① 参见［英］休谟：《人性论》（上册），80 页，北京，商务印书馆，1980。

发展，而且可以通过评估机制淘汰不良组织。第三方评估制度是指由专门的监督评估机构来实施对非营利组织的评估与监督的制度。这些评估机构独立于政府机构和被评估对象，为了强调其独立性而被称为"第三方"。在美国，全国慈善信息局、公益咨询服务部和福音教会财务责任委员会等独立民间评估机构具有较大影响力。我国公共事业组织监管中也陆续引入了第三方评估，如在医疗卫生事业中通过第三方评估来客观评价医院患者的满意度；在科技计划项目管理中引入"第三方"评估咨询制度提高科技计划项目的实施绩效；在教育事业中，也有社会力量作为"第三方"加入高等教育质量评估中来。但是相对而言，我国第三方评估在事业组织中的应用还比较少，其应用价值没有充分体现，对其应该进一步加强研究和应用。因此，应建立专门的监督政策法规，确定第三方组织在公共事业组织监管中的独立地位，保证第三方活动的程序化和公开化，要通过合同来明确第三方组织的职责，并提高第三方从业人员的综合素质。

2. 建立公共事业组织行业监管

公共事业组织行业监管主要是在公共事业组织内部建立监督制约机制。这是除政府和第三方之外的一种有效的自我监管机制。同行互律依靠事业组织自身的力量对组织进行监督，从而节约了监督成本，弥补了政府和第三方监督的不足。因而，从某种意义上讲，行业协会对其成员的监管比政府监管更为灵活也更有效。在美国，非营利组织往往"通过联合会、全国性协会和行业性协会制定共同遵守的道德标准和行为规范，以维护会员共同的社会形象"①。如全美基金会的联合组织——美国基金会理事会（Foundation Council of America）是美国最大的非营利组织联合会。其理事会由各大基金会主要负责人组织，它制定本行业的互律条款，每个会员都必须遵守，否则将受到制裁甚至取消会员资格。它在非营利部门中采取劝告、说服及传播经验的方式实行自律，并具体提出了无私的奉献、道德承诺、公益使命优先、尊重个人的价值和尊严、包容社会的多元性并维护社会公平、对公众负责任、公开和诚实、慎用社会资源、服从法律九项标准，成为美国非营利机构自律的基本准则。②

进行公共事业组织的行业监管，要紧密结合我国国情，借鉴西方发达国家的经验。尽管近几年我国公共事业的发展速度较快，但政府主导型的改革使教、科、文、卫、体各行业自律组织在本行业规制方面所起的作用还没有取得令人满意的进展。因此，要加强事业组织自我监管机构的建设，让这些组织抓好规范运作、诚信执业、公平竞争、奖励惩戒、内部管理制度、质量控制制度、质量检查、自律性惩戒等项工作，在专业监管领域发挥越来越重要的作用。

由于监管机构尤其是政府有关部门或政府委托机构可以依据法规制定具体的行为准则，约束被监管主体的行为，监管机构以准予注册、批准或禁止特定活动、对违规者处罚等形式实施管理，不仅具有行政职能，而且具有准立法功能和准司法性质。因此，要明确监管主体的权利和义务、职责分工、权力使用限度和责任，建立实施监管所需要的信息渠道，明确和完善监管的程序和手段，防止和克服监管主体义务感缺乏而导致的消极性、被

① 席恒：《公与私——公共事业运行机制研究》，364 页。
② 参见上书，366 页。

动性和动力不足。

3. 完善事业组织成员自律机制

在公共事业组织的自律中，除了通过组织构架和机制设计来规范成员和组织的行为外，更应该强调依靠对组织使命、信念的理解与认同，通过成员的道德约束来规范自己的行为。如教育事业中的“师德”、医疗事业中的“医德”、科研领域的“学术道德”以及文化艺术领域的“德艺双馨”等。以医疗事业中的“医德”为例，医德作为道德的特殊组成部分，其基础同样是自律。在医学院和医院中，应对医学学生和医务人员进行医德教育。因为加强医德教育、提高医德认识是增强医德自律的基础。特别需要注意的是，在实施医德教育过程中，要按照全面而系统的原则，根据教育对象的不同，分层次分阶段地进行教育。此外，加强医德修养，提高医德境界是医德自律的重要方面。医德调节医务人员行为规范的职能的实现，并不是靠几条医德戒律所能做到的，更重要的在于医务人员的医德修养。提高医德修养是医务人员砥砺品行的过程，并不是按照某种医德戒律进行闭门造车式的修行，而更多的是医务人员在医疗服务过程中不断地对传统医德进行反思，从而提高和完善自身的良心、义务等医德心理机制。

总之，在教科文卫体等公共事业组织中，组织成员应努力提高自己的道德修养，形成较为稳定的自律机制，这将进一步促进公共事业组织成员彼此的理解、信任与合作。

本章小结

1. 加强公共事业组织监督管理有其必要性，主要体现在三个方面：公共事业存在外部性和信息不对称，确保公共事业组织履行公共责任的需要，治理公益失灵的客观要求。

2. 公共事业组织监管的目标主要有四个方面：限制垄断，增进社会福利；通过规范税费等手段为社会提供公共产品；实现外部性内部化和解决信息不对称；提高事业组织的工作效率和公众形象。

3. 司法机关、行政机关和立法机关作为公共事业组织监管的主体，分别通过不同方式实现对事业组织的监管：司法机关主要依据民法等进行监管；行政机关依据《事业单位登记管理暂行条例》和其他有关的公共事业法律、法规等进行监管；立法机关通过制定公共事业法律、实施监督对事业组织行为进行监管。

4. 公共事业组织监管的内容广泛，主要有：进行进退监管，把好进出关；进行信息监管，增加服务透明度；实行价格监管，提高产品或服务的分配效率；加强财务和产权监管，防止财务违法违规和资产流失；加强质量监管，确保服务品质；进行分配政策监管，落实非营利原则；实行专项监管，解决特定事业问题；加强法制建设，促进公共事业的规范化发展；等等。

5. 完善公共事业组织的监管体系，必须建立政府监管、社会监管和事业组织自身监管三位一体的多元化监督体系，发挥各方的监督约束作用。首先，要改善政府监管：完善事业组织法律、法规；明确政府各监管主体的责任；对公共事业的经营和从业实行认证制度；改善对公共事业日常运行的监管；加强监管制度建设。其次，要加强社会监管：发挥新闻媒体的监管作用；引入谈判程序，实现公众监督制度的创新；重视捐款者和消费者的监管作用。最后，要完善事业组织自律机制：强化第三方评估；建立公共事业组织行业监管；完善事业组织成员自律机制。

关键术语

外部性　信息不对称　公共责任　公益失灵　登记管理　信息透明度　价格监管　财务监管　质量监管　多元化监督体系

复习思考题

1. 为什么要加强公共事业监管？
2. 我国公共事业监管存在哪些突出问题？
3. 公共事业监管有哪些主要内容？
4. 如何完善我国公共事业监管体系？

阅读书目

1. 娄成武，郑文范. 公共事业管理学. 北京：高等教育出版社，2008
2. 席恒. 公与私——公共事业运行机制研究. 北京：商务印书馆，2003
3. 吴钢. 公共事业评价. 上海：上海教育出版社，2003
4. 黄云鹏. 公共服务监管研究——以中国教育、医疗监管为例. 北京：经济科学出版社，2008
5. 邓国胜. 事业单位治理结构与绩效评估. 北京：北京大学出版社，2008

第7章

西方国家的公共事业管理

西方发达国家由于国情不同，公共事业管理的方式各有千秋，但是，其共同的倾向也是明显的，即重视发展公共事业。尽管数百年来西方国家政府职能不断调整，但加大公共事业的扶持力度是一个普遍的趋势。在长期的发展过程中，西方国家在公共事业管理方面不断求新求变，形成了自己的公共事业管理模式，也积累了诸多成功的经验，这些经验对处在转型时期的中国公共事业管理无疑具有重要的启示意义。

重点问题

- 公共事业管理职能的演变轨迹
- 公共事业管理的特征
- 当代西方公共事业管理改革的基本内容

7.1 公共事业经营管理的主体

西方发达国家公共事业经营管理的重要特点是多元化，因此，政府、社会、企业各以不同的方式参与公共事业的投资、经营与管理，形成了颇具特色的多元化发展格局。这里以属于大陆法系的法国、属于英美法系的英国及亚洲的日本为典型，具体分析上述三国与我国事业单位相似的组织的情况。①

7.1.1 政府与非营利组织

事业单位是我国特有的概念和社会组织类型。我国公共事业的主体主要是政府、事业

① 参见赵立波：《事业单位改革——公共事业发展新机制探析》，27～37页，济南，山东人民出版社，2003。

单位和民办非企业单位，而西方各国公共事业的主体分别为政府部门、非营利组织、第三部门组织等并适用不同的制度，也有少数属于企业组织，适用企业制度，如我国的新闻出版、机关服务及其他开发经营性的事业单位在国外多属于企业组织。大体上，是否以营利为目的是企业组织与非营利组织、政府部门的划分界限，是否由政府举办是政府部门与非营利组织的划分界限。

从总体上看，西方政府在发展社会公共事业、提供公共事业产品中发挥主导作用。包括教育、科技、文化、卫生、体育等在内的大部分事业单位在国外属于公立机构（政府部门），具有行政主体法律地位，其工作人员多属于公职人员（公务员）。公立机构通常是教育、科技、文化、卫生、体育等领域最重要、数量最多的组织。

从事教育、科技、文化、卫生、体育等活动的非营利组织也很多。非营利组织种类繁多、类型复杂、运行方式多样。依据美国约翰—霍布金斯大学设计的非营利组织国际分类体系（ICNPO），非营利组织的活动领域与我国的事业单位或民办非企业单位非常相近，但作为民间性的社会组织，它与我国的非全民所有制事业单位或民办非企业单位在性质上更接近。莱斯特·M·萨拉蒙组织多国学者对 22 个国家的非营利组织进行的研究表明：20 世纪 90 年代，22 个国家的全部“非营利部门是一个 1.1 万亿美元的产业，它雇用了相当于近 1 900 万个全职工作人员。这些国家的非营利支出因而平均达到国内生产总值的 4.6%，非营利就业占所有非农就业的近 5%，占所有服务行业就业的 10%，占所有公共部门就业的近 27%”。其内部结构：“全部非营利就业的 3/2 集中在三个福利服务的传统领域：教育占 30%；卫生健康占 20%；社会服务占 18%。”①

另外，上述 22 个国家也有许多企业组织以商业运作方式从事教育、科技、文化、卫生、社会服务等事业活动。如教育方面，法国规定企业有办学培养学徒的义务，如果企业不办学，国家就从该企业总工资额中征收 3%的教育税。科技方面，英国的工业企业提供的科研经费约占全国科研经费的一半，企业的科研支出约占全国科研经费支出的 65%。在日本，科技研发的主战场也是企业，企业的科研支出约占全国科研经费支出的 60%～70%。文化方面，美国的影视文化产业巨大，利润可观，美国、法国、英国、日本等市场经济国家，“大部分文化生产和服务都实现了商品化与市场化，文化产业构成整个第三产业中的一个重要组成部分”②。卫生方面，尽管美国、日本等国的医院绝大多数为非营利组织，但也有营利性医疗机构。

7.1.2　法国

1. 政府部门

法国的政府部门是公共事业供给与管理的主体。法国的行政主体包括国家、地方团体（地方政府）、公务法人三类。公务法人由国家或地方团体设立，属于行政组织，依法从事公务活动，享有行政法上的权利与义务，主要包括学校、医院、研究机关、图书馆、博物

---

① ［美］莱斯特·M·萨拉蒙等：《全球公民社会——非营利部门视野》，9～10、18 页，北京，社会科学文献出版社，2002。

② 黄恒学：《中国事业管理体制改革研究》，103 页。

馆、文化中心等。公务法人虽都隶属于行政机关，但并不包括在一般的行政层级组织中，不受政府组织法调整，在原则上具有一定程度的独立性。公务法人的组织结构与运行方式因性质不同而差异很大，但通常具有较强的专业性，其运行必须遵循专业性原则。同时，公务法人只能从事法定的一项或几项相关联的公务，法令法规对其目标、任务和职责权限都作了明确的规定。一般而言，公务法人的工作人员属公职人员（公务员）。1989 年，法国有国家公务员（法国的各级学校教师均为国家公务员，仅小学教师就有 30 多万人）260 万人，国家非正式任职公职人员 35 万人，地方公务员 120 万人，医疗机构公职人员 80 万人。国家、地方团体（地方政府）、公务法人三大门类公职人员分别占全部公职人员的 59.59%，24.24%，16.16%。①

公务法人包括行政性公务法人与工商性公务法人两类，其中行政性公务法人与我国的事业单位在业务范围、运行方式乃至组织机构等方面极为相似，但法国的公务法人属于非行政机关性质的行政组织，具有行政主体法律地位。我国的事业单位除非法律法规授权，其本身并不具有行政主体法律地位，而且事业单位工作人员不是公务员（因行使行政职能而参照公务员管理的除外）。

法国中央政府各部编制既有中国所谓的“行政编”，也有中国所谓的“事业编”，而且“事业编”居多，因为法国的公立大、中、小学教师均属于国家公务员，仅这些教师就有 100 万人左右。

2. 非营利部门

法国的非营利组织在提供事业服务方面也发挥着重要作用。法国 1995 年非营利部门吸收了 97.5 万名全职工作人员，接近全国就业人口的 5%，志愿者的总工作时间相当于 100 万个全职工作的工作时间，两者相加非营利部门的人力资源相当于全国就业人口的 9.7%。在法国的非营利组织中，文化娱乐、教育研究、卫生保健、社会服务列前 4 位，与我国民办非企业单位组织以教育、卫生、文化、民政为主的结构相近。

7.1.3 英国

1. 政府部门

英国的公共部门拥有最大规模的公共事业组织。其中类似我国事业单位的组织及人员主要集中在国家卫生保健服务体系（80 万人左右）、地方政府的教育（120 万人左右）、社会服务（40 万人左右）及公法人（150 万人左右）等部门。英国的公法人类似法国的公务法人，属于非行政机关性质的行政主体。英国行政法学著作有时又称这类机构为半自治的国家行政组织或半自治的非政府组织。英国公法人主要有下列几个特征：首先，具有独立的法律人格；其次，从事一定的公务活动；再次，财政独立，工商企业公法人自负盈亏，其他各类公法人的经费全部或部分由政府补助；最后，拥有独特的组织体系。英国公法人一般可以分为四类：第一类，工商企业公法人；第二类，行政事务公法人；第三类，实施管制的公法人；第四类，咨询及和解性质公法人。其中，第二类（行政事务公法人）与中国的事业单位非常相似。

---

① 参见潘小娟：《法国行政体制》，180 页，北京，中国法制出版社，1997。

2. 非营利部门

英国的非营利部门在提供事业服务方面也扮演着重要角色。1995 年，英国非营利部门吸收了 150 万名全职工作人员，接近全国就业人口的 6%，志愿者的总工作时间相当于 170 万个全职工作的工作时间，两者相加非营利部门的人力资源相当于全国就业人口的 12.3%。英国非营利部门的内部结构与中国、法国相似，文化娱乐、教育研究、健康、社会服务、发展和住宅居前列。

7.1.4 日本

1. 政府部门

在日本，公立的类似我国事业单位的组织分别隶属于国家、地方公共团体等行政法人，具有行政主体法律地位，其工作人员一般具有公务员身份。据日本人事院统计，1996 年日本公务员约 452 万人，其中地方公务员占 74.3%，约 336 万人；国家公务员占 25.7%，约 116 万人。国家公务员分一般职和特别职，一般职约 83.4 万人，包括大学教授、副教授等约 7.2 万人，医师、药剂师、护士等约 6.3 万人，税务职员等约 5.3 万人，皇宫护卫官、刑务官、海上保安官等约 4.2 万人，研究职员等约 1.1 万人，航空管制官、专利厅审查官等约 7 900 人，船长、机车长等约 1 900 人，事务次官、大学校长、大研究所所长、大医院院长等约 1 700 人。国家公务员中的特别职约 32.8 万人，包括大臣、政务次官、大使、公使、法官、法院职员、国会职员、防卫厅职员（约 29.9 万人）等。

日本总务厅人事局据“1995 年地方公务员工资实态”测算，到 1995 年 4 月 1 日，日本共有特别职地方公务员约 7.6 万人，一般职地方公务员约 327.8 万人。日本的地方公共团体三大部门中，一般行政部门从事福利方面工作的公务员有 475 413 人，占地方公务员总数的 14.5%；一般行政部门从事普通行政（除福利部门以外）的公务员 69 9425 人，占总数的 21.3%。特别行政部门中从事教育工作的公务员有 1 272 330 人，占 30.9%，警察有 253 660 人，占 7.7%，消防方面的公务员有 147 661 人，占 4.5%。另外还有公有企业等会计部门的公务员约 40 万人，包括医院、上水道、下水道、交通等部门。①

从以上资料可以看出，日本公务员中有许多在我国属于事业单位工作人员的人，如教师、医师、药剂师、护士、研究职员、大学校长、大研究所所长、大医院院长等。从机构名称看，日本的这类机构的名称与我国的事业单位极为相似。如 1997 年日本开始推行大规模的行政改革，其中一个重要内容是建立“独立行政法人”制度。独立行政法人化就是将不必要由行政组织通过公共权力的行使而直接管理，但又不能完全交由民间组织管理的事务与事业，转由拥有较大自主权、可以引入企业运行方式的独立行政法人完成。首批独立行政法人化的改革对象在名称、业务等方面与我国的事业单位非常相似，但实行独立行政法人化后，机构依然属于行政法人且部分实行独立行政法人化的机构的人员依然保留国家公务员身份。

2. 非营利部门

日本的非营利部门在发达国家中相对属于不发达的。1995 年，日本非营利部门吸收

---

① 参见郑励志等：《日本公务员制度与政治过程》，63、97 页，上海，上海财经大学出版社，2001。

了 210 万名全职工作人员，接近全国就业人口的 3.5%，志愿者的总工作时间相当于 70 万个全职工作的工作时间，两者相加非营利部门的人力资源相当于全国就业人口的 4.6%。从内部结构看，支薪人员与支薪人员加志愿者比重为：卫生保健 47.1%与 37.3%，教育 22.5%与 18.5%，社会服务 16.6%与 17.3%，职业 5.0%与 5.0%，文化 3.1%与 3.5%，发展 0.2%与 1.9%，倡导 0.6%与 1.2%，其他领域 4.8%与 13.3%。① 非营利部门中卫生保健、教育、社会服务列前三位，与中国及英国、法国接近但稍有不同，主要是文化娱乐所占比重较低，卫生保健比重较大（近一半）。

7.2 公共事业管理职能的沿革

西方政府的公共事业管理职能是其社会管理职能的核心部分，随着西方国家经济和社会的发展，这种职能不断得到强化。从时间上看，这种变化大致可以划分为三个阶段：近代（约 17 世纪初—20 世纪 20 年代）、现代（20 世纪 30—70 年代）、当代（20 世纪 70 年代末至今）。在近代时期，为了巩固新生的资产阶级政权，防止封建势力复辟，西方政府突出政治统治职能，对社会经济和公共事业的管理十分有限。20 世纪 20 年代以后，伴随着资本主义经济和科技进步而来的社会公共事务的增加以及国家干预理论的盛行，先前比较小的公共事业管理职能开始迅速扩大，公共事业管理职能逐步强化。20 世纪 70 年代以来，因为资本主义国家经济出现滞胀和日益严重的财政赤字，新保守主义再起，西方各国政府先后进行了行政改革，政府公共事业的管理职能又有了收缩和调整。② 西方政府数百年来公共事业管理的变化轨迹，乃是西方国家政治、经济和社会环境变化的必然结果。

7.2.1 近代西方的公共事业管理

在自由竞争时代，西方资本主义国家普遍崇尚亚当·斯密的“管得最少的政府是最好的政府”的主张，政府实行自由放任的政策，基本上不对国民经济进行干预，只扮演“守夜警察”的角色。在自由竞争制度下，政府既无权干预经济生活，也无正确实施干预的智慧。政府的理想角色就是充当企业自由经营的“守夜人”，它的职责不是直接干预经济生活，而是给社会和企业的自由经营提供一个宽松而又安定的环境，政府的职责只限于完成三项应尽的义务：保护国家安全，使其不受外来侵犯；保护社会上的个人安全，使其不受他人的侵害和压迫；创办和维护某些私人无力办或不愿办的公共工程和公共事业，如桥梁、道路、运河、港湾等基础设施和教育等事业。尽管公共事业已被列入政府的基本职责，但政府实际管理的公共事业并不多。在英国，“19 世纪中叶时，政府的视野是很有限的，主要的兴趣就在外事活动和维持治安”③。在美国，直至 19 世纪中期内战前，联邦政府、州政府、地方政府只是在资本短缺、交通运输能力不足而阻碍经济发展和工业化时，

---

① 参见赵立波：《事业单位改革——公共事业发展新机制探析》，37～38 页。

② 参见钱振明：《论现代西方政府公共管理职能的变化：轨迹与特征》，载《中国行政管理》，1998（12）。

③ ［英］约翰·格林伍德等：《英国行政管理》，14 页，北京，商务印书馆，1984。

才发挥一定的作用。

西方国家早期政府公共事业管理职能相当有限，与其当时所处的政治、经济、文化环境是密切相关的。首先，农业社会的总体格局没有打破，社会生产力水平比较低，总量有限，社会可供分配的资源总量也是有限的。因此，虽然政府不是撒手不管公共事业，但受制于经济发展水平和政府财政能力，政府无力承担太多的社会公共职能。因为政府社会管理的职能还不可能迅速扩展，公共事业管理的职能自然十分有限。其次，从洛克到密尔，古典民主理论家在个人、社会、政府三者的关系问题上还比较注重个人和社会。他们认为，政府是一个“必要的罪恶”，其作用的范围和领域必须受到限制，政府的权力如果超出了保护私有财产的范围，就不可避免地侵犯个人的自由权力。潘恩关于政府和社会的观点颇具代表性，他认为：“社会是由我们的欲望所产生的，政府是由我们的邪恶所产生的；前者使我们一体同心，从而积极地增进我们的幸福，后者制止我们的恶行，从而消极地增进我们的幸福。一个是鼓励交往，另一个是制造差别。社会在各种情况下都是受人欢迎的，可是政府呢，即使在其最好的情况下，也不过是一件免不了的祸害；在其最坏的情况下，就成了不可容忍的祸害。”① 因此，他强烈主张有限政府，生怕政府职能太广、权力太大会导致旧式专制的死灰复燃。如早期美国人在政治文化上表现为“对一切政府从理论上来说都是抱着怀疑态度的，他们认为，政府管得少些，自由就多些，政府管得多，自由就少了”②。这种满腹疑虑、小心翼翼的政治心态，促成了古典民主理论家和实践家们在设计政府权能时，均将其社会管理职能限制到最低限度。此外，政府职能扩张需要一个体制前提。当政府内部的管理结构还不能更大幅度地专业性分化时，政府的管理功能不可能一下子扩张太多。

当然，即使在这样的政治、经济和思想文化背景下，为了维护政府的合法性和因应社会的公共需要，西方政府在基础设施、公共教育和卫生保健等方面也采取了一些必要的措施。如美国在独立之初，政府就作出决定资助教育事业，规定州和地方政府有责任举办教育，必须预划相当的土地供发展教育之用；1863 年美国就建立了国家科学院，以促进科学与应用技术的发展；1887 年建立了卫生实验室，后来发展成为国立卫生研究所，1912 年成立公共卫生局，开始对卫生保健工作进行管理。从 19 世纪开始，欧洲各国随着资本主义经济的迅速发展，社会问题也日益严重。于是，资产阶级政府为了其阶级统治的稳固和社会的稳定，不得不承担越来越多的以增进全民福利为核心内容的社会公共事业，以德国为创始者的福利国家开始出现。

这一切都表明，西方各国政府对公共事业的发展是关注的，但从采取的措施看，涉及面是比较窄的，如文化、体育等事业基本上还是没有顾及，即使是已经参与的各项公共事业，就其管理的内容和方法来说，也是十分简单的，缺少必要的立法工作和行政设置。

7.2.2　现代西方的公共事业管理

进入 20 世纪，西方国家的政府在社会中扮演的角色越来越突出，政府对社会公共事

---

① ［英］潘恩：《潘恩选集》，3 页，北京，商务印书馆，1981。

② ［美］梅里亚姆：《美国政治思想：1865—1917》，184 页，北京，商务印书馆，1984。

业介入和管理的力度大大增强。这一变化主要是由以下因素决定的：

第一，资本主义经济发展过程中出现的问题增多，市场机制难以有效克服，需要政府干预。资本主义发展早期曾限制政府的干预，希望而且坚信社会能够自己解决自己的问题，实现社会的协调发展。但是，20 世纪二三十年代震撼整个西方世界的经济危机的爆发，充分暴露了自由主义经济理论的缺陷。事实证明，纯粹依靠市场调节的资本主义不可能达到社会供求的均衡，反而会引发社会有效需求的不足，导致经济危机。社会发展的实践表明，由于社会的复杂性以及社会制度的缺陷等多种原因，单纯靠社会自身还无法有效地解决错综复杂的社会问题和社会矛盾。马克思主义经典作家揭示的资本主义社会基本矛盾的存在和作用，直接导致了诸如经济危机、贫富悬殊、公共保障缺失、公共事业严重滞后等问题，引起合法性危机。

第二，面对自由放任政策出现的一系列难以克服的社会问题，一些思想家主张政府干预社会生活。19 世纪晚期，英国思想家格林和霍布豪斯指出，国家在涉及公共利益的地方进行干预，能够为每个公民的自由发展提供更多的社会条件和更有利的社会环境，这同个人的自由并不冲突。费边社会主义的思想家认为，要实现资产阶级自由、博爱、平等的根本价值，就必须在经济上给人们以最低标准的保证；政府不但要承担起维持全面收入的职能，还要广泛介入到社会生活中，解决公民的教育、医疗等问题。费边社会主义的一些观点后来成为现代福利国家的理论基础。

20 世纪初，英国经济学家凯恩斯认为，只有通过政府明智、积极的政策，把自由放任的自动均衡改造成政府对经济进行干预和调节的移动均衡，使资本主义成为“可调节的”资本主义，才可能避免危机；实行“国家调节”是使现行的经济形态免于全面毁灭的唯一的切实途径。因此，政府应当通过宏观的财政政策和货币金融政策来对国民收入进行再分配，鼓励消费，引导需求，以此克服市场缺陷所带来的种种经济困难；在增加有效需求、实现高就业率的过程中，政府甚至可以执行“举债支出”的赤字财政政策。第二次世界大战后，许多西方经济学家沿着凯恩斯的思路，系统分析“市场失灵”的原因，从外部影响、公共产品、垄断以及收入不公等现象的存在事实，论证国家进行积极干预的必然性。

20 世纪 70 年代，美国著名哲学家约翰·罗尔斯在《正义论》中指出，“作为公平的正义”奉行的是一种最大限度改善最少受益者地位的原则。政府应通过各种手段来保证具有类似天赋和动机的人拥有平等的受教育、受培养的机会；在经济活动和职业的自由选择中，政府应当通过对公司和私人团体活动的管理，来防止对较好地位的垄断性限制；最后，政府还应当确保一种社会最低受惠值。罗尔斯从政治哲学高度对国家干预主义政府职能理论的概述，事实上也包含了对政府公共事业管理职能的确认和强调。

第三，政府自身力量的增强，使它有能力担负起比以前更大的社会责任。随着社会发展、经济进步和人民综合素质的提高，法律制度、选举制度、议会制度、文官制度以及地方自治制度等一系列政治和行政制度的建立和完善，使西方政府的结构和功能日趋完善，政治体系日益成熟，政府能量大大增强。政府不仅有处理更多社会事务的内在要求，而且有足够的能力和条件承担起全方位管理复杂社会事务的责任。

正是在这样的背景下，西方国家政府除了加大对经济的干预外，更是大范围地介入公共事业管理。1932 年社会民主党上台后，瑞典政府积极推行福利国家的各项政策，以期逐步实现“从摇篮到墓地”的庞大的社会福利计划。与欧洲国家政府的主动性相比，美国的联邦政府初期很少关心社会福利，人们在观念上一般认为，社会救济和社会保障只是地方政府和慈善机构的事情。1929—1933 年的大危机所造成的社会震荡，改变了这一状况，罗斯福实行的“新政”，除了实行金融管制、工业干预和农业调控外，就是大力发展公共事业；1935 年美国政府通过了第一个由联邦政府承担义务的、全国性的、以解决老年和失业问题为主体的社会保险法，将美国也推上了福利国家的道路。

第二次世界大战后，凯恩斯主义的影响和福利国家的趋势，使西方各国政府在社会公共事业方面的作用普遍增长，政府公共管理职能的范围扩大到了人类生活的各个方面，“不仅包括提供更多的基础设施和公共设施，而且还包括为教育和医疗卫生提供广泛的支持”①。即使在像美国这样一个被公认为是西方各国中政府职能最小的国家，政府也要“为年老、病死、无依无靠、伤残以及失业提供保障；为老年人和穷人提供医疗照顾；为小学、中学、大学、研究生教育提供经费支持；为公路、水路、铁路和空中运输提供管理经费；提供警察和防火设施；提供卫生设施和污水处理；为医学、科学和技术研究提供经费；管理邮政事业；进行太空探索活动；维护公园和娱乐活动；为穷人提供住房和适当的食物；制定职业训练和劳力安排规划；净化空气和水；重建中心城市；保持充分就业和稳定的货币供应等”②。第二次世界大战后，西方政府公共管理职能的扩张可以从政府部门、工作人员和经费的增长来感知。据统计，美国从罗斯福执政到尼克松执政的 40 年间，白宫人员的经费开支增长了 60 倍。③ 在 1965 年到 20 世纪 80 年代间，联邦赤字增加了 53 倍，在各种联邦名义项目下的救济款项增加了 4 倍，达到每年近 3 000 亿美元，联邦预算增加了约 5 倍。世界银行的一份权威报告认为，西方发达国家政府总支出占 GDP 的比重，1870 年低于 10%，1937 年仅 20%多一点，1980 年则超过了 40%。④ 这些人力、财力的增加，很多源于政府公共事业管理范围的扩大。

7.2.3　当代西方的公共事业管理

20 世纪 70 年代，西方发达国家普遍出现经济发展停滞、通货膨胀居高不下的“滞胀”现象，国家财政面临严重危机，福利国家遭遇严重挑战，凯恩斯主义受到怀疑。一批西方学者重新回到自由主义的立场上，对国家干预社会、经济领域的行为进行多角度的反思。他们一般被称为新保守主义者，如弗里德曼、布坎南、诺齐克等。他们指出，国家干预的实践并不成功，预期目标和实际效果反差强烈；国家干预活动阻碍了市场的健康发展，导致了“滞胀”现象的出现；国家干预也限制了人们的工作积极性和个人自由，造成了浪费；政府在力图弥补市场失灵的过程中，不可避免地产生了政府失灵；市场是实现资源配置的最佳途径。新保守主义还进一步指出了政府干预造成的失效现象：政治制度失灵；国家权力滥用；浪费严重，政府管理成本高昂；政府机构臃肿，人员不断增加，效率却不断

① 世界银行：《1997 年世界发展报告：变革世界中的政府》，22 页。
② ［美］托马斯·戴伊：《谁掌管美国——里根年代》，81 页，北京，世界知识出版社，1985。
③ 参见［美］迈克尔·麦德维德：《影子总统——总统及其高级助手的秘史》，北京，新华出版社，1986。
④ 参见世界银行：《1997 年世界发展报告：变革世界中的政府》，2 页。

下降。因此，政府干预的范围应该尽可能地缩小，政府只能依靠市场，为市场提供基础条件，并通过有效的公共政策支持市场运作，这样才能摆脱经济困境，实现持续发展和持久繁荣，并改善人民的福利。

与新保守主义抬头相一致，欧美各国先后实行了以私有化、市场化、社会化和地方分权为基本内容的改革。在这一轮改革中，政府管理经济的职能大为减少，由于阶级对立和对抗有所缓和，政府的阶级统治职能也有所收缩，因此，政府机构膨胀的势头得到一定的遏制，政府雇员数略有下降，政府的管理开支占政府总支出的比例有所减少。相应地，政府对社会公共事业管理的界限重新作了界定，一部分公共事业的管理交给了市场，在管理方法上有大量的创新，积累了相当宝贵的经验。但就总体而言，政府管理的公共事业仍继续其原有的扩张势头，在教育、文化、卫生等领域，政府管理的内容和范围都有不同程度的拓展。之所以出现这种状况，是因为随着现代化向纵深发展，社会公共事务日益复杂化，而社会本身无力加以处理，需要有着良好组织结构的政府系统承担起管理这些事务的责任。

7.3 公共事业管理的内容与特征

现代西方政府的公共事业管理职能呈递增之势，公共事业管理涉及面日益扩大，内容日趋丰富，构成其社会管理职能的主要部分。西方各国公共事业管理虽各有特点和经验，但在长期的实践中也呈现出管理强化、发展多元化、法制化与规范化三个共同特征。

7.3.1 公共事业管理的主要内容

1. 教育事业

管理教育事业并促进教育事业的发展是西方各国政府的重要职能，因此，各国政府都设有相应的教育行政部门以行使国家的教育行政管理职能，如美国的教育部、日本的文部省、法国的教育部、英国的教育与科技部等。虽然由于历史文化传统和国情的差异，西方各国的教育体制各有特点，但受教育自身发展规律的影响，也具有共同性。那就是：制定教育管理的法规、政策和措施，并监督实施；分配和拨付教育经费；制定教育标准，指导教育工作；提供咨询和培训服务；促进国际教育合作等。

2. 科技事业

现代西方政府普遍重视科技事业的发展，重视科技行政管理。各国都设有相应的科技管理部门以行使政府的科技行政管理职能，如美国的国家科学委员会、日本的科学技术会议和科学技术厅、法国的科研和技术部等。尽管西方各国科技管理体制有多元分散型、集中协调型等差异，在具体的科技政策上各有千秋，但基本的职能是相同的，那就是：负责制定并贯彻科技发展战略和计划；制定推动科技进步和发明的法规、政策和措施；协调全国的科技工作；主管国际科技合作，培训科技人员；编制科技预算和监督科研经费使用；直接组织重大应用性科技研究和基础性研究；发展科技教育。近年来，西方各国更是强化科技管理，加大科技投入，鼓励科技创新，促进科技成果商品化和产业化。

3. 文化事业

西方各国文化事业市场化程度相当高，政府虽然设有文化行政部门（一些国家没有，如美国），但文化事业管理的内容相对较少。一般地说，政府文化事业管理的职能主要体现为：进行公共文化设施或重点文化建设项目的投资与管理；运用经济杠杆和政策手段，如优惠政策、文化基金、专项拨款等，引导文化发展，保护重要的文化遗产，资助非营利文化单位；进行大量的文化立法，主要依靠法律手段规范文化市场，推动文化发展；推动国际文化交流。当然，各国的具体情形不尽相同，美国、加拿大、澳大利亚、英国等在管理体制上侧重社会调节，政府不直接参与文化管理，主要借助立法、经济政策、民间文化机构与中介组织间接管理文化事业。法国等一些国家则根据不同文化事务的特点，分别采取国家干预与市场调节、中央集权与地方分权相结合的多元复合式管理模式。

4. 卫生事业

在西方国家，享有基本的医疗卫生保健被视为基本人权。因此西方政府重视卫生事业，普遍以立法的方式推行不同形式的医疗保险制度。美国采取的是市场主导型，法国、德国、北欧国家采取的是社会保险型，英国、加拿大等采取的是国有卫生服务型，差别较大。尽管如此，各国政府的卫生行政职能仍具有一致之处：一是各国政府都以发展公共卫生事业为其重要职守，政府财政中公共卫生支出是最重要的一个支出项目，往往位居各国财政开支前列。二是政府干预程度较高，由于卫生事业是具有巨大外部影响的公共产品，因此，政府除了大量投资公共卫生设施和卫生事业发展项目外，还广泛介入卫生事业的管理，如制定有关医疗卫生的法律、法规和政策，促进卫生事业的发展和规范化；大量兴办医院，提供大量的医疗卫生服务；严格管理，确保医务人员的医疗水平和质量；严格管理医药市场、环境卫生和食品卫生；预防各种传染病；发展医药科技事业等。三是卫生事业管理遭遇强大的财政压力。各国卫生财政支出居高不下，成为一个沉重的负担。

5. 体育事业

西方各国体育事业管理分为政府主导、社会主导、混合管理三种类型。三种类型在管理体制、内容、方式上存在明显差异。政府主导型体育事业管理体制是一种由各级政府及其主管行政部门以指令性计划和行政手段对全国的体育事业进行全面监控和管理的体制。社会主导型体育事业管理体制是以当今西方发达国家为代表的、以市场化为基础的社会运转和管理模式，是一种采用以体育社团为基础，以等级联赛为杠杆，以社会化、商业化为支柱的自我协调管理形式。混合管理型体育事业管理体制是指由政府和社会体育组织共同管理体育事务的体制。日韩、美意、英法分别是三种模式的代表。当然，由于对体育事业管理体制的分类并没有精确的划分标准，因此，实际上并不存在绝对的政府主导型体制和绝对的社会主导型体制。其中政府的体育管理职能不同程度地体现在如下五个方面：一是制定体育事业发展战略规划，宏观管理体育事业；二是提供公共体育产品，满足广大群众的公共体育服务需求；三是对国家运动队或地区运动队体育产品的生产和提供；四是培育和完善各类体育市场，推动体育产业壮大；五是制定完善体育政策法规体系，促进和保障体育领域内活动的有序性和公平性。

7.3.2 公共事业管理的基本特征

1. 强化政府的公共事业管理职能

近一百年来，西方政府职能变化的重要趋势就是阶级统治职能有所收缩，而社会管理职能日益扩大。前者表现为，由于阶级对立和对抗有所缓和，各国政府政治统治机构膨胀势头得到一定的遏制，相关的雇员和管理开支略有下降。后者表现为，政府在社会服务尤其是在公共事业领域的职能不断扩张，加强对教育、科技、文化、卫生、体育等方面的投入和管理，因此相关的政府开支与日俱增。

随着科技在社会经济发展中作用的凸显，西方发达国家也加强了对科技事业的管理。近几十年，科学技术在社会经济发展和提升国家实力与竞争力中的作用日益呈现。据估计，20 世纪初以科技为核心的知识对经济增长的贡献率为 5%～20%，到 21 世纪初，这个比例在一些发达国家已上升到 80%～90%。世界各国的经验表明，新发现和发明得到应用后所创造的价值，要超过科研投入的 10 倍以上。1950—1999 年，全球经济年度总产出从 50 000 亿美元飙升至 300 000 亿美元，增长了 5 倍，其间，科技发挥了重要作用。有人就目前热门的信息技术和生物技术对社会的影响做了初步研究，统计结果表明，信息技术对世界经济的贡献率达 18%，而生物技术对经济的推动作用也不逊色。1999 年，世界生物技术产品的销售额为 3 400 亿美元，估计到 2020 年，这一数字可能达到 31 000 亿美元。①

以美国为首的西方各国政府敏锐地看到科技进步的巨大作用，纷纷制定了科技发展战略、规划和措施，加强科技管理，大幅增加科研资金投入。1980 年 3 月，日本政府提出“科技立国”的战略构想，强调以发展以尖端技术为中心的知识密集型产业为主导，推进所有产业的工艺和制品的知识密集化。美国提出“保持高精尖技术领域的优势”的科技发展战略；法国提出“使科学研究同社会性问题和经济问题最大限度地相联系”的科技发展战略。此外，西方发达国家还先后制定了与科技相关的金融、人才优惠政策，如鼓励投资高科技研究和开发，从外国引进科技人才等；加大科研投入，80 年代西欧国家政府的科研经费开支，英国年均递增率为 21%，法国为 30%，联邦德国为 34%；完善科技体制，实行政府、民间、高等院校分工合作制，发展科技园区制，推动国际科技合作。

在教育领域，政府也采取了强化管理的举措。主要有：一是制定教育发展战略，加强对教育事业的管理。如英国政府 1985 年向议会提出《20 世纪 90 年代英国高等教育发展》的绿皮书；1987 年又提出《迎接挑战的高等教育》白皮书，体现了政府对教育改革的高度关注。90 年代初，新的、统一的向所有大学拨款的高等教育基金委员会成立，负责将政府规定的总经费划拨给大学。然而“这一大学和政府之间的中介和缓冲组织，最终偏向了政府一方，由亲大学而变成了政府意志的执行者，成了政府干预大学的合法机构”②。二是加大资金投入，如瑞典政府的教育开支近年来已达到其国民生产总值的 8%左右，英国政府 1996—1997 年度的教育支出占其财政支出的 12%。

---

① 参见谢培等：《破解生命“天书”指日可待》，载《厦门日报》，2001-02-20。

② 董秀华：《政府在高等教育评估中的职能与作用》，载《比较教育研究》，1999 (1)。

20 世纪后期，由于经济滞胀、政府公共开支不断增加，财政压力加大，西方各国政府在基础设施和公共住房领域推行市场化、社会化政策，将其他公共事业中的服务职能社会化，削减社会福利项目，调整社会保障政策，以遏制不断增长的公共事业开支，但却进一步强化科技和教育事业的投入和管理。

2. 多元化

在西方公共事业发展与管理的过程中，政府虽然发挥了主体作用，但是政府从来就不是公共事业唯一的治理者，社会组织和私人也承担了相当的责任和工作，使公共事业发展呈现多元化的格局。其主要表现为：

第一，在公共事业投资上，除了政府大量拨款支持外，社会组织、私企也大量投入，形成政府、私企和社会组织多元并举的投资格局。如美国早在 20 世纪 20 年代，就已形成全国科研体系的四大支柱，即由联邦政府主办的国家实验室、主要由私人企业投资的企业界研究机构、高等院校内的研究所、私人科学基金会设立的科研机构。据统计，1997 年美国全年研究与开发经费总投入量为 2 057 亿美元，其中，企业投入占 65%，政府投入占 30.5%，大学投入占 2.16%，非营利机构投入占 0.8%。① 虽然在 312 亿美元的基础研究中，政府是投入的主体，但企业和社会组织也有不少的贡献。1989—1990 年，英国国内研究与发展经费为 115.3 亿英镑，其中企业界投入约占 55.6%。在西方主要发达国家中，国家基本上不包办中等以上的教育事业，除政府拨款外，其教育经费主要来源于学生收费、社会捐赠、教育贷款等。所以，当代西方国家学校和其他教育机构，按照行政归属和经费来源可划分为国立、地方公立和私立三类。文化事业更是大多实现社会化、产业化。在卫生事业发展中，政府积极鼓励社会各界投资公共卫生事业，以实现公共卫生投资主体的多元化与社会化。例如，允许教会医院、私营医疗机构、社会团体、非营利组织及其他各种非政府医疗卫生机构提供公共卫生服务，设立各种私人医疗卫生科学基金与福利基金，资助基础医学研究，救助贫困病人等。

第二，在管理上，表现为分权化和社会化。虽然政府在公共事业管理中扮演主角，但由于西方国家公共事业投资主体的多元化，在公共事业管理中非官方的管理也发挥着重要作用。多元化管理在美国的高等教育中有很好的体现。美国的高等教育管理分为官方管理和非官方管理两种，官方对高等教育的管理，包括联邦、州和地方政府对高等教育的管理。其中，联邦主要通过立法、分配和发放联邦教育经费、开展教育研究、提供一个州不能独立承担的教育服务等方式履行职能。州拥有对高等教育更为直接、有力的管理权。州议会可以制定州宪法中关于教育的基本原则、基本政策、教育目标、要求和评价教育进展的标准等；州法院行使监督教育执法的权力并对有关案件进行裁决；而州政府则区分高等教育的类型，对之实施行政管理。地方政府则对社区学院进行管理。

非官方对高等教育的管理，是指半官方的、民间的团体、组织对高等教育实施的监督、控制或影响。根据这些组织的性质和它们对高等教育施加影响的方式，可将其分为外部集团和内部集团。外部集团有垄断财团、工会、新闻出版社、商会、宗教团体、政党以及由家长或纳税人组织的地方团体等，这些集团以直接或间接的方式影响教育行政、立

---

① 参见朱斌：《当代美国科技》，244～245 页，北京，社会科学文献出版社，2001。

法、决策，监督学校的运营。内部集团主要指6个地区性的高等学校质量评估机构和美国教师联合会、全国教育协会、美国教育理事会等几十个全国性的教育协会和专业协会。这些集团在高等学校评估、关系协调、规章策略制定、谋求政府支持、促进交流合作诸方面都发挥着政府无法替代的作用。

管理主体社会化是西方各国高等教育的发展趋势，如法国1989年《教育指导法》中提出了“地方、学校、家长参与广泛认定”的方针，同时提出承担学校运营的“教育共同体”，应由原来的教职员、学生、家长扩大到“学校内外应该参与学校教育的人们”。而国际21世纪教育委员会则认为，“吸收社会各界参与决策是改进教育系统的主要目标之一，也可能是一个重要手段”，“在教育方面采取非集中化措施是重要的”。在英国，政府除了对高等教育实施宏观管理与指导外，也非常重视一些专业团体或其他机关的作用。全国教师联合会、英国国教教育委员会、天主教教育委员会、高等教育质量委员会等机构在高等教育评估、协调、决策、咨询、改革中都有着相当的影响力。

不仅是在高等教育领域，也不仅是在美国、法国、英国，西方各国在公共事业各个领域的管理上大体都循着社会化和分权化的路径。也就是说，从横向上，公共事业的管理主体来自社会各个领域、各个阶层，其中既有官方组织，又有非官方组织；既有行政部门，又有立法、司法部门；既有内部集团，又有外部集团。从纵向上，中央政府与地方各级政府对公共事业的管理都有较明确的分工，有相对稳定的权力范围和明确的责任。这些不同的管理主体，从不同的角度、用不同的方法管理或影响公共事业，形成了一个多元的结构。

第三，20世纪80年代以来，西方国家第三部门迅速崛起，并进入制度化发展阶段。作为相对独立的社会组织，它们广泛介入公共生活领域，尤其是在公共事业管理上发挥着重要作用，这是西方公共事业管理多元化的新发展。这些第三部门大致分为文化娱乐、教育科研、医疗卫生、社会服务、环境保护、住房开发、市民倡导、慈善事业、国际救援、协会学会十类。它们弥补市场与政府部门的不足，履行市场和政府部门所不能完成或不能有效完成的社会职能。这些组织提供公共产品，弥补契约失灵，强化消费者监督，代行政府职能，推动社会发展，在社会生活尤其是公共事业诸领域中的作用日益凸显。

可以说，在公共事业管理中，西方各国一直走着一条以政府为主体、社会广泛参与的多元化道路，重视发挥企业、社会中介组织、其他社团在公共事业投资和管理中的作用。管理权从中央分散到地方、从地方分散到社会，鼓励社会各界广泛参与公共事业发展和管理，扶植第三部门成长等都体现了多元化管理的特征。多元化为公共事业发展提供了广阔的空间和多方面的动力，大大地增强了公共事业的活力和发展后劲。

3. 法制化与规范化

数百年来，西方国家政治上奉行法治主义，注意透过法律、法规实现对社会政治、经济和文化的管理，这一点也鲜明地体现在公共事业管理领域。随着公共事业的不断发展壮大，法制化、规范化程度日益提高，构成西方公共事业管理的重要特点。

所谓法制化就是通过健全法律法规体系，对公共事业实施管理。这首先表现为大量的公共事业立法。如在美国高等教育发展史上，每一次重大突破都是伴随着立法而来的，近半个世纪以来，随着高等教育的发展，相关法律如雨后春笋，大量出现，其中著名的法律就有《国防教育法》(1958)、《高等教育设施法》(1963)、《高等教育法》(1965)、《教育职业发展法》(1967)、《高等教育修正法》(1972)等。据统计，从美国独立到 1978 年，美国国会共通过了 87 项教育立法。20 世纪 80 年代以来，为了加速科技成果转化，美国政府先后出台了《史蒂文森—怀勒技术创新法》(1980)、《贝赫—多尔大学和小企业专利法》(1980)、《小企业创新开发法》(1982)、《联邦政府技术转让法》(1986)、《综合贸易与竞争法》(1988)、《国家竞争力技术转让法》(1989)、《军转民、再投资和过渡援助法案》等一系列法律法规。在卫生事业方面，英、法、美、日等国先后颁布并实施了家庭津贴法、国民保险法、国民保险产业伤害法、国民健康事业法、国民救济法、疾病保护法、伤害保险法、养老残废保险法、社会保险法、医疗保险法、职工安全健康法、环境保护法、食品卫生法、公共卫生法等，其他各种与健康和卫生事业相关的法规更是不计其数。西方其他国家在公共事业各领域都有类似的大量立法。这些法律、法规就为公共事业管理奠定了法制基础。

其次，对公共事业管理主体的权限和管理的内容、程序等都作了具体的规定。1862 年，美国国会通过的《摩雷尔法案》，旨在通过赠地创建州立大学，改变高等教育内部结构，完善美国重实用、重个性、教育机会均等、与中小学教育贯通的高等教育管理体制。其规定相当具体，比如，规定每州有上下议院的议员各一人出席国会者，联邦政府给予 3 万英亩土地建立农学院或工学院。1963 年的《高等教育设施法》规定，向自然科学、数学、现代外国语、工程学等学科提供专项资助和贷款。1965 年的《高等教育法》，对高等教育进行了新的调整，加强了全面财政资助，增加经济学科和管理学科作为扶持重点。这些法律对实施主体、对象、范围、方法等都有比较具体的规定。科研管理方面的情形也大致相同。美国联邦政府约有 850 个联邦实验室，联邦政府科研机构为了实施对科研工作的有效管理，根据机构法、授权法和各种专项法等主要法律对其加以规范，这些法律对实验室的职能、组织、人数、实验室主任的职责、经费、项目计划、人事管理、项目管理、财务管理、同行评议、技术转移、国际合作和社会服务等都作了相当具体的、可操作的规定。20 世纪 80 年代以来，由于部分公共事业市场化、社会化程度提高，私人投资、管理公共事业的数量增长，西方各国一如既往地从法制建设入手，实现对这些公共事业组织的间接调控。立法机关制定约束私人经营管理行为的法律规定；司法机关依法制止私人经营管理的违法和侵权行为；行政机关在法律授权范围内，利用行政权力，通过一定的行政法规、命令、政策和各种行政措施，引导、影响和约束私人经营管理活动。

从积极方面讲，西方各国公共事业法制化建设就是将公共事业管理纳入法律轨道，借助法律的权威性、强制性和稳定性的特点，保证公共事业能够持续、稳定、健康、有序地发展，减少因人废事的现象和主观随意性，为依法管理公共事业创造了良好的环境，奠定了坚实的基础。遵循法律的轨道，西方公共事业得以迅速发展，为人民生活和社会生产创造了良好的条件。从消极方面讲，西方各国公共事业法制化建设是以国家的强制力作后盾，运用法律规定的各种手段，避免或减少了市场的负外部性，迫使人们履行公共责任和社会义务，使缺乏发展动力的公共事业得到顺利发展，从而较有效地满足了人们不断增长的公共需要；国家对教、科、文、卫、体等公共事业的诸多立法对保障人们的基本权利，意义殊深。

所谓规范化，是指公共事业管理部门在法律和科学研究的基础上，创设一系列规章、制度，确立公共事业发展的目标、标准、程序，对公共事业管理的各项内容作出合理安排，以确保其科学性、合法性、公正性、有序性和可行性的活动。西方各国在公共事业管理的制度安排方面颇费工夫，如美国联邦政府对联邦实验室的管理，仅规章制度就有7 200页。关于医疗卫生、公共文化体育设施的供给和义务教育的执行等都有相当严密繁复的规定和程序设定，事业部门的行政管理制度和诸如奖惩制度、培训制度、晋升制度、财务制度等规章制度，构成了公共事业部门的规范体系，使公共事业管理者有章可循。政府依据公共事业管理的总体目标和具体要求，确定具有超前性、系统性、协调性的管理指数，并力图做到细化、量化、规范化，以确保公共事业管理的可操作性、有序性和合法性，提高管理绩效，可以说是西方各国政府公共事业管理的共同特征。

7.4 当代西方的公共事业管理改革

自20世纪70年代末开始，西方各国对公共事业管理进行了大刀阔斧的改革，这场改革是在行政改革的旗帜下进行的，因此，有必要结合公共行政改革来分析其背景，介绍其内容。

7.4.1 改革的基本动因

当代西方公共事业管理改革是公共行政改革的重要组成部分，这场改革至今余波未尽。改革的启动有深刻的经济、政治、社会动因。

1. 缓解财政压力

财政压力不断加大，政府财政难以为继是当代西方公共事业管理改革的基本动因。财政压力源自两方面的因素：一方面，20世纪70年代西方资本主义国家经济普遍出现“滞胀”现象，国家财政收入相对减少，经济发展和财政收入陷入困境；另一方面，从20世纪20年代以来不断拓展的政府公共事业管理职能对财政的需求有增无减。二者形成了尖锐的矛盾，迫使政府寻求出路。

随着20世纪经济和社会的迅速发展，公共需求日益增长，政府公共服务的领域不得不持续扩大。在资本主义发展初期，人们对公共服务的理解仅限于公共安全、秩序、市政设施、公路、水利工程等狭隘领域，政府公共事业管理的范围相当有限。30年代，政府职能开始大规模扩张，主要体现在经济职能和社会职能两个方面。经济职能的扩张表现为政府对市场和社会经济生活的大规模干预，其主要标志是凯恩斯主义宏观经济政策的盛行和随后的微观经济管理活动。社会职能的扩张在美国经历了20世纪30年代和60年代两个高峰，在欧洲则表现为40年代后期开始的建立“人民社会主义”和“福利国家”的努力。到了70年代，教育、科技、文化、卫生、体育等大量公共事业纳入政府行政管理的范围，公民在这些领域对政府提出的服务要求不断增多。

经济干预的强化和公共服务领域的不断扩大，造成了政府机构、雇员和财政支出的急剧膨胀。据有关资料表明，1960—1995年的35年里，世界工业发达国家政府财政支出规模在原有的基础上扩大了 1 倍，增加部分主要用于公共服务支出，而其中的主要部分就是社会公共事业。以社会支出（包括卫生、教育等项目）为例，1965 年美国政府社会支出占国民生产总值的 9.9%，1975 年达到 18.7%；英国的这一比重从 1960 年的 12.4%提高到 1975 年的 19.6%；同一时期德国的这一比重从 17.1%提高到 27.8%；日本从 7.6%提高到 13.7%；荷兰从 12.8%提高到 29.3%；挪威从 11%提高到 23.2%；瑞典从 15.6%提高到 27.4%。其他西方国家的这一比重也有不同程度的提高。① 公共支出的膨胀，使政府财政难以为继。解决财政困境成为西方国家政府包括公共事业管理改革在内的行政改革的基本动因。

2. 因应公众舆论的变化和要求

随着公民社会的日益成熟，公众的政治价值观发生了变化，对政府施政的要求提高，呼唤公共服务的改革，从外部推动政府进行改革。

70 年代末出现的经济滞胀改变了人们的价值观，人们以抗税等实际行动来表示对“大政府”的怀疑与否定。公共选择学派、货币主义学派等对“大政府”的价值观进行了系统性的否定，从而有力地支援了公众对扩大政府功能所持的怀疑态度。

公民对民主提出了更高的要求，不仅要控制政治家，而且要控制官僚；要求改变政府官僚垄断公共服务供给过程的状况，克服行政效率低下、服务质量不高以及不能满足公民多样性需求的弊端，并以适当的形式直接参与公共服务的供给，以弥补官僚组织的能力缺陷；要求解决特殊利益集团对政府决策的控制问题，设计出一种克服或弱化特殊利益集团寻租的制度；要求设法解决西方民主制运作过程中的深层次矛盾。

人们对以韦伯官僚制思想为基础的行政体制提出批评，认为传统官僚制度适应性差，不能满足公众的需要，效率低下但行政成本十分高昂。公众要求对科层制进行改革，压平层次，放松规制，民主参与，实行绩效管理，改变公共组织僵化不灵、公共服务绝对统一的状况。

市场交换的价值重新得到肯定。20 世纪 80 年代以来，崇尚市场交换的理论再度崛起和风行。80 年代初，英国首相撒切尔夫人力排众议，大力推行国有企业的私有化；法、德等欧洲大陆国家的私有化紧随其后；美国的里根政府也尽力收缩政府职能，重新肯定市场交换在经济发展中的作用；新西兰大力推行公营事业的商业化和民营化，把市场交换机制引入行政组织。新西兰彻底市场化的行政改革引发了若干西方国家以市场化为导向的行政改革，从而也引发了公共事业管理的变革。

3. 面对信息技术革命的挑战

西方发达国家行政改革的深层原因来自新技术革命的推动和经济结构的变动。开始于 20 世纪 40 年代末的信息技术，在 70 年代获得全面发展，在 80 年代日趋成熟，广泛渗入国民经济和社会生活的各个领域，对政府提出了新的挑战。

（1）信息技术对传统官僚制提出了挑战。

信息技术的发展与生产力的提高，加速了社会的变迁，社会公共事务的时效性增强，全球化、信息化要求政府管理高效化，传统的官僚制度显得越来越不适应。由于技术手段的武装，公民的自主能力大大增强，政府能办的事公民也能办，甚至有些事公民办得更

---

① 参见林万亿：《福利国家——历史比较的分析》，50 页，台北，巨流图书公司，1994。

好；以前只有中央政府能办的事，现在地方政府也可以办。政府面临着社会中介组织、社区、公民、下级政府单位分权的压力。同样，掌握现代技术的公务员的服务能力也相对增强，客观上要求放松对公务员的规制，以便提高其创造性、应变能力，从而提高公共服务的数量和质量，以满足不断增长的公共需求。

（2）信息技术时代要求政府职能作适当的损益。

按照西方经济学的解释，公共服务之所以要由政府而不是市场来提供，主要是因为市场存在的技术问题，即在公共服务领域存在的"市场失灵"现象，公共服务的高投入和高风险、非竞争性和非排他性、外部经济效应等特征，限制了民间企业在这个领域内的投资和经营。由于科技的发展带动了管理的技术创新，政府与市场的关系不再是"非此即彼"、"此消彼长"的对抗性关系，而是呈现出一种相互补充的合作态势。政府的作用正发生着变化，由"直接建设者和提供者"变为"管理者"和"发包人"，放松对市场的直接管制，致力于规则制定和政策引导。因此，将原有的公营事业、经济领域、福利保障等项目进行市场化、社会化改革，收缩政府职能成为可能。但是科技和知识在现代社会发展中作用的日益增强以及其公共产品的属性，客观上又要求适当强化政府在科技教育领域的职能。美国政府削减社会福利与振兴教育同始于 20 世纪 80 年代，发展于 90 年代。这一增一减可以从一个侧面反映出以信息技术为核心的科技革命对政府行为的影响。

（3）信息技术的发展与成熟提高了政府管理的技术含量。

现代信息技术为政府优化自身管理、提高社会管理水平提供了有效工具。信息技术提高了政府人事管理、采购系统管理、公共项目管理等各个领域的电子化程度，使政府压平层级和放松规制成为可能。市场技术得以不断创新并日臻完善，原有的"市场失灵"领域可能转化为"市场有效"领域。例如，金融工具不断衍生，投融资手段的更新使资本市场日益发达；招标投标、合同承包、特许权经营、项目融资、BOT 投资模式、政府采购等方式的出现，推动政府传统服务项目渐入市场，政府通过建立规则、放松市场准入、注入少量资金等措施，带动社会多元投资主体进入公共服务领域。因此，可以说，新的技术环境既向西方国家政府提出了改革其政府管理模式的要求，又为其改革政府管理模式提供了物质条件。

西方公共事业管理的变革正是在这一广泛背景下发生的，它是整体行政改革的重要组成部分，和其他改革举措密切相关。

7.4.2 改革的主要内容

20 世纪 80 年代西方各国政府的公共行政改革涉及公共事业的各个领域，也采取了一系列新举措。改革的内容概括地说主要是私有化、市场化、社会化、地方化。

1. 私有化

针对政府规模膨胀，机构、人员和财政支出急剧增长的状况，西方各国政府从 20 世纪 80 年代开始进行改革。改革内容丰富，涉及面广，除了在政府内部进行精简机构、实行决策与执行的分离、简化办事程序、精简公文、削减人员、减少浪费等外，一项重要的措施就是在公共事业领域推行私有化，让私人、私营机构和私人企业购买部分公营事业，或把原先由政府管理的公营事业项目转包给私人企业或公司。

私有化首先表现为政府出售部分公营事业。第二次世界大战后，西方各国在推行国有化运动后，国有的公共企业在国民经济中占有重要地位。据统计，英国国有企业在国民经济中的比重上升到 20%；法国国有企业从战前的 11 家猛增到 103 家；奥地利公共企业占冶金部门产量的 98%，10 家国有企业占全国最大 100 家工业企业销售额的 42%；西班牙公共企业占全国造船业的 80%，交通和通信业的 59%；希腊电力工业、铁路运输和邮电部门几乎全部由公共企业经营。[①] 荷兰、瑞典、日本、美国虽然程度不同，但也存在类似情形。从构成上看，公共企业大多集中在燃料、电力、交通、邮政、电信、自来水和钢铁等领域，除钢铁产业外，这些大多属于基础设施和公用事业。

1979 年，撒切尔夫人上台后，英国开始推行私有化政策。起初，只是出售诸如英国宇航公司、英国联合港口公司、国际航空无线电公司等少数公司的股票。1984 年后，私有化范围进一步扩大，涉及的部门和行业越来越多，私有化收入也急剧增加。从 1984 年电信公司私有化到 80 年代末这一时期，英国政府共得到 370 亿英镑的收益。[②] 80 年代私有化主要集中在航空、电信、能源、电力、供水、天然气等自然垄断企业。90 年代私有化扩大到邮政、铁路、运输等部门，同时，部分卫生、教育部门也开始了私有化的进程。私有化帮助政府收回了投资，增加了税收，同时又减少了支出，长期困扰英国政府的财政问题大大缓解。

美国的私有化始于 1981 年，当时提出拍卖联邦政府的联合铁路货运公司，1982 年，里根政府又向国会提出拍卖部分国有土地。1986 年，里根政府在 1987 年财政预算草案中提出了出售包括海军石油储备区、全国铁路客运系统电力销售机构等在内的 12 项民营计划。1988—1992 年，美国政府出售联邦资产及减少补助金额共达 24 亿美元。这样不仅大大地减少了政府工作人员的数量及财政预算，而且每年可增加 50 亿美元的财政收入。

联邦德国 70 年代前期就开始对地方煤炭、水电、天然气、短途交通、屠宰场、城市垃圾清运等实行民营化。联邦德国与民主德国统一后，民营化进一步深入。由于国家控股企业 80 年代大部分已被私有化，90 年代德国政府的私有化措施主要是针对公益事业，1994 年公益企业占私有化份额的 60%。[③] 德国政府尤其重视东部地区的私有化进程。通过对东部地区大型国有企业实行拆散出售的办法，使其私有化的进程大大加快。

其他西方国家如日本、法国、奥地利、荷兰、西班牙、意大利等，也相继开展公用事业的私有化。

私有化的根本宗旨是通过市场的作用，依靠市场的力量来提高生产率，提高公共事业部门的绩效水平。其效果是多方面的。从政府的角度看，私有化减少了政府的职能和责任，减少了政府雇员的人数和管理机构，缓解了管理困难，减少了财政补贴，增加了税收和出售收益，从而减少了财政赤字，无疑是有益的。当然，政府如何对这些公共事业进行科学的管制而又避免腐败，以维持社会整体利益则是一个新的课题。对公共企业而言，私有化后实现了扭亏为盈，增强了竞争力，成效也是明显的。而私有化后的公共事业因为效率提高，反应能力增强，公共需要得到更好的满足，所提供的商品和劳务价格下降，也使消费者从中受益。如由于电信市场开放，法国电话费 1997 年两次降价，国内通话费平均降低 21%，国际通话

---

① 参见戎殿新：《论西欧公共企业改革》，载《欧洲》，2000 (4)。

② 参见王俊豪：《英国政府管制体制改革研究》，80 页，上海，上海三联书店，1998。

③ 参见郝红梅：《全球国营企业私有化一瞥》，载《国际经济合作》，1997 (2)。

费平均降低 17.5%，1998 年国际通话费再次下降 10.5%～20%。1984—1996 年，英国电信公司的本地、国内长途和国际长途通话费分别下降 35%、75%和 78%。① 同时，私有化促成了更富竞争性的公共事业，增加了就业，也在一定程度上增加了个人收入。

2. 市场化

对于那些不宜私有化经营的公共事业，则引入市场机制，推动竞争以提高其运营效率。竞争分为内部竞争和外部竞争。外部竞争的主要方式有合同出租、公私合作、放松管制；内部竞争主要是公共组织之间的竞争，赋予服务对象自由选择权，建立公共服务内部市场是其基本方式。② 这里主要介绍合同出租、以私补公、客户竞争和内部市场四种方式。

（1）合同出租。

合同出租是指政府将原先垄断的公共产品的生产供给权向私营公司、非营利组织等机构进行转让。这种方式主要是为了通过市场机制的作用，打破公共服务中的垄断状况，改善公共服务的质量和效率，增强政府能力。

一般的合同出租是政府确定某种公共服务的数量和质量标准，然后对外由私营部门、非营利部门招标承包，中标的承包商按合同生产公共服务，政府出钱购买承包商生产的服务。在合同订立以前，公共服务的确定是一个政治过程，政治机制起主导作用。合同订立后公共服务的生产则进入经济过程，市场机制在其中起主导作用。承包商在合同许可的范围内自由配置资源。在这里，政府的职责是确定需要什么、管理合同并监督绩效，具体的服务则由缔约的另一方来提供。在合同的实施过程中，中标者即服务的提供方必须严格依照事先已详细规定的标准提供服务产品，而政府也会依据合同的不同类型对服务的提供采取强有力的监督措施，并给予适当奖惩。政府对承包商的合同管理代替了原先对行政组织的等级控制。提供公共服务的平面网络组织代替了原来的单一的科层制组织。合同出租在英、美等国公共事业中相当普遍。

英国从 20 世纪 70 年代末开始先后通过了一些法案，在医疗保健、文化体育等公共事业活动领域引入合同出租方式。英国政府为了推行合同出租，还利用中央权威迫使地方当局和其他公共机构在指定的领域实行这一制度。比如，1990 年的《公共医疗与社区关怀法》明确规定，中央拨付的特别款项的 85%以上必须用于“非地方当局直接提供的服务”。这意味着，地方卫生当局必须以竞争招标的形式向私营部门或非营利机构购买服务。1992 年的《地方政府法》则规定，在所指定的服务领域，地方政府必须实施竞争招标制。美国各级政府也大力推行公共服务的合同出租。1992 年，美国联邦政府花费了 2 100 亿美元购买承包商的合同服务，据 1996 年的资料，美国地方政府（特别是市政府）把能够承包出去的 100 多种公共服务全部进行合同出租，可见其推行合同出租的力度。

（2）以私补公。

所谓的以私补公，就是用说服、宣传、表彰、政策优惠等手段鼓励和吸引私人资本投入到原来由政府包揽的事业中，如中小学教育、社会保险、退休保障、廉价住宅建设和医疗服务等领域，以弥补政府财力和服务能力的不足，这是一种特殊形式的合同出租，政府不需要

---

① 参见戎殿新：《论西欧公共企业改革》，载《欧洲》，2000（4）。

② 参见周志忍：《当代国外行政改革比较研究》，136～151 页，北京，国家行政学院出版社，1999。

以纳税人的钱去购买私营部门提供的服务，而是以政府特许和其他形式吸引中标的私营部门参与提供某项服务，私营部门通过面向消费者的价格机制来实现投资回报。如美国的通信卫星公司、联邦房地产联合会等，这些私人企业履行政府所要求的特定的管理职能，政府合作部门则在土地征用等方面给其“伙伴”以某种形式的优惠。非固定的伙伴关系与合作则采取在核发许可证时提出一些附加条件等形式，要求私营公司提供特定的社会服务。以私补公，既借社会资源提高公共服务的生产能力，又借价格机制显示真实需求，从而一举两得。

（3）客户竞争。

公共服务的传统提供方式是垄断性的集中配置，划片服务或其他形式的客户分割是其主要特征。以中小学教育为例，常见的方式是以某条街道为界，街道以南的孩子全部入学校A，街道以北的孩子全部入学校B。集中配置的方式保证了服务提供者的稳定客源，同时也消除了服务机构之间进行竞争的动力和压力。改革的方向是打破集中配置的传统做法，实行公共服务分散化和服务机构小规模化，给客户以自由选择的权利和便利，迫使服务部门为赢得“客户”而展开竞争。同样以中小学教育为例，“教育券”制度在美国实施了许多年。教育券是政府发给学龄儿童的有价证券。家长和学生可以根据自己的偏好选择学校，教育券作为入学的凭证。学校再以收取的教育券数量向有关部门领取经费。教育券制度打破了“客户”的集中配置，质量差的学校会因为吸引不到足够的学生而解雇教师甚至被关闭。英国没有采用教育券的形式，但打破划片服务的传统做法促进学校之间的竞争是明确的政策。主管部门设立一系列评价标准，要求各学校公布绩效状况，并以排行榜的形式帮助家长和学生作出理性的选择。克林顿政府进行以创立“区域性医疗联盟”为核心内容的医疗保健制度改革也秉此精神。食品与营养、教育、医疗、住房是美国推行客户竞争机制的四大领域。

（4）内部市场。

英国公费医疗拨款制度的改革可以提供有益的启示。英国的公共医疗系统由两个层级组成：一是负责检查诊断和处理小疾病的家庭医生，他们分属遍布各地的医疗中心，以方便群众就近求医；二是为数不多的大医院，主要负责手术和大病的处理。长期以来，政府的定额财政拨款分别交给医院和家庭医生，在免费医疗的情况下，就不可避免地出现了医院的效率和服务质量越高、治理病人越多就越容易亏损的局面。从1992年开始，政府把原来给医院的大部分款项转拨给家庭医生。医院的手术和住院服务明确标价，形成医疗服务的内部市场。家庭医生与病人协商选择医院，然后从自己的预算中向医院交付手术费和住院费。在不影响公民免费医疗权利的前提下，这一改革不仅彻底改变了医院效率越高越容易亏损的局面，而且迫使各医院提高质量，降低价格，为吸引更多的“顾客”而展开激烈的竞争。

在公共事业发展和管理过程中引入市场机制是公共事业管理的一次变革。由于将政府权威制度与市场交换制度的优势进行融合，产生了积极的效果：一是精简机构与人员，有助于政府的开源节流，有数据表明，合同出租比政府直接供给服务可降低成本20%～30%；二是打破垄断，有助于私营部门和社会组织参与公共事业的发展和管理；三是多元化的发展道路有助于提高纳税人接受公共事业服务的自由选择权。此外，市场化对政府在公共事业领域的预算方式和管理方式也产生了积极的影响。

3. 社会化

公共事业的社会化主要指依靠社会力量发展公共事业，主要内容包括：一是发挥非营利组织在公共事业发展和管理中的作用；二是社区化；三是用者付费。

（1）发挥非营利组织的功能。

20世纪70年代以来，西方国家非营利组织迅速发展，到1994年，英国的非营利组织有27.5万个，加拿大有7万个。公众对非营利组织价值的认知清楚地体现在社会大量财力和物力的投入上。在美国，仅非营利组织的收入一项，就从1978年的不足2 000亿美元增长到1993年的11 000亿美元。[①] 作为社会的第三部门，非营利组织弥补了市场和政府的不足，履行市场和政府所不能完成或不能有效完成的社会职能，具体表现为：提供公共物品，弥补契约失灵，强化消费者监督，代行政府职能，推动社会发展。

由于看到了非营利组织的社会作用，西方各国政府先后采取了一些措施，支持其发展。里根和撒切尔把支持非营利组织作为削减政府社会性开支决策的中心内容；密特朗改变了法国的法律，使慈善捐款自由化；挪威的劳动党通过了一项长期计划，强调非营利组织作为个人和大社会中介机构的重要性；日本1990年的法律也首次允许企业的慈善捐款得以税收抵扣；各国政府普遍给了非营利组织以不同程度的经费支持。

除了给予认可和支持外，各国政府在行政改革的过程中还十分注意发挥非营利组织在社会公共事业发展和管理中的作用，使政府市场化、社会化的改革得以顺利进行。由于政府在非营利组织机构的法律界定和规范中，把非营利组织的活动领域主要限定在医疗保健、宗教、慈善、科研、教育等领域，并给予必要的资金支持和减免税优惠，因此，西方各国的非营利组织也主要活跃在教育科技、医疗卫生、社会服务、文化娱乐四个领域。据统计，非营利组织运营支出的80%用于这四个领域。其中，教育科技占总支出的近1/4，且大多数用于研究生教育；医疗卫生的支出超过了非营利组织运营支出的20%，主要投在医院和诊所上；社会服务占总支出的近20%，主要涉及家庭咨询、戒毒、日托等各种服务；约16%的非营利组织运营支出用于文化娱乐，包括交响乐团、艺术博物馆、体育俱乐部等；还有约9%用于职业协会，5%用于为穷人提供住房。

非营利组织的活跃领域大都是社会公共事业领域，可以说，非营利组织在功能上代替政府解决了许多公共事业问题，在现代社会中发挥了重要的作用。据统计，在德国，病人每10个住院日中就有4天是在非营利组织度过的，有50%的需要照顾的居民住在非营利疗养院中，在所有日托服务中有1/3是非营利机构提供的。在法国，55%的需要照顾的居民住在非营利疗养院，每10个体育爱好者中就有4个是非营利运动俱乐部的会员，每5个小学和初中学生中大约有1个在非营利学校就读。在美国，医疗行业中50%以上的病床设在非营利医院，50%左右的高等学校、95%的交响乐团以及60%的社会福利机构都是非营利机构。在日本，75%以上的大学生就读于非营利学校，40%以上的病人住院日是在非营利医院度过的。在英国，22%的小学生就读于非营利学校，10%的住宅由非营利机构负责建设和维修。在意大利，21%的幼儿园是非营利性的，41%的居住设施是非营利性的。[②]

当然，由于国情不同，西方各国非营利组织活动的主要领域是有差异的。英国依次为教育、文化、环境保护、国际救助、医疗卫生和社会服务，尤以教育为主；日本依次为教

① 参见［美］里贾纳·E·赫兹琳杰：《非营利组织管理》，3页，北京，中国人民大学出版社，2000。

② 参见成思危：《中国事业单位改革——模式选择与分类指导》，170、192页，北京，民主与建设出版社，2000。

育、卫生、社会福利；美国主要集中在医疗卫生和高等教育领域；德国主要集中在医疗卫生、社会服务和福利保障领域；法国和意大利以社会服务为主。总之，扶持非营利组织发展和运营，使之在公共事业领域发挥积极作用，可以为政府转移部分公共事业职能、减轻财政压力、提高管理效率，裨益良多。

（2）社区化。

公共事业管理中的社区化是指政府授权社区并鼓励各社区承办公共事业。比如，美国波士顿市由社区代表和教师代表、学生家长代表一起推动公立学校的改革和发展；推动社区职业培训；发展社区医疗保健，解决诸如高龄人口保健、艾滋病治疗等问题。经验表明，社区授权不仅改变了人们对未来的预计，增加了人们的自信心，而且通常还为社区解决自己的问题提供了比正常公共服务更好的办法。其他多种形式的社区公共服务也显示了活力。这是由于社区对其成员的责任关切往往超出了政府服务提供系统；社区比专业人员更了解自己的问题，因此也更专注于解决问题；而且社区比大型的官僚服务机构更具灵活性和创造性，也更具效率。①

（3）用者付费。

付费制的主要目的是想通过付费把价格机制引入到公共服务中来。按照罗斯的估计，大约 75%的公共服务可以采用付费的办法。一般认为，对于使用者和公众可以自由选择服务项目的服务领域，采用付费制比较合适。公共事业领域的基础研究、基础教育、公共卫生服务等不太适合推行付费制，其余的公共事业都可以实行程度不同的付费制。付费制在一定程度上可以克服免费提供公共服务的盲目性和浪费，增加政府财政收入，更好地发挥市场机制在资源配置中的作用。

总之，公共事业管理的社会化提供了一个在维持一定的公共管理职能和服务水平的前提下实现政府机构、人员和经费开支削减的有效途径，它有助于减少行政开支，提高行政效率，促进公共事业发展。

4. 地方化

所谓公共事业管理的地方化是指在分权改革中，公共事业的责任属地化，使地方政府在公共事业管理中发挥更大的作用。

公共事业管理地方化是公共行政分权化改革的重要组成部分。20 世纪 80 年代以来，鉴于高度集中的行政管理越来越难以适应现代社会发展的需要，西方发达国家大都推行了分权化行政改革，其中的重要内容正是重新调整中央与地方的权责范围。法国和美国是西方较早全面推行权力下放的国家。几百年来崇尚中央集权的法国从 1982 年开始推行地方分权改革，涉及增加地方政府的决策权和管理权、扩大地方政府权限、为分权化提供法律和财政保障等。这实际上重新界定了中央与地方的权力界限以及权力运作的框架。美国在尼克松当政后就开始着力改变政府权力过分集中于联邦的状况，公开宣布让权力、资金和责任向州和人民转移，实行新联邦主义。20 世纪 80 年代，里根政府继承尼克松政府的新联邦主义政策，削弱并限制联邦政府的权力，进一步加强各州的自决权与自主权。克林顿政府提出“注重社区”、“强调结果”的理念，更将分权落实到地方政府。这些改变旨在调动州和地方

---

① 参见［美］戴维·奥斯本、特德·盖布勒：《改革政府》，29～48 页，上海，上海译文出版社，1996。

政府的积极性与主动性。另外，日、德等国也先后推行了与法、美相类似的分权行政改革。

在这场分权改革中，中央政府除了将诸如法规制定权、项目管理权、人事权、决策权和些许财权等下放给地方政府外，共同的趋势是将大量的事权交给地方，其中主要是公共事业的管理权责。这就使地方的公共事业管理范围扩大，权限增加。在美国，州和地方政府承担的主要职责包括教育、文化娱乐、卫生和医疗等方面。瑞典地方政府负责管理图书馆、剧场、学校等公共事业。英国地方政府负责教育、博物馆、美术馆、剧院、医疗等公共事业。尽管由于各国国情不同，但地方政府公共事业管理职能范围扩大是一个共同的趋势。因此，20 世纪 80 年代以来，西方各国地方政府的开支是公共部门开支中增长最快的。由于中央政府在下放事权时，其财权并未作重大调整，所以，地方政府的收入增长速度远低于开支增长速度。

之所以出现公共事业管理地方化的变革趋势，是因为：首先，政府管理的公共事业旨在满足社会公共需要，这种公共需要的内容是具体的，有些更多地与全国公众和整个国家相关，有些则与一定范围内的社会公众的利益关系更直接、更密切。代表这种地方公共利益的公共管理机构就是地方政府，管理公共事业是地方政府的天然职责。随着社会公共需要的增长和变化，地方政府承接越来越多的公共事业管理职能是必然的趋势。地方政府也可以从中获得自己独立的利益，赢得更多的合法性和社会认同。其次，相对于中央政府而言，地方政府能够更好地、更全面地凝聚和表达区域内公民的公共需求，同时能够对这种需求作出更直接、更有效的回应。由于地方政府与其管理对象之间在空间上的接近性和在利益上的关联性，因此，彼此之间的相互沟通、了解、互动更容易。地方政府有可能更快速地反映公众的利益要求，并采取行之有效的政策以满足不断增长和变化着的公共需要。最后，地方政府管理公共事业有助于提高公共事业管理的效率。在信息时代，环境的复杂性和不确定性要求公共事业管理部门必须加快决策的速度。对此，增加中央政府公共事业行政部门的人力、物力、财力，加速管理手段的现代化是有效的解决办法，但由于受制于机构和人员编制及财政的压力，让地方政府在公共事业决策与管理中负起更多的权责，无疑也是行之有效的方法之一。

公共事业管理的地方化使地方政府在公共事业管理方面呈现出更大的灵活性、更高的效率和更强的责任感，具有明显的优点。当然，如前所述，由于在这个过程中，中央政府财权没能相应地或同等程度地下放，也造成了地方政府财力的紧张和赤字，这是需要进一步加以解决的。

7.4.3 改革的启示

西方各国公共事业管理改革是各国特定的政治、经济、科学技术发展条件下的产物。改革的结果有效地改善了各国公共事业的管理水平，促进了西方国家经济和社会的发展，满足了更多的公共服务需求，同时也增强了西方国家在国际社会中的竞争能力。中国是发展中国家，虽然市场经济建设起步时间不长，但经济发展迅速，人民生活水平不断提高，改革成果令人瞩目。随着经济和政治改革的不断深化，如何运用市场的方法来管理社会公共事业，提高公共服务的质量和效率，是摆在我们面前的现实而又紧迫的问题，需要进行深入的研究和探讨。尽管西方国家社会发展状况和公共事业管理体制与我国有所不同，所处的社会发展背景也不相同，但以私有化、市场化、社会化和地方化为导向的西方国家公共事业管理改革的理论和实践，对我国庞大的公共事业体系的改革无疑具有重要的启示意义。

1. 从本国实际出发

当代西方公共事业管理改革，从本质上讲是政府不断应对国内外环境变化的结果。如前所述，西方政府从早期涉及公共事业较少，到后来全面介入，直至当代推行私有化、市场化、社会化、地方化改革，昭示着这样一个道理，即任何政府的公共事业管理都必须从本国实际出发，随着社会政治、经济和文化环境的变化而变化，使政府始终保持活力和有效运作，及时地推动公共事业的发展。我国改革开放三十多年来，经济体制改革和政治体制改革取得重要进展，社会日趋多元化，但是，公共事业管理体制改革相对滞后，公共事业体系不仅没有缩小，而且日益增大，财政支出有增无减，政事一体、企事合一的状况没有得到根本改变，已经影响了经济体制和政治体制改革的深化，因此，客观上要求必须根据建立社会主义市场经济体制和政府职能转变的需要，加快公共事业管理体制改革。鉴于我国社会已经实现利益多元化，一部分人已经先富起来，可以适当加快公共事业社会化的步伐，把部分工作交给私营部门和非营利部门，让政府、市场、社会共同参与公共事业的发展和管理，彼此长期合作、互相监督、平等竞争、联手服务，如在高等教育、科研、图书、出版、广播、电视、报纸等事业领域，政府只抓少量重点，其余的放松规制，由社会力量和私人根据市场需求去投资兴办，政府制定规则，进行监督。但社会化又要考虑社会的总体承受能力，不能放任自由，也不能变为向社会转嫁负担。我国是社会主义国家，在体制转型、市场发育不完全的情况下，政府在公共事业发展和管理中依然要起掌舵作用，部分公共事业在实行民营化的同时要改善管理，要确保公共事业改革能够更好地为人民服务，为社会主义现代化服务，尤其要避免公共利益受到损害。

2. 进行大胆创新

在坚持公共事业发展的社会主义方向的前提下，要敢于并善于在公共事业管理体制、管理理念和管理方式上进行创新。我国过去长期实行计划经济体制，造成权力过分集中，政府在公共事业领域大包大揽，管了许多不该管、管不好，也管不了的事；组织机构不合理导致机构重叠，职责不清，互相掣肘、扯皮；行政法规不健全导致任意增加编制，造成机构臃肿，人浮于事。为了提高我国政府在科技、教育、文化、卫生、体育等公共事业领域的管理效率和水平，更好地发挥市场机制的作用，我们可以借鉴西方的经验，在改善公共事业宏观管理的同时，改变政府大包大揽的传统管理方式，将竞争机制引入公共事业领域，开放公共事业的服务市场，对部分公共事业进行民营化改制；加快部分卫生服务、教育事业、科技事业等管理工作的社会化步伐。比如，对部分公共事业中虽具有非排他性，但也具有选择性和竞争性的服务项目，如文化教育、医疗卫生等可以实行契约承租，即运用契约把部分服务项目承包租赁给其他公营或私营部门去提供，政府依契约对其服务绩效进行评估和测定。这样，政府得以收缩公共事业的管理职能范围，改变在公共事业发展和管理上事必躬亲的状况，从大量的事务性工作中摆脱出来，将主要精力放在宏观管理上，制定公共事业发展的规划、政策、法规；同时可以加强对公共事业发展的计划、组织、协调、监控，使公共事业更加多元化、更富活力，产生更好的经济效益和社会效益。

3. 将管理制度和法规的完善与管理技术和绩效的提高结合起来

西方国家公共事业管理改革大体是沿着新公共管理的思路进行的，虽然也有健全制度和法规的努力，但重点是在管理技术的提高、管理范围和内容的调整、管理方式的改进上。这是因为经过数百年的发展，西方各国在公共事业管理体制和规范体系方面已经比较健全，有的时候甚至是太过严密和程序化，转而变为僵化。可以说，在制度建构和行为规范方面，可挖的潜力并不大，只能重点在其他方面加以完善。而我国的公共事业管理尚处于法制不健全、制度供给不足的阶段，制度法规建设要与管理方式创新有机地结合起来。一方面，要认真学习西方公共事业管理改革的成功经验，将工商企业管理的一些方法引入公共事业管理领域，使政府公共事业管理的法律、法规和制度更快更好地落到实处，使公共事业管理的目标更快更好地实现，使效益得到明显提高；另一方面，要把建立健全法制，完善规章制度作为我国公共事业管理中的一项重要任务，下大气力进行制度和法规建设。只有将二者紧密结合起来，才能收到较好的效果。

4. 培育市场，发展社会中介组织

公共事业管理改革需要相应的社会条件，而不是主观随意的产物。西方国家公共事业管理私有化、市场化、社会化、地方化改革之所以能够较为顺利地推进，是因为有两个重要的条件，即社会市场化程度较高和社会中介组织较发达。市场功能的健全，使公共事业市场化成为可能，市场有能力承接政府转移出来的公共事业管理职能；而社会中介组织作为有别于公营部门和私营部门的第三部门，则能够向社会提供众多的服务，承担大量政府部门做不好或不该做的事情，在政府与市场、政府与社会、宏观与微观之间进行协调，发挥承上启下的作用，并以公平、公正的中间人形象在诸如行业管理、咨询、信息、法律公证、评估等领域为各类社会主体提供服务。我国市场机制还远未健全，社会中介组织还缺少规范，所以，要重视培育市场，重点要提供并严格执行市场竞争的公平规则，维护市场秩序，扶持并逐步规范社会中介组织。

本章小结

1. 数百年来，西方国家政府的公共事业管理职能是不断调整和变化的。近代时期，对社会经济和公共事业的管理十分有限，20 世纪 20 年代以后，公共事业管理职能逐步强化，20 世纪 70 年代以来，政府公共事业的管理职能又有了收缩和调整。这一变化轨迹，乃是西方社会政治、经济和社会环境变化的必然结果。

2. 西方各国政府对教育、科技、文化、卫生、体育等公共事业的管理，虽然各有特点，但也呈现出管理职能逐步强化、多元化、法制化与规范化的共同趋势。

3. 当代西方公共事业改革是公共行政改革的重要组成部分。改革的动因源自政府公共财政的压力、公众舆论的诉求和信息技术革命的挑战；改革内容相当丰富，主要有私有化、市场化、社会化和地方化。西方公共事业管理改革虽然与我国公共事业改革的背景不同，但仍然具有一定的启示意义。

关键术语

西方政府　公共事业　管理职能　特征　多元化　私有化　社会化　地方化　市场化　法制化　规范化　社区化　改革　合同出租　用者付费　竞争

复习思考题

1. 简述西方国家政府公共事业管理职能的演变轨迹。
2. 西方政府公共事业管理有何特征？
3. 当代西方政府为何要进行公共事业管理改革？
4. 当代西方政府公共事业管理改革有哪些基本内容？
5. 谈谈如何借鉴西方经验推进我国的公共事业管理改革。

阅读书目

1. 韩继志．政府机构改革．北京：中国人民大学出版社，1999
2. 周志忍．当代国外行政改革比较研究．北京：国家行政学院出版社，1999
3. ［美］戴维·奥斯本，特德·盖布勒．改革政府．上海：上海译文出版社，1996
4. 赵立波．事业单位改革——公共事业发展新机制探析．济南：山东人民出版社，2003
5. 宋世明等．西方国家行政改革述评．北京：国家行政学院出版社，1998

第8章

中国的公共事业管理

新中国成立60多年来，我国的公共事业取得了飞速的发展，公共事业管理体制也不断地求新求变。本章主要介绍我国改革开放前公共事业管理体制的成因、特征和弊端，改革开放以来公共事业管理体制的改革历程及措施，并在此基础上提出市场经济条件下我国公共事业发展的目标模式和政策选择。

重点问题

- 传统公共事业管理体制的特征与弊端
- 改革开放以来我国公共事业管理体制改革的主要措施
- 市场经济条件下公共事业管理改革的目标和政策

8.1 计划经济体制下的公共事业管理

8.1.1 传统公共事业管理体制的成因

从新中国成立到改革开放前，我国公共事业管理体制的总特点是国家统包统管、高度集中统一，这种管理体制的形成有多方面的原因。

第一，高度集中统一的计划经济体制是传统公共事业管理体制形成的经济根源。新中国成立前，由于国家贫弱，所办的公共事业十分有限，外国教会、商人和私人基金会等组织或个人以不同的方式参与公共事业的发展与管理。新中国成立初期，国家也没有包办所有的公共事业，当时还存在着不少的私立私营事业机构，如私立学校、医院、诊所，私营报业、电台、书店，个体艺人等。随着经济重建工作的开展，为了有效地整合和利用极为有限的资源，国家先后采取了一系列公有化措施，迅速建立起高度集中统一的经济管理体制，与此相伴随，原有的私营事业实现了国营化。在这种体制下，中央政府控制了所有的社会资源，包括人权、财权和物权，使社会的空间异常狭小，私人或其他社会团体不可能自办公共事业。由于经济控制权高度集中，中央政府就成为一切社会经济活动的唯一主体，直接配置社会资源，直接组织和管理社会生产活动，直接控制社会生活。除了包办工商企业外，中央政府也包办了一切公共事业，于是，科、教、文、卫、体等公共事业都成了政府的统管范围，导致政事一体化。

第二，高度中央集权的政治体制是传统公共事业管理体制形成的政治根源。新中国成立后，面对战争的创伤和脆弱不堪的国民经济状况，如何有效地组织和管理社会经济和各项事业、建设新中国，仍是个崭新的课题。我们既无经验，又不能在旧体制和西方管理模式中取舍、借鉴，唯有在总结解放区管理经验和军事斗争经验的基础上，借鉴苏联的管理模式，建立起中央高度集权的政治体制。在这一体制下，政治系统对经济和社会进行了全方位的调控，中央政府不仅建立了强有力的政治管理机构以履行无产阶级专政的职能，而且建立了强大的经济职能机构以全面控制经济活动，还自上而下建立了一系列相应的事业职能机构，直接举办公共事业。在这个体系中，政府充当着公共事业所有者或举办者、行政管理者、经营者等多种角色，公共事业部门成了政府的附属物。事业管理行政化，政府主要采用行政命令、指示、规定、条例、指令性计划等行政手段管理公共事业，事业单位具有相应的行政级别，遵循与行政部门相同的财务、人事、社会福利等管理制度。

第三，认识误区是传统公共事业管理体制形成的思想根源。在计划经济体制下，公共事业被界定为“没有生产收入”、“所需经费由国库支出”的社会工作。事业单位被认定为不直接从事物质资料生产，但直接或间接地为上层建筑服务，为改善社会生产和人民物质文化生活条件服务的非物质生产部门，既不具有生产经营职能，又不具有实行政治统治和组织管理经济的职能。这种非经济性的定位将公共事业活动完全排斥在经济活动之外，使之与经济发展割裂开来；而政治化的描述又将公共事业视为上层建筑的组成部分，使之与政治活动逐渐靠拢。随着阶级斗争和政治运动的升级，上述认识逐步得到强化，从而为传统公共事业管理体制提供了强有力的理论支撑。

总之，中国传统公共事业管理体制的形成和发展具有复杂的社会历史背景。在高度集中的政治、经济体制和高度政治化的背景下，单一而又集中的公共事业管理体制的形成具有历史必然性和现实合理性。

8.1.2　传统公共事业管理的特征

传统公共事业管理体制是顺应指令性计划经济体制而建立的，在长期的运行过程中逐渐形成了其特有的格局，表现出高度行政化、主体单一化、资源配置非社会化和职能扩大化等基本特征。①

---

① 参见黄恒学：《中国事业管理体制改革研究》，8～21 页。

1. 高度行政化

高度行政化首先表现为政府不仅建立一系列相应的事业机构，而且直接举办各项事业，统管各项事业，直接控制事业单位的运行。为了发展各项事业，中央和地方各级政府都设立了相应的事业行政管理部门，并由这些政府部门分头统管各类事业单位。在这个庞大的事业组织体系中，政府充当着事业举办者或所有者、事业行政管理者、事业经营者或运行管理者等多种角色，扩大了政府的事业职能范围。同时，由于各类事业机构之间没有比较明确和规范的责、权、利划分界限，造成政事不分与政事一体化。国家包办并直接控制事业运营，使政府的事业行政管理机构处于主导地位，而其他各类事业单位则要接受这些国家机关的领导，变成政府部门的附属物，从而造成事业单位与行政单位的一体化，并导致事业机构的行政化。

高度行政化也表现为事业行政管理部门主要采取行政管理方式来管理各类事业单位。科研机构、学校、医院、剧团、运动队等事业单位的目标、任务、人员编制、活动经费、岗位设置、人事任免等，均由上级行政主管部门负责。事业单位具有相应的行政级别，事业单位的财务制度、人事制度、社会福利制度等管理制度也无异于行政单位。政府主管部门主要通过行政管理系统，采用行政命令、指示、规定、条例、指令性计划等行政手段，来直接领导和管理其所属的各类事业单位。

高度行政化还表现为非法制化，即公共事业的地位及其作用得不到法律确认，经费预算没有法律上的保证，运行没有必要的法律监督，其发展主要取决于国家和政府领导人的重视程度。由于没有法律保障，发展各项事业的重要意义必须反复强调，事业经费必须经常争取，事业机构的设立与撤销变化无常，事业发展经常大起大落。例如，在“文化大革命”期间，科研机构被撤销，学校停办，人员下放，如此等等，给中国各项事业的发展造成了巨大的损失。

2. 主体单一化

公共事业主体单一化首先是指国家成为唯一的事业主体，包办一切事业。在传统的计划经济体制下，由于所有制结构的单一化与事业活动的非产业化，私人及其他社会团体失去了兴办公共事业的空间。于是，国家就成了教育、科技、文化、卫生、体育及其他各项事业的主体，国家通过政府的事业职能部门及其所附属的事业单位来完成国家的事业计划，而各类研究院所、学校、医院、演出团体、文化馆、图书馆、出版社、报社、电台、电视台等事业单位则完全按照国家的计划安排运作。

其次是指国家财政统包供给各项事业经费。既然国家要包办一切事业，财政就只能统包供给一切事业经费。中国的教育、科技、文化、卫生、体育等部门和单位所需的一切经费，全部由国家财政统包供给。例如，学校的基建费、设备费、图书资料费、教职工工资、留学生经费、学生助学金、奖学金、军训费、实习费、业务费、公费医疗经费、招生费、毕业生调遣费及其他各项经费统统由财政供给。国家不仅为事业单位提供一切事业经费的来源，而且为事业单位制定了统一的事业财务制度，包括事业单位经费预算收支科目，事业单位预算级别，事业单位开展事业活动中有关事业经费的领拨、缴销、运用、管理、监督等具体规定，以及各种名目繁多的经费开支范围、开支标准等。

3. 资源配置非社会化

公共事业的非社会化一是表现为计划化。国家为教育、科技、文化、卫生、体育等各项事业制定了发展规划，并为各事业单位下达指令性计划，各事业部门和单位的任务就是要完成国家事业计划。例如，国家要制定教育事业发展规划，政府教育行政部门和教育主管部门要为所属高等学校下达招生计划、毕业生分配计划等指令性计划。事业单位丧失了自主决策权，割断了与市场的联系，成为完成上级所下达的事业计划的一种工具，成为上级行政主管部门的附属物。

二是表现为事出多门。事业活动方式的非产业化和国家财政无偿供给各类事业经费，造成事业单位的行政化与福利化。于是，各部门、各地区、各单位都纷纷建立各自所属的事业体系和事业单位，要事业人员编制，争事业发展经费，形成了"事出多门"的事业发展格局。例如，中央各部委几乎都拥有本部门所属的普通高等学校和中等专业学校，还有各类科研机构、文化机构、卫生机构及其他事业机构等，这些机构往往各自为政。

三是表现为事业单位的相对封闭、重复建设和效率低下。事业单位的行政化与福利化，使全民所有制的事业单位实际上变成了"政府所有"、"部门所有"、"地方所有"乃至"单位所有"，各事业部门和单位之间相互分割、相互封闭、互不开放、资源不能共享。各部门、各地区、各单位为了自身的利益，各自为"事"，使国家办事业变成了部门办事业、地方办事业、企业办事业、事业办事业、行政办事业等"事出多门"的局面。低水平的重复建设必然会降低各类事业资源的利用效率，造成事业资源的大量浪费。例如，许多事业单位的图书馆、资料室、计算中心、实验室、会议室等均不对外开放，利用率十分低下。

4. 职能扩大化

在传统的计划经济体制下，国家统包统管、政事不分，泛化了国家的事业职能范围。对教育、科技、文化、卫生、体育等各项事业的不准确的界定，导致对于国家事业职能范围的不适当界定，造成政企不分、政事不分、企事不分，既阻碍了有关产业的健康发展，又扩大了国家事业职能的范围。在传统事业管理体制下，国家财政统包供给一切事业经费，事业单位不实行经济核算制，事业编制人员属国家公职人员，事业单位没有实质性责任，事业单位工作考核没有硬性指标，如此等等，客观上造成了事业单位的福利化，也引起了国家事业职能的扩张，而事业资源配置与利用的非社会化、事业运行机制的非效率化、事业管理的非法制化等更加剧了事业单位职能的扩张。

上述各方面的基本特征及其表现是相互影响、相互联系和相互转化的，都根源于传统的计划经济体制。

8.1.3　传统公共事业管理的弊端

由于长期受计划经济的影响，我国的公共事业管理部门在机构设置、人员编制和管理体制等诸多方面存在问题，随着经济体制改革的不断深入，公共事业管理的弊端日益显现。

1. 机构重叠、人员膨胀

我国的公共事业管理系统基本是按照计划经济体制要求建立的，在管理上突出表现为条块分割、部门所有，各个行政部门出于自身利益和需要的考虑，想方设法设立事业单位，进行事业管理，结果导致同一类型的事业单位在不同系统分别设置、在同一地区重复设置、在同一系统逐级设置的现象极为普遍。例如，几乎每个政府部门都有相应的研究所、设计院，横向间缺乏联合和合作机制；几乎每个系统、每个部门都有自己的教育、卫生、文化服务机构；教育系统中高等院校也分属不同部门，有国家所属的，有国务院各部委所属的，有地方政府所属的，还有单位所属的。这些院校按照各自的管理范围进行招生、分配、就业，不仅专业设置雷同，而且机构设置重复。由于部门利益的驱动，造成“事出多门”的局面，公共事业被零碎化，导致低水平重复。因为条块分割，各自为政，迫使社会各行各业不得不重复设置公共事业管理组织，造成机构林立。由于事业单位采用统一模式管理，各地事业单位在长期的联系协作过程中左右看齐，相互攀比，竞相增设、升格。大量的机构不得不配备相应的人力，由于机构编制部门缺乏有效的监控机制和手段，加上部门利益的驱动以及能进不能出的人事政策的影响，逐渐造成人员膨胀、人浮于事、办事效率低、服务质量差的局面，从而使公共事业管理演变为零敲碎打的手工作业，政府实际无法统筹各项事业的发展。

2. 政事不分、职责不明

在计划经济体制下，政府设立了相应的公共事业管理机构，但这些机构往往充当着事业举办者或所有者、事业行政管理者、事业经营者或运行管理者等多种角色，所有权与管理权、经营权合一，政府既是运动员，又是裁判员。因为角色错位、不清，事业发展统包统管，政府管了很多本该由社会管的事，而自身的职责又不能很好地履行。政府部门统包公共事业，存在政事不分的现象，而各级政府部门之外的事业机构却反过来承担大量的行政职能，如档案管理机构、史志机构、环境监理机构、统计调查机构、物价检查机构、各类评估咨询机构等实为事业性质，使用事业编制，却行使政府行政职能，以政代事、以事代政、政事合一，职责界限模糊。由于事业单位外加了一部分政府行政管理职能和行政事业职能，而自身的业务职能却弱化了，从而出现弃本重标的现象，既直接影响政府职能的发挥，又制约了事业单位的自身发展。

3. 管理僵化、缺乏活力

长期以来，我国事业单位的发展主要靠“一条腿”走路，即绝大部分由国家直接举办；同时，也采用行政机关的管理模式进行管理，统得过死。事业资金、计划、项目、工资、福利、劳动、人事等诸多方面多由各级政府及其工作部门直接管理，运行机制僵化，形成了“干部靠任命、职工靠调令、开销靠拨款”的呆板公式。人事管理上表现为事业单位无论是管理人员还是专业技术人员，都实行党政机关统一的管理办法，人员流动调配由上级主管部门控制，事业单位均以行政级别画线，从而窒息了事业单位的生机和活力，造成事业单位内部缺乏竞争意识、风险意识、进取精神，习惯于按部就班地重复行政事务，忽视了公共事业自身的特点和发展规律；抑制了事业单位的积极性、创造性，使之趋于封闭、内向，造成人才和设备的浪费；在改革开放的背景下无法灵活应变，不敢面对市场、参与竞争。

4. 结构失调、效率低下

由于条块分割，管理上主观随意性比较大，导致我国公共事业在地区和部门间的分布极不合理，发展很不平衡。以卫生事业为例，我国卫生资源配置比例严重失调，城乡之间卫生资源分配和服务利用率差距很大，无论是每千人拥有的床位数和医生数，还是病床利用率，农村都远远落后于城市。教育、科技、文化等各项事业的情形也大致如此。由于集中在首都和大城市的事业单位过多，不少事业单位无事可做，而广大农村大量急需发展的事业却无人承担，这在一定程度上加剧了我国城乡二元结构，影响了社会的协调发展。在分布不均而又有限的事业中，由于缺乏有效的运行机制，事业单位大多处于低效率运行状态，主要表现为责、权、利不明，人浮于事，资源利用率低，不计成本，不讲效益。例如，有些科研机构多年不出成果，有些学校师生比例倒置，有些教、科、文、卫、体设施长年闲置等。

传统公共事业管理呈现的弊端客观上使公共事业的发展越来越艰难沉重，难以为继。要摆脱公共事业发展的困境，必须从根本入手改革公共事业的管理体制。

8.2　公共事业管理体制改革

党的十一届三中全会后，我国开始实行改革开放政策，经济体制改革正式启动，与此相适应，公共事业管理体制也着手进行改革。30 多年来，公共事业管理体制改革主要围绕着机构和职能调整来进行，与此同时，也采取了一系列措施，取得了积极的成果。

8.2.1　改革的历程

从 1978 年开始，我国公共事业管理体制进入改革期，回顾 30 多年的改革历程，大体可将其分为三个阶段。

1. 重建与初步探索阶段（1978—1987 年）

从 1978 年十一届三中全会开始至 1987 年党的十三大，是我国公共事业管理体制重建与初步探索改革阶段。这一时期的主要工作是：恢复或重建在“文化大革命”时期遭到破坏或削弱的公共事业管理机构和法律、法规、管理制度；进行教、科、文、卫、体等事业部门的体制改革和机构调整；进行机关后勤社会化的试点；恢复了职称评审工作，开始推行专业技术职务聘任制；适当下放了事业组织人事管理权限。

2. 深入与拓展阶段（1987—1996 年）

从 1987 年党的十三大到 1996 年中央机构编制委员会会同人事部出台《关于事业单位机构改革若干问题的意见》之前，是公共事业管理体制改革深化与拓展阶段。这一时期，改革的主要内容是：下放权力，扩大事业单位管理自主权；进行事业人事制度改革，推行聘任制、辞职辞退制、特殊津贴制；建立人才市场；启动公共事业社会化、产业化；进行工资分配制度改革，强化分类管理；以社会公共需要为标准，重新确定国家财政中公共事业的供应范围等。

3. 全面革新阶段（1996—2011 年）

从 1996 年开始，我国公共事业管理体制改革进入全面革新的新时期。1996 年，中央机构编制委员会会同人事部出台《关于事业单位机构改革若干问题的意见》，提出了现阶段事业单位机构改革的指导思想与基本思路：遵循政事分开、推进事业单位社会化的方向，建立起适应社会主义市场经济体制需要和符合事业单位自身发展规律、充满生机与活力的事业单位管理体制、运行机制和自我约束机制。基本思路是：确立科学化的总体布局，坚持社会化的发展方向，推行多样化的分类管理，实行制度化的总量控制。1998 年初，国务院机构改革办法出台，我国公共事业管理机构和职能进行重大调整，《国务院机构改革方案》明确了政府公共事业管理的主要内容：研究、拟定方针政策；制定、执行中长期规划和年度计划；适当划分各级政府的职责权限；充分发挥社会中介机构和群众团体的功能。1998 年 10 月 25 日，国务院颁布《事业单位登记管理暂行条例》，对事业单位的机构设置、编制、工资福利等作出规定，在制度建设上迈出了重要一步。

4. 分类改革阶段（2012 年至今）

2006 年，中央编办制定《关于事业单位分类及相关改革的试点方案（征求意见稿）》，提出事业单位分类及分类改革意见，并选择浙江、山西、重庆等进行改革试点。2012 年公开发布《关于分类推进事业单位改革的指导意见》，同时出台 11 个配套文件，对改革意义、指导思想、基本原则、总体目标与主要内容等进行整体设计与战略部署，要求按照政事分开、事企分开和管办分离的要求，以促进公益事业发展为目的，以科学分类为基础，以深化体制机制改革为核心，总体设计、分类指导、因地制宜、先行试点、稳步推进事业单位分类改革；明确要求到 2020 年建立起功能明确、治理完善、运行高效、监管有力的管理体制和运行机制，形成基本服务优先、供给水平适度、布局结构合理、服务公平公正的中国特色公益服务体系；要求坚持按分类指导、分业推进、分级组织、分步实施的方针推进改革。这次改革内容事业单位科学分类、编制管理、法人治理、人事制度、收入分配、财政与税收政策、国有资产管理等方方面面。

中国共产党第十八次代表大会进一步提出分类推进事业单位改革的要求。党的十八届三中全会通过的《中共中央关于全面深化改革若干重大问题的决定》，提出加快事业单位分类改革，理顺事业单位与主管部门关系、建立事业单位法人治理结构、加大政府购买公共服务力度、建立各类事业单位统一登记管理制度；同时，在教育、卫生、文化、社会保障改革与人才队伍建设等方面提出事业单位改革的具体要求。2014 年国务院颁布《事业单位人事管理条例》，事业单位人事制度改革陆续展开。事业单位改革将在全面深化改革背景下纵深推进。

这四个阶段的改革是相互联系的，第一阶段是事业改革犁开冻土、打破坚冰的阶段；第二阶段是进行多方试点、大胆试验的阶段；第三阶段是总结经验、系统推进、全面改革的阶段。第四阶段是全面推进分类改革。各个阶段各有重点，但也具有连贯性，改革思路逐渐清晰化、系统化。其中，第一阶段仅仅开了一个头，很多改革在第二阶段才真正启动，所以，本书将第一阶段的改革与第二阶段的改革并在一起进行总结，称为前期改革。第三阶段的改革与第四阶段的改革牵动面深广，涉及较多的体制机制问题，改革进展良多，但许多改革正在进行之中，还需要系统规划，不断深化，这里将三、四阶段的改革并在一起进行总结，称为后期改革。

8.2.2 前期改革的主要举措

为了顺应经济改革的大潮，因应公共事业发展目标和服务对象的市场化、公共事业资源及其价格的市场化以及公共事业发展与经济发展的一体化的趋势和要求，从 20 世纪 80 年代开始，国家进行了公共事业管理体制改革。

自 1985 年起，中共中央、国务院、各部门、各地方先后发布了一系列有关科技、教育、文化、卫生等单项事业管理体制改革的决定。例如，1985 年 3 月，发布了《中共中央关于科学技术体制改革的决定》；1985 年 5 月，发布了《中共中央关于教育体制改革的决定》；1985 年 4 月，中共中央办公厅、国务院办公厅转发了文化部《关于艺术表演团体的改革的意见》；1985 年 4 月，国务院批转了卫生部《关于卫生工作改革若干政策问题的报告》；1993 年，中共中央、国务院发布了《中国教育改革和发展纲要》；等等。这些改革决定，分别就有关单项事业管理体制改革的意义、目标、方针、任务、途径和对策等作出了总体部署。在上述有关事业管理体制改革决定的基础上，中共中央和国务院有关主管部门、各级地方政府及其有关部门，又分别就本系统、本部门、本地区的事业管理体制改革制定了一系列相应的配套改革政策和具体改革措施。① 这些措施概括起来主要有：

1. 放权和搞活

本着简政放权的精神，政府逐步扩大各类公共事业单位的人权、物权、事权、财权及其他各项管理自主权。例如，在教育事业领域，下放教育事权，实行"地方负责、分级管理"的新体制，并扩大高等学校的办学自主权，建立和增强各级各类学校的自我发展能力和主动适应社会经济发展需要的有效机制。在科技事业领域，实行了科学基金制、技术合同制、包干制、所长负责制、承包经营责任制等新的管理形式，大大放宽放活了科研机构和科研人员，增强了科研事业单位的发展活力。在文化事业领域，实行了艺术家负责制、总编负责制、经营承包责任制等新的管理方式，初步改变了政出多门、党政不分、政艺不分的局面，扩大了文化事业单位的人权、事权和财权。在卫生事业领域，试行了院（所、站）长负责制、岗位责任制，扩大了医疗卫生事业单位的自主权，提高了医院的管理水平。另外，国家财政部门改革了事业经费拨款办法，实行对各类事业单位全面预算包干，突破了多年来形成的统收统支的传统观念，调动了事业单位领导与职工当家理财的积极性，扩大了事业单位资金使用的自主权，提高了事业经费的使用效益。通过上述各项改革措施，大大增强了事业单位自我发展和适应环境变化的能力与活力。

2. 创收、让利和免税

为了鼓励和支持各类事业单位挖掘潜力，开展多种经营，增加收入，增强事业单位自我解困和自我发展的能力，国家采取了一系列优惠政策。例如，高等学校开始招收委培生和自费生，实行缴费上学制度，并积极发展各种形式的校办产业；中小学招收"议价生"，开展勤工俭学活动，并利用现有条件开展多种形式的经营创收活动。国务院于 1986 年 4 月正式颁布了《关于扩大科学技术研究机构自主权的暂行规定》，允许科研事业单位在保证完成国家任务的前提下，根据社会、经济和科学技术发展需要，从各自的特点和条件出发，有权面向社会承接各种科学技术任务，并根据自愿互利的原则，同企业、设计单位和高等学校建立各种协作关系和各种形式的联合，可以与其他单位就技术开发、技术转让和利用技术为社会服务方面订立合同，取得合法收入；研究所的技术性收入可暂免征所得税，并对各种新产品和中试产品实行减免税优惠政策。1987 年 2 月，文化部发布了《文化事业单位开展有偿服务和多种经营活动的暂行办法》，允许文化事业单位在完成国家下达

---

① 参见黄恒学：《中国事业管理体制改革研究》，23～34 页。

的无偿向社会提供的文化服务项目之外，积极扩大文化经营领域，作为本身业务的延伸，向社会有偿提供文化产品和文化服务，如举办各种讲座、文化培训班、文化咨询、文艺表演、文化产品加工制作、书画展销等，实行"以文补文"和"以文养文"，并实行富余人员分流，开办其他性质的经济实体。国家开始改革医疗收费制度，调整收费范围、项目、标准和办法，实行新医新价、特医新价、特医特价、优质优价，并要求个人分担部分医疗费用，少数优质特诊高收费则完全由个人自理，如此等等。另外，国家对上述各类事业单位所开展的多种形式的业务外经营创收活动，分别采取了多种优惠政策和改革措施，推动了事业单位的改革和发展。

这些改革措施，拓宽了各项事业经费的来源渠道，增加了事业单位的收入，弥补了国家事业经费的严重不足，大大增强了事业单位自我生存与发展的能力，也增强了事业单位主动适应社会需要的能力、动力和活力。这些改革措施，还促使一些事业单位主动扩大其服务领域和范围，增加新的服务项目，提高服务质量、水平和效率，大大改善了事业单位的运行机制和成本补偿机制，有利于国家调整公共事业单位的职能范围，促进原有部分事业单位实现企业化、产业化与市场化。

3. 开放、协作和联合

为了推动公共事业的社会化，提高公共事业资源的利用效率，国家采取了打破封闭、整合公共事业资源的措施。例如，中央、各地方、各部门、各系统、各单位所属的各级各类学校、医院、图书馆、文化馆、研究所、设计院及其他各种事业单位，大部分先后对社会开放，并积极开展多种形式的联合办学、联合办医、联合办文和科研协作等，促进了事业资源的合理流动和利用。在教育事业领域，各级各类中小学校均实行面向社会招生；高等学校也开始打破原来的部门、行业和地区界限等，开展多种形式的联合办学，实现资源共享。在科技事业领域，要求科学技术工作面向经济建设，大部分科研机构均实行对外开放，建立各种开放实验室和联合实验室，鼓励科技人员合理流动，联合兴办高技术产业，推行产学研一体化。在文化事业领域，开始调整文化布局和结构，对各种庞大的文艺演出团体实行裁减合并、消肿减肥、优化组合，各种内部文化服务设施均实行对社会开放。在卫生事业领域，开始面向社会创办各种形式的医疗协作体，如办分院、协作医院、协作病房、医疗中心、手术协作网和医疗点等，冲破了条块分割、部门所有的封闭式卫生体制，大大提高了卫生资源的使用效率。

这些改革措施，有效地调整了各类事业单位的服务面向，促进了事业机构从业人员的合理流动和事业资源的优化配置与合理利用，在不同程度上提高了各类事业单位的社会化程度，增强了事业发展的活力，淡化了单一化的行政隶属关系，减少了事业单位对于计划的依赖性，增强了事业单位的市场适应性，有利于事业单位进一步转换运行机制。

4. 国家、集体和个人一起上

鼓励和提倡全社会办事业，通过多渠道、多层次、多形式来筹集各项事业发展资金。例如，在教育事业领域，改变单一的办学模式，鼓励社会办学，先后兴办了一大批民办小学、民办中学、民办大学、民办职业学校及其他各种形式的民办学校，广泛筹集教育事业发展经费，初步改变了单纯依靠国家出资办学的旧模式，逐步形成了以国家办学为主体、社会各种力量办学为重要补充的新格局，加速了中国教育事业的发展。在科技事业领域，政府积极鼓励并大力扶持科技人员投资创办各种形式的民办科技机构，包括民办研究所、民办科技产业实体等，实行自主投资、自担风险、自主经营、自负盈亏，其经营资金主要来源于个人投资、私人合伙、银行贷款等，政府对民办科技机构采取了减免税收等一系列优惠政策。在文化事业领域，变国办文化事业为国家、集体、个人一起上，全社会共同兴办文化事业，先后出现了一大批城乡文化个体户、民办演出团体、自由职业撰稿人、个体书商、自由职业演员、自由职业制片人、民办图书馆等，大大繁荣了城乡文化市场，促进了各类文化产品的生产。在卫生事业领域，在以公有制为主体的前提下，坚持全社会、全民办医的改革方针，先后出现了一大批个体开业医生、民办医院和诊所等，初步改变了国家包办医疗卫生事业的状况，逐步形成了国家、集体、个人等多种所有制形式并存办医的局面，在一定程度上缓解了“看病难”、“手术难”等问题。

这些改革措施，促进了各类国办事业与民办事业的发展。通过集资办学、缴费上学、民办事业、社会赞助、个人捐赠、国际援助、银行贷款等多种方式，解决了一部分事业资金来源，拓宽了事业发展的道路，改变了过去国家包办一切事业的管理模式，初步形成了以国家办为主、以民办为辅、多种所有制并存的事业发展新格局。随着各类民办事业的兴起和发展，相应的教育市场、科技市场、文化市场、卫生市场等“事业”型产品市场也得到了较快的发展，并大大刺激和推动了各类国办事业单位的改革，加速了整个中国事业管理体制改革的进程，为进一步深化事业管理体制改革创造了良好的条件。因此，从总体上看，上述“一起上”的改革措施，符合事业发展主体多元化的改革方向。

5. 业余兼职、停薪留职和人才交流

鼓励和支持各类事业单位有关专业技术人员走出“单位”大门，为社会提供各种有偿服务，取得合法收入，调动了事业单位人员的工作积极性、主动性和创造性，促进了各类事业单位人员的合理流动。例如，1985 年发布的《中共中央关于科学技术体制改革的决定》中明确规定，科技人员在完成本职工作和不侵犯本单位技术权益、经济利益的前提下，可以业余从事技术工作和咨询服务，收入归己；利用本单位技术成果、内部技术资料和设备应经本单位同意，并上交部分收入。1988 年，国务院在批准国家科委《关于科技人员业余兼职若干问题的意见》时重申，科技人员在完成本职工作的前提下，可以在其他单位业余兼职，从事技术开发、技术转让、技术咨询和技术服务等利用科学技术为经济建设服务的工作，充分发挥科技队伍的潜力，促进人才和知识的流动，推动科技为经济建设和社会发展服务。再如，1985 年 4 月，国务院在批转卫生部《关于卫生工作改革若干政策问题的报告》中提出，鼓励在职医务人员应聘到附近农村、街道卫生院、门诊部、卫生学校兼职、任教、当技术顾问，允许医生、护士、助产士等在完成定额工作量的前提下，利用业余时间看病、接生、护理病人或从事其他医疗卫生服务工作，业余服务的收入归个人，使用公家设备的实行收入分成。与此同时，教师兼职授课、演员业余“走穴”，也从地下走向公开化。随着事业单位人员业余兼职活动的不断发展，一些人干脆辞职“下海”，一些人心挂两头。为促进人才流动，国家又允许有关事业单位人员办理“停薪留职”，并成立各种形式的“人才交流中心”，以解除“下海人”的后顾之忧。

上述改革措施，充分调动了广大事业单位人员主动服务社会的积极性和创造性，促进了有关专业技术人才的合理流动，推进了事业发展与经济发展的一体化，并初步触动了僵化落后的传统人事管理制度，改变了人们的择业与就业观念。许多事业人员纷纷走出单位大门、走向农村、走向企业、走向社会、走向经济建设主战场，开阔了眼界，经受了锻炼，找到了用“文”之地。

8.2.3 后期改革的主要举措

1. 改革管理体制

伴随行政管理体制改革纵深推进，事业单位改革作为行政管理体制与党政机构改革的重要组成部分得到各方高度重视。管理体制改革的核心内容是：实现政事分开、管办分离，明确政府与事业单位的职责划分，推动政府与事业单位在职能、机构、人事、工资、管理体制和运行机制上的分开，收回和整合事业单位行使的行政职能，实现行政职能的有机统一，规范依法行政行为，加强政府的宏观管理和行业管理，减少对事业单位的行政审批和直接干预，积极探索管办分离有效实现形式。

在医疗卫生领域，在新农合和城市社区卫生服务机构基本健全后，2009 年 4 月中共中央、国务院下发了《关于深化医药卫生体制改革的意见》，提出医药卫生体制改革坚持公共医疗卫生的公益性质，实行政事分开、管办分开、医药分开、营利性和非营利性“四个分开”，推进包括公立医院改革等在内的五项重点改革，以建立健全覆盖城乡居民的基本医疗卫生制度，切实缓解“看病难、看病贵”的问题。例如，医药卫生体制改革按照党中央、国务院关于坚持公共医疗卫生的公益性质要求，实行政事、管办、医药、营利性和非营利性分开，进行公立医院改革试点。

在文化领域，深化文化行政管理体制改革，加快政府职能转变，强化政策调节、市场监管、社会管理、公共服务职能，推动政企分开、政事分开，理顺政府和文化企事业单位关系。完善管人管事管资产管导向相结合的国有文化资产管理体制，坚持社会效益优先，努力实现社会效益和经济效益的统一，建立和完善国有文化企业评估、监测、考核体系，加强国有文化资产监管，确保国有资产保值增值。探索建立适应三网融合业务发展的管理体制和工作机制。健全文化市场综合行政执法机构，推动副省级以下城市完善综合文化行政责任主体。坚持主管主办制度，落实谁主管谁负责和属地管理原则，严格执行文化资本、文化企业、文化产品市场准入和退出政策，综合运用法律、行政、经济、科技等手段提高管理效能。完善文化市场管理，切实营造确保国家文化安全的市场秩序。在逐年加大政府文化投入力度的同时，着力改革投入方式，完善投入监督机制，形成职权明确、分级负担、财力与事权相匹配的事业单位投入机制。

在科技领域，国家强化了对科技发展的总体部署和宏观管理，完善科技、经济协同推进机制，为创新要素的合理流动提供体制机制保障；充分发挥市场机制配置资源的基础性作用，不断发展和完善产学研有机结合推动自主创新的机制；推进科技计划和科研经费管理制度改革，国家重点科技计划进一步突出服务国家目标导向、聚焦重大任务的功能，根据科研活动的规律和特点，加强科研经费的过程监管，改进科研经费使用的绩效评价，提高科研经费管理的科学化水平；按照“目标导向、分类实施、客观公正、注重实效”的要求，加强科学技术评价工作的宏观管理、统筹协调和监督检查，建立健全科学技术评价制度。

教育领域，以深化教育体制改革、人才培养体制改革为核心，加快重要领域和关键环节改革步伐。人才培养体制改革，更新人才培养观念，改革人才培养模式，改革教育质量和人才评价制度，实行小学、初中免试就近入学；深入推进高级中等学校考试招生制度改革，把综合素质评价和学业水平考试作为招生录取的重要依据；探索建立中国特色现代大学制度；完善中小学学校管理制度；深化公办学校办学体制改革，开展公办学校之间联合办学、委托管理等试验，探索公办教育多种实现途径；建立统筹有力、权责明确的教育管理体制；建立基本公共教育服务标准，实现基本公共教育服务均等化，维护教育公平和教育秩序；改进政府管理方式，更多地运用法规、政策、标准、公共财政等手段引导和支持教育发展，减少和规范对学校的行政审批和直接干预，落实和扩大学校办学自主权；完善社会参与机制，充分发挥中小学学校家长委员会和家长教师协会的作用，引导社区、家长参与监督学校管理。体育等其他事业组织也进行了相应的体制改革。

2. 实施分类改革

1996 年，中共中央办公厅、国务院办公厅印发《中央机构编制委员会关于事业单位改革若干问题的意见》，文件提出：合理划分党政机关与事业单位职责，行政管理职责原则上交归行政机关，党政机关分离出来的一些辅助性、技术性工作由事业单位承担。2005 年的《政府工作报告》提出要“积极稳妥地分类推进事业单位改革”，同年，党的十六届五中全会进一步提出“加快推进事业单位分类改革”，至此，分类改革正式成为国家层面的改革战略。2006 年中央编办制定《关于事业单位分类及相关改革的试点方案（征求意见稿）》，提出事业单位分类及分类改革意见。根据现有事业单位的社会功能，将其划分为承担行政职能的、从事公益服务的和从事生产经营活动的三个大类。2008 年 2 月 27 日中国共产党第十七届中央委员会第二次全体会议通过《关于深化行政管理体制改革的意见》，对我国事业单位改革的纵深推进做了如下部署：要求按照政事分开、事企分开和管办分离的原则，对现有事业单位分三类进行改革。主要承担行政职能的，逐步转为行政机构或将行政职能划归行政机构；主要从事生产经营活动的，逐步转为企业；主要从事公益服务的，强化公益属性，整合资源，完善法人治理结构，加强政府监管。推进事业单位养老保险制度和人事制度改革，完善相关财政政策。明确事业单位的概念和定位，也就是改革后的事业单位应具备什么样的特点和条件。应当注重总体规划、统一推进和综合协调，选择合理的投资模式，充分认识事业单位的经济属性和社会属性，事业单位要面向社会服务，确立以“顾客为导向”的公共服务模式，创造我国事业单位市场化改革的制度环境。

为了探索经验，2008 年国务院决定在山西、上海、浙江、广东、重庆进行事业单位改革试点。试点期间，全国有 9 个省、区、市出台或研究拟订了分类改革方案，13 个省、区、市对事业单位进行了摸底调查和清理整顿，7 个省、区、市对事业单位进行了模拟分类，13 个省、区、市推进了改革试点工作，其中进展较快的省、区、市已完成试点。在 2012 年公开发布《关于分类推进事业单位改革的指导意见》前，分类改革工作主要是选择了一些领域和若干地市开展分类改革的试点：一是合理划分政事职责，事业单位承担的行政职能划归行政机关，而政府机关承担的辅助性、技术性、服务性职能移交事业单位；二是重复设置、业务相近、规模过小、任务已完成或严重不足的事业单位予以撤销或合并；三是主要从事生产经营活动的单位转为企业，而部分行使行政职能的单位并入行政机关。此外，事业单位法人登记制度、引导和鼓励社会力量兴办公益事业、政府购买公益等改革逐步推进；人事制度改革以聘用制、岗位管理两大基本制度为中心展开，从而为固定用人向合同用人、身份管理向岗位管理转变奠定基础。

3. 深化市场化改革

在前期社会化改革的基础上，后期事业单位市场化改革主要集中在三个方面：一是部分科技、体育、文化事业单位和公用事业单位转企改制，实现部分事业单位企业化；二是扩大事业单位自主权，将过去单纯依赖政府财政拨款改为多渠道筹集资金；三是在社会事业发展中引入社会力量，进一步发展民办性质的学校、医院、文艺团体等。政府的主要举措包括：

第一，培育市场主体。以建立现代企业制度为重点，加快推进经营性事业单位改革，培育合格市场主体。完成一般国有应用型科研机构、设计单位、部分医疗机构、文艺院团、非时政类报刊社、新闻网站、后勤组织转企改制，拓展出版、发行、影视企业改革成果，加快公司制、股份制改造，完善法人治理结构，形成符合现代企业制度要求、体现企业特点的资产组织形式和经营管理模式。

第二，扩大自主权。根据各项事业的发展规律，合理划分所有权、行政管理权、事业单位经营管理权，加强对事业单位的宏观管理，减少微观干预，通过人事、财务、社保制度改革，扩大事业单位的自主权，吸纳有代表性的社会人士、专业人士、基层群众参与管理，增强面向市场、面向群众提供服务的能力。

第三，健全市场体系。加快发展各类事业产品和要素市场，打破条块分割、地区封锁、城乡分离的市场格局，构建统一开放、竞争有序的现代公共事业市场体系，促进事业产品和要素在全国范围内合理流动。如文化领域，重点发展图书报刊、电子音像制品、演出娱乐、影视剧、动漫游戏等产品市场，进一步完善中国国际文化产业博览交易会等综合交易平台。发展连锁经营、物流配送、电子商务等现代流通组织和流通形式，加快建设大型文化流通企业和文化产品物流基地，构建以大城市为中心、中小城市相配套、贯通城乡的文化产品流通网络。加快培育产权、版权、技术、信息等要素市场，办好重点文化产权交易所，规范文化资产和艺术品交易。健全文化经纪代理、评估鉴定、投资、保险、担保、拍卖等中介服务机构，引导行业组织更好地履行协调、监督、服务、维权等职能。

第四，积极促进社会力量参与公益服务。一方面，营造良好的政策环境，打造政策平台，降低市场准入门槛，鼓励支持社会力量参与公益服务的提供；另一方面，加强对社会公益组织行为规范的监管，完善有关收费标准、资产处置、收益分配、服务质量等政策，规范社会力量的公益服务行为。

第五，集中推动转企改制。转企改制是市场化改革的重点之一，教育、科研、卫生、文化以及勘探和勘察设计等部分事业单位都不同程度地走向社会、进入市场，面向服务对象进行服务。据不完全统计，改制以来，国务院事业单位人员减少 100 多万人，其中 60 多万人改制进入企业。其中科技和文化领域改革特别富有成效。1999 年，中共中央国务院印发《关于加强技术创新，发展高科技，实现产业化的决定》，对科研机构改革进行更全面系统的部署，其中强调应用型科研机构和设计单位实行企业化转制（转为科技型企业、整体或部分进入企业、转为中介服务机构等）。国家以技术开发类科研单位转制作为事业单位转制的突破口，一是直接推进技术开发类科研机构转变为企业；二是通过将这些机构进入企业的方式实行企业化转制。在政策的指导下，国务院10个产业部门所属的242个科研机构转变为科研型企业、整体或部分进入企业和转为技术服务与中介机构，并在这个过程进行管理体制改革。2000年，11个部委管理的134个技术开发类科研机构完成企业化转制，截至2002年底，中央和地方共有1 200多家技术开发类科研机构完成企业工商登记，转制成为独立的企业法人。科研类事业单位转制为企业，优化了科技体系，促进了创新主体多元化；提升了科研水平，增强科技创新能力；完善了科研机构的管理体制和运行机制。

2003年，为进一步完善社会主义文化体制，国家启动了文化体制改革试点工作。作为文化体制改革的重要内容和关键目标，国有经营性文化事业单位开始探索转企改制。2008年10月国办印发了《关于文化体制改革中经营性文化事业单位转制为企业和支持文化企业发展两个规定的通知》，明确了改革的配套政策措施，转企改制工作进一步拓展。截至2010年末，中央各部门各单位的出版社基本完成转企改制工作。在这个转制进程中，中央组建了中国科技出版传媒集团公司、中国出版集团公司、中国教育出版传媒集团公司等一批骨干文化企业。经过2010年来特别是近几年的改革深化，国有文艺院团转企改制已基本完成，面向群众与面向市场有机结合，发展活力不断增强。转企改制以来，全国总共核销6 900多家经营类文化事业单位，注销近30万人的事业身份。截至2012年9月，全国承担改革任务的580家出版社、3 000家新华书店、850家电影制作发行放映单位、57家广电系统所属电视剧制作机构、38家党报党刊发行单位已经全部完成转企改制；全国2 102家承担改革任务的文化系统国有文艺院团（不含保留事业体制院团）已有2 092家完成和基本完成转企改制、撤销或划转任务，占总数的99.5%。2012年，国家出台了《国家“十二五”时期文化改革发展规划纲要》，其中明确提出到2015年全面完成经营性文化事业单位转企改制。

4. 创新人事制度

1996年以来，国家先后发布《关于事业单位人事制度综合配套改革的意见》、《事业单位聘用制暂行办法》、《关于推加快推进事业单位人事制度改革的意见》、《关于在事业单位试行人员聘用制度的意见》、《事业单位岗位设置管理试行办法》、《事业单位工作人员养老保险制度改革试点方案》、《事业单位人事管理条例》等一系列政策法规，事业单位人事改革进一步巩固和深化。全面建立和推行人员聘用制；建立了选人用人实行公开招聘或考试制度、辞聘解聘制度；岗位管理制度全面推开；对事业单位领导人员实行了直接聘任、推选聘任、委任等多种任用形式；加大人才培养投入，推动人才培养投入主体多元化和市场化；大力发展并规范人才市场，鼓励人才合理流动，逐步实现人才资源配置的社会化、市场化；进一步深化事业单位内部分配制度改革，扩大事业单位的分配自主权，坚持以岗定薪、按劳分配和按生产要素分配相结合、效率优先兼顾公平的原则，积极探索岗位工资、技术要素参与分配、资本参与分配、津贴部分统筹、绩效工资、计件工资、年薪工资等多种分配形式。

2006年7月起，逐步建立事业单位岗位绩效工资制度。国务院决定从2009年1月1日起，按照义务教育学校、公共卫生与基层医疗卫生事业单位、其他事业单位三步走的方式实施绩效工资。通过改革理顺分配关系、规范分配秩序、完善激励机制。人事聘用制度全面推开，到 2011 年全国范围聘用合同签订率达到 90%；岗位管理制度全面推开；公开招聘成为事业单位进入基本渠道。养老保险制度和财政政策改革也在稳步推进，经过山西、上海、浙江、广东、重庆等地事业单位养老保险制度改革试点之后，2014 年中央做出决策，要逐步实现机关事业单位与企业养老保险制度一体化。2014 年国务院颁布《事业单位人事管理条例》（简称《条例》），对事业单位岗位设置、公开招聘和竞聘上岗、聘用合同、奖惩争议处理等人事管理主要环节作出了明确的规定。作为我国事业单位人事管理的第一部专门法规，《条例》的推行标志着我国事业单位人事管理进入了法制化的新阶段。

宽松的用人环境，灵活的用人制度，多样的分配政策，激发了事业单位的活力。事业单位实行以聘用制为主的用人制度，打破了人才部门所有、单位所有的壁垒，充分发挥市场机制配置人才资源的作用。单位用人找市场、个人择业进市场的双向选择机制，已经替代了国家统包、统配制度，充分落实了人才自由流动权和单位自主择人权。打破了事业单位分配上的“大锅饭”，按劳取酬、按贡献取酬，将工资收入与岗位职责、工作业绩、实际贡献挂钩，形成以业绩为取向的分配新机制，使收入分配向一流人才、关键人才倾斜。进一步扩大了事业单位的分配自主权，切实搞活了内部分配，允许资本、技术等生产要素参与分配，较大幅度地提高了专业技术人才和高层次管理人才的收入水平。建立并完善了人才市场体系，完善了人才市场的社会化服务功能，初步形成了全国人才市场网络体系，全方位地开展人才招聘、人事代理、人事考试、就业指导、人才培训、人才评价，为用人单位和人才提供功能比较齐全的社会化服务。

5. 健全服务体系

随着经济社会的发展，人民对公共事业服务的需求与日俱增，为了提高服务能力，政府和事业单位更加重视服务体系建设，着力提高基本公共服务的覆盖面和服务能力。

医药卫生事业单位围绕完善公共卫生服务体系、医疗服务体系、医疗保障体系、药品供应保障体系，着力抓好基本医疗保障制度、国家基本药物制度、基层医疗卫生服务体系、基本公共卫生服务均等化、公立医院五项重点改革，成效显著。在公共卫生服务体系建设上，着力加强重大疾病防控体系建设，完善卫生监督体系，加强妇幼卫生和健康教育能力建设，加快突发公共事件卫生应急体系建设，加强采供血服务能力建设，建立专业公共卫生机构、城乡基层医疗卫生机构和医院之间分工协作的工作机制，确保信息互通和资源共享，实现防治结合，国家基本公共卫生服务项目和重大公共卫生服务专项全面实施，基本公共卫生服务均等化水平进一步提高。在医疗服务体系建设上，着力优化配置医疗资源，大力发展非公立医疗机构，加强农村三级卫生服务网络建设，完善以社区卫生服务为基础的城市医疗卫生服务体系，加强区域医学中心和临床重点专科能力建设，加强城乡医院对口支援。居民卫生服务利用状况显著改善，个人卫生支出占卫生总费用的比重从已由 2008 年的 40.4%下降到 2013 年的 33.4%，个人卫生支出过快增长的趋势得到遏制，群众看病就医困难问题有所缓解。在医疗保障体系建设上，加快建立和完善覆盖城乡居民的多层次医疗保障体系，探索建立重特大疾病保障机制，切实解决重特大疾病患者的因病致贫问题，加强基本医保基金监管，健全管理经办机构，全面推进支付方式改革，结合基金收支预算管理和疾病临床路径管理，在全国范围内积极推行按病种付费、按人头付费、总额预付等多种支付方式，积极发展商业健康保险，完善补充医疗保险制度，基本医疗保障制度不断完善。截至 2014 年 6 月，城乡基本医保参保人数已经突破了 13 亿，其中职工基本医疗保险参保人数达到了 2.8 亿，城镇居民基本医疗保险参保人数达到了 2.9 亿，新型农村合作医疗参保人数达到 8.05 亿。在药品供应保障体系建设上，全面落实药品安全责任，强化药品研制、生产、流通和使用全过程质量监管，严厉打击制售假冒伪劣药品行为，制定和完善基本药物制度相关配套政策，提高基本药物供应保障能力，国家基本药物制度稳步推进。公立医院改革稳步推进，医疗服务行为进一步规范，卫生法制建设不断加强，相关法律法规制度进一步完善。

文化领域的公共服务体系建设也取得显著成效。按照公益性、基本性、均等性、便利性的要求，以公共财政为支撑，以公益性文化单位为骨干，以全体人民为服务对象，以保障人民群众看电视、听广播、读书看报、进行公共文化鉴赏、参与公共文化活动等基本文化权益为主要内容，完善覆盖城乡、结构合理、功能健全、实用高效的公共文化服务体系。加强公共文化产品和服务供给，加强文化馆、博物馆、图书馆、美术馆、科技馆、纪念馆、工人文化宫、青少年宫等公共文化服务设施和爱国主义教育示范基地建设并完善向社会免费开放服务，提高公共文化服务的数字化、网络化水平，把主要公共文化产品和服务项目、公益性文化活动纳入公共财政经常性支出预算，采取政府采购、项目补贴、定向资助、贷款贴息、税收减免等政策措施鼓励各类文化企业参与公共文化服务。加快城乡文化一体化发展，以农村和中西部地区为重点，加强县级文化馆和图书馆、乡镇综合文化站、村文化室建设，深入实施广播电视村村通、文化信息资源共享、农村电影放映和农家书屋等重点文化惠民工程，扩大覆盖、消除盲点、提高标准、完善服务、改进管理。广泛开展群众性文化活动，深入开展全民阅读、全民健身活动，推动文化科技卫生“三下乡”、科教文体法律卫生“四进社区”、“送欢乐下基层”等活动经常化。

教育领域按照普及普惠的要求，也进一步健全基本公共教育服务体系，建立以义务教育为核心、涵盖学前教育和高中阶段教育的基本公共教育服务体系，完善进城务工人员随迁子女、家庭经济困难学生和残疾学生的教育保障政策体系，基本建成服务全民的教育信息与资源共享平台。

科技领域以全面推进国家创新体系建设，不断完善新型的科技服务体系为目标，深入实施国家技术创新工程，加快以企业为主体、市场为导向、产学研相结合的技术创新体系建设；强化高水平科研院所和研究型大学建设，加快建立科学研究与高等教育有机结合的知识创新体系；引导构建军民融合、寓军于民的国防科技创新体系；推进各具特色、优势互补的区域创新体系建设；构建社会化、网络化的科技中介服务体系。倾力向社会提供研发设计、科研条件、创业孵化、技术交易、知识产权、投融资等专业化服务，重在建立起一个有利于各类科技服务机构、公共服务平台及科技服务人才健康有序发展的组织制度、运行机制和政策法规环境，引导各类科技服务要素向园区集聚，形成符合科技产业发展特色和科技创新体系建设要求，协作共享、运行高效、功能完备的体系网络，有力地促进了高新技术产业和现代服务业发展，促进了产业结构调整和优化。

8.2.4 事业单位运行中的问题

我国正处于全面建成小康社会、加速推进社会主义现代化建设的新阶段。一方面，在经济结构和社会结构发生变化的同时，人民群众的消费结构也发生了明显变化，对教育、文化、卫生、环境等方面的公益服务需求大幅提高；另一方面，人民群众的权益意识不断增强，对公益服务的公平性和公正性也有了更高的要求。我国事业单位改革也因此面临着以下几个新的难题：

一是结构失衡，机构重叠，条块分割严重。我国事业单位绝大多数是建立在原有的计划经济基础之上，而且建立当初缺乏统筹规划，造成了各自为政、条块分割的局面，事业单位均为部门所属，而且许多职能作用相同的事业单位一个部门一套，各自独立，如国家各部委、省（直辖市）及地级以上市的多数组成部门和直属机构基本上都设立了培训机构，有的部委、部门或直属机构甚至设立了两个或两个以上。经过几年的机构精简，这些机构虽有显著减少，但仍有一半以上的政府组成部门和直属机构设立了培训机构，有限的培训资源根本无法满足这么多培训机构的需求，造成严重的浪费。教科文卫领域虽经多年改革，在行业管理上取得不少进展，如医疗机构和教育机构大量划归卫生和教育行政主管部门管理，但总体上并未根本解决条块分割、各自为政的状况。

二是政事不分，事企不分，体制改革困难。政事不分、事企不分是我国事业单位管理体制的根本特征。多年以来的事业单位改革虽然已经触动了原有的事业体制，政府与事业单位、企业与事业单位的关系有了较大的调整和变化，政府过度干预的情况和事业单位过度商业化的情况得到了比较有效的遏制，但事业单位对政府的依赖或依附状况还没有根本改变，机构、编制、经费、发展规划等都要受政府控制，自主发展空间有限，缺乏应有的独立性，连内部的管理模式也是照搬行政管理模式。有些事业单位凭借政府的授权，扰乱市场经济秩序，用公共资源为小集团谋利。很多事业单位仍然依附于主管部门，人员混岗使用，职能协同完成，或者以政代事，主管部门包揽了本应该由事业单位承担的社会性公共服务职能；或者以事代政，事业单位承担了主管部门的行政管理职能，不但弱化了事业单位自身的社会服务职能，还导致政府与所属事业单位之间的“裁判员”和“运动员”的关系错位，甚至使事业单位在市场经济中既当“裁判员”又当“运动员”，在一定程度上扰乱了市场竞争秩序。存在这一问题的主要原因有三个：其一，主管部门人员编制少，但由于简政放权不到位使得工作繁杂、任务量很大，只好通过事业编制和人员来解决这一矛盾，形成机关与事业“捆绑”运行。其二，事业单位任务不足，缺少市场竞争力，部分丧失或基本丧失了存在的意义，不得不依靠主管部门的职能来维持其生存与发展。其三，主管部门越位，沿袭过去的思维和做法，把事业单位作为自己的附属，不肯放权，不愿变管理为服务。政事不分、事企不分，使得某些事业单位的性质非政非企，亦政亦企，多重身份，在行政权力与市场利益之间左右逢源，这种错综复杂的局面使得事业单位改革的方向难以确定，改革步履维艰。

三是机构臃肿，人员膨胀，财政压力加大。由于历史原因，我国的社会事业基本上都是国家出资设立的事业单位，形成了“国家办事业、管事业、养事业”的统包局面，财政包揽项目过多，对事业单位承担无限责任，所以事业单位也成了机关改革的人员分流“泄洪区”，社会人员选择就业的理想“安乐窝”，从而导致事业单位人员不断膨胀，财政负担沉重。迄今为止，我国共有事业单位 110 多万个，纳入事业单位编制的人员近 3 000 万人，而实际上很多事业单位都存在着超编和编外用人现象。尽管社会化市场化改革减少了一些机构和人员，也有一些事业单位实行了部分拨款或自收自支，但就总量来说，多数事业单位仍然是靠财政供养。随着社会对公共事业的需求和质量要求的提高，全社会事业的规模和投入还将逐年增长，面临着财政供养的可持续性问题。目前，基层和老少边穷地区的财政能力有限，供给不足问题屡见不鲜，有限的供应资金大多数又被事业单位“人头”吃掉，只有“吃饭钱”没有“干活”钱，有的甚至连“吃饭钱”也难以为继。所以，需要深入探讨如何适当瘦身减负，动员社会力量参与公共事业产品生产和服务供给。

四是分类改革，人员分流，改革配套措施相对滞后。我国事业单位改革面临的一大难题是分流人员多。这些人员除了计划经济体制下原有的职工，还包括在国有企业改革时大量流入的人员，政府机构改革时挤进的人员，和大学生分配、军转干部分配时照顾的人员。正是由于事业单位体制改革相对滞后，才使事业单位事实上成为国有企业改革、政府机构改革的“避风港”，使事业单位规模日益扩大，为事业单位改革带来前所未有的人事与分配等方面的压力。事业单位改革是个系统工程，错综复杂，各项改革齐头并进，每一项具体的改革都不是彼此孤立的，都会牵涉到其他的改革，牵动着不同的群体，需要配套制度保障，但改革内容千头万绪，牵涉面广，时间紧迫，改革所需的配套措施很难一步到位。规范事业单位的法律法规、社会保障制度、监管制度、完善的公益治理和服务制度也难以在短时间内配套出台。这不仅会给改革带来困难，也增加了改革的不确定性和风险。

五是利益多样，诉求不同，改革阻力巨大。事业单位改革，最核心的问题就是利益调整，削减少部分人的利益，以增加社会公众的利益。由于事业单位以及与之相关的机构是利益既得者，其自身的改革动力小，改革意愿不强。一些事业单位的主管部门认为改革就意味着部门利益的丧失，难以主动割断与所属事业单位的利益关系；一些事业单位领导唯恐自身权力失落，对改革消极对待；对不少职工来说，改革意味着以后要告别“铁饭碗”，前景预期不佳，对改革也持反对态度；而那些有政府后台的、行使行政事业性收费职能的事业单位的集团利益的转移就更是困难。此外，更为重要的是，事业单位多是我国精英集聚之地，他们的素质高，有较强的谈判能力，当自身利益受到损失时，他们会成为改革的阻碍力量。

因此，需要进一步明确改革目标任务，制定改革战略，协调相关部门和利益关系，严密筹划，精心组织，稳步推进。

8.3　深化公共事业管理体制改革的基本思路

如上所述，改革开放以来，我国公共事业管理体制的改革已经取得了重大进展，但由于主客观条件的限制，公共事业管理体制的改革还相对滞后，这在一定程度上影响了公共事业自身的发展，也影响了经济体制改革和政府机构改革。为了提高公共事业服务供给能力和水平，满足社会对公共事业服务日益增长的要求，必须加速推进中国现行公共事业管理体制改革。

8.3.1 继续推动政事分开、管办分离

政事分开的实质就是祛除事业组织的“行政化”。首先是政事职能分开。这就要求清晰界定和划分政府与事业组织各自的职能边界，由从属、控制的关系转变为平等、合作的关系。目前，相当数量的公共事业单位依然仰赖或附属政府，不能同企业一样成为市场主体；政府部门也紧抓事业单位不放，政事不分现象严重，其原因主要在于政事职能界定不清。所以，为了推进政府机构改革和公共事业管理体制改革，必须明确政事职能范围，明确政府对公共事业的管理主要体现在制定法律、政策和其他规则，制定发展规划，运用法律的、经济的和行政的手段调节公共事业的发展等宏观层面，将公共事业的微观管理权和自主权完全交由公共事业组织；取消公共事业组织的行政级别和行政隶属关系，以科学、民主的方式建立领导决策机构，推动科学决策、自主经营；逐步明确事业产权归属，引导事业单位走上社会化道路，将行政机关中一些与其管理职能混淆在一起的辅助性、技术性、服务性事务从行政机关中划出去，交由事业单位承担，将少量现由事业单位承担的政府职能交还政府部门。对受客观条件限制一时无法实现政事分开的公共事业单位，可作为过渡，授权其承担相应的行政职能，但对此类事业单位必须在数量、规模等方面严格加以控制。

其次，政事分离还要求政事机构编制和规范分开。对政事合一的机构，在行政机构改革时或定为行政机构，或将政府的职能分离出去，转为事业单位。当然，这种机构从量上来看，只是个别或少数，但还是要严格限制，同时，要制定切实可行的措施，严格编制管理，使行政机关和事业单位编制脱钩。取消事业人员的行政编制，实行聘任制，统一采用事业编制。再从规范、级别来看，事业单位的服务性质决定其不宜同计划经济时代那样，套用不同行政级别，要弱化以至于最终取消事业单位的行政级别，建立起一套符合事业单位自身特点的等级规格。

最后，政事管理方式和机构名称分开。事业组织在机构名称等级、劳动人事、工资福利、目标考核、财务管理、组织运行等方面，均应与行政机关脱钩，建立独立的事业运行机制和管理方式。在管理方式上应坚持：(1) 运用法律手段，使管理更加规范；(2) 通过年度报告制度，实现对事业单位的“跟踪”管理；(3) 为公安、税务、社会保障等有关部门的相关管理提供依据；(4) 通过证书、公告和查询等登记管理手段，将事业单位置于社会的监督之下。政事机构从名称上也要分开。事业单位的名称要突出体现事业单位的特点，应简单明确、规范统一，做到名副其实。如院、校、所、台、社团、中心、团等，不宜再同行政机构名称相混用，如称厅、局、部等。此外，还要将行政经费和事业经费分开，防止政府及其人员占用或挪用事业经费。

8.3.2 实施分类改革战略，完善公益服务体系

2012 年，中共中央、国务院颁发了《关于分类推进事业单位改革的指导意见》，为贯彻落实文件精神、切实做好分类推进事业单位改革工作，国务院办公厅于 7 月发布了九个配套文件。这是中央立足当前、着眼长远做出的重大决策部署，充分体现了改革开放和社会主义现代化建设事业的新形势新任务新要求。

改革的指导思想是高举中国特色社会主义伟大旗帜，以邓小平理论和“三个代表”重要思想为指导，深入贯彻落实科学发展观，按照政事分开、事企分开和管办分离的要求，以促进公益事业发展为目的，以科学分类为基础，以深化体制机制改革为核心，总体设计、分类指导、因地制宜、先行试点、稳步推进，进一步增强事业单位活力，不断满足人民群众和经济社会发展对公益服务的需求。

改革的基本原则是坚持以人为本，把提高公益服务水平、满足人民群众需求作为出发点和落脚点；坚持分类指导，根据不同类别事业单位的特点，实施改革和管理；坚持开拓创新，破除影响公益事业发展的体制机制障碍，鼓励进行多种形式的探索和实践；坚持着眼发展，充分发挥政府主导、社会力量参与和市场机制的作用，实现公益服务提供主体多元化和提供方式多样化；坚持统筹兼顾，充分发挥中央和地方两个积极性，注意与行业体制改革、政府机构改革等相衔接，妥善处理改革发展稳定的关系。

事业单位分类改革的主要任务是建立具有中国特色的公益服务体系，满足人民日益增长的公益服务需求。事业单位分类改革的根本目的，是促进公益事业发展、满足人民群众公益服务的需求。改革不是简单地减人、减机构、甩包袱，更不是把事业单位搞小变弱。随着经济的快速发展，我国正在迈向小康社会，人民群众的公益服务需求高涨，呼唤政府提高公益服务的生产和供给能力，但是在计划经济时代建立起来的事业单位系统存在着政事不分、企事不分、管办合一的体制问题，政府组织、事业单位和社会力量的作用深受局限，治理水平、运行效率、结构布局都存在程度不同的问题，无法有效调动各方的积极性和创造性，无法满足人民日益增长的科技、教育、卫生、文化、福利等公益服务需求，也不利于达成公平公正的目标。因此，需要在中国特色社会主义理论的指导下，深入贯彻落实科学发展观，以提高公益服务水平、满足人民群众需求作为出发点和落脚点，以科学分类为基础，以深化体制机制改革为核心，充分发挥政府主导、社会力量参与和市场机制的作用，充分发挥中央和地方两个积极性，深化事业单位改革。所以，检验这项改革成败的标准，就是要看它是否有利于调动事业单位各类专门人才和广大职工的积极性，是否有利于公益事业资源的优化配置和促进基本公共服务均等化，是否有利于事业单位服务功能的充分发挥和社会事业更好更快发展。

事业单位分类改革必须从实际出发，分阶段、有步骤地推进。鉴于事业单位类型众多，情况复杂，改革牵动千家万户，不可能一蹴而就，所以，要根据中央部署分阶段依次推进。从 2011 年到 2015 年的阶段性目标是：在清理规范基础上完成事业单位分类，承担行政职能事业单位和从事生产经营活动事业单位的改革基本完成，从事公益服务事业单位在人事管理、收入分配、社会保险、财税政策和机构编制等方面改革取得明显进展，管办分离、完善治理结构等改革取得较大突破，社会力量兴办公益事业的制度环境进一步优化。该阶段主要是针对目前存在的政事不分、事企不分、管理体制运行机制等方面存在的突出矛盾和问题，对体制机制的关键环节进行改革，力求一段时间内见到成效，为实现总体目标奠定基础。从 2016 年到 2020 年实现总体目标：建立起功能明确、治理完善、运行高效、监管有力的管理体制和运行机制，形成基本服务优先、供给水平适度、布局结构合理、服务公平公正的中国特色公益服务体系。两个阶段目标是远近结合、梯次推进、分步实施的关系。

为了完成改革任务，必须重点对事业单位进行分类，在此基础上采取不同的改革战略。首先，要清理规范现有事业单位。对未按规定设立或原承担特定任务已完成的，予以撤销。对布局结构不合理、设置过于分散、工作任务严重不足或职责相同相近的，予以整合。其次，按照社会功能将现有事业单位划分为承担行政职能、从事生产经营活动和从事公益服务三个类别。最后，根据不同类型事业单位的属性与特点制定改革战略：对承担行政职能的，严格职能审查，将属于政府的职能划归相关行政机构，但主要通过行政管理体制和政府机构改革中调剂出来的空额逐步加以消化解决，不得突破政府机构限额和编制总额；工作任务不足的予以撤销或并入其他事业单位。对从事生产经营活动的，以转企改制为重点，按照有关规定进行资产清查、财务审计、资产评估，核实债权债务，界定和核实资产，依法核定国家资本金，注销事业单位法人，核销事业编制，进行国有资产产权登记和工商登记，并依法与在职职工签订劳动合同，建立或接续社会保险关系。对从事公益服务的，继续将其保留在事业单位序列，并进一步创新体制机制，确保其公益属性和生机活力。这类事业单位是这次改革的重点，改革的重点是进行管理体制改革，建立健全法人治理结构，深化人事制度和收入分配制度改革，推进社会保险制度改革，强化监督管理和党的建设。这类单位根据举办宗旨、业务范围、活动性质、市场化程度、经费保障程度的不同，具体划分为纯公益性和准公益性两个小类。两个小类要进行差别化管理。此外，要探讨如何更好地支持和激励民间力量和资本参与公益型事业的投资与管理。

要顺利推进事业单位分类改革必须面对许多实际问题，着力设计出合法性、科学性、可行性、协调性、可操作性的改革实施方案；妥善解决未聘人员分流安置问题；合理解决改革成本分担问题；有效增强改革动力，做到改革政策前后左右内外衔接，全面推进与重点突破相结合，由易到难、由解决问题到制度构建，改革措施协调配套，实现良性互动。

8.3.3 创新管理制度，实现科学管理

参照世界先进国家的管理经验，结合我国公共事业管理的实践，完善公共事业管理制度，是深化公共事业管理体制改革的重要任务。①

1. 健全公共事业管理体制

首先，要明确不论公共事业如何发展、变化，政府始终承担着公共事业宏观管理的责任，如制定公共事业发展目标、规划、法律、政策、方针、规则等。其次，实行国家事业所有权、经营权和管理权的分离，重新划分、调整和规范政府与事业组织之间的权、责、利关系，切实转换政府与事业组织的角色和职能，建立现代事业制度，实行事业制度创新。一方面，根据政事分开、举办权与经办权分离以及治事与用人相统一、财权与事权相统一的原则，对于由政府举办的公共事业组织，政府要行使举办者的权利，在产权、财权、领导任免权方面行使职能，同时建立科学合理的考核评估体系。另一方面，对属于经办权的权利，如内部人事调配、聘用、分配等，又要依法赋予公共事业组织自主权，充分发挥事业组织的积极性。对于政府和社会共同兴办的公共事业组织和主要由社会渠道兴办的公共事业，在政府具体管理权限、政策、方式上应有所不同，形成多元化的管理体制。

---

① 参见成思危：《中国事业单位改革——模式选择与分类指导》，289～300页。

2. 建立现代事业单位法人治理结构

由于严重依赖行政命令、内部管理权利配置不平衡，加之社会监督机制尚未健全，我国事业单位的管理模式尚处于“内部管理依赖行政，外部监督形同虚设”的状态。因此，应该着力建立现代事业法人治理结构，即要对事业单位的出资者（捐赠者）、决策者、管理者、监督者各个角色的权利加以明确区分，进而建立起清晰而分工明确的权力机构、决策机构、执行机构和监督机构，使各个机构的权力与职责都得以确定和明确，各司其职，相互配合。事业单位法人治理结构的建立应遵循治理结构、治理机制、治理规则相结合的原则，从治理结构、治理机制与治理规则三个方面着手。在治理结构上有两种模式可供选择：一是以理事会为基本构架的治理模式。主要由理事会和行政负责人组成，其中理事会是决策和监督机构，行政负责人则为执行机构。这种模式适用于投资主体单一的事业单位，即国家投资举办的事业单位，因而无须明确股权结构。二是以董事会为基本构架的治理模式。设立股东会、理事会和行政负责人。股东会为权力机构，理事会为决策和监督机构，行政负责人为执行机构。这种模式主要适用于由社会力量举办的、投资主体多元的事业单位。各事业单位可根据其自身情况选择合适的结构模式。在治理机制上，包括用人机制、激励机制和监督机制三种。用人机制是为保证理事会的人员组成和行政负责人的优化合理和有效发挥作用，包括将理事选任程序制度化、建立市场化的高级主管聘任制等；激励机制旨在有效发挥管理人员和行政负责人的管理积极性，包括建立公正透明的行政负责人绩效评价标准和程序、建立薪酬与绩效和个人业绩相联系的长期激励机制；监督机制只为保证监督者对执行层监督的有效性，通过建立责任制、绩效评价和信息披露等制度，发挥制度的刚性监督作用。在治理规则上，主要包括《理事会议事规则》、《行政负责人工作细则》、《治理信息披露规则》等。诸如此类的治理规则的制定可以保证事业单位法人治理机构的科学决策和高效运作。

3. 建立多元化的事业投资与经营补偿制度

公共事业的公益性和非营利性决定了公共事业组织普遍缺乏自我补偿与自我投资的能力。因此，构建多元化的公共事业投资与经营补偿机制，是确保公共事业永续发展的重要路径。在西方发达国家，公立或私立的公共事业机构普遍实行多样化的混合投资补偿机制。例如，美国的各种非营利机构的主要财源就包括政府合同与拨款、基金会的拨款、私人公司的捐赠与拨款、私人捐赠和自身的经营财务收入等。借鉴国外先进经验，结合我国实际，应建立政府财政投资与补偿、事业自我经营补偿、社会投资捐资与补偿、事业政策优惠与扶持补偿等多元化的公共事业投资与经营补偿制度，形成政府投入扶持、社会积极参与、事业组织自我造血的多种机能，促进各项事业的全面发展。

4. 建立新型的人事制度

改革开放以来，公共事业人事制度进行了相应的改革。但总的来看，公共事业单位的人事制度与社会主义市场经济体制还很不适应，聘用制的实行还不规范、不完善、不广泛，竞争机制和自我约束机制还不健全，改革措施不够配套。因此，要深化改革，建立适应社会主义市场经济体制需要、符合公共事业单位各自特点的政事职责分开、单位自主用人、人员自主择业、政府依法监督、科学分类管理、配套措施完善的人事管理体制，增强公共事业单位的生机和活力。具体措施包括：建立科学民主的事业领导制度，由事业组织的创建人与各方出资人，分别指定、推选或委托一定数量的代表，依法拟订事业组织章程，组成理事会、董事会或其他形式的领导决策权力机构，经董事会批准，通过委任、选任、聘任等多种形式产生公共事业组织的行政负责人；逐步取消事业单位的行政级别和管理者的干部身份，落实事业单位用人自主权，加快推行聘用制，本着“公开、平等、竞争、择优”的原则，通过签订聘用合同，以契约形式确定单位和个人的工作关系，明确双方责任、义务、权力，形成以聘用制为基础的用人制度；健全符合事业单位专业技术人员特点的管理制度，公共事业单位应根据专业和学科发展趋势科学合理地设置专业技术岗位，对责任重大、社会通用性强、事关公共利益的岗位职务应建立执业资格制度；建立事业单位职员等级制；完善事业单位工人职业技能鉴定制度和工人等级制度，优化工人队伍；建立科学合理的竞争考核制度，在事业单位内部引入竞争机制，克服能上不能下、能进不能出、干多干少一个样的弊端，优化人才配置，实行严格的考核制度，以便确定人员的续聘、辞退、晋级、增资、奖惩；建立更加科学合理的分配制度，坚持以按劳分配为主体、多种分配方式并存的原则和效率优先、兼顾公平的原则，逐步理顺事业单位不同人员的分配关系，实行区别于政府部门的薪酬制度和奖励制度，根据事业单位完成任务的总体情况和具体业绩，实施奖励和惩罚；打破社会保障二元分立，建立健全能沟通体制内外、与市场经济相适应的统一的就业、医疗、退休养老等社会保障体系；在人事监管上，建立起人员总量、结构比例、收入分配的宏观调控体系，形成宏观管理、政策监管和个案争议处理相结合的监管机制。

5. 建立新型的事业财务管理制度

首先，建立规范化的事业组织国有资产管理制度，使公共事业组织中的国家资产得到科学有效的管理，防止国有资产流失，提高其使用效益，确保国有资产保值增值；其次，建立事业组织的成本核算制度，有效地控制各项公共事业的经营成本，考核公共事业的经济管理绩效，从而提高公共事业投资效益；最后，建立统一的事业组织经费收入与支出管理制度。在市场经济条件下，事业组织的经费来源呈现多元化，为了避免出现大量的预算外资金，并防止有人利用“事业”组织逃避税收或转移资产，必须建立新的事业财务管理制度，强化对事业组织的各类收入和支出的管理，确保公共资金用于公共事业。

6. 建立多元化的事业监督管理制度

第一，科学设立监管机构。监管机构的主要职责是：制定具有法律效力的行为规则和管制标准；颁发和修改事业单位服务准入许可；对相关事业单位的服务内容、质量、价格进行监督和依法依规处罚；调查事业单位的运营状况并合理公开相关信息；听取专家和社会人士对相关事业单位提供服务情况的意见并适时提出改进意见；等等。第二，切实做到依法监管。只有建立在法律法规基础上的监管，才是公平、公正和强有力的。为此，要抓紧建立事业单位从资格准入到服务运营再到撤销退出全过程的一整套法律法规。特别要加强针对事业单位非营利性等特点设立的约束性法规，以及根据事业单位的不同类别设立的专业性法规。第三，实行事业目标管理，各类事业组织必须具有明确的公共目标，包括国家公共事业目标与地方公共事业目标；还必须建立相应的目标管理制度，以督促其完成各项事业任务。第四，实行事业编制约束管理，根据各类事业组织的实际情况，制定科学合理的事业人员编制标准，防止“因人设事”而导致冗员冗衙。第五，建立规范化的事业财务审计制度，强化事业财务监督。第六，建立事业评估制度。为了克服公共事业发展中存在的严重的只问投入、不问效益与收益的问题，要开展事业评估，运用各种科学的评估方法和技术评定并公布各类事业机构的等级、绩效、规格、水平、名次等，以利于民主监督，并强化竞争意识。

7. 完善法律法规

首先，要明确有关事业单位设立的依据。事业单位是政府为公共行政目的而设立，作为公法主体，其设立依据包括宪法、组织法或其他相关行政实体法。其次，明确法人地位，保障合法权益。法人是具有民事权利能力和民事行为能力，依法独立享有民事权利、承担民事义务的组织。建立比较完善的事业法人制度，有助于实现国家事业所有权、经营权与监督管理权的分离，从而有利于实现政事分开、企事分开，建立独立的事业主体，使其拥有必要的经营自主权并承担相应的责任。现行的《民法通则》还没有专门的事业法人规定，依然确认国家事业单位具有与国家机关相同的法人地位，从法律上肯定了行政事业一体化的制度安排。因此，必须进一步在法律上加以完善，确认事业单位的非政府、非企业的性质，确立其独立的事业主体地位，使其拥有必要的独立财产，具有必要的权利、行为和独立承担相应责任的能力，可以依法自主地开展活动，为实现政事分开、企事分开奠定基础。再次，健全公共事业的法律法规体系。目前涉及公共事业的法律、法规的数量不少，如《宪法》中要求政府举办公共事业，《民法通则》规定了事业单位法人是法人的一种，《教育法》、《科技进步法》对教育科技机构的法律规范，行政法规除了《事业单位登记管理暂行条例》、《事业单位人事管理条例》外，还有诸如《医疗机构管理条例》、《出版管理条例》等类似的事业行政法规。此外，各有关部门还颁布了大量的行政规章。在这些法律规范中，层次较高的立法比较少，具体的行政规章比较多；全面系统的法律法规少，部门的规定多，显得比较零碎。这一状况对公共事业的整体发展和规范是不利的。因此，要加强以下几类立法工作：一是公共事业的组织法规，如《公共事业法》，其内容包括公共事业组织的界定、性质、宗旨、作用、组织形式、职能、法律地位和责任、设立条件、审批程序、管理体制、财产关系、内部治理、人员保障、与政府和社会的关系、监督制度等。二是事业单位的行为法规，如事业单位注册登记、筹集资金、招聘人员、接受捐赠、合作开发、委托代理、提供服务等方面的法律。三是鼓励公共事业发展、保护公共事业组织权益的法律，如志愿服务、税收减免、财政支持与补助、行政诉讼、行政赔偿等方面的法律。通过健全相关法律法规，使公共事业得以规范发展。最后，要提高立法层次，增强权威性。一是服务型政府建设应当纳入行政法治轨道，事业单位改革也要改变政策依赖的路径，体制机制创新不能以突破甚至牺牲法治为代价。二是有关公共服务的立法事关社会公共资源的配置以及事业单位的法律地位，应当主要通过民意机构来立法而不是行政立法。如果由行政机关主导事业单位的立法，有关事业单位的立法被视为行政领域的事务，势必会带来行政立法无法超脱的自身利益倾向从而加剧事业单位泛行政化现象，以及因行政立法位阶低而产生的权威性不够的问题。

8.3.4　深化社会化改革，鼓励民资参与

社会化既非市场化也非民间化，其实质是打破政事一体化格局、赋予事业组织法人地位、引入竞争激励机制、拓宽民间参与空间，进而高质高效地为公众提供公共事业服务。

社会化主要包括五方面内容：

一是组织社会化。改变事业组织依附政府的状态，成为自我管理、自我约束独立的法人实体，回归其非营利、非政府、公益服务的本质属性。同时推动兴办主体的多元化，在

由财政扶持的教育、科技、文化、卫生、体育等事业领域，应顺应社会主义市场体制的发展，本着讲求社会效益、注重经济效益的精神，统筹规划、全面改革，尤其要针对公共事业资金不足的问题，建立多元化的社会资金筹措机制，根据区域社会发展的总体规划和社会的公共需求状况，动员社会力量兴办各类公共事业，培育和发展社会中介组织，鼓励国内外经济、社会组织和公民个人广泛参与公共事业的发展，形成多元化的公共事业发展格局。

二是服务社会化。打破条块分割、部门所有的限制，按照消费引导生产的原则，依据公众需求确定事业服务的供给。要逐步对原有的部分公共事业单位进行转制改革。现有的部分公共事业单位要逐步用产权制度改革的办法实行股份制和民营化，通过社会法人、自然人购买产权，实现公共事业单位投资主体多元化，从而促进公共事业单位运行机制的转换和社会公共事业的发展。进行产权制度改革的事业单位必须严格按照企业改制程序组织实施，通过改制实行资产置换。国有、集体资产管理部门依法对事业单位中的国有股、集体股实施监督管理，保证国有资产的保值增值。对小型的事业单位可通过个人合伙购买的办法转为民营。民办事业必须有挂靠单位，接受挂靠单位应是所在地业务行政管理部门，切实做到依法设立、依法活动、依法管理。

三是配置社会化。改变行政单一化配置事业资源方式，以社会需求为导向，运用社会、市场、行政等多种方式进行配置，提升事业资源的配置效率。改变现有公共事业部门办社会的局面。现有公共事业部门依然承担着大量本可以由社会或市场承担的工作，如后勤保障和服务。因此，应大力推进公共事业部门的改革，以社会化、市场化的运作方式，为公共事业部门减负，使之轻装上阵。如在教育系统，应尽快出台新的核编标准，学校的从业人员应多为专业技术人员，趋向于知识技术的密集化，在编制上严格执行定编标准，实行严格的计划管理，强化内部人员结构管理，严格控制非专业技术人员比例的增长。对后勤及富余人员应按现代企业机制，进行双向选择、公开招聘、竞争上岗、择优聘用，实行聘任合同制的管理。学校后勤经费由行政拨款改为服务收费，后勤实体要严格成本核算，通过面向社会、面向市场、广开门路、多元筹资，自主经营，有偿服务，做到有序竞争。长期以来，后勤在高校比重过大，严重影响了高校的办学效益。从机构改革、精简财政的迫切需要出发，后勤作为服务岗位应从管理部门中分离出来，不再占用教育经费，实行经费自理，逐步与学校分离，实现社会化，从而降低管理成本，提高工作效率。

四是保障社会化。社会化意味着社会事业社会办、事业组织走向社会，原来的“国家人”、“单位人”将变成“社会人”。需要完善事业组织的养老、医疗、失业等保险制度，并统一纳入到社会保障体系之中，为事业的健康可持续发展建立保障“安全网”。

五是投资多元化。在事业单位改革过程中，应高度重视和发挥社会力量在公益服务中的积极作用，构建提供主体多元化、提供方式多样化的公益服务新格局，努力为人民群众提供广覆盖、多层次的公益服务。其一，进一步完善《社会团体登记管理条例》、《民办非企业单位登记管理暂行条例》和《基金会管理条例》等法律法规。借鉴民办教育发展的经验，出台鼓励民办公益科技、卫生、文化等特别法。改革社会组织登记的双重管理体制。其二，充分认识社会力量兴办公益事业的意义，加大政策对社会组织的扶持力度。对社会力量兴办公益事业的，放宽准入领域，适当降低准入门槛，在设立条件、资质认定、职业资格与职称评定、税收政策和政府购买服务等方面，与事业单位公平对待，并切实加强监管，引导其健康发展。完善《企业所得税法》、《个人所得税法》的实施条例，明确企业或个人向民办非企业单位的捐赠属于公益性捐赠，按税法规定给予税前扣除，鼓励企业、社会团体和公民个人捐赠公益事业。其三，从内部完善社会组织的治理结构和管理水平，从外部加强政府和社会力量的监督。有必要进一步规范和引导社会组织的治理结构，完善社会组织的民主选举与民主决策程序，鼓励有不同专业背景、热爱公益事业的社会人士担任社会组织的理事或监事，对有突出贡献的，给予奖励与表彰。同时，培育志愿性的理事文化，加强对理事和监事的培训。另一方面，还应鼓励建立民办非企业单位和行业协会，促进行业自律；大力发展独立第三方的评估机构等支持性、中介性的非营利社会组织，发挥社会监督的作用。

此外，还要充分发挥市场机制作用，完善扶持政策，充分发挥市场在公益事业领域资源配置中的积极作用，为社会资本投资创造良好环境，推动相关产业加快发展。

8.3.5　实现服务供给广覆盖和均等化，促进社会公平

我国目前还处在社会主义初级阶段，国情决定了政府举办公共事业既无法全部包揽公益性事业，更无法保证让所有公益事业在高水平上运作，只能有所选择、有所侧重，客观上无法完全满足全民日益增长的公共事业需求。同时，我国的社会主义性质又要求我们兼顾到人们受教育的权利、获得知识的权利、获得文化服务的权利、享受医疗保健的权利等，发展公共事业必须坚持“广覆盖”的原则，因此，要理清国家与社会、政府与市场的界限，使其合理分担公共事业管理与发展的责任，充分调动社会力量办公共事业，借助市场力量和机制，达到公共事业的供求平衡。

公共事业管理中，政府必须承担起公共事业目标责任者的职责，确保义务教育、医疗卫生等公共产品的有效提供与公平分配，确保人民群众共享公共事业改革的成果。我国 30 多年的改革发展取得了举世瞩目的成就，但是过于注重经济上量的积累，对于社会发展兼顾不够，“一头重、一头轻”，“一条腿长、一条腿短”的问题比较严重，造成公共事业服务的提供存在着显失公平的状况。事业服务供给的均等化不是平均化，而是基于公平原则，把贫富差距控制在合理的范围之内，促进区域之间、城乡之间事业服务协调推进和完善。事业服务的均等化应从发展与改革，财力与制度，供给与需求，国家、市场与社会等角度整体把握，逐步实施。就我国目前来说，事业服务供给均等化主要体现在城乡均等化、区域均等化和群体均等化三个方面。

首先，要实现城乡均等化。新中国成立以来的城市优先发展战略，使城乡公共事业发展存在巨大差距，农村公共事业发展滞后的现象非常严重。为使公共财政的“阳光”普照农村，实现城乡公共事业均等化发展，就要改变重城轻乡的发展战略，建立城乡一体化的公共事业发展机制：一是进一步调整国民收入分配结构，建立起工业反哺农业、城市反哺农村的新机制；二是统筹国债资金投放，增加农村投入比例；三是通过财政补助、税收、价格等政策，引导农民或民间企业搞一些基础设施建设。

其次，要实现区域均等化。区域均等化是指让不同的区域尽管在经济发展方面可能有先有后、有多有少、有快有慢，但在基本公共服务提供方面要与整个国家经济社会发展保

持大体平衡。为此，要通过进一步调整转移支付的结构，日益改进转移支付资金的分配方式，规范和调整财政转移支付办法，逐步实现公共事业服务供给的区域均等化。

最后，要实现群体均等化。群体均等化是指不同社会群体在分享基本公共服务方面也要保持大体均衡。主要是通过加大对事业服务的投入，切实把投入部分尽可能多地体现在大多数群体身上，真正实现全体成员共享改革发展的成果。

当前，要特别注意加快发展农村、欠发达地区和民族地区公益事业，实现基本公共事业服务供给的广覆盖。在此基础上，运用法律、政策工具，采取有效管理体制和措施，逐渐缩小城乡之间、地区之间、群体之间公益服务水平差距，切实解决广大农民和城市低收入群体医疗、教育、文化等公益服务需求的质量问题，让城乡居民能够公平享用公共事业领域改革开放与发展的成果。要优化公益服务资源配置，合理规划布局，科学设置事业单位，打破条块分割和行政区划界限，推进资源共享。创新公益服务提供方式，完善购买服务机制，提高服务质量和效率。

事业单位改革是一项复杂的系统工程，牵涉面广，风险性较大。在制定改革措施时要综合考虑政治、经济、文化等基础，要兼顾各个方面的利益要求，体现过渡性。同时，推进各项配套改革，做好必要的保障工作，把改革的力度和社会的可承受度有机结合起来，加强宏观把握、统筹兼顾、平稳衔接和合理配套，协调有序地推进改革。

本章小结

1. 传统公共事业管理体制是高度集中的政治、经济体制的产物，具有高度行政化、主体单一化、资源配置非社会化、职能扩大化等特征。在经济体制改革不断深入的背景下，突出地表现为机构重叠、人员膨胀，政事不分、职责不明，管理僵化、缺乏活力，结构失调、效率低下等弊端，改革势在必行。

2. 党的十一届三中全会以来，我国对公共事业管理体制进行了改革，前期改革的主要措施有：放权和搞活；创收、让利和免税；开放、协作和联合；国家、集体和个人一起上；业余兼职、停薪留职和人才交流。1996 年以来，国家本着科学化、社会化、多样化、制度化的精神，着力于公共事业管理体制改革，实施分类改革，深化市场化改革，创新人事制度，健全服务体系，公共事业出现了新的格局。

3. 为了更好地推进政治、经济体制改革，促进公共事业的健康发展，必须继续深化公共事业管理体制改革。为此，要继续推动政事分开、官办分离，落实中央战略部署，逐渐完成分类改革，完善公益服务体系，创新各项管理制度，实现科学管理，深化社会化改革，鼓励社会力量深度参与公益事业发展，努力实现公共事业服务供给的广覆盖、均等化，促进社会公平。

关键术语

事业　　管理　　管理体制　　政事一体化　　政事分开　　事业改革　　社会化
社会中介组织

复习思考题

1. 我国传统公共事业管理体制的基本特征是什么？
2. 为什么要改革传统公共事业管理体制？
3. 前期公共事业管理体制改革利弊何在？
4. 后期公共事业改革有哪些重要进展？
5. 为什么要深化公共事业管理体制改革？
6. 应如何深化公共事业管理体制改革？

阅读书目

1. 黄恒学. 分类推进我国事业单位管理体制改革研究. 北京：中国经济出版社，2012

2. 成思危. 中国事业单位改革——模式选择与分类指导. 北京：民主与建设出版社，2000

3. 丁茂战，陈海燕. 我国政府社会事业治理制度改革研究. 北京：中国经济出版社，2006

4. 左然. 中国现代事业制度建构纲要：事业单位改革的方向、目标模式及路径选择. 北京：商务印书馆，2009

5. 胡杨. 管理与服务：中国公共事业改革 30 年. 郑州：郑州大学出版社，2008

6. 黄恒学. 我国事业单位管理体制改革研究. 哈尔滨：黑龙江人民出版社，2000

第 9 章

教育事业管理

教育是一种人类特有的培养人的社会活动。教育管理中的教育是指学校教育。本章从管理的全过程着眼，重在分析宏观教育管理的特点。在现代教育系统中，教育管理发挥着越来越重要的作用。教育管理是公共管理的一个组成部分，但由于教育这种活动的特殊性，教育管理作为一个独立的管理领域具有有别于其他公共管理领域的特点。在本章中，我们将讨论教育管理的几个基本理论与实践问题。首先，介绍教育管理的含义、内容、地位与作用；其次，对国外高等教育管理的体制、模式和经验进行介绍，审视我国教育管理的现实；最后，参照西方先进的教育管理模式提出我国高等教育管理改革的基本框架。

重点问题

- 教育管理的内容和方式
- 国外教育管理的模式和经验
- 我国高等教育管理体制的改革和完善

9.1 教育管理的内容和方式

9.1.1 教育与教育管理

教育有广义和狭义之分。广义的教育是指所有能增进人们的知识和技能、影响人们思想意识和道德品质的活动；狭义的教育则主要指学校教育，即教育者根据一定社会或阶级的要求，有目的、有计划、有组织地对受教育者的身心施加影响，把他们培养成为一定社会或阶级所需要的人的活动。

从教育的产生以及对教育与人及社会关系的考察中可以更深入地理解教育的内涵。教育起源于劳动，是人类社会生产力和生产关系不断发展的结果。人们在长期的劳动中，积累了一定的物质生产经验，同时也形成了一定的社会风俗习惯和社会道德规范，为了能够把这些经验和习惯传递给下一代，为了新生一代能够更好地劳动和生活，老一代就担负起了把世世代代积累下来的经验传授给新一代的任务，于是教育就产生了。通过教育活动，个体获得了适应社会的准备，具有一定的生存技能，同时，人类社会也得以延续和发展。从这种意义上讲，教育既是个体适应社会、获得生存技能的重要手段，又是人类社会延续和发展不可缺少的实践活动。

教育作为一种培养人的活动，同社会的发展、人的发展有着密切的关系。在教育与社会的发展的关系上，一方面教育的发展要受到社会方方面面的制约，另一方面，教育的发展也对社会的发展产生推动作用。具体而言，第一，社会的生产力水平、政治体制特点、科学技术水平和文化传统等制约着教育的发展；第二，教育对提高社会生产力水平、为统治阶级培养人才、促进科学技术的发展、继承创新社会文化等有着明显的推动作用。在教育与人的发展的关系上，一方面受教育者的身心特点制约着教育的发展阶段、教育的内容、方法和手段等；另一方面，教育又可以促使受教育者的身心不断走向成熟，使受教育者发展成为符合社会需要、具有社会价值的人，实现社会化，同时，提高人的能力和素质，实现个性化。

教育管理的内涵与教育的概念是密切相关的。可以说，教育管理就是发生在教育这种实践活动中的管理行为。按照教育管理对象的特点，教育管理也有广义和狭义之分。广义的教育管理包含教育行政和学校管理，它是以整个国家的教育系统作为管理对象，以教育的法令、法规为管理的基本依据，对整个国家的教育行政系统及各级各类学校组织进行教育投资、教育督导、教育结构管理方面的计划、组织、指导和控制，从而实现为国家培养人才的目标。狭义的教育管理是指学校管理，它是以一定类型的学校组织作为管理对象，其管理类型主要包括：学校的管理原则、管理过程、全面质量管理、管理制度、管理机构、领导人员以及学校内部与外部关系的管理，目的是有效地实现学校的教育目标。

因此，教育行政与学校管理既有联系又有区别。教育行政更多的是指国家教育宏观管理层面，而学校管理则侧重学校教学微观管理。两者的区别源于管理的层次和范围不同；但两者又不是绝对孤立的，离开了学校的教学管理，教育行政就会变得空洞无物，并且失去了存在的意义。

同时，教育管理与其他公共管理也存在较大不同。首先，教育的对象是人，在教育活动的过程中，人是变化的，但这个变化在短期内是不可预料的。同时，在管理过程中，管理者与被管理者的界限不明显，是相互作用的。教育与社会经济、政治、文化的联系非常密切，使教育管理的过程受到上述因素的影响较大。

9.1.2　教育管理的基本内容

教育管理的对象是教育系统以及某些与之密切相关的人、财、物、事、时间和信息。教育管理是比较复杂的行为，其中包括许多要素和内容。因此，从不同角度考察，教育管理有不同的内容。把教育行政管理和学校管理分开考察，则教育行政管理包括教育法、教育制度、教育行政体制、教育计划、教育经费管理、教育督导等；学校管理包括思想政治教育管理、教学管理、课堂管理、美育管理、体育卫生管理、人事管理、校务总务管理等。这种分类比较清晰明了，但它着眼于教育管理的静态结构，无法反映动态过程。因此，我们倾向于从教育管理过程的角度考察其内容，教育预测、教育决策、教育计划、教育组织、教育评价是教育管理过程的基本内容。

1. 教育预测

教育预测是教育管理过程的第一步。科学的教育预测是在对教育现状进行分析的基础上，发现并掌握规律，然后根据现有情况，寻找提高工作质量、学生素质和教育投资效益的最佳方案，并以此作为制定教育发展战略的依据。可以说，教育预测是作出正确教育决策的前提基础，是进行有效管理的重要工具和手段。要做到正确科学的教育预测需要正确科学的方法，需要应用现代统计理论、教育科学规律等进行综合考虑。

2. 教育决策

教育决策是教育管理现代化的关键。合理的决策是为了达到一定的教育目的，在预测基础上对教育管理目标、教育行动方案、教育政策等进行选择。一般来说，教育决策往往关系到一个国家和社会的教育的前途和命运。因此，它是各级教育行政部门和各级各类学校教育管理的中枢部分，教育决策的合理与否，直接关系到整个教育事业的得失成败。教育决策在整个教育管理过程中处于十分重要的地位。

3. 教育计划

教育计划是实施教育决策的行动纲领。教育计划是根据教育决策对未来发展进行的设想和规划，是教育决策的具体化和系统化，是教育决策实施的重要中介环节。教育计划一般围绕决策意图和预期目的选择工作的指标、程序、步骤、内容及方法，以使教育系统的各部门、各层次相互协调、相互支撑，为教育活动的顺利进行提供保证。

4. 教育组织

组织是任何管理活动中都必不可少的环节。教育组织包括教育层次的划分、教育结构的组成、学制的规定、行政机构的隶属等诸多方面，其目的就在于使教育系统中的人力、物力、财力发挥更大的作用，使决策和计划得以顺利实施。从这一角度讲，教育组织是教育管理过程中的保障要素，同时也是教育管理活动的核心。

5. 教育评价

教育评价就是系统地收集信息、为教育决策服务的过程，是教育管理过程中的反馈环节。任何管理活动如果要顺利进行，都必须随时总结和分析经验教训，对已经做过的工作进行质量评价，以便在以后的管理工作中发扬优点、改进不足。教育评价分为定性评价和定量评价、形成性评价和终结性评价、内部评价和外部评价等几类。教育评价是一个复杂的活动，尤其是对教育质量的科学评价更要考虑多种因素。比如，人才培养是一个长期的过程，其效果的显示也需要一个相当长的时间，这就为及时的教育评价带来了困难；另外，评价的主要手段——量化，也并不能总是有效地用在教育质量评价上，因为量化的指标在很多方面是无法准确表明教育质量水平的。

9.1.3 教育管理的地位与作用

追溯教育管理学产生、发展的历史，我们可以更清楚地认识到教育管理的地位与作用。19世纪以前教育管理是依附于教育学的，比如对秦汉以前中国教育情况进行记载的专门著作《学记》就阐述了教学相长、循序渐进、长善救失等教育经验，同时，反映了秦汉以前的贵族教育制度、教学内容和方法等；又如1632年完稿、1657年出版的由捷克教育家夸美纽斯所著的《大教学论：把一切事物教给一切人的普通的艺术》一书，是近代最早的系统的教育学著作，它在着重讲解教学艺术的同时，对当时一些教育管理问题诸如学制、编班、课表等加以阐述。所以说，在教育管理学没有从教育学中分离出来的时候，教育管理的侧重点是教学管理或学校内部管理，只有当教育管理学作为一门独立学科时，它才开始对教育管理体制等宏观和微观的问题进行系统的研究。从另一个角度讲，教育管理学从教育学中分化出来，也是教育本身和社会不断发展的结果，这也是把19世纪作为教育管理学发展史上的分水岭的原因。到19世纪20年代，世界上各个国家的学校在数量和形式上逐渐增多，教学内容日臻丰富，教学方法不断多样化，学校办学与政府关系日益密切，教育管理才开始成为一门独立的学科。

近百年来，教育事业随着社会经济的发展而发展，教育从宗教性、私人性转为社会性、公共性，教育事业的发展与社会经济的发展日益紧密相连，这就使教育的科学管理成为必要；同时，近现代科学技术的突飞猛进使教育的科学管理成为可能。统计方法、测量方法和实验方法等对教育管理的实施大有助益；近现代企业管理的先行一步，又为教育管理理论的发展提供了极为有益的借鉴，使教育管理的可能性变为现实性，教育管理的体制、机构设置、管理方法、政策和手段问题等，都成为教育发展过程中必须解决的问题。由此可见，现代教育离不开教育管理，教育管理是现代教育的必要条件和重要组成部分。

具体来说，教育管理在现代教育系统中的作用主要体现在：第一，保证教育活动有目的、有计划地进行。正是由于有效的教育决策、教育计划、教育组织的保证，教育活动才能按照既定的教育方针和目标运行，才能培养出社会和国家发展需要的人才。第二，监督和调节教育活动。任何复杂活动的顺利进行都需要有一定的机制发挥调节和监督作用，在教育活动中教育管理就是能够在制度上起到这种作用的手段。通过教育管理，教育活动可以得到有效的督导，其运行中遇到的各种关系和矛盾也可以通过管理手段达到疏通。第三，有效配置教育资源，提高教育资源使用效率，调配教育活动中的人、财、物，有赖于教育管理这一环节，在当今教育规模不断扩大和教育质量要求不断增高的背景下，教育管理更是显示出巨大的作用。这是由当前世界教育所面临的首要矛盾决定的，这一矛盾表现为不断增长的受教育的需求和教育经费投入不足之间的不协调。因此，从某种意义上讲，有效配置教育资源以增加效益已经成为我们今天教育所面临的首要问题。

浙江近九成县区义务教育　公办校实现“零择校”

2014年的最新统计数据表明，在浙江省90个县（市、区）中，已有79个县（市、区）义务教育阶段公办学校实现“零择校”，占比约为88%。其余11个县（市、区）择校生比例也已降到5%以下，其中杭州、湖州、嘉兴、绍兴、金华、衢州6个设区市所辖县（市、区）全部实现“零择校”。

据了解，早在2011年底，浙江省多部门就共同出台规定，加强招生信息公开，建立义务教育择校乱收费举报联动查处机制。今年以来，浙江省教育厅继续把治理义务教育阶段择校问题作为教育系统纠风治乱的重点工作来抓，在去年工作的基础上，今年初明确提出全省所有县（市、区）义务教育阶段公办中小学招收择校生的比例都必须控制在5%以内的目标。各地下大决心、花大力气推进治理工作，义务教育阶段公办中小学择校问题进一步得到有效解决。

资料来源：《浙江近九成县区义务教育　公办校实现“零择校”》，见新华网，2013-07-31。

9.2 国外教育管理体制、模式和经验

教育管理体制是指在教育系统活动中，国家、社会、学校之间的相互关系及其管理的组织方式。一方面，由于社会制度、经济体制和历史文化传统的不同，世界各国的教育管理体制有着各不相同的特点。另一方面，教育自身的发展规律使得有关教育管理体制尽管在类型上存在差异，在发展趋势上却具有共同性。

完整意义上的教育管理体制应该包括从学前教育至普通教育再到高等教育的整个教育的管理体制。但在各层次和各阶段的教育中，就管理体制来说，高等教育管理体制是比较复杂的。因为对高等教育来说，无论是它的自身结构还是它与社会的关系，都比学前教育和普通教育更为深刻多样。因此，如果能够深入地剖析高等教育管理体制，对教育管理体制的核心问题一定会有深刻的认识和思考。因此，下面以高等教育为例，重点阐述不同类型高教管理体制的特点。

9.2.1 高等教育管理体制的分类

高等教育管理体制是指与高等教育有关的组织制度、机构设置、隶属关系、职权划分等方面的体系和制度的总称。目前，高等教育理论界对其类型有不同的划分。

1. 分散型、集中型和混合型

根据不同管理体制所依赖的市场经济模式，可将高等教育管理体制分为分散型、集中型和混合型。分散型模式呈现出极大的市场性，高等教育的管理决策在很大程度上由市场来决定，不论是中央政府、地方政府还是私人集团都要根据市场来调整对高等学校的管理，反对行政干预和控制。当然，纯粹的分散型模式是没有的，但较其他国家而言，美国是这一类型的代表国家。集中型模式则正好相反，高等教育属于计划活动，管理决策权集中在中央政府手中，市场的需求只是中央政府计划性活动的依据，市场不直接参与高等教育的调控。中央政府直接采用计划、法令、政策、监督等手段调控高等教育，法国是这一类型的代表国家。混合型模式介于前两者之间，既受市场调节，同时也受国家计划干预，管理决策权部分在中央政府手中，部分在地方政府和其他集团手中，英国、德国和日本是这一模式下的三种风格的代表。

2. 欧洲模式、英国模式、美国模式和日本模式

根据不同国家高等教育管理体制的特点，可将其分为欧洲模式、英国模式、美国模式和日本模式。这是美国著名的高等教育家伯顿·克拉克根据学术权利理论对高等教育管理体制所进行的划分。欧洲模式的办学权通常由中央政府掌管，在意大利、法国和瑞典，几乎所有的大学和学院都处在一个和数个中央政府部门的管理之下。具体地说，在欧洲模式下有两种类型的变体，一种是国家型，另一种是联邦型。国家型是由中央政府单独垄断管理大权，联邦型是由各州负责管理高等教育，因而就整个欧洲模式来说，权力集中于较高层次。英国模式是高等院校自治程度较高的模式，因此英国高等教育既没有全国性的，也没有地方性的正规组织体制，政府部门和国家机关在传统上没有什么权力。美国模式与英国模式有相似之处，即高等院校的自主权较大，但二者的不同之处在于美国地方政府对高等教育的干预更为系统和深入。在日本模式中，有许多重要成分都与欧洲大陆、与美国和英国的模式相似，形成一个独特的混合物。它的办学权由中央文部省控制，这点与欧洲模式相像；拥有庞大的私立院校，这又与美国的情况相同。

3. 集权制、分权制和混合制

根据高等教育的组织管理形式可将高等教育管理体制划分为集权制、分权制和混合制三种。集权制管理体制的特点就是高等教育的管理权集中于中央政府手中，地方政府需根据中央政府的指令来管理高等院校，私人、社会团体等对高等教育的影响和作用很小。分权制则正好相反，在分权制下高等教育的管理权集中在地方政府和私人集团手中，中央政府并不直接管理高等教育，仅在宏观上对整个高等教育进行调控。混合制则是介于前两者之间的管理体制，其权力分配较为均衡。

我们将采取第三种分类方法，并将以典型国家为例，说明各种类型的特点。一般来说，集权制的代表国家是原苏联和法国，分权制的代表国家是美国，日本则采取典型的混合制管理体制。

9.2.2 集权制高等教育管理体制与模式

在中央集权的高等教育管理体制中，高等院校大多由中央政府直接负责管理。在法国，中央政府对高等教育有较多的管理权，它不仅统管了综合大学、大学校和高等职业技术学校，而且把发放文凭权牢牢地抓在手中。可以说，法国中央教育行政机构发展到今天，几乎控制了高等教育的各个方面。法国的高等院校最高权力机构是大学委员会，它由教授、科研人员、工商界人士、讲师、助教和其他人员组成，其职能是决定课程设置、教学方法、聘请教学人员、确定学校经费分配方案、选举校长及各级领导人员等。法国的中央集权自建立至今已近200年，这一期间法国高等教育管理体制改革的主题就是协调中央集权与高等学校自主权之间的冲突与矛盾。

集权制的高等教育管理体制的有利之处在于：一方面可以使高等教育的发展得到统一规划和调配，使高等教育能够为社会发展作出较大贡献；另一方面可以有效地监控全国高等教育的质量。原苏联在这一点上取得了比较大的成功。这是因为原苏联的高等教育都严格地控制在中央教育主管部门手中，重大高等教育政策的出台都由苏共中央决定，然后由下级各部门付诸实施，这就使高等教育的发展与社会经济的发展能够紧密相连。比如，原苏联在制定每一个国民经济发展五年计划的时候，都对各部门所需的人才作出数量上、专业上的预测，再据此制定高等教育发展计划。十月革命后到 1989 年，原苏联为自己培养的各种专家在数量上增加了 69 倍，其人才培养的发展速度是社会生产增长的 55 倍，是国民收入增加的 60 倍。高等教育在物质建设和精神文明建设领域都发挥了极其重要的作用，从而使原苏联成为世界经济大国和科技大国。另外，原苏联建立比较完善的教育质量评价制度，以严格的标准要求全国的高等院校；对教学管理、教学水平、课程设置、教材建设、教师队伍、学生成绩、科研水平等方面都作出了具体的规定，且全国统一，不能随意更改。这种统一、完备的高等教育质量评价系统使国家评估和高校自我评价都有章可循，最重要的是它加强了全国高等教育的质量管理，这是分权制模式所无法做到的。

集权制高等教育管理体制也存在着弊端：一是这种体制较为僵化，容易使高等教育缺乏灵活性；二是这种体制更容易产生重大问题，这是由于其管理更多地受到中央政府的控制，而一旦中央教育主管部门出现政策失误，就会造成无法挽回的全局性错误。下面，我们以法国为例具体地讨论这两个弊端。

首先，高等教育体制较为僵化，无法灵活地满足社会多方面的要求。在法国，这集中地表现在私立高等教育的发展受到抑制方面。私立高等教育是满足社会需求的一支强大的生力军，但在法国，私立高等教育的发展非常艰难。早在 19 世纪，法国政府就明文规定，私立高等教育机构在任何场合都不能称为大学，而且没有授予学位的自主权。这使得到目前为止，法国私立高等院校只有 40 所，学生不足 2 万人。近年来，法国政府虽然出台了一些促进私立高等教育发展的政策，但 20 世纪 60 年代的《国家与私立学校关系法》及 80 年代的《高等教育法》都规定，私立大学应着重在职业培训和短期学校方面发展。所以，目前法国的私立高等院校大多开设社会地位较低或服务性行业所需的专业，如秘书、商业服务、图书馆技术、家政学、旅游、公共关系等。与此同时，法国大学校由于受到规模限制，所培养的工程方面的人才十分缺乏，如巴黎矿业学院每年只招生 97 人，法国 155 所工程师学院每年培养出来的工程师也仅为 12 700 人，只能满足社会需求的 2/3。但是即使如此，国家依然不允许由私立高等院校来完成这一任务，致使国家经济的发展受到影响。

其次，由于高等教育的一切都要由政府来调控，所以，政府政策的偏差极易造成高等教育的畸形发展。在法国，这一点主要表现在综合大学与大学校办学质量的差距上。总的说来，政府对大学校采取积极扶持的态度，而对综合大学的态度正好相反，这主要表现在以下几个方面：第一，大学校比综合大学拥有更多的自主权。法国政府通常赋予大学校较大的自主权，大学校校长的权力一般很大，教师的聘任可以采用合同制，由学校根据具体情况决定教师的去留。然而，在综合大学，教师的聘任却有一套严格的管理制度，其人员编制由政府牢牢控制，大学要按教育部所批的名额聘任教师，而教师一旦受聘，无论水平如何都实行终身制。因而，在综合大学，教师捧的是“铁饭碗”，没有危机感，教学和科研水平提高缓慢；而大学校的师资力量比综合大学强得多。第二，政府为两类学校规定了不同的入学标准。入综合大学的学生一般不进行考试，凡高中毕业生会考合格并持有毕业文凭者都可以按各大学规定的时间到校注册登记入学；与此相反，大学校则实行严格的入学考试制度。结果，在法国，大批高中毕业生涌入综合大学，一时间，综合大学良莠混杂，层次参差不齐，从而造成了惊人的淘汰率。为此，综合大学的社会声誉越来越差，发展也受到了限制。而大学校由于生源良好，经过严格筛选的入学者几乎都能得到学位，因而在社会上拥有越来越高的威望，其培养的人才也成为社会各行各业的中坚力量。姑且不论政府政策倾斜的初衷是什么，但在客观上，这种倾斜确实造成了两者的不均衡发展，而且在一定程度上使法国高等教育的质量受到影响。

从以上的分析中不难看出，集权制的高等教育管理体制及模式虽然有一定的优势，但它也更容易产生问题，并且问题的产生大多是由于政府政策的偏差所致。所以，如何减少这种模式中政府政策的偏差是至关重要的问题。

9.2.3　分权制高等教育管理体制与模式

美国是最典型的实行高等教育管理分权制的国家，管理高等学校的责任主要由地方教育行政部门承担。在美国，州立高等院校在整个高等教育系统中占有较大的比重。据统计，1994 年全美共有 3 638 所高等院校，其中州立院校有 1 624 所，占学校总数的 45%。美国的州立高等院校对政府尤其是地方政府依赖性较大，其经费的 80%左右由州政府提供，其余 20%来自民间。而私立院校则正好相反，其大部分经费来源于学费收取、社会捐助、科研经费、校产经营收入等。当然，国家也对这些私立学校实行公费补助，但一般是以科研资助及奖学金的赠、贷形式直接面向高等学校的教师、学生本人。

各州教育主管部门管理高等教育，主要是在有关教育政策制定、财政拨款等方面实施管理权限，较少过问微观的学校内部管理，因而州立院校具有较大的自主权。私立院校的管理则更具有灵活性，但要受到法律约束。每一所大学实行内部管理的最高权力机构都是校董会，只不过州立学校的校董会中有官方人士参加，而私立学校的校董会大多由校外的社会名流、企业家、知名人士等非官方人士组成。值得一提的是，美国高等教育系统的民间认可制度在管理中起到了相当重要的作用，无论是地区性认可协会还是专业性认可协会，虽然都是非官方的认可机构，但它们对高校的教学质量等的评价却对高校有较大的影响和约束作用。

第二次世界大战以后，由于高等教育的地位与作用日益重要，美国高等教育分权管理体制出现了集权倾向，主要表现在：其一，1965 年，美国政府首次颁布了《高等教育法》；其二，1979 年，美国联邦政府设立了联邦教育部，这是一个独立的中央教育行政机关，它以联邦教育法规的实施、管理和分配联邦高等教育补助费为己任，加强了联邦政府对高等教育宏观管理的力度。

分权制的高等教育管理体制的有利之处在于高等教育对地方发展的针对性较强；这一体制最薄弱之处在于中央或联邦政府对高等教育的控制能力较差，并有可能导致全国高等教育发展的盲目性。

以美国为例，自从"威斯康星思想"树立起州立大学为地方服务的观念以后，州立大学与州政府以及州的发展之间就建立起了十分密切的联系。虽然服务工作所得到的资金只占学校总经费中很小的一部分，而且其重要性远不及教学工作，但是服务工作仍然是学校工作中的一个重要部分。各州院校都已取得了一个广泛的共识，即教师不仅参加在职人员的继续教育工作，而且要把他们的专业技术应用到与他们的教学领域相关的实际工作中去——这样做是十分有益的。这种服务工作最主要的是为在职人员开办继续教育。其主要对象是本地区的中小学教师和行政管理人员，内容主要是介绍教育领域以及相关社会科学新的研究成果和有关法律的新规定。其他的服务工作包括教师依靠专长、学校依靠智力和设备等为本地区解决各种实际问题。

美国的分权制高等教育管理体制的弊端表现在：第一，地方分权造成了美国高等教育州与州之间的差别，不利于发挥高等教育系统的整体作用。比如，纽约州的高等教育采取严格的管理制度，而密歇根州的高等教育管理体制系统较为松散，加利福尼亚州介于两者之间，这使得州与州之间的沟通存在一定的障碍，不利于高等教育发挥整体作用。第二，高等教育过分依赖市场调节，带有一定的盲目性。美国高等教育受许多市场的调节，如劳动力市场、生源市场、资金市场等，但教育毕竟不同于经济，教育的产出也不同于经济产品，所以完全用市场对教育加以调节，有时会使教育带有一定的盲目性。比如在20世纪60年代，由于经济的发展和对高级专门人才的需求，博士在美国十分抢手。于是，培养博士的计划被纳入美国大大小小的高等院校之中，其中不乏一些三流学校。结果，在七八十年代，美国出现了哲学博士和医学博士过剩的现象。所以，看不到教育的长期性、远效性等特点而盲目迎合市场需要，只能破坏教育的稳定性，并且造成一定的浪费。另外，由于多年来受市场经济的影响，一些市场经济固有的弊端也渗入到高等教育系统中，尤其是那种为了达到目的而不择手段的做法在美国高等教育系统中随处可见。比如，有的高校为了招揽学生，竟采用商业上的促销手段，设置那些听起来热门但无具体实际内容的课程来引诱学生，甚至吹嘘自己、贬低对手，这些都为高等教育的发展带来了消极影响。

从以上的分析可以看出，分权制的高等教育管理体制在具有灵活性的同时，不可避免地存在着松散、盲目等缺陷，这就需要中央政府或联邦政府对其加强管理，但管理应该在不损害高等教育灵活性的前提下施行，否则，就会顾此失彼或厚此薄彼，从而影响高等教育的正常发展。

9.2.4 混合制高等教育管理体制与模式

日本在高等教育管理模式上实行的是集权与分权的混合型模式，国家、地方政府和其他团体都对高等学校实施管理。日本的国立大学由中央文部省直接管理，公立大学由地方的教育部门管理。无论是中央政府还是地方政府，对高等学校的管理都比较严格，它们不仅在宏观的教育问题上具有决策权，而且在高校的实际办学中（如课程设置、教师聘任等方面）也有相当的权力。至于私立大学，则主要由举办者组织董事会直接对学校实行管理。尽管举办者对公式化的组成有一定的自主权，但国家也对董事会组成的原则有相应的立法；并且，中央的“文部大臣”要求每一所私立学校的法人代表对其负责，学校的重大问题有些必须提交董事会讨论并呈报文部省备案。

日本的国立高校和地方管理的公立高校的经费大多由中央政府和地方政府承担，其学杂费收入仅占学校经费的10%左右；但私立高校正好相反，其主要收入来源于学杂费，政府给予的补助仅占20%左右。当然，校外捐赠、捐款也是私立高校的一项重要收入来源。据日本私立高校协会统计，此项收入占该协会所属高校总收入的7.1%。所以，在日本，不同办学性质的高校有不同的经费来源，有不同的部门对其实行不同程度和范围的管理。

混合型高等教育管理体制似乎应该既有集权制和分权制的长处，又有它们的弊端，但实际上并没有这么简单。其问题就在于，在实际操作中，中央政府、地方政府和高校之间错综复杂的关系给这一模式的顺利运行带来了许多困难。因此，这种体制的弊端并不体现在其本身上，而在于它的运行状况。就日本而言，这种管理体制及模式既带来了社会的繁荣和发展，也存在许多问题。

自这种办学体制形成以来的 100 多年间，高等教育发展之迅速和对日本社会贡献之大都是有目共睹的，以至于当今日本拥有世界一流水平和规模的高等教育系统，并且日本的经济也在第二次世界大战后短时期内奇迹般地得以恢复和发展。不可否认，其高等教育办学体制在其中起到了很大的作用，主要体现在这种管理体制可以使高等教育从各层次和各方面满足社会对人才、科技等的需求。一般来说，由文部省直接管理的国立大学培养国家机关工作人员、政界重要职位候选人以及高级专门人才，在科研上着重承担国家的大量基础性理论研究，同时比较侧重于对科研条件要求较高的自然科学研究；由地方政府设立的公立院校主要培养为地方特殊的政治经济需要服务的人才，其科学研究也主要是为地方的发展服务；私立高等院校培养的人才则是满足非政府部门如工商业等的人才需求，在科研方面，它对那些能很快带来经济效益的应用性研究更感兴趣，并且研究多集中在对科研条件要求较低的人文社科类专业。这种不同类型的院校针对不同的社会需求办学的状况使日本的高等教育在满足社会需求方面具有一定的层次性和目的性，使日本社会各方面的发展都可以得到高等教育的支持。而这种层次分明的现象在一定程度上是政府管理的结果，因为政府在维持高等院校的这种层次性办学目标方面起到了重要作用。

但与此同时，这种体制也存在着一些负面影响。其中最突出的问题是由政府管理的国立和公立院校运行机制僵化。第二次世界大战以前，日本高等教育集权化管理十分牢固，国立和公立院校在教学、科研、师资管理、行政管理、财政管理等方面都要受到政府的控制。战后，由于美国占领军的干涉，高等教育管理政治集权化的程度有所减弱。但是，中央文部省对国立、公立院校的权力仍然不小，它在制定国家对高等教育政策、建立新的国立大学附属研究所、批准大学关于教师晋升的建议、学部长或校长的任命以及确定学位标准等大大小小的方面仍有很大的权力，甚至于文部省还可以通过确立学位要求而对课程的开设加以控制。事实上，多年来政府视这种管理为理所当然，因为这些院校都是政府自己举办的，它出资建校，它就应当有权管理。但问题是，这种管理太具体，以至于国立、公立院校缺乏自主权，连日本学者自己都不得不承认，这种存在着封建色彩的管理体制及模式影响了学术民主和学术协作，从而影响了办学水平的提高。

另外，由于在日本高等教育管理体制中，参与管理的私人团体与中央和地方政府相比力量比较薄弱，又由于日本一向有国家主义办学的传统，因而，日本私立高等教育的发展受到阻碍。这主要表现在，虽然私人团体有权举办管理学校，但由于政府政策上的倾斜，使得私立院校一方面迅速膨胀，另一方面教育质量又得不到保证。在日本，私立院校占有十分庞大的比例，就短期大学而言，私立院校数占总数的 83.9%，学生数占总数的 92.4%；就四年制大学而言，私立院校数占总数的 73.5%，学生数占总数的 73.2%。更为糟糕的是，占有较大比例的私立院校质量较差。应该说，日本私立高等教育的畸形发展与政府对高等教育管理上的失误是有直接关系的。从根本上说，日本政府对私立高等教育的发展一直持控制态度，只是到了第二次世界大战之后，由于经济和政治的需要，才开始发展私立高等教育。从某种意义上说，日本战后发展私立高等教育是不得已而为之，这种“不得不”的心态明显地表现在政府对待高等学校投入的“资历政策”上，即政府在经费投入和政策倾斜方面都十分重视那些建校历史较长的学校，而这些学校基本上是早期的帝国大学，只有极少的私立院校有这样的资历。资历政策在短期内可能会有一定的好处，国家把有限的资金用到好的大学上，经济效益和社会效益会比较明显，但从长远的角度看，它会造成模式内各种办学形式畸形发展，尤其是造成不被重视的私立院校的畸形状态。

因而，可以看出，在这种混合制的管理体制及模式中，对高等教育的管理在实际运行中可能会遇到更多困难，如果处理不当，会导致更大的问题。

当然，对以上各种体制及模式特点的描述不是绝对的，因为近三四十年来，世界各国高等教育管理体制的改革出现了一个共同趋势，那就是集权制的改革方向是放权，分权制的改革方向是集权。换句话说，无论是哪一种管理体制（包括混合制），都在努力寻找集权与放权的最佳结合点。这种趋势是我们在考虑各种管理体制的特点时所应该注意的。

9.3 我国教育管理的改革和完善

总的来看，由于深受计划经济体制和原苏联教育体制与模式的影响以及在深层次上我国文化传统的内在作用，新中国成立以来我国教育管理实行的是国家集中计划、政府直接管理的体制。为了更清楚地认识这种体制的特点，仍以高等教育管理为例，在这里对其体制的特点和改革的取向进行分析。

9.3.1 我国高等教育管理体制的特点

我国高等教育管理体制主要具有以下三个特点：

1. 集中而又直接的管理特征

无论是中央政府还是地方政府，对高等教育的管理都是直接的；同时，各级政府的直接管理最后又要受到中央的控制，高等教育事业的决策权牢牢地集中于中央政府手中。政府对高校的直接管理是通过学校内部事务如学校设置、专业调整、招生、毕业生分配、教师调配、经费划拨等实现的，政府通过这些事务与高校直接发生关系。中央的集中管理是通过行政手段实现的，地方政府根据中央的决定、命令、指示工作，一切向上级机关负责。回顾历史可以看出，新中国成立以来，我国高等教育管理体制在集中管理的主旋律下经历了数次变迁。1949—1985 年，教育部和其他部委直接管理高等院校，国家强调对高等教育集中统一管理。1958—1963 年，各省、市、自治区直接管理高等院校，国家强调权力下放、分散管理。1963 年至“文化大革命”前夕，综合前两个时期的做法，国家决定对高等院校实行中央统一领导，中央和地方两级管理的制度。“文化大革命”结束后，我国又逐渐恢复了中央统一领导、中央和地方两级管理的体制。1985 年，中共中央发布《关于教育体制改革的决定》和开始实行社会主义市场经济之后，我国高等教育体制围绕高校办学自主权问题进行了一系列改革探索。1993 年，中共中央、国务院发布《中国教育改革和发展纲要》，要求我国包括高等教育在内的教育体制必须根据经济体制、政治体制、科技体制改革的深化和社会主义现代化建设的发展而不断改革。然而，从根本上讲，我国高等学校依然未能摆脱对政府的依附关系，高等学校“面向社会，自主办学”的任务仍很艰巨。

2. 以行政手段管理为主的特征

一般而言，管理手段主要包括立法、拨款、规划、信息服务、政策指导和行政手段等等。几十年来，我国对高等教育管理主要是以行政手段为主，即使是拨款、规划、信息服务、政策指导等也带有强烈的行政手段的意味。通过以上对我国高等教育管理体制形成和发展的回顾可以看出，在整个过程中，政府都是通过各种政策来达到目的的。应该说，以行政手段为主的管理方式源自我国政府与高等学校长期以来形成的关系。从根本上说这种关系是一种隶属关系，政府始终把高等学校作为国家行政机构的一部分，因而以行政手段管理高校也就不足为奇了。近年来，虽然这种状况有所改变，政府加强了教育立法，但是以行政手段管理高等教育的特征仍很明显。从观念层次上说，政府对高等学校的看法依然没有根本转变。高等教育的特殊性没有得到充分的认识和尊重，政府还没有把高等学校看成是需要独立自主办学的机构。因此，如果这一观念无法从根本上得到改变，以单一行政手段管理高等教育的弊端就无法克服。

3. 以封闭式管理为主的特征

高等学校是社会的一个组成部分，它不能孤立地存在于社会之外，尤其是随着社会的发展，高等学校与社会之间的关系日益密切。高等学校的三大职能是培养人才、进行科学研究和直接为社会服务，学校的人力、物力、财力以及工作成果反作用于社会，都必须通过学校管理来实现。因此，学校管理过程的一个重要特征就是：封闭性与开放性应该辩证统一。但是，长期以来，我国高等学校与社会之间、高等学校之间、人才培养和用人单位之间缺乏必要的沟通和联系，学校闭门办学，社会参与管理程度低，人才培养质量缺少科学的评估反馈系统。随着社会主义市场经济体制的发展，高等教育从封闭性管理向开放性管理转化势在必行。当然，由于高等学校管理过程具有相对封闭性的特点，所以“开放性管理”也是相对而言的，必须适度，确实处理好封闭性与开放性的辩证统一关系。

9.3.2 对我国高等教育管理体制的简要评价

我国高等教育管理体制的上述特点有利有弊，其有利之处表现在国家发展和高等教育自身发展两个方面。

第一，我国高等教育管理体制在国家发展方面具有优势。这表现在：一是在新中国成立初期巩固了社会主义制度和党的领导。由于高等教育所培养的人才是高级专门人才，再加上新中国成立初期我国许多岗位严重缺乏人才，所以，大学毕业生一般都走上了比较重要的领导岗位，而国家对高等教育的严格控制，使得所培养的人才无论在思想上还是在业务上都能符合党和国家的要求，这为新中国成立初期我国社会主义制度的巩固奠定了十分牢固的基础。二是为我国社会主义经济建设作出了巨大贡献。应该说，20世纪90年代以前我国的高等教育管理体制基本上还是计划经济体制下的产物，高等教育按国家的计划发展，与国家的各阶段发展目标紧密配合。这种管理体制在新中国成立初期体现了一定的优越性，高等教育在专业设置、人才培养规格、课程内容选择等方面都与国家当时的经济发展需求相一致。例如，从第一个五年计划开始，高等教育紧密配合国民经济、科学技术、文化教育和国防建设的需要设置专业，着重发展工科，特别是机、电、土建、化工等类专业，改变了旧中国工科教育极端落后的状况，保证了国家150个大型项目和国防工业对专门人才的需求。所以，应该说，我国高等教育在新中国的建立与发展中作出了重要贡献。

第二，我国高等教育管理体制在高等教育自身发展方面具有优势。这主要表现在：1）保证了迅速建立社会主义高等教育任务的完成。新中国成立初期我国高等教育的情况比较复杂，虽然我党也建立了一些新兴大学，但国民党经济时期的高等学校及各教会大学仍占绝大多数。因此，如果没有统一而有力的管理体制作保障，新中国的新型高等教育系统的建立是不可想象的。2）初步解决了高等教育发展的地区不平衡问题。旧中国高等教育发展存在着严重的地区不平衡现象，但由于国内战乱不断，国民党统治腐朽黑暗，这种问题长期得不到解决。例如，新中国成立前，青海、宁夏、新疆、西藏等地没有一所高等学校。所以，新中国成立后，在国家的直接管理之下，经济相对落后的省、市、自治区都分别建立了各具特色的高等学校。3）有利于国家对高等教育质量进行有效的控制。中央政府对高等教育有绝对的管理权力，政府可以制定高校办学的统一标准，这就使得政府对全国高等教育质量的控制成为可能。

但是，我国高等教育管理体制也存在着诸多弊端，尤其是在市场经济条件下，这种弊端表现得更加突出。

其一，政府、高校、社会三者的关系尚未完全理顺。这表现在：1）政府内部对高等教育管理的部门关系尚未理顺。在我国现行的管理体制中，对高等教育的管理有四级部门：国家教育部，中央各业务部门，省（自治区、直辖市）政府，中心城市。这四级管理部门之间的关系是极为模糊的。原则上说，国家教育部有管理全国高等教育的责任和权力，但实际上对于中央各业务部门所属的高等学校，教育部的权力就相当弱，甚至中央各业务部门对高等教育的管理造成了条块分割现象。对于省级政府所管理的高等教育，虽然名义上由省级政府直接管理，但实际上，教育部和中央各业务部门又总是进行事无巨细的行政干预，这就使得省属高校面临多头行政管理而无所适从。近年来兴起的中心城市举办高等教育尽管突破了以往中央和省两级办学的模式，但实际上几乎所有的中心城市举办的高等学校还是要受到省级乃至中央的管理和领导。所以，目前对高等教育施行管理的政府的内部关系是十分混乱的，这种混乱给高等教育带来了极大的危害，限制了它的发展，甚至由于政出多门而使高等教育的发展蒙受损失。2）政府与高校的关系尚未理顺。这是我国高等教育办学模式长期以来形成的痼疾，政府对高等学校统得过多，管得过死。尽管这几年高等学校办学模式的改革十分重视高校自主权的扩大，但从某种意义上说，需要深入和彻底的改革。3）高校与社会的关系尚未理顺。高校没有实际的自主权，就无法真正面向社会自主办学。

其二，高校还没有成为真正独立办学的法人实体，因而没有获得真正的办学自主权。尽管扩大高等院校自主权是我国近十几年高等教育改革的重点，尽管今天我国的高等院校相对于以前而言已经具有较大的自主权，但是我国的高校自主权还没有真正落到实处，高等院校的校长们仍感到自己手中并没有多少实际权力。虽然这几年有关高校扩大自主权的呼声很高，政府也一再申明自己的立场，但一到实际工作中，政府对高校的行政干预和管理又总是存在。透过历次有关扩大高校自主权的改革可以看出，产生这种现象的原因在于我国目前的高校自主权扩大的范围和程度等还是要由行政程序和政府部门来决定。行政决定可以使高校获得一定的自主权，但从更根本的意义上讲，这种权力永远是有限的和模糊的。因为通过行政途径扩大高校自主权，难免要牵涉各方面的利益，而平衡各种相冲突的利益总是会使高校自主权受损。可见，行政规定是无法使高校获得真正的自主权的。

9.3.3　市场经济条件下我国高等教育管理体制的改革与完善

教育外部关系规律告诉我们，教育必须与社会发展相适应。这包括两个方面：一方面教育要受一定社会的政治、经济、文化科学所制约；另一方面教育必须为一定社会的政治、经济、文化科学服务。国家的政治体制、经济体制相互作用、相互联系，当其中一种体制发生变化时，其他体制必须发生相应的变化，否则就会产生相互抵触的作用，从而影响社会的发展。同样，高等教育要适应国家政治、经济和科技文化发展的需要，政治、经济、文化科学的现状及其发展变化构成了高等教育改革的宏观背景，它决定了我国高等教育管理改革的内容、目标和方式。

1. 我国高等教育管理体制改革的历史沿革

进入 20 世纪 90 年代之后，随着我国社会主义市场经济体制目标的确立，高等教育也面临着改革的任务。必须指出的是，改革不应该是对以往做法的全盘否定，而是改革那些不符合高等教育发展和社会发展需要的部分，目的是使高等教育朝着更加健康的方向发展。

1992 年，党的十四大确定我国经济体制改革的目标是建立社会主义市场经济体制。随着经济体制、政治体制和科技体制改革的深化，以适应经济体制转型为基础的高等教育管理体制改革逐步拉开。1992 年，国家教委在《关于加快改革和积极发展普通高等教育的意见》中指出："高等教育改革和发展的主要任务是：坚持社会主义办学方向，改革高等教育办学和管理体制，转变政府管理部门职能，扩大学校办学自主权，改革学校内部管理体制和运行机制，深化教育和教学改革，探索高等教育发展的新路子。"1993 年中共中央发布的《中国教育改革和发展纲要》以及 1995 年发布的《关于深化高等教育体制改革的若干意见》（简称《意见》）指出，进行高等教育体制改革的目标主要是解决政府与高等学校、中央与地方、国家教委与中央各业务部门之间的关系，逐步建立政府宏观管理、学校面向社会自主办学的体制。《意见》提出："高等教育管理体制改革的目标是，争取到 2000 年或稍长一点时间，基本形成举办者、管理者和办学者职责分明，以财政拨款为主多渠道经费投入，中央和省、自治区、直辖市人民政府两级管理、分工负责，以省、自治区、直辖市人民政府统筹为主，条块有机结合的体制框架。"1997 年，党的十五大十分重视高等教育改革，提出了"优化教育结构，加快高等教育管理体制改革的步伐，合理配置教育资源，提高教育质量和办学效益"改革思路，成为新一轮高等教育改革的指导思想，高等教育管理体制改革也进入全面推进的新阶段。1998 年 7 月国务院颁布《关于调整撤并部门所属学校管理体制的决定》，1999 年 3 月国务院办公厅转发教育部、国防科工委、国家计委、财政部《关于调整五个军工总公司所属学校管理体制的实施意见》，1999 年 12 月国务院颁布《关于进一步调整国务院部门（单位）所属学校管理体制和布局结构的决定》，规定除教育部以及外交部、国防科工委、国家民委、公安部、安全部、海关总署、民航总局、体育总局、侨办、中科院、地震局等部门和单位继续管理其所属学校外，国务院部门和单位不再直接管理学校；决定对原机械工业部等九个部门和五个军工总公司所属学校管理体制，通过共建、合并、合作、调整等方式进行调整，在对有关部门和单位所属普通高等学校管理体制调整的同时，调整学校布局结构，优化教育资源配置。1998 年 8 月，全国人民代表大会常务委员会通过《中华人民共和国高等教育法》，以法律的形式巩固了前一阶段高等教育体制改革的成果。1999 年 6 月，中共中央、国务院发布《关于深化教育改革，全面推进素质教育的决定》，要求“进一步简政放权，加大省级人民政府发展和管理本地区教育的权力以及统筹力度，促进教育与当地经济社会发展紧密结合。今后 3 年，继续按照‘共建、调整、合作、合并’的方式，基本完成高等教育管理体制和布局结构的调整，形成中央和省级人民政府两级管理、以省级人民政府管理为主的新体制，合理配置教育资源，提高教育质量和办学效益。经国务院授权，把发展高等职业教育和大部分高等专科教育的权力以及责任交给省级人民政府，省级人民政府依法管理职业技术学院（或职业学院）和高等专科学校”。自 1993 年党中央、国务院做出逐步推进高等教育体制改革的决策，提出“共建、调整、合作、合并”的八字方针到 2002 年，我国对 517 所高校进行了管理体制调整，实行了以地方为主、中央和地方共建的体制；对 29 所重点高校实行了以中央为主、中央和地方共建的体制；先后将 637 所高校合并组建 70 所多科性和综合性的高校。经过改革，基本扭转了长期形成的部门和地方条块分割、重复办学、教育资源浪费严重的局面，对大多数高校确立了中央和省级人民政府两级管理、以省级政府管理为主的新体制，并扩大了高校的办学自主权，初步实现了教育资源的优化配置，使办学的整体质量和效益明显提高。

2. 我国高等教育管理体制改革的内容

几十年来，我国高等教育管理体制的改革主要解决三个问题：一是中央和地方的关系问题；二是政府和学校的关系问题；三是社会和学校的关系问题。经过改革开放 30 多年的改革，我国基本完成了高等教育管理体制和布局结构的调整，形成了中央政府统一领导、中央和省级人民政府两级管理、以省级人民政府管理为主的新体制；形成了以教育部办学为主，以少数部门和单位办学为补充的新格局，部门办学、“条块分割”等问题基本得到解决；从法律上扩大了高等学校的办学自主权，政府宏观管理、学校面向社会自主办学的新体制正在形成；初步打破了政府包办学校的格局，初步形成了企业集团、科学研究单位和社会中介组织积极参与高等学校的办学和管理的新局面。

但高等教育管理体制仍然存在一些问题，主要表现为：(1) 虽然确立了统一领导、分级管理的高等教育体制，但只对中央和地方的管理权限做了笼统的划分，缺乏明确具体的规定；(2) 忽视了高等学校作为文化教育机构的特殊性，管理上主要采用行政指令、计划等方式；(3) 虽然《高等教育法》等法律法规对高等学校的办学自主权作了明确的规定，但是这些法律规定的办学自主权并没有真正落实，高等学校离作为独立法人面向社会自主办学还有很长的路要走；(4) 虽然 20 世纪 90 年代以来我国高等教育中介组织有了较大的发展，在开展教育研究、接受委托开展教育评估、提供政策咨询等方面发挥了一定的作用，但是由于有影响的高等教育中介组织大都具有明显的政府背景，而没有政府背景的中介机构很难发展起来和发挥作用，影响了教育中介组织的权威性、公正性和社会声望。

随着我国创新型国家建设和人才强国建设目标的确立，高等教育在社会经济发展中的地位和作用日益突出，社会对高等教育的期待和要求也就会不断提高。高等教育体制改革要积极适应经济社会发展的要求，主动探索出一条适合中国国情的高等教育管理体制。在今后一段时期，高等教育体制改革的主要内容包括：（1）在现有高等教育管理体制框架下，如何解决高等学校下放到省级政府后造成教育资源不均衡和浪费问题，已经变得日益迫切。对于原来隶属各行业部门管理的一些行业特色明显的高等学校，不能因为下放给地方管理而完全地方化，教育部应该加大统筹力度，使其在人才培养、科学研究甚至社会服务等方面既面向地方社会经济发展的需要，也面向全国社会经济发展的需要，真正做到“条块结合”，优化高等教育资源配置。（2）真正落实高等学校的办学自主权，使高等学校按照自身的规律自主运行，从而最大限度地发挥高等学校的内在活力。在具体操作上，应将行政权力与学术权利适当分离，要按照政事分开的原则，通过立法确定学校在哪些方面、何种程度上拥有自主权限，明确高等学校的权利和义务，使高等学校真正成为“面向社会自主办学的法人实体”。（3）转变政府对高等学校的管理模式，实现管理手段的多样化。在我国，传统的行政指令、计划等管理方式依然是有效的管理手段，但法律、拨款、评估等手段应该加强，尤其应注重以法治思维和法治方式加快健全教育法律和制度建设，同时强化政府的服务意识，通过协商、沟通、信息与咨询服务提高管理效益。

3. 我国高等教育管理体制改革的途径

（1）我国高等教育管理体制的深化改革必须解放思想。

以教育思想和教育观念的转变为先导，清楚地认识集权与分权、行政权与学术权、科学化与民主化、社会参与等原则性问题。其中，高等教育管理体制中的行政权与学术权的关系问题尤其值得重视。学术活动所具有的特征使学术组织形式与众不同，并给它们带来了一些特殊的运行问题和权力问题。简言之，鉴于高等教育管理的基本特征，其学术权与行政权应当分清职责、相辅相成，二者的作用不可互相取代。

（2）通过立法，从法律上规范高等教育管理体制。

光靠政策指导、文件精神来支持改革，其促进作用与约束力是有限的和不稳定的。况且，我国高等教育管理体制历经几十年的改革实践，已为这一方面的立法打下了坚实的基础。

大学章程

加强高等学校章程建设是教育规划纲要在完善中国特色现代大学制度部分提出的一项重要任务。为落实教育规划纲要要求，教育部经过认真研究、反复征求意见，以教育部第31号令的形式颁布了《高等学校章程制定暂行办法》，并于2012年1月1日起施行。

依据《教育法》的规定，制定章程并依据章程自主管理是学校的法定权利，《高等教育法》专门规定了高校章程的内容。教育规划纲要在完善中国特色现代大学制度一节，提出要：“加强章程建设。各类高校应依法制定章程，依照章程规定管理学校。”高等学校章程不仅是高等学校依法自主管理、实现依法治校的必要条件，也是明确高等学校内外部权利义务关系，促进高校完善治理结构、科学发展，建设现代大学制度的重要载体。

《高校章程制定办法》共分为总则、章程内容、章程制定程序、章程核准与监督以及附则五章 33 条，从实体和程序两个方面，对高校章程制定的原则、内容、程序以及核准和监督中所涉及的主要问题、主要环节进行了全面规范。主要解决目前公办高校多数还没有章程或者已有章程不符合现代大学制度要求的问题，目的是为高等学校制定章程提供内容指导与程序规范，推动高等学校以章程建设为核心实施整体改革，制定符合法律规定、体现学校需求与特色的高质量章程；同时，规范高校章程制定、核准的程序，使高校章程通过科学、民主、公开的程序，具备应有的法律效力。

章程制定绝非一纸文书，北京大学耗时 8 年，中山大学 2006 年就已开始启动，中间几易其稿。

截至 2014 年 10 月，已经有 4 批 32 所大学公布了大学章程。

第一批：中国人民大学、东南大学、东华大学、上海外国语大学、武汉理工大学、华中师范大学（6 所）；

第二批：吉林大学、上海交通大学、同济大学、四川大学、西北农林科技大学、东北师范大学、上海财经大学、中国矿业大学和西南大学（9 所）；

第三批：武汉大学、重庆大学、华东师范大学、兰州大学、东北大学、天津大学、北京外国语大学、山东大学（8 所）；

第四批：北京大学、清华大学、中国农业大学、南开大学、浙江大学、中南大学、中山大学、电子科技大学、西安交通大学（9 所）。

（3）搞好配套改革尤其是体制改革。

高等教育管理体制问题涉及高等教育管理学、政治学与行政学、社会学与法学等学科领域，错综复杂。不同的国家和不同的时期具有不同的内容，在世界范围内没有一种公认的理想的高等教育管理体制与模式。同样，我国高等教育正经历一次新的转型，在管理体制上没有现成的模式可循。我国高等教育管理体制改革不能总是停留在行政体制的过程管理方面，必须充分考虑高等学校的特点，明确改革的目标并进行目标管理。在政府与学校的关系上，高等学校既要服从中央的宏观调控和地方的统筹决策权，又要加强和扩大自身的办学自主权；政府方面应当逐渐淡化对高等学校办学过程中内部事务的直接干预，进一步调整管理的范围和内容，并提供更有效的指导和更多样化的服务。在中央和地方的关系上，既要进一步确立中央与省（自治区、直辖市）分级管理、分级负责的教育管理体制，又要力避因以省级为主的管理层次下移而产生的新一级地方集权。在学校与社会的关系上，既要加强社会参与办学的管理，又要保持高等学校作为社会的“轴心”和“良心”的一定独立性和先导作用。

由于高等教育管理体制还要受政治体制的影响，教育体制改革问题终归是政治体制改革问题，因此，随着我国政治体制改革的逐步深入，我国高等教育体制的改革也将更加深入与全面。换言之，社会方方面面的巨大变革，致使我国高等教育管理无法在旧有秩序中继续向前发展，探索并建立一种全新的管理体制，已经成为我国高等教育面向未来求得生存与发展的必然抉择，这正是我国高等教育管理所应担负的重要使命与责任。

本章小结

1. 教育是人类社会特有的一种现象，它随着人类社会的出现而产生，又随着人类社会的发展而不断发展。教育管理的内涵与教育的概念密切相关，教育管理就是发生在教育活动中的管理行为。值得注意的是，教育管理有广义和狭义之分，教育管理与其他公共管理在管理对象和管理过程等方面具有较大的不同。

2. 国外公共教育事业管理类型多样，五花八门，其教育管理经验与教训往往同时并存，犹如“双刃剑”。在世界范围内，因国而异，因时而异，不存在某种公认的理想的教育管理模式。

3. 近 30 年来，我国公共教育管理的改革和完善一直不断地进行。我国教育管理体制呈现出新旧体制并存且冲突的特征，解决问题必须以教育思想和教育观念的转变为先导，通过教育立法并依法治校，同时注重配套改革——包括经济体制改革的深化和政治体制改革。

关键术语

教育　教育管理　分散型　集中型　混合型　办学自主权

复习思考题

1. 教育事业管理具有哪些特点？
2. 教育管理体制可以分成几种类型？各有什么利弊？
3. 我国高等教育管理体制改革和完善的核心问题是什么？

阅读书目

1. 刘文修. 教育管理学. 石家庄：河北教育出版社，1996
2. 萧宗六，贺乐凡. 中国教育行政学. 北京：人民教育出版社，1996
3. 母国光，翁史烈. 高等教育管理学. 北京：北京师范大学出版社，1995
4. 薛天祥. 高等教育管理学. 南宁：广西师范大学出版社，2001
5. 张新平，褚宏启. 教育管理学通论. 北京：高等教育出版社，2012

第 10 章

科技事业管理

科技、经济和社会要得到协调发展，科学技术要更快、更好地转化为先进的生产力，就必须实现对科技事业的科学管理。1985 年，我国正式启动了科技管理体制改革，目前这场改革尚在深化之中。为了推进此项改革，就有必要理解科技与科技事业的内涵和特点，掌握科技事业管理的内容和原则，学习国外科技管理体制调整和变革的经验，了解我国科技管理体制改革的历程与不足，把握深化我国科技管理体制改革的路径和措施。

重点问题

- 科技与科技事业的内涵
- 科技事业管理的内涵、内容和原则
- 国外科技管理体制调整和变革的经验
- 我国科技管理体制的改革与完善

10.1 科技事业管理概述

10.1.1 科技与科技事业的内涵

1. 科技

科技是科学与技术的统称。科学是运用范畴、定理、定律等思维形式反映现实世界各种现象的本质的规律的知识体系，其任务是认知世界。技术有狭义和广义之分。狭义的技术是指根据生产实践经验和自然科学而成的各种工艺操作方法与技能；广义的技术是指为社会生产和人类物质文化生活需要服务的，供人类利用和改造自然的物质手段、智能手段和信息手段。

19 世纪末 20 世纪初的物理学革命，开辟了科学认识的新领域，使自然科学进入了一个新的历史时期——现代科学时期。自 20 世纪 40 年代起，依靠自然科学的最新成就，一大批新兴技术不断涌现，汇成了新技术革命的洪流。现代科学技术表现出与古代和近代科学技术大不相同的特征，其中最为突出的就是现代科技发展的综合化、社会化和全球化，这三种发展态势决定了现代科技事业管理的重要性和复杂性。

科技发展的综合化首先表现在科学技术化和技术科学化。科学技术化是指现代的技术完全建立在科学理论的基础之上。今天，从形成一种新知识到把它运用到产品和工艺中去的时间正在迅速缩短，越是新技术，包含的科学知识越密集。技术科学化是指现代科学的进步越来越依赖最新的复杂技术装备的支持。现代科学与技术之间的界限已变得越来越模糊。其次，与现代科学各门学科相互交叉渗透的整体化趋势相联系，现代各领域的技术融合出一系列的新技术，重大尖端技术、高技术都具有多个领域的技术相互融合的性质。现代科技发展日益求助于多学科融合战略解决各种问题，从而导致新的跨学科研究领域的出现，并最终形成新学科；技术不断向大型化、复杂化方向发展，由机械技术向“智能技术”的提高成为大型、复杂技术成功的关键。

科技发展的社会化，是指在现代社会中，科学技术已成为社会化的科学技术，成为社会和国家所大力发展的事业。一方面，大科学兴起，科学技术研究从较分散的个人活动转向社会化的集体活动，发展成为一种完整的社会建制；另一方面，科学技术的发展日益需要强大的社会支持。

科技发展的全球化，是指科学技术知识在全球范围内跨国界流动，科技研发在不同国家之间的跨国合作日趋活跃，资本、信息、技术和人才等要素在全球范围内的流动与配置日益普遍。进入 20 世纪 80 年代特别是冷战结束以后，随着信息技术、网络技术和运输技术的快速发展和科学技术知识全球流动的步伐不断加快，科技发展的全球化迅猛发展，席卷全球。但是，全球化并没有改变国家间竞争的本质，只是改变了竞争形式，也就是通过对技术和知识产权的占有更加尖锐地表现出来，自主创新能力成为国家竞争力的决定性因素。

现代大科学的兴起：含义与特点

近代科学产生后，科学家的科学研究以分散的个人研究为主，科学活动规模小，科研目的主要在于获取新知识。现代社会化的科学则是以国家和社会组织的集体研究为主，研究规模较大，以促进经济社会全面发展为主要目的的科学研究。相比起来，前者是小科学，后者可称为大科学。一般认为，1942 年美国研制原子弹的“曼哈顿工程”是大科学产生的标志。第二次世界大战后，世界各国竞相发展科学技术，大科学得到了迅猛发展。

大科学主要有四个方面的特点：(1) 大科学是由政府和社会力量组织与领导的科学研究。政府组织和领导的科学研究是大科学的核心部分，企业、大学及其他社会各界为发展科学技术而设立科研管理机构及科研所、实验室，是大科学的重要组成部分。(2) 大科学是大规模、高投入的科学。在现代科技发展中，甚至还出现了国家之间联合形成的国际科研单位以及各国科研人员联合研究的重大科研项目。（3）大科学是系统化、整体化的科学。科学与技术一体化，出现了一系列交叉学科、综合学科和新兴的横断学科，技术领域的突破往往表现为新技术群的建立。（4）大科学是具有巨大社会功能的科学。在现代社会中，科研成果向生产领域转化的时间越来越短，科技进步对社会经济发展的贡献率越来越高；不仅如此，大科学还进一步促进了社会政治、军事、文化教育、思想观念等的巨大发展，推动着整个社会的进步。

2. 科技事业

广义地讲，科技事业是指在各科学技术领域内，包括自然科学、农业科学、医药科学、工程与技术科学、人文与社会科学，与科技知识的产生、发展、传播和应用密切相关的全部有组织、有系统开展的活动。按照活动的性质不同，科技事业可以分为研究与发展、科技教育与培训、科技服务三大类活动。① 科技教育与培训以及科技服务是与研发密切相关的活动。科技教育与培训是培养具有专门科技知识和技能的人才。科技服务是有助于科学技术知识的产生、传播和应用的活动。研究与发展是科技活动的核心，是指为增加知识的总量（包括人类、文化和社会方面的知识），以及运用这些知识去创造新的应用而进行的系统的、创造性的工作。创造性、新颖性、运用科学方法和产生新的知识或创造新的应用是研究与发展的四个基本要素。按活动类型，可以把研究与发展分为基础研究、应用研究和试验发展。

（1）基础研究。

基础研究是指为了获得关于现象和可观察事实的基本原理的新知识（揭示客观事物的本质、运动规律，获得新发展、新学说）而进行的实验性或理论性研究，它不以任何专门或特定的应用或使用为目的。研究结果通常具有一般的或普遍的正确性，成果常表现为一般的原则、理论或规律并以论文的形式在科学期刊上发表或学术会议上交流。

（2）应用研究。

应用研究是指为了确定基础研究成果可能的用途，或是为达到预定的目标探索应采取的新方法（原理性）或新途径而进行的创造性研究。应用研究主要针对某一特定的目的或目标，在围绕特定目的或目标进行研究的过程中获取新的知识，为解决实际问题提供科学依据。研究结果一般只影响科学技术的有限范围，并具有专门的性质，针对具体的领域、问题或情况，其成果形式以科学论文、专著、原理性模型或发明专利为主。

（3）试验发展。

试验发展是指利用从基础研究、应用研究和实际经验所获得的现有知识，为产生新的产品、材料和装置，建立新的工艺、系统和服务，以及对已产生和建立的上述各项作实质性的改进而进行的系统性工作。其成果形式主要是专利、专有知识、具有新产品基本特征的产品原型或具有新装置基本特征的原始样机等。

区分上述三类活动的一个重要判据是活动的直接目的。属于科学研究的基础研究和应

---

① 参见科学技术部发展计划司主编：《科技活动分类案例集》，6页，北京，科学技术文献出版社，2012。

用研究，其目的主要是扩展科学技术知识；试验发展则不同，并不创造科学技术知识，而是利用或综合已有知识创造新的应用，与生产活动直接有关。基础研究与应用研究的边界在于后者获得知识的过程具有特定的、具体的应用目的或目标，而基础研究没有特定的应用目的或目标。

10.1.2　科技事业管理的基本内涵与主要内容

1. 科技事业管理的概念

科技事业管理是对科学技术活动的管辖、控制与治理，是科技活动过程中，所有规划、组织、指挥、协调、控制等管理活动的统称。按照新公共管理的理念，科技事业管理活动是政府、社会、市场等多个主体基于共同的科技事业发展目标协同治理的过程。

科技事业管理区别于微观管理层次的科研管理。一般而言，科研管理是科研院所、高等院校、企业等对内部的科学研究活动和技术开发活动的组织与管理，包括科研计划、课题研究、经费管理、成果鉴定、成果开发等内容。而科技事业管理更偏重于宏观层面的管理。

2. 科技事业管理中的政府角色定位

科技事业管理中政府的责任和角色是同科技活动的特性相关的，而后者又是由科技成果的特性决定的。科技成果的特性在于它同时兼具公共物品和私人物品的属性，越是科学的、理论的成果越具有公共物品的性质，即它的所有使用者都可以从中受益，且一个使用者使用该成果不会妨碍或减少其他使用者的使用；越是技术的、经验的成果越具有私人物品的属性，它可以为发明人或使用者带来物质上的回报，因而需要专利制度对其专有权利进行保护。在上述三种类型研发活动中，基础研究的成果和部分应用研究的成果具有纯公共产品的性质。一旦某个定理得到证明，该知识就没有排他性了，这个定理就进入了任何人都可以免费使用的社会一般性知识库。这种定理在消费中也没有竞争性，一个人使用这个定理并不妨碍其他任何一个人使用这个定理。试验发展的成果和一些应用研究的成果则具有一定的排他性和消费上的非竞争性，属于俱乐部物品。比如，一项技术一经研发成功，技术所有者可以通过专利、版权等形式进行排他，阻止未付费者从中受益，但是，该项技术的研发成本并不随着使用者人数的变化而变化，一个使用者使用该技术成果也不会妨碍或减少其他使用者对该成果的使用。作为纯公共产品或准公共产品的提供者，科技研发活动具有显著的外部性，表现为跨区域或跨越组织边界的知识扩散和技术溢出，促进产业技术进步，提高资源效率，引起经济和社会的重要变革等。

一般而言，私人物品可以由市场机制自发地提供，但市场是需要管理的；由于存在“搭便车”现象，公共物品不能由市场自发提供（市场失效），或者市场提供不足（市场低效），故需要采取某种集体行动的方式（公共经济）来提供，政府正是公共物品的主要提供者。在科技事业发展中，政府具有双重角色：宏观管理者和公共物品的提供者。① 对于基础研究和部分应用研究这些提供纯公共物品的科技事业活动，私人没有内在激励参与，

---

① 参见方新：《关于政府管理科技事业的思考》，载《长江论坛》，2004 (4)。

政府是主要的提供者。政府的提供方式可以是直接提供，如建立直属政府的科研机构，生产满足国家需要的科技公共物品，向社会无偿或基本无偿提供科技成果，也可以是间接提供，如通过委托课题的形式从各类科研机构中购买科技成果再提供给社会，政府通过财政科技经费的投向和验收科技成果进行调控。对于试验发展和部分应用研究这些提供俱乐部物品的科技事业活动，由于科技成果可以商品化，并受专利制度和技术转让法律保护，企业是技术创新的活动主体，政府主要承担制度设计、政策引导、行业监管等职能。因此，在科技事业管理中，对于不同类型科技活动，政府的角色和定位是有差异的。总的来看，政府干预应重点放在具有公共产品性质的基础研究和部分应用研究，加强对公益类科技研发活动的财政支持，而对于科技成果可以商品化的科技活动，则应形成以企业为研发主体、由市场决定资源配置、由政府进行调控和监管的治理模式。

3. 科技事业管理的主要内容

在多元协同治理的科技事业管理格局中，政府处于核心位置，发挥着宏观管理者和公共物品提供者的角色。从政府科技管理职能的角度看，科技事业管理的主要内容包括五个方面。

（1）制定科技发展战略与科技计划。

科技发展战略是国家发展战略的重要组成部分，也是国家科技发展具有全局性、纲领性和方向性意义的重大科技政策。政府作为科技事业宏观管理者的职责之一就是制定科技发展战略与实施计划。自第二次世界大战以后，随着世界经济形势的变化和科学技术在经济增长中作用的增强，为了保持与增强国家的经济竞争力和维护国家的安全，工业化国家开始对其科学技术能力给予更密切的关注，开始在国家水平上制定科学和技术发展战略和行动方针。科技发展战略从宏观上指导国家的科技事业发展，是一定时期科技工作的顶层设计，具有系统性和有限性、阶段性和可持续性的特征。从历史和国际经验来看，科技发展战略的制定既要从科技实力出发，定位于科技事业的长远发展，更要立足于国家安全与利益的高度，服从并服务于国家战略的需要。

制定国家科技发展战略，包括如下几个方面：明确国家发展目标；研究科技发展与国家目标之间的关系，即研究国家发展目标对科学技术的需求或科学技术在实现国家目标中所能够发挥的作用；研判世界科技发展规律、特点和趋势，分析本国科技发展的优劣和潜力；提出战略目标和实现战略目标的方案。作为发展战略的核心，战略目标是指在一定期限内所要实现的明确的总体目标，包括重点方向的选择、资源投入重点和运行机制的建立等。战略目标明确后，需要制定实现战略目标的具体行动计划，即战略方案，对现有各部门的发展目标、规划、计划、问题以及资源分配进行总体规划和协调。①

作为科技发展战略的落实和具体执行，科技计划是政府根据国家科技发展战略目标，有任务、有步骤、有组织、有措施地开展科技活动的具体安排，包括目标、期限、范围、支撑手段、组织管理模式、绩效评估等。实施国家科技计划是政府引导科技发展方向、通过政府投入优化社会科技资源配置的主要形式。各类科技计划间要协同配合，并紧密衔接科技发展战略。

---

① 参见樊春良：《国家科技发展战略初论》，载《科学学研究》，1998（3）。

日本20世纪80年代“技术立国”方针之下的推进创造性科学技术的发展战略

“技术立国”是日本20世纪80年代提出的国家发展战略，这一战略方针是日本80年代“综合安全保障”的三大支柱之一。在“技术立国”的国家发展战略框架下，1985年12月，日本政府提出了推进创造性科学技术的发展战略。采取的重点措施是：(1) 健全体制；(2) 改善科学技术发展条件；(3) 推动重要领域的发展。

在政府政策完善的同时，产业界和学术界都提出了许多战略性方案，探讨改革现有的科研体制，以保证推进创造性的科学技术。贯穿这些方案的一个精神是打破产、官、学壁垒和部门界限，最大限度地动员和组织有限的资源特别是人才资源。在“技术立国”方针提出的次年，科学技术厅开始实施发掘技术创新萌芽的“创造性科学技术推进制度”，通产省开始实施“下一代基础产业技术的研究开发制度”。

资料来源：樊春良：《国家科技发展战略初论》，载《科学学研究》，1998 (3)。

(2) 通过立法维护科学技术活动的正常秩序。

加强科技法制建设，建立健全科技事业管理的法律法规体系，既是加速科技进步、建设国家创新体系的必然要求，也是依法行政、建设法治政府的基本途径。为了加快科技进步与创新的步伐，需要一个适宜科技发展的宽松激励的社会环境，需要一个法制化的管理制度和政府工作模式。与科技有关的各种活动和基本关系，都需要纳入制度化和法律化的轨道。

科技立法应坚持立足国情，借鉴国际先进经验，遵循科技发展规律，强调可指导性、可操作性、可检查性和公共参与。为适应科技进步与创新的需求，应通过立法对科技优先发展的战略地位加以确认，对国家科技发展规划和科技计划的功能和地位予以明确；通过立法对科技活动引起的社会关系进行调整，从政府内部和政府与市场关系的角度对科技行政管理部门、科技创新主体的权责利关系加以明确，约束政府权力，激发产学研各类创新主体的创新热情；通过立法明确科技行政管理与科研主体的法律关系，处理好科研主体的科学研究权利与政府的宏观科技管理权力的平衡，实现科研机构依法治理；通过立法对参与国际经济技术合作与竞争加以保护；通过立法对防范禁止科技成果的非道德使用加以引导和规范。

(3) 履行公共科技产品和服务的供给责任。

提供公共物品，解决外部性问题，是政府的基本职责之一。尽管很多国家在公共服务提供机制方面进行了不少卓有成效的市场化和社会化改革，但是，这并不意味着政府可以放弃或减少公共服务的供给责任，而仅是履行供给责任的方式发生了变化。在创新驱动发展的当今世界，国际竞争最终归结为科技实力、创新能力的竞争，而这又根本取决于一国在基础性、战略性、前瞻性、共性和公益性等公共科技领域的科学技术研究水平。综观各国科技发展历史，可以发现大多数国家在推进公立科研机构和高等院校管理体制改革的同时，普遍加大了对科技投入的财政支持，大力支持基础研究、前沿研究和共性关键技术研究等领域的科技研发活动。

政府作为公共产品和服务的提供者提供科技产品和服务有直接生产和间接提供两种方式，不论采用哪种方式，都需要具备民主科学的决策机制、多样化高水平的科研机构和有效的监督评估机制等条件，其中，一支布局合理、定位准确、政府稳定支持与市场机制结合的专业化科研机构和科技人才队伍最为关键，这包括国家和地方科研机构、高等院校等。

（4）制定技术创新的政策体系，引导全社会科技资源配置。

实现资本、信息、技术和人才等科技资源的优化配置，需要充分发挥市场和政府两种资源配置方式的优势，形成市场与政府互补的机制。充分发挥政府在科技投入中的引导作用，通过财政直接投入、税收优惠、政府购买等多种财政投入方式，增强政府投入调动全社会科技资源配置的能力。国家财政投入主要用于支持市场机制不能有效解决的基础研究、前沿技术研究、社会公益研究、重大共性关键技术研究等公共科技活动，并引导企业和全社会的科技投入。在其他大多数领域，则应建立社会化和市场化的科技投入体制，发挥市场配置科技资源的决定性作用，政府通过制定技术创新的政策体系，引导全社会科技资源配置规模、结构和流向。

技术创新的政策体系，既包括创新的供给促进政策，也包括创新的需求激励政策，具体包括支持自主创新的政府采购政策、对新技术产品的消费补贴政策、激励企业自主创新的财税政策、促进创新创业的金融政策、实施知识产权战略和技术标准战略的相关政策、引进技术消化吸收和再创新的政策、高新技术产业化和先进适用技术的推广的相关政策、科技人才政策、促进军民结合的政策、国际和地区科技合作与交流的政策等。需要特别注意不同部门、不同区域的有关科技政策之间的协调配合，使之相互兼容、相互配套，而不是相互矛盾、相互抵消。

美国科技领先的制度供给

美国科技领先除了得益于领导者具有前瞻性的科技战略决策外，建立在完善的市场机制和民主机制基础上的严密的科技制度更具决定性的意义。

（1）积极的科技财税制度：一是直接的财政投入，联邦政府对科技事业保持着稳定的财政支持，采取研究合同、研究资助和合作研究协议三种方式进行拨款；二是税收优惠政策，联邦政府采取研发投入税收减免政策提高私人部门的研发活动水平；三是风险投资制度。

（2）有效的知识产权制度：利用专利制度保护技术创作者和持有者的权益，促进企业家和个人对科研进行投资。

（3）严密的科技法律制度：一是明确科学决策部门及科技政策基本原则的法律；二是为促进技术开发、扩散和鼓励合作的法律法规；三是促进技术产品进入市场的法律法规（特别是针对生物技术、环境技术和医药工业领域）；四是促进国际科技合作的法律法规。

（4）健全的科技评估制度：一是对研发经费申请和分配的机构、项目进行评估，目的是促进研发投资的效率和效益，主要由国会中的有关部门组成评估机构；二是常规性的同行评议，目的是检测美国某方面的科学技术成就在世界上的情况，并对相关政策提出实施或修改建议。

资料来源：朱仁显：《美国科技领先的制度供给》，载《自然辩证法研究》，2003（9）。

（5）培育和完善科技市场，促进科技经济一体化。

科技成果商品化和产业化有赖于统一开放、竞争有序的科技市场体系。培育和完善科技市场，促进科技成果转化，发挥科技第一生产力的作用，是政府科技事业管理的重要职责。科技市场交易的是科学研究与技术开发所产生的具有创新价值和实用价值的知识产品，这种产品表现为知识形态（如论文、报告、原理性模型）和物质形态（如新产品、新材料、工艺与操作技术的改进）两种形态。由于科技活动的探索性、长期性和不确定性，科技成果的专业性、创新性和价值评估的困难性以及交易活动的严重信息不对称性，科技市场中的交易合约总是不完备的，科技市场交易面临着高昂的信息搜寻成本、协商谈判成本、契约签订成本和履约成本等交易成本。科学技术的公共物品属性和技术产权的易逝性又使得科技交易面临较高的产权界定和保护的成本。因此，科技市场是典型的不完全市场，政府必须发挥积极作用来弥补市场失灵，培育功能完备、交易顺畅的科技市场。

培育和完善科技市场，首先应建立健全科技市场法律保障体系，充分发挥市场在科技成果转化中的决定性作用，建立科技成果转化市场导向机制和利益分配机制。完善科技成果知识产权制度，清晰界定科技成果处置权和收益权，健全市场运行的产权制度基础。健全技术评估政策和法规，促进技术评估机制的制度化和规范化。加强科技产品交易信息披露制度建设，减少科技市场的信息不对称。其次应加强财政、税收、产业、金融、政府采购等政策协同，鼓励多种形式的科技成果转化。再次应加强科技成果转化公共服务，支持建设公共科技服务平台，鼓励和规范科技中介服务机构发展，推动建立专业化、社会化、网络化和规范化的科技服务体系。最后应加强科技市场监管，规范技术交易行为，维护当事人合法权益和国家技术安全。

10.1.3 科技事业管理的基本原则

虽然科技管理与其他行政部门的管理以及经济管理等同属现代管理科学的实际应用，它们之间有着许多共同的思维和操作原则，但是科技管理是对科学技术这样一种人类特殊的知识生产和社会活动的管理，因而必然有着自身的特殊性。从整体上看，科技管理有以下几条原则：

1. 系统性原则

现代科技活动的社会化、复杂化、大型化决定了科技管理必须以系统思想为指导。首先，现代科学技术各门类、各学科之间相互联系、相互渗透、相互交叉，构成了综合性大科学体系。因此，科技管理必须充分反映科学技术各领域的内在联系，并具有协调一致的能力，使为数众多的各类科研机构形成有机整体，构成一个目标统一、工作协调的系统。

其次，科学技术作为第一生产力，与国民经济和社会各部门密切关联，这就要求宏观科技管理应该贯彻国家的科技发展方针，按照统一的科技战略部署，集中优势力量解决与经济、社会以及科学技术自身发展休戚相关的重大问题，保证人、财、物的合理配置，使全社会的科研系统正常运行，实现科技与经济、社会的协调发展。地方各级政府及其科技主管部门要在立足于本地区科技发展的同时，重视协调与国家整个科研系统的关系，在统一的科技发展战略部署下，计划和安排地方的科技工作。

2. 能级性原则

能级主要是指管理机构各部门或者其中的工作岗位在职能上的等级差别。现代科技管理按照不同的能级，建立管理的层次和程序，设定各种规范和标准，实现合理而又有序的优化管理。首先，科技管理机构按能级层次构成稳定的组织形态。最高层是决策层；第二层是管理层，它运用各种管理方法和手段以实现最高层的决策；第三层是执行层，它执行管理层指令，直接组织和调配人、财、物和信息资源；最底层是操作层，负责完成具体工作任务。其次，应明确划分不同能级的责、权、利。只有各部门和每一个工作岗位责任明确、权限清晰、奖惩有据，才能形成高效率的管理机制。最后，各能级必须动态地对应调整。各种工作岗位有不同的能级，管理者也各有不同的才能，必须使具备一定才能的人处于相应能级的岗位上，人尽其才，各尽所能。这样，科技管理系统才能形成稳态，并得以持续高效地运行。

3. 灵活性原则

科技活动区别于一般生产活动的特点主要表现在：第一，科技活动具有较大的不确定性，包含着许多变数，不能像物质生产那样定型、常规地进行；第二，科技工作的劳动生产率不像物质生产那么容易测定；第三，科技活动是以探索性、创造性为主的脑力劳动，研究过程中往往会出现难以预料的问题，以致不得不修改甚至推翻原定计划或方案。根据科技活动的这些特点，科技管理必须充分贯彻灵活性原则，在计划管理、项目管理、人员管理、经费管理等项管理的过程中注意留有余地，保持高度的应变能力，保持整体的可塑性、适应性和自我调节性，实行动态管理，切忌死硬刻板。

4. 前瞻性原则

当代科学技术发展日新月异，科技管理机构要对科技发展的趋势有充分的估计，发挥科技情报和科技预测的作用，密切跟踪科技发展新动向。在做好近期和当前科技工作安排的同时，科学地制定长远的战略目标和中长期规划，形成合理的梯度分布，构成远、中、近结合的科技发展规划和计划体系。尤其是在市场经济条件下，激烈的市场竞争不断要求缩短技术创新的周期，这就更加要求宏观科技管理加强对科研机构和企业的技术创新研究的前瞻性指导，加强对国内外技术市场的预测和调控。

10.2 国外科技管理体制、模式和经验

科技管理体制是科技活动的组织结构、管理体系和制度的总称。一般来说，它是由一国的政治经济体制、文化传统以及科学技术发展水平等因素综合决定的。因此，不同国家或地

区的科技管理体制往往表现出一定的差异，这些差异集中反映在政府科技资源分配、对科技活动的组织以及对技术市场化过程进行干预等行政管理的方式和过程中。随着当代科技的高速发展，许多国家都在进行着科技体系调整与更新，以消除体制上的障碍、适应新的发展需要。

"他山之石，可以攻玉"，考察分析国外科技管理体制不同模式及其特点，了解它们的变革趋势，从中汲取可资借鉴的有益经验，对于深化中国科技管理体制显然不无裨益。美国和日本分别是西方国家两种不同的科技管理体制的典型代表，而韩国则是新兴工业国家中依靠科技兴国成就显著、科技管理体制具有特色的典型，所以，本节选取这三个国家予以考察和分析，论述它们的科技管理体制及其变革趋势，并在此基础上概括各国科技管理体制变革的共同趋势。

10.2.1 科技管理体制的分类

在已有关于科技管理体制分类的研究中，经济合作与发展组织（OECD）对各国宏观科技管理组织结构的分析方法比较具有代表性。经济合作与发展组织研究报告《公共研究的治理——走向更好的实践》将科技体系形态分为集中型体系、分散型体系和二元型体系三种形态（见表 10—1）。

表 10—1 三种科学体系形态

	集中型体系	二元型体系	分散型体系
行政管理体系	国家级科技管理部门统一管理（有时与教育或技术部门一体）	国家和地区科技（或教育、技术）行政部门共同管理	不同政府部门管理
优先领域设置	主要通过中央政府自上而下确定。其他利益相关者只能提出参考意见	自上而下和自下而上并行。其他利益相关者参与部分预算决策	主要依靠研究共同体自下而上的方式
资金支持方式	主要依靠机构式资助。对国家科研机构和大学实施直接拨款方式。较少的竞争性的项目资助；不存在独立的研究资助机构	对国家科研机构和大学实施机构资助与竞争性的项目式资助相结合的方式。竞争性项目由研究资助机构提供	几乎没有机构式资助，主要通过项目式资助。竞争性的项目式资助由独立的资助机构实施，主要针对大学。对国家科研机构实施任务导向的资助
公共科学研究的承担主体（大学和研究机构的作用）	主要依靠国家科研机构承担，其中包括短期的博士后项目。大学作为辅助	大学和国家科研机构作用平衡。国家科研机构活动包括研究生及短期博士后项目	主要依靠大学承担，其中包括研究生及短期博士后项目。国家科研机构作为辅助
评估	委员会对研究机构的计划和绩效进行定期评估	委员会评估和同行评议相结合	竞争性的同行评议
主要优点	研究机构管理的独立性，为开展长期性的、高风险的研究提供了便利；资助的可持续性；稳定的研究经费支持可以使研究机构随时开展对新问题的研究；吸引人才从事长期研究	能够对区域及产业发展的需要做出反应；国家科研机构可以从事可持续性研究；能够对各种新问题做出反应；人员培养与研究相结合；便于公共部门和私人部门之间的合作	对各种新问题（需求）有快速反应能力；研究质量控制能力强；人员培养与研究相结合；年轻科研人员有较好的发展机会；独立的研究资助机构不受政府更替的影响；产业部门可在公共研究活动中发挥有力的作用

续前表

	集中型体系	二元型体系	分散型体系
主要缺陷	对多学科交叉领域的反应能力低；缺乏激励机制，难以淘汰低水平研究人员；研究和人员培训分离；等级制度影响研究人员的独立性；受政府更替的影响较大；公共部门和私人部门的合作需要政府主导	整个研究体系比较复杂；国家研究机构和项目支持之间比较杂乱；国家科研机构的研究和以大学为基础的人员培训分离；需要不同层级政府之间的协调和配合	难以确保研究队伍的长期稳定；需要进行不同组织机构间的协调；某些研究难以获得经费支持；存在某些领域缺乏专门人才的风险；短期博士后研究越来越多，降低了对从事长期研究的吸引力

资料来源：经济合作与发展组织编：《公共研究的治理——走向更好的实践》，19～20页，北京，科学技术文献出版社，2006。

集中型体系通常在国家层面设置国家级科技管理部门，统一管理本国科技活动，采取自上而下的方式来制定优先领域设置等科技战略，对公共研究机构和大学实施直接拨款方式。这种统一管理比较有利于研究机构开展长期、高风险的研究，但是，存在对多学科交叉领域的反应能力低、缺乏激励机制、等级制度影响研究人员的独立性等缺陷。

分散型体系与集中型体系相反，科技管理职能分散于政府的各个职能部门，主要依靠研究共同体自下而上的方式来确定科技战略，对公共研究机构实施任务导向的资助。这种分散管理有利于科学技术发展以外部需求为导向，对各种新问题有快速反应能力，对科技人员具有较强的激励机制，但是，存在不同组织机构之间协调难度大、某些研究难以获得支持等缺陷。

二元型体系是介于集中型和分散型之间的一种类型，国家和地区科技行政部门共同管理科技事务，通过自上而下与自下而上相结合的方式形成科技政策，对公共研究机构实行机构式资助与竞争性的项目式资助相结合的方式。这种管理体系集成了集中型与分散型的一些优点，能够较好地在上下之间获得平衡，但是整个体系较为复杂，需要不同层级政府间的协调与配合。

需要指出的是，每个国家的科技管理体制都很复杂，也是动态变化的，简单地归入某类体系并不十分恰当，正如经济合作与发展组织报告所言，"虽然某一国家接近某一基本形态，但不能简单地将其描述为某一单一形态"。

10.2.2　美国科技管理体制与模式

美国是最典型的实行多元分散型科技管理体制的国家。在这种管理体制下，无论是组织形式、科技资源的分配，还是具体的科技政策都表现出多元化倾向，其主要特点是：

（1）组织上的多元化。

美国没有设立专门的机构负责全国科学技术活动的组织、协调与规划。具体的科技政策和研究计划的制定以及一般的管理工作主要由联邦政府各部门（如国防部、能源部、国家航空航天局、卫生与公众服务部、商务部、农业部、交通部、环保局、国家科学基金会等）各负其责。除政府外，立法机构通过立法、大型科研项目的拨款权、政府各部门科研经费的审批权在科技管理中发挥重要作用。科研单位有隶属政府各部的，有民间产业界的，有高等院校的，还有属于一些非营利机构的。这些科研单位的研究经费来自各种不同的渠道，它们按照各自独立的目标和目的，开展各具特色的科研活动。由联邦政府通过不同手段和途径组织实施协调的是一些重大的研究与开发项目或战略计划。如，曼哈顿计划、阿波罗计划、航天飞机计划、星球大战计划、人类基因组计划、信息高速公路计划、国家纳米技术计划等。

（2）计划管理与自由研究相协调。

政府各部门以及其他科技管理机构都有严格的管理制度，制定近期和中、长期科技计划，并且通常都是与其相关的基础研究、应用研究和开发研究统一进行管理。这种严格的计划管理以遵循科技发展客观规律、尊重科技专家自由研究的主观意愿为前提。科学界享有较大自由，科学家只要能够找到资助，什么样的项目都可以自由研究。

（3）重视通过经济手段和法律手段来实现有效管理。

政府部门对科技活动的主导作用，主要是通过采取经济手段和颁布行政法令进行鼓励、引导、控制或协调，从而直接或间接地施加影响。联邦政府通过目标合同管理、经费预算管理、绩效评估等手段对国家科研机构进行管理。

（4）企业是科技投资的主体。

依靠科技创新，积极开发新产品，提高产品质量，降低生产成本，以增强市场竞争能力，这早已成为企业界共识。因此，企业界尤其是大型企业普遍积极自主地从事科学技术研究活动，自办科研机构，投入大量科研经费，或者向高等院校的研究机构投资。美国企业科技投资占全国科技投资总额的一半以上，而使用的科研经费则占全国的 70%以上。

20 世纪 80 年代以来，为适应新技术革命和全球科技经济一体化的新形势，应对日本和欧洲在技术与经济发展方面越来越严峻的挑战，美国在科技管理体制上采取了一系列重要的变革和调整措施，大致有以下几个方面：

（1）扩大政府职能，增强宏观科技管理力度。

美国政府通过专门的调查研究，认识到科技管理体制的高度分散性在科技发展的新形势和新需求面前显现的负面效应越来越突出。为了改变这种状况，首先加强对全国科学技术的宏观管理，冷战结束后通过保留白宫科技政策办公室、成立总统科技顾问委员会、建立国家科技委员会等措施，美国联邦政府科技宏观协调管理得到改善。奥巴马上台后，还增设了第一个国家级首席技术官员职位，以促进跨部门的技术合作。

（2）制定有利于科学技术创新的政策法规。

为推动公共部门与私营部门的合作，政府制定了一系列振兴美国经济、鼓励科学技术创新的政策法规，如对企业从事技术开发投资给予永久性优惠的新政策，出台了诸如技术转移法、小企业创新法、联合研究法等新法规法令。这些措施鼓励了私人企业增加高技术风险投资，促进了企业的技术创新和高技术产业的发展。2000 年以来，特别是奥巴马政府上台后，进一步强调加强科技创新，促进经济复兴，在《美国创新战略：确保我们的经济增长与繁荣》中提出了夯实创新基础、培育市场环境和突破关键领域三大战略重点，制定了无线网络计划、专利审批改革计划、教育改革计划等五大行动计划。

（3）重视基础研究，增强高等院校的科研能力。

美国一向重视基础研究，高等院校是美国开展基础研究最重要的机构。为了维持基础研究在世界上的先进地位，保证高技术发展的坚实基础，美国从 1985 年起采取了一系列措施增强高等院校的科研能力。国会通过了《大学研究设备更新法案》，大幅增加用于改善科研条件的经费。同时还在一些高等院校兴建工程研究中心，促使高等院校多出成果、多出人才。

（4）加速科研成果商品化和产业化，进一步促进科技生产一体化。

美国科研与生产结合的形式多样，如专业科研机构或高等院校向企业提供科技成果，企业自办科研机构、产学研研发联盟等，使得美国的科技生产一体化程度比其他发达国家都高。1980 年美国出台了《拜杜法》，规定由政府经费支持获得的发明专利，原则上归发明者所在的研究机构所有，并且鼓励大学与企业界合作转化由联邦政府资助的科研成果，该法规促进了政府资助的研究成果的商业化，鼓励了企业与大学、科研机构的合作。为促进产学研联盟，美国政府还制定了国家合作研究法、综合贸易和竞争法等法律，采取了财政拨款、提供贷款、贷款担保等方式，支持建立产学研研发联盟。硅谷、Route 128、科研三角园等科技工业园区成为典范。

产学研研发联盟发展中政府的作用：发达国家的经验

产学研研发联盟是指一家或多家企业与大学和（或）科研机构，为了实现某个时期的共同战略研发目标，整合、协调彼此的资源和活动，而建立起的短期或长期的战略性研发合作关系或组织。产学研联盟涉及公私部门间的合作，其发展离不开政府的促进和支持。

为了提升本国的产业技术竞争力，美欧日国家的政府采取立法和计划支持等多种措施，大力推动产学研合作以及研发联盟的形成和发展。日本为在产业技术上追赶西方，早在 1961 年即制定了《矿工业技术研究组合法》，确定企业成立“研究组合”的非营利法人地位，并赋予其在税收及剩余资金处理上的特殊优惠及规范。美国也效法日本，于 1984 年制定了国家合作研究法。此外，这些国家还投入巨资或提供优惠贷款，直接支持发起重大产业技术的产学研研发联盟专项计划。如日本的 VLSI 计划和美国的 SEMATECH 计划。这些国家的政府还通过制度机制和行政机制，积极参与联盟的运作管理，以有效减少联盟成员的机会行为，降低联盟的事前和事后交易成本，确保联盟的成功。

与此同时，各国政府还普遍利用本国的国家科技计划，以产学研共同承担项目的形式带动产学研研发联盟的发展。先进技术计划（ATP）是美国政府实施的一项协助产业界从事高风险但具有巨大潜在经济效益的技术研发计划。该计划既支持单个企业独立提出和实施研发项目，也特别鼓励企业联合大学、政府科研机构一道开展联盟项目，而且在政策上向联盟项目倾斜，由此支持创建了一大批产学研研发联盟，实现了许多重大产业技术突破。该计划的一个突出特点是坚持以企业为主体：研发的优先领域由产业界确定，研发项目由企业提出，政府资助直接拨给企业而不是大学和科研机构，企业享有研发成果的知识产权。

资料来源：张义芳、翟立新：《产学研研发联盟：国际经验及我国对策》，载《科研管理》，2008 (3)。

10.2.3　日本科技管理体制与模式

西方多数发达国家采用的科技管理体制是二元型这种集中与分散相结合的体制。日本是其中比较典型的国家。日本的科技管理体制概括地说就是以政府的行政管理为主导，以民间企业界为研究与开发的主体，科学技术活动实行所谓企、官、学三结合的方式。其主要特点有：

(1) 科技管理集权于中央政府。

科学技术厅对科学技术进行综合的行政管理，规划科学技术振兴的基本政策，综合协调各省、厅有关科学技术的事务。各省、厅分别领导本部门的科学技术研究和开发工作，拥有自己的科研机构进行相应的研究和开发。1959 年成立了由总理大臣任议长，主管经济、教育、科技、财政等的省、厅首长以及权威科学家任议员的科学技术会议，负责向总理大臣提供有关国家科技发展问题的咨询，以进一步强化国家的科学技术行政管理。

(2) 重视科技咨询机构的作用。

日本从内阁到各省、厅以及科研单位，都设有相应的科技审议咨询机构。这类机构一般由著名专家学者兼职，主要任务是为政府的决策提供咨询和建议，并对科技政策、法令、目标和规划进行评估和审议。科技咨询机构的设立，有利于防止行政官僚在科技决策中的独断专行，它是日本科技管理体系中的重要组成部分。

(3) 企业界的科技力量强大，形成了科研生产独立体系。

截至 2011 年，日本有近 1.5 万家企业的研发机构，特别是大企业集团都设有完善的科技研究与开发系统和先进的设施。企业界的科研人员数占全国总数的近 60%，科研投入则占全国总投入的 70.19%①，许多企业的科研投资超过了设备投资。

(4) 企、官、学三部分的科研内容各有侧重、相互协调。

企业界的科研以试验开发和应用研究为主，根据本企业生产发展和市场竞争的需要，研究产品开发、技术开发。官方即各省、厅所属科研机构主要研究对社会经济发展作用重大，对科学技术进步影响深远的课题。凡是企业界能进行的项目，尽量让企业的科研机构承担，而一些投资大、周期长或具较大风险，企业无力或不愿承担的课题，则由官办科研机构负责进行研究。日本高等院校中的科研以基础研究为主，承担全国 65%的基础研究任务。企、官、学之间任务明确，各有侧重、相互协调，这样可以避免研究课题的重复、经费和人才的浪费以及相互扯皮的现象。

从 20 世纪 60 年代起，日本主要依靠有效地引进、消化、吸收和改进外国先进技术，促进本国科学技术的进步，使经济实力迅速增长，成长为世界经济大国。80 年代后期以来，在世界政治经济秩序、科学技术格局发生重大变化，国内面临人口老龄化、产业空洞化、经济发展缺乏后劲等社会经济问题的背景下，日本政府适时地提出了“科学技术创新立国”的战略，强调日本要告别追赶与模仿，向创新与领先转变。1995 年日本颁布了《科学技术基本法》，以立法的形式规定了科技发展战略，提出政府应当每五年制定一次推动科学技术发展的基本计划。此后，日本采取了以下几方面的重要举措推进科技体制的实质性改革：

---

① 参见白春礼主编：《世界主要国立科研机构概况》，389 页，北京，科学出版社，2013。

（1）设立综合科学技术会议，强化首相和内阁科技管理职能。2001 年日本政府在内阁设立了法律地位高于其他部门的内阁办公室及相应的智囊机构，负责科学技术的是综合科学技术会议（取代了原先的科学技术会议），该会议的主要任务是调查和审议国家科技基本政策与计划，评价国家的重大研究领域，调查和审议有关科技活动的预算、人才等科技资源的分配方针以及协调跨省厅的事务等。

（2）合并文部省和科学技术厅，统筹教育和科技的发展。2001 年，日本将原先负责教育与科学的文部省与负责应用研究与发展的科学技术厅合并为文部科学省，统管全国的教育、学术、文化、科学技术发展等事务，协调其他相关省的科研工作。

（3）对国立大学和国家研究机构进行独立行政法人化改革，赋予大学和科研机构在业务活动、资金运用和人事管理等方面的充分自主权，政府部门不再干预其具体日常业务活动，采取绩效评价方法进行管理。

（4）加强科技基本计划制定与实施。1996 年以来，日本制定和实施了四期科学技术基本计划，持续增加政府科技投入，大力加强基础研究，重点推进优先领域科技创新，在基础研究、应用研究和试验发展间建立更为协调的平衡关系。

10.2.4 韩国科技管理体制与模式

东亚与南美的一些国家和地区在 20 世纪 80 年代经济突飞猛进，走上了国际科技和经济舞台。这些新兴工业国家和地区之所以能够取得巨大成就，原因是多方面的，而且各有各的一些特殊环境和机遇。但是有一方面是共同的，那就是它们都正确地选择了与自身情势相适应的发展战略，依靠科技发展经济。在科技管理体制上，它们基本上都采用了集中型的科技管理模式，强调中央政府在科技政策和资源配置上的集中作用。韩国在这方面比较具有代表性。

1967 年韩国政府设立了副部级的科学技术处，作为主管科学技术的行政机构，负责制定国家科技发展政策、规划，为政府科研机构、大学和企业提供科学技术发展资金，并协调政府其他各部门科技业务。80 年代以来，韩国开始实施从“输出立国”向“科技立国”的战略转变，在科技管理体制方面实行了一系列调整与改革措施：

（1）改革国家科技管理体系，强化中央政府对科技管理的统筹性与权威性。

1988 年成立了由副总理任委员长的专设机构科学技术委员会。1998 年政府进行重组时，科学技术处升格为科技部，进入内阁，管理权限扩大，科技发展政策和计划的制定实施，各部门研究机构的管理、协调，人才培养，信息扩散和成果转化等业务，统一划归科技部实施。1999 年在原科学技术委员会的基础上，设立了由总统挂帅的、科技政策的最高决策机构——国家科学技术委员会，负责韩国科技政策的规划与协调。进入新世纪以来，在“第二次科技立国”方针下，韩国进一步改革调整科技管理体系。2004 年将科技部长级升格为副总理级，在科技部下成立科技创新本部，强化科技部的宏观决策、计划和调控职能。同时，进一步强化国家科学技术委员会的职能与作用，建立与科技有关的长官会议制度，加强部门政策协调与部委间合作，从而形成了由国家科学技术委员会宏观决策、科技部主导政策计划、各有关部委密切配合的国家科技管理体系。2008 年，新政府上台后，又进行了机构调整，成立了教育科学技术部和知识经济部。2013 年，韩国新政府提出推进创造经济发展模式，对原科技和产业管理部门进行了重组，成立了未来创造科学部。

（2）改革和调整国家科研院所的管理体制。

为了整合科研力量，合理配置资源，提高研发效率并加速成果转化，韩国政府从 1999 年起对国家科研院所进行调整，将原来分散在政府各部门的国家科研院所从所属机构中分离出来，按不同领域建立五个研究会进行管理。研究会及其下属国立科研机构设立为财团法人。

（3）革新研发体制与模式。

通过对研发主体、创新要素、成果扩散、创新系统和基础条件等技术创新五大要素的改革和创新，逐步变过去“模仿、追击”发达国家型研发模式为“创新型”研发模式。

（4）加强国家科技发展规划和计划制定与实施。

韩国政府采取自下而上与自上而下相结合的方式制定中长期科技发展规划和短期科技发展计划。1999 年韩国政府颁布了《面向 2025 年的科学技术发展长期规划》，提出要建立国家科技创新体系。2006 年公布了《国家研发事业总路线图（2007—2022）》，对韩国科学研发事业进行总体设计。基于 2001 年颁布的《科学创新基本法》，从 2002 年起韩国政府开始出台五年期的科学技术基本计划。多年来，韩国政府制定的规划和计划都得到了很好的实施。

10.2.5　各国科技管理体制变革的共同趋势

科技体制的变革是 20 世纪 80 年代以来世界各国政府为适应新科技革命潮流、增强本国综合国力所普遍进行的政策调整。分析美国、日本和韩国以及其他国家与地区的科技管理体制改革进程，可以找出一些共同趋势。这些共同趋势是基于对科技新发展的适应以及消除其既有科技体系中的弊端所采取的改革措施，对深化中国科技管理体制改革具有借鉴意义。

1. 提高科技决策管理层次，强化决策咨询和部门协调机制

在科技创新步伐明显加快、科技全球化日益深入、科技活动日趋复杂化的国际科技创新形势下，为了把握新科技革命的机遇，在新一轮国际竞争中抢占先机，各国都强化了对科技创新的宏观管理，普遍成立了由国家最高领导或政府首脑挂帅的科技领导组织体系，科技管理与决策机构的地位在不断提高。同时，为了实现更加科学合理的决策和协调各科技管理机构更好地发挥其职能，各国在政府首脑或主管科技的部委层面建立了咨询协调机构。这些咨询协调机构在制定科技政策、协调各相关部门科技管理过程中发挥了重要作用。

2. 制定科技发展战略和科技计划，加强科技创新的顶层设计

各国政府普遍重视科技创新的顶层设计，将科技发展战略置于国家发展战略的核心和优先位置，从发展全局出发，根据科技发展规律，制定国家科技发展战略，出台各种科技发展计划，并将科技计划确定的优先领域落实到科技资助体系中。美国 20 世纪 40 年代就成功实施了曼哈顿计划，是较早组织大型科技计划以带动科技整体发展的国家之一。90 年代以来，日本、韩国、英国、德国等国家也纷纷出台科技规划和计划，以推动科技创新发展。

3. 强化对国家科研机构的改革，完善促进产学研合作的体制机制

公共科研机构的改革是各国科技体制改革的重要内容。给予科研机构更多的自主权，改革科技资助体系，并强化对科研机构的绩效管理，是各国的普遍做法。比如，日本进行了国家科研机构法人化改革，法国引入竞争性项目资助的方式改革科技资助体系。同时，各国都通过体制机制创新和制度环境建设大力推进大学、科研机构与企业之间的产学研合作，促进科技成果转化，建立起科技与经济相结合的技术创新体系。尤其是科技经济一体化程度较低的国家，更是通过改变研发主体结构、强化企业研发能力等方式，来促进科技与经济的有效结合。

4. 加大政府科技投入，积极引导民间资本投资科技

为了促进科技与经济社会的协调发展和科学技术自身的进步，无论是发达国家还是发展中国家，都在大幅增加研发投入，并采取各种政策鼓励民间资本投资科技。目前，西方发达国家国内研发经费总额占 GDP 的比重基本都在 2%以上，2011 年日本达到 3.67%，居于发达国家之首。韩国作为新兴工业国家研发经费投入强度不断加大，2011 年达到 3.74%。从研发经费来源看，除印度和俄罗斯等少数国家属于政府主导型外，美国等其他发达国家都是企业主导型。

5. 强化科研中间机构的作用，发挥科学共同体自治功能

在许多国家，研究学会、研究委员会等科研中间机构在科技管理中发挥着越来越重要的作用。这些中间机构一般独立于政府部门，又通常从一个或多个政府相关部门获得预算，在科技管理中起着半政府、半自主的作用。比如，德国的马普协会、弗劳恩霍夫协会、亥姆霍兹联合会等科研组织采用理事会的管理制度，在德国科技管理体制中发挥着重要作用。在英国，政府科技部门也不直接管理国家科研机构，而是通过七个研究理事会来对其进行管理和经费支持，这些理事会通常有独立的政策制定、经费使用和管理权，政府只负责为研究理事会制定宏观发展战略。在韩国，设立了五个研究理事会，由它们对国家科研机构进行管理。

10.3 我国科技管理体制的改革与完善

科技体制是长期制约我国科技事业发展和创新能力提升的根本性问题，也是影响经济发展方式转变和全面建成小康社会战略目标实现的瓶颈因素。新中国成立后，我国科技管理实行的是国家统包统管的高度集中型体制。改革开放以来，紧紧围绕促进科技与经济紧密结合，科技体制改革不断深化，取得重要突破和实质性进展。随着体制改革的不断推进和科技创新的步伐加快，深层次矛盾不断暴露，当前科技体制改革进入“牵一发而动全身”的“深水区”。

10.3.1 我国传统科技管理体制的特点与弊端

1. 我国传统科技管理体制的特点

新中国成立后，由于国内外诸多因素的作用，我国采取了向苏联“一边倒”的政治路线和计划经济体制，科技工作自然也按苏联、东欧模式建立了与计划经济体制相适应的高度集中型管理体制。这种体制主要有如下特点：

(1) 科技管理权力集中。国家将科技活动管理与资源分配的实施集中在特定的权力部门，其他部门只负责制定和实施相应的科技政策或短期科研项目。

(2) 科技计划约束性强。国家科技发展规划与计划是指令性的，各地区、各部门和各科研机构的任何研究项目的设置都必须置于国家计划的制约之下。科技发展计划必须与国家经济建设计划目标保持一致。

(3) 科技经费主要来自国家预算拨款。专职科研机构和高等院校的研究经费全由政府按计划集中调拨，企业一般按计划留有科技发展基金，不足部分须向主管部门申请拨款或向银行贷款。

(4) 科技管理主要按行政隶属关系进行。科研机构、高等院校和企业各自的科技活动分属各自的行政主管部门纵向管理，科研与生产之间缺乏直接的横向联系。

2. 我国传统科技管理体制的弊端

高度集中型科技管理体制由于与当时的政治体制、经济体制相适应，由于处在当时科技资源少、活动规模小、国力有限和国际封锁的特定历史条件下，因而在新中国成立后的30多年里，对于发展科技和促进生产都起到了相当的作用，以"两弹一星"为标志的一系列重大科技成果的取得使得我国科技在整体上以较快的速度显著缩小了同世界先进水平的差距。但是随着科技队伍和科技实力的发展壮大，随着国民经济对科技的需求日益增大，特别是改革开放后，随着经济体制改革的不断深化，这种高度集中型科技管理体制的弊病逐渐显露出来，主要表现是：

(1) 科学研究、技术开发与生产脱节，技术转移的环节严重受阻。该体制是一个自封闭的垂直结构体系，科研单位只对上级领导部门负责而缺少与社会及企业之间的横向联系，生产中急需解决的技术问题不能很快反映到研究课题中来，科研成果也不能很快应用到生产中去。科学、技术、经济、社会之间难以形成相互依存、相互促进的关系，导致科研与生产严重脱节，形成科技和经济之间的"两张皮"现象。

(2) 宏观管理结构僵化。国家用行政手段直接管理过多过死，科研经费依靠国家拨款，科研任务由国家下达，研究成果由国家收纳，科研机构缺乏应有的自主权，同时也不承担经济责任；同时，科研部门条块分割现象十分严重，科研机构自成系统、自我封闭，科技资源配置分散重复、效率低下、浪费严重，甚至引发腐败问题。这些都与科学活动的能动性、自立性相违背，因而也不利于科技的发展。

(3) 人才使用不合理。科技人员由国家统一分配，形成了部门所有制、单位所有制，限制过死，人员不能合理流动，造成了一方面人才不足，另一方面却又是现有人才的能力远未得到充分发挥的状况。科技人员的劳动成果与个人经济利益缺乏联系，知识和人才得不到应有的尊重。这一切都抑制了科技人员的积极性和创造性。

10.3.2　我国科技管理体制改革历程与特点

1. 我国科技管理体制改革历程

我国科技管理体制改革从1979年起开始试点准备，1985年正式启动，迄今已走过了三个阶段，眼下正进入一个新的时期。

第一个阶段是1985年到1995年。1985年中共中央颁布《关于科学技术体制改革的决定》，正式启动了中国科技体制改革。改革工作按照“经济建设必须依靠科学技术，科学技术必须面向经济建设”的方针，紧紧围绕促进科技与经济结合、加速科技成果转化这一核心，实施了改革科研经费的拨付机制、开放技术市场、对研究所分类调整组织结构、鼓励科研人员兼职、建立高新技术产业开发区等一系列“放活科研机构、放活科技人员”的政策措施。

第二个阶段是1995年到2006年。1995年党中央、国务院召开全国科学技术大会，提出“科教兴国战略”并发布《关于加速科学技术进步的决定》，确定了“稳住一头、放开一片”的深化科技体制改革的指导方针。根据这一方针，进一步开展了调整结构、转变机制、分流人才的工作，加速科技经济一体化的进程。

第三个阶段是2006年到2012年。2006年国务院颁布了《国家中长期科学和技术发展规划纲要（2006—2020年）》，出台了《关于实施科技规划纲要增强自主创新能力的决定》，提出“自主创新战略”，全面推进中国特色国家创新体系建设，大幅提高国家自主创新能力，确定了以服务国家目标和调动广大科技人员的积极性和创造性为出发点，以促进全社会科技资源高效配置和综合集成为重点，以建立企业为主体、产学研结合的技术创新体系为突破口的深化科技体制改革的指导思想。

第四个阶段是从2012年到现在。2012年党中央、国务院召开全国科技创新大会，颁布《关于深化科技体制改革加快国家创新体系建设的意见》，把强化企业技术创新主体地位，促进科技与经济社会发展紧密结合作为我国深化科技体制改革的中心任务，着力解决制约科技创新的突出问题，充分发挥科技在转变经济发展方式和调整经济结构中的支撑引领作用。党的十八大作出了实施创新驱动发展战略的重大部署，强调科技创新是提高社会生产力和综合国力的战略支撑，必须摆在国家发展全局的核心位置，通过科技创新推动改革。2013年党的十八届三中全会发布《中共中央关于全面深化改革若干重大问题的决定》，对深化科技体制改革作出了明确部署。2012年以来，在加强科技宏观统筹、提升企业创新能力、促进科技成果转化、推进协同创新、完善科技评价和激励机制、改进科研项目和经费管理等方面提出了若干改革举措。

2. 我国科技管理体制改革的特点

纵观科技体制改革历程，可以发现在这30多年的改革过程中，加强科技与经济的紧密结合，充分调动科技人员的积极性和创造性始终是科技体制改革的核心问题。伴随着科学技术的迅猛发展、中国经济社会的深度转型以及世界经济政治格局的深刻变化，科技体制改革也在不断深化，主要表现在：

（1）在改革任务方面，从突破在长期计划体制下形成的传统科技体制，向建立与国家创新体系建设相适应、符合科技发展规律的现代科技体制发展深化。

（2）在改革路径方面，从单项推进、强调市场化向整体推进、全面配套发展，从推动科研院所、高等院校面向经济、面向企业、面向应用向建立以企业为主体、产学研结合的技术创新体系转变。

（3）在改革重点方面，从侧重于微观运行机制向宏观运行机制转变。

10.3.3 我国科技管理体制改革仍存在的问题

毋庸置疑，我国科技体制改革已取得显著成效，科技支撑引领经济社会发展的作用日益凸显。但是，许多事实表明科技体制仍不适应经济社会发展和科技发展的要求，一些深层次问题尚未彻底改革，突出表现在以下几个方面：

1. 宏观科技管理体制条块分割弊端突出

宏观科技管理机制和组织结构不合理，权力分配过于分散，且缺乏有效的统筹协调。现行科技管理的组织结构，在纵向上按科研阶段设置，在横向上按学科领域分工管理，形成网状管理结构，管理多头、目标多元、政出多门的体制分割现象仍然相当严重。这使得有限的科技资源难以实现优化配置，与现在科学技术综合交叉发展的新趋势难以适应，不仅造成许多领域重复投入、分散投入，科技资源短缺与闲置浪费并存，资源利用和投入产出效率不高，而且难以在国家整体目标上形成一致和分工合作，削弱了国家科技组织动员能力和协同集成能力，在一些战略方向性和关键共性领域往往不能集中资金和研究力量实施重点突破。

2. 政府与市场的关系仍然没有完全理顺

政府科技管理定位不科学，科技资源配置中政府与市场、企业的关系尚未完全理顺。科技管理的过度行政化问题仍然比较突出，政府部门在科技项目管理中充当着“教练员”的角色。科研经费、重点实验室、工程中心、研究基地等重要科技资源的配置机制尚未做全面的调整，经费分配主要由行政部门甚至个别官员决定，导致科技腐败现象频出。在支持企业科技创新方面政府越位和缺位并存，不仅拥有创新与否的决策权和对创新资源分配的垄断权，对企业技术创新过度干预，而且在为企业营造良好的创新环境，让市场更好地发挥技术创新导向作用方面着力不够，影响了企业创新的动力、能力和绩效。

3. 科技与经济结合的内在机制有待进一步健全完善

总体上看，科技经济“两张皮”的问题始终没有真正解决。虽然近年来“以企业为主体、市场为导向、产学研用相结合的技术创新体系”得到了国务院的高度重视，中央各主管部门在各自的领域也进行了一些相关的政策实践，但是，从实际情况来看，企业在技术创新决策、研发投入、科研组织和成果转化中的主体地位没有真正确立。尽管从全社会研发支出来源来看企业已经成为科技投入的主体，但是企业往往“被参加”，较少能够直接参与科技规划和项目决策，无法按照市场规律主导整个技术创新活动。同时，产学研结合仍然不够紧密，合作机制仍不顺畅，不仅缺乏形成产业技术创新链的合作，而且组织模式也有待提升和强化。此外，科研成果转化在知识产权保护、利益分配机制和激励机制等方面仍存在体制机制制约。

4. 科技项目及经费管理不尽合理

科技项目决策、执行和监督缺乏相对分开、互相监督的运行机制。科技管理机构与评价、监督组织混合，管理职能与评价功能不分，缺乏独立的项目评估和监督机制，管理的公平与效率有待进一步提高。伴随科技体制改革的进程，科技经费的支持重点由科研机构逐步转向各类计划项目，稳定性支持的科研经费也转向竞争性的科研经费，竞争性手段的过度使用，使得科研机构和科研人员花费大量时间奔波于各种项目的申请，一定程度上扰乱了科研人员的心态，影响了科研的质量。随着科学化、精细化的财政管理制度的推行，科技经费管理的重点越来越偏重资金的规范使用，忽视了科技活动的不确定性和对经费使用的客观需求，造成了“变通”甚至“造假”问题频发。

5. 科技评价制度与学术氛围尚待改善

科技评价导向不够合理，科研诚信和创新文化建设薄弱，科技人员的积极性创造性还没有得到充分发挥。现行评价标准普遍存在重数量不重质量、重经费不重水平、重产出不重应用、重短期不重长远、重成果不重人才等问题，导致创新活动目标异化，产生重复分散和行为扭曲，滋生不良风气。现行学术氛围存在不敢做学术批评，缺乏无利益背景的、纯学术的讨论以及互评关系网的牵制等问题，不利于科技创新。部分科研人员科研价值取向过度功利化，不利于科学的健康发展。

10.3.4 深化我国科技管理体制改革的路径和措施

进入21世纪以来，新一轮科技革命和产业变革正在孕育兴起，全球科技创新呈现出新的发展态势和特征。面对科技创新发展新趋势，世界主要国家都在寻找科技创新的突破口，抢占未来经济科技发展的先机。当前，我国正处在全面建成小康社会的关键时期和深化改革开放、加快转变经济发展方式的攻坚时期。党中央、国务院提出了2020年进入创新型国家行列和新中国成立100周年时成为世界科技强国的宏伟目标。要实现这一目标，必须进一步深化科技体制改革，破除一切制约科技创新、束缚创新驱动发展的观念和体制机制障碍。

1. 深化科技宏观管理改革，加强科技宏观统筹

政府和市场都是科技资源配置的重要方式，是推动科技创新的重要力量。《中共中央关于全面深化改革若干重大问题的决定》提出“使市场在资源配置中起决定性作用和更好发挥政府作用”这一重大理论观点。深化科技管理体制改革最主要的就是简政放权，改变政出多门的局面，以更好发挥政府这只“有形的手”在科技资源配置中的作用。

首先，加快转变政府管理职能，厘清政府和企业、市场的职能分工，相应进行机构改革和结构调整。要切实纠正科技工作中行政干预过度、越管越细、越管越多的弊端，把政府职能重点转变到制定规划和政策、创造和维护良好制度环境上来，加强战略规划、政策法规、标准规范和监督指导等方面职责，提高公共科技服务能力，充分发挥各类创新主体的作用。政府财政投入要重点支持基础与前沿研究、事关国家全局的战略高技术研究和农业、环保等事关民生的公益性科技研究，引导和支持企业突破核心关键技术、共性技术，支持新技术新产品推广应用，科学合理地设定竞争性研究经费与稳定支持研究经费的比例。为使市场能更好地发挥“技术创新导向作用”，政府应推进体制机制创新，打破行业垄断，放宽市场准入，营造公平竞争的市场环境，同时要灵活运用各类创新政策工具，解决市场失灵问题。

其次，建立健全统筹协调的科技宏观决策体系。完善国家科技决策机制，提高国家科技发展战略的决策层次，在借鉴其他国家先进经验的基础上，建立符合我国政治体制和国情现实的科技战略决策和专家咨询体系。强化国家对科技发展的总体部署和宏观管理，整合科技规划和资源，加强对重大科技政策制定、重大科技计划实施和科技基础设施建设的统筹，用好国家科技重大专项和重大工程等抓手，集中力量在国际科学前沿领域抢占制高点。合理调整科技部门与其他科技管理相关部门在科技管理上的职能划分，消除行业性垄断和部门分割对科技创新带来的约束和限制。完善中央与地方之间、科技相关部门之间、科技部门与其他部门之间、军民之间统筹配置科技资源的沟通协调机制，进一步明确国家各类科技计划、专项、基金的定位和支持重点，防止重复部署、分散投入，切实提高整合科技资源、组织重大科技活动的能力。

发达国家科技决策体系中的科技决策咨询制度

近年来，世界主要发达国家均高度重视科技决策咨询制度建设，纷纷将科技决策咨询作为政府制定科技政策的必要环节。

在中央政府层面，主要发达国家普遍设立了专门的科技咨询机构，建立起较为完善的科技决策咨询机制。美国总统科技顾问兼任科技政策办公室主任，直接辅助总统进行科技战略决策，就科技对国内和国际事务的影响提出建议，并主持总统科学顾问委员会。英国政府设有首席科学顾问，为首相提供科学、工程和技术方面的咨询，负责协调英国科学创新政策，主持科技委员会，领导政府科学办公室。加拿大总理科学技术顾问委员会是最高科技决策咨询机构，负责向总理提供有关国家科学技术的目标与政策及科技促进经济发展的建议。另外，法国的战略决策委员会、德国的科学委员会和科学联席会、芬兰的研究创新委员会、日本的综合科学技术会议、韩国的科学技术咨询会议等都是政府的最高科技咨询机构。这些国家的最高领导授权于以科技专家为主的科技管理与咨询机构，使科技管理越来越走上专业化轨道，国家科技事务的管理和运行更加符合科技发展的规律。

除政府设立专门的决策咨询机构之外，社会各界也被赋予广泛参与国家重大科技决策的权利，科研机构、媒体、公众等对国家科技重大决策产生重要影响。发达国家很多著名的科技组织和思想库，如英国皇家学会、俄罗斯科学院、美国科学院和兰德公司等，都承担着决策咨询的职能，在国家科技决策体系中发挥了重要支撑作用。积极鼓励和引导公众参与科技重大决策是发达国家建立决策咨询的又一重要特征。例如，为推动科技决策的民主化，韩国建立了由总统任主席，官、产、研各界代表参加的科技振兴扩大会议制度，让民众更广泛地参与国家的科技发展事务。德国在成立创新咨询委员会的同时，还组织广泛开展研究对话活动，涉及当前与社会息息相关的重要问题，积极地为规划全社会的未来献计献策。

资料来源：李春景：《完善科技决策咨询制度促进科技决策科学化》，载《科技日报》，2012-08-27。

最后，转变政府对科技活动的管理模式，推动科研管理向创新管理转变。科技活动管理应从政府管理向政府与科学共同体协同治理转变，让更多的人参与到重大科技项目的决策中。同时，政府对科技活动的管理不仅要遵循研发活动的规律，也要遵循技术创新活动的规律，需要从科学、技术、技术创新各自不同的规律出发，按照科技计划项目的性质，采取分类管理的模式。重大公益性、战略性基础研究，围绕国家战略目标的大项目由政府集中管理。应用性技术创新研究，让市场来决定创新方向、任务、路线，由企业技术创新战略联盟来联合创新资源和要素。科技管理部门可探讨拨改投、后补助、划线补贴、购买技术、购买服务等多种模式促进市场化的技术创新公平竞争。此外，实行科技项目决策、执行、评价相对分开、互相监督的运行机制，完善国家科技项目管理的法人责任制，加强实施督导、过程管理和项目验收。建立跨部门的第三方评估机制，加强对科技部门、科技计划、科研机构的绩效评估和监督。建立和完善公开透明的项目资金管理机制，在强化规范管理的同时，增加科技经费使用自主权，简化、优化管理程序，使其更加适应科技创新活动的规律和特点。要完善课题间接成本补偿机制，增加对人的投入特别是科研绩效支出，改变“见物不见人”和缺乏绩效激励机制的问题。

国家科技重大专项：深化科技体制改革的“试验田”

重大专项是为了实现国家目标，通过核心技术突破和资源集成，在一定时限内完成的重大战略产品、关键共性技术和重大工程，是我国科技发展的重中之重。实施国家科技重大专项是深化科技体制改革、促进科技与经济紧密结合的重要载体。

重大专项创新组织实施机制，借鉴“两弹一星”、“载人航天”工程经验，建立和完善社会主义市场经济条件下的新型举国体制。坚持政府在专项组织实施中的主导地位，加强整体部署，强化多部门协同推进，实现各环节有机衔接。统筹中央和地方资源，整合行业优势力量，加强军民融合，加强国际合作，实施“大兵团”联合攻关，注重发挥市场配置资源的基础性作用。健全管理体系，创新决策、执行、监督评估机制，提高管理实效，强化专项决策和实施的责任制，加强过程管理，加快推进专项组织实施。通过这些尝试，科技部门的角色发生转变，从直接分配资源转向统筹指导资源分配，强化综合平衡和监督评估，提高投入的绩效。这为推进我国科技体制机制创新提供了新思路和新方法，引领和带动了国家创新体系建设。

资料来源：陈磊：《加快实施国家科技重大专项支撑引领战略性新兴产业发展——访国家科技重大专项办公室主任许倞》，载《科技日报》，2011-09-06。

2. 创新机制与环境条件，增强企业创新能力和市场创新活力

企业作为生产经营的市场主体，直接参与市场竞争，对产业和产品新技术发展创新最为敏感。只有企业主导技术研发和创新，才能加快技术创新成果转化应用，才能有效整合产学研力量，以企业为主体、市场为导向、产学研用相结合的技术创新体系才能真正建立起来。推动科技创新与经济社会发展紧密结合，关键是要通过深化体制机制改革，建立健全企业主导产业技术研发创新的体制机制，进一步打通科技和经济社会发展之间的通道，让市场真正成为配置创新资源的决定性力量，让企业真正成为技术创新的主体。

首先，要打破行政主导和部门分割，建立由市场决定技术创新项目和科技资源调配机制，发挥企业在技术创新决策、研发投入、科研组织和成果转化中的主体作用。在与产业相关的技术研发领域，健全技术创新市场导向机制，发挥市场对技术研发方向、路线选择、要素价格、创新要素配置的决定性作用。建立产学研协同创新机制，逐步建立起以技术研发平台和产业技术创新战略联盟为主体的科技研发实体，企业进行先期投入，政府进行后期补贴。

其次，改革科技计划支持方式，支持企业承担国家研究开发任务。国家科技计划要更多地反映企业重大科技需求，更多地吸纳企业参与国家科技项目的决策。以应用为目标的国家重大科技项目，建立企业牵头组织、高等院校和科研院所共同参与实施的有效机制。

国家科技重大专项强化企业主体地位

“十二五”重大专项突出企业主体，深化产学研用结合。推动企业牵头承担以产业化为目标的专项任务，加速创新要素向企业集聚，强化企业在专项实施中的技术创新主体地位。以产业技术创新战略联盟为抓手，发挥骨干企业的龙头作用，建立健全技术创新链和产业链，加快专项成果产业化。在国家科技重大专项10个项目的课题中，企业牵头的课题比例从“十一五”时期的36.7%增加到“十二五”时期的52.3%。

以宽带移动通信专项为例，该专项在拥有自主知识产权的TD—SCDMA产业化和TD—LTE技术研发方面取得了重大突破，通过发挥行业龙头企业和运营商对市场的牵引作用集群式发展，不仅使中兴通讯、华为这样的龙头企业提高了国际竞争力，还培育和带动了星河亮点、创毅视讯、联芯科技、宇龙通信等一批中小企业不断壮大，带动了相关产业的发展，提升了我国信息产业的核心竞争力，初步扭转了我国移动通信产业“大而不强”的局面，实现了中国通信产业与国际通信巨头同步发展、同台竞争的状态。

再次，完善技术转移机制，促进企业的技术集成与应用。完善科技成果知识产权制度，加强知识产权运用和保护，探索建立知识产权法院，让侵权、模仿、造假行为付出沉重代价，以建立行之有效的知识产权保护制度。建立健全知识产权交易制度，探讨完善技术、知识资本化制度。创新商业模式，促进科技成果资本化、产业化。大力发展为企业服务的各类科技中介服务机构，促进企业之间、企业与高等院校和科研院所之间的知识流动与技术转移。

又次，建立科研设施和科研信息社会共享机制。建立科研院所、高等学校和企业开放科研设施的合理运行机制。国家重点实验室、工程（技术研究）中心等科研设施，要向企业开放，为社会所分享。建立创新调查制度和创新报告制度，构建公开透明的国家科研资源管理和项目评价机制，全面掌握全社会创新资源的分布、各行各业的创新需求以及企业、大学、科研机构的创新能力，使广大科技人员迅速了解国家科技发展的最新动态，得到必要的公共科技基础支持，从而提高科技创新服务经济社会发展的针对性和有效性。

建立国家科技报告制度任重道远

科技报告是描述科研活动的过程、进展和结果，并按照规定格式编写的科技文献，其目的是实现科技知识的积累、传播和交流，其类型包括专题报告、进展报告、最终报告和组织管理报告。建立科技报告制度，对财政科技投入形成的科技信息资源进行全面保存和共享，将为科研人员提供科研基础信息，为科技管理者提供决策支持，为社会公众了解和利用已有科研成果提供服务平台，对于提升我国科技实力和创新能力具有重要意义。欧美等国家都有系统的科技报告制度，美国政府科技报告工作始于1945年，近年来现有的国防部报告、商务部报告、航空航天局报告和能源部报告四大体系每年产生约60万份科技报告，其中公开发行约6万份。

国家科技报告制度建设是一项庞大的系统性工程，既涉及组织结构、政策制定、部门协调等管理层面的问题，又涉及撰写呈交、审核收藏、共享服务等技术层面的问题，覆盖面广、利益主体多、综合协调难度大。从欧美国家的经验来看，科技报告工作从启动、发展到健全都有一个不断完善的过程，绝非一蹴而就。美国从1945年开始科技报告体系建设，经过十几年的努力，到20世纪60年代中期才雏形初显，科技报告逐渐在科技界和全社会显现一定的影响力。我国科技报告制度建设正处于试点阶段，要积极借鉴欧美国家的成功经验，明确我国科技报告制度建设的战略目标，并围绕战略目标做好顶层设计。

最后，进一步强化和完善政策措施，引导鼓励企业成为技术创新主体。通过财税、金融等政策，引导企业增加研究开发投入，推动企业特别是大企业建立研究开发机构。落实企业研发费用税前加计扣除政策，改进企业研发费用计核方法，合理扩大研发费用加计扣除范围。完善高新技术企业认定办法，落实相关优惠政策。国家重点建设的工程技术类研究中心和实验室，优先在具备条件的行业骨干企业布局。建立健全国有企业技术创新的经营业绩考核制度，落实和完善国有企业研发投入的考核措施，加强对不同行业研发投入和产出的分类考核。营造公平竞争的市场环境，大力支持民营企业创新活动。加大对中小企业、微型企业技术创新的财政和金融支持，落实好相关税收优惠政策。改善科技型中小企业融资条件，完善风险投资机制，实施科技型中小企业创业投资引导基金及新兴产业创业投资计划。推动促进科技成果转化法修订工作，加大对科技创新活动和科技创新成果的法律保护力度。

3. 深化科研机构管理制度改革，加强科学共同体自治能力建设

从事基础研究、前沿技术研究和社会公益研究的科研机构，是我国科技创新的重要力量。建设一支稳定服务于国家目标、献身科技事业的高水平研究队伍，是发展我国科学技术事业的希望所在。在新的历史时期，必须以提高创新能力为目标，以健全机制为重点，进一步深化科研机构管理体制改革，加快建设自主、自治和自律的科学共同体。

首先，加快科研院所管理体制改革和制度创新。按照科研机构分类改革的要求，继续深化应用技术类科研机构改革，完善现代企业制度，使其能更好地面向市场、面向经济社会发展需求，自主开展技术研发和创新；对于关键共性技术开发，政府要加强规划引导，并在投入上给予支持。从事基础研究、前沿研究和社会公益研究的科研机构，要坚持社会公益服务的方向，探索管办分离的有效实现形式，加快建立现代院所制度，完善治理结构，进一步落实法人自主权，探索实行由主要利益相关方代表构成的理事会制度，切实解决科研机构行政化的倾向。完善对公益类科研机构的财政投入为主、引导社会参与的持续稳定支持机制。推进科研人事管理制度改革，实行固定岗位与流动岗位相结合的用人制度，探索实施科研关键岗位和重大科研项目负责人公开招聘制度，建立开放、竞争、流动的用人机制，促进科技人力资源优化配置。探索有利于科技人才发挥作用的多种分配方式，完善科技人员收入分配政策，推进实施绩效工资，健全与岗位职责、工作业绩、实际贡献紧密联系和鼓励创新创造的分配激励机制。建立科学合理的综合评价体系，对科研机构整体创新能力实行周期性评估，根据评估结果调整和确定支持方向与投入力度。改革科研院所科技成果转化管理制度，赋予科研团队研发成果使用权、经营权、处置权和收益权，取消科研院所科研成果转化所有的行政审批，促进科技成果转化。

浙江扩大省级事业单位科研成果处置收益权

2014年5月浙江省财政厅印发了《关于省级事业单位科技成果处置权收益权改革有关问题的通知》(浙财资产［2014］20号)，实现了在扩大高校、科研院所等事业单位成果转化处置权限上的四大突破：一是将科研成果处置权全权下放给高校、科研院所等事业单位；二是以备案制简化科研成果处置程序，降低了科技成果转移转化的时间周期和成本；三是扩大了科技成果定价交易渠道，破解了科技成果定价难问题；四是明确了高校、科研院所等事业单位对科技成果转化受益分配权，提高了对科研、转化人员的激励力度。

改革为浙江高校、科研院所等事业单位职务发明成果转化提供了良好的政策制度环境，对激发科研人员发明创造的活力，促进事业单位职务发明成果转化产生了积极作用。

其次，深化科技评价和奖励制度改革。根据不同类型科技活动特点，按照公开公正、科学规范、精简高效的原则，注重科技创新质量和实际贡献，制定导向明确、激励约束并重的评价标准和方法，改变评价过多过繁的现象，避免急功近利和短期行为。基础研究以同行评价为主，着重评价成果的科学价值；应用研究由用户和专家等相关第三方评价，着重评价目标完成情况、成果转化情况以及技术成果的突破性和带动性；产业化开发由市场和用户评价，着重评价对产业发展的实质贡献。建立以科研能力和创新成果等为导向的科技人才评价标准，改变片面将论文数量、项目和经费数量、专利数量等与科研人员评价和晋升直接挂钩的做法。改革完善国家科技奖励制度，建立公开提名、科学评议、实践检验、公信度高的科技奖励机制。减少奖励数量和奖励层次，重点奖励重大科技贡献和杰出科技人才，强化对青年科技人才的奖励导向。根据不同奖项的特点完善评审标准和办法，增加评审过程透明度。

最后，加强科学道德和创新文化建设，培育有自主意识、自律精神和自治能力的科学共同体。建立健全科研活动行为准则和规范，加强科研诚信和科学伦理教育，将其纳入科技人员职业培训体系，强化科技人员的诚信意识和社会责任。发挥科研机构和学术团体的自律功能，引导科技人员加强自我约束、自我管理。加强科研诚信和科学伦理的社会监督，扩大公众对科研活动的知情权和监督权。加强国家科研诚信制度建设，加快相关立法进程，建立科技项目诚信档案，完善监督机制，加大对学术不端行为的惩处力度，切实净化学术风气。引导科技工作者树立正确的科学价值观，大力弘扬求真务实、勇于创新、团结协作、无私奉献、报效祖国的精神，提倡学术批判，反对迷信权威，保障学术自由，营造宽松包容、奋发向上的学术氛围。

本章小结

1. 现代科学技术的发展，表现出综合化、社会化和全球化的态势。科技事业是与各科学技术领域内科技知识的产生、发展、传播和应用密切相关的有组织的活动。研究与发展是科技活动的核心，可以分为基础研究、应用研究和试验发展三种具有不同性质的类型。

2. 科技事业管理是对科学技术活动的管辖、控制与治理，是科技活动过程中，所有规划、组织、指挥、协调、控制等管理活动的统称。在多元协同治理的科技事业管理格局中，政府处于核心位置，发挥着宏观管理者和公共物品提供者的角色。从政府科技管理职能的角度看，科技事业管理的主要内容包括如下方面：制定科技发展战略与科技计划；通过立法维护科学技术活动的正常秩序；履行公共科技产品和服务的供给责任；制定技术创新的政策体系，引导全社会科技资源配置；培育和完善科技市场，促进科技经济一体化。要实现对内容丰富的科技事业的管理，就必须遵循系统性、能级性、灵活性和前瞻性诸原则。

3. 科技管理体制大体可以分为集中型体系、分散型体系和二元型体系三种形态，分别以韩国、美国和日本为典型代表。20 世纪 80 年代以来，美、日、韩等国科技管理体制变革的共同趋势主要有：提高科技决策管理层次，强化决策咨询和部门协调机制；制定科技发展战略和科技计划，加强科技创新的顶层设计；强化对国家科研机构的改革，完善促进产学研合作的体制机制；加大政府科技投入，积极引导民间资本投资科技；强化科研中间机构的作用，发挥科学共同体自治功能。

4. 我国在计划经济体制下形成的高度集中型科技管理体制，在改革开放的新形势下显现出科技与生产脱节、管理结构僵化、人才使用不合理等弊病。20 世纪 80 年代中期正式启动的科技管理体制改革可分为四个阶段，在改革任务、路径和重点等方面都不断深化，向纵深发展，取得了一系列的成效。当前，我国的科技管理体制改革还存在着宏观科技管理体制条块分割弊端突出、政府与市场关系仍然没有完全理顺、科技与经济结合的内在机制有待进一步健全完善、科技项目及经费管理不尽合理、科技评价制度与学术氛围涵待改善等突出问题。要实施创新驱动发展战略，实现国家创新体系建设的目标，必须从三大方面进一步深化科技管理体制改革：深化科技宏观管理改革，加强科技宏观统筹；创新机制与环境条件，增强企业创新能力和市场创新活力；深化科研机构管理制度改革，加强科学共同体自治能力建设。

关键术语

科技 科技事业 科技事业管理 集中型 分散型 二元型 科技宏观统筹 科技经济一体化 产学研合作 现代院所制度

复习思考题

1. 现代科技发展的综合化、社会化、全球化具体体现在哪些方面?
2. 科技研发活动包括哪些类型?
3. 简述科技事业管理的主要内容和基本原则。
4. 简述美、日、韩各国科技管理体制变革的共同趋势。
5. 我国科技管理体制改革还存在着哪些问题?
6. 我国科技管理体制的进一步完善应如何进行?

阅读书目

1. 苏竣，黄萃. 中国科技政策要目概览：1949－2010 年. 北京：科学技术文献出版社，2012
2. 厉以宁，武常岐. 建设创新型国家的战略思考. 北京：北京大学出版社，2012
3. 龚旭. 科学政策与同行评议：中美科学制度与政策比较研究. 杭州：浙江大学出版社，2009
4. 刘立. 基础研究政策的理论与实践，北京：清华大学出版社，2007
5. [美] 达里尔・E・楚宾，爱德华・J・哈克特. 难有同行的科学：同行评议与美国科学政策. 北京：北京大学出版社，2011
6. 鲍悦华编著. 国内外政府宏观科技管理的比较. 北京：化学工业出版社，2011

第11章

卫生事业管理

卫生事业是政府公共管理的基本内容之一，既有公共管理的一般属性，又有其特殊性，基于现代社会对政府合法性的诉求和卫生事业对生命自体关怀的价值终极性，卫生事业管理在政府公共管理中占有特殊地位。如何办好卫生事业，如何搞好卫生事业管理，如何保障人民的健康状况，如何提高人民的健康水平，是现代政府特别是社会主义国家政府必须回答的问题和必须承担的责任。本章主要介绍卫生事业管理的基本问题，包括卫生事业的含义和基本特征、卫生事业管理的基本内容、国外卫生事业管理的模式及其优缺点，以及我国卫生事业发展的基本情况和改革思路。

重点问题

- 卫生事业的含义和基本特征
- 卫生事业管理的基本内容
- 国外卫生事业管理
- 我国卫生事业管理改革的政策选择

11.1 卫生事业管理概述

11.1.1 卫生事业的含义

1. 卫生与健康

卫生者，卫护生命也，health care 意旨相同。简单地说，医学就是卫护生命的学问。作为万物之灵的人总不甘于命运，人类孜孜不倦地探索长寿之谜，这一漫长的以生命为代价的经验之凝结就是医学。医学关注的基本问题是疾病与健康，这意味着，卫生就是防治疾病和保护健康，其中防治疾病是消极的，保护健康是积极的，是与卫生同义的。

按照世界卫生组织的定义，健康是一种在身体上、心理上和社会功能上的完满状态，而不仅仅是没有疾病和虚弱的状态。卫生是指为维护和增进人体健康，预防和治疗疾病，改善和创造合乎生理、心理需求的生产环境、生活条件所采取的个人的和社会的一切行为与措施。“health”，同时具有“健康”与“卫生”两种含义。

健康是卫生工作的出发点与落脚点，在传统上我们更习惯于使用“卫生”来表达“维护和保卫生命或健康”的过程，相应的组织机构、系统活动和社会措施等也采用“卫生”一词；卫生是措施，通过发展卫生事业、建立卫生体系、采取卫生措施和开展有系统的卫生活动，以促进健康目标的实现。

大体上可以说，人类对卫生理念的认知标志着卫生事业的发展状况。在早期，人们局限于认为健康就是免于疾病，这种认识是与当时落后的社会经济文化状况相适应的。然而，人毕竟不是单纯的生命体，人有理智和感情，人必须过社会生活。因此，现代医学认为，健康不仅仅是免于疾病，健康是机体、精神和社会的完美状态。与现代化的健康理念相适应，卫生事业也发生了革命性的变化。因为人是社会的人，因为疾病的风险往往是个人和家庭难以承担的，也因为传染病之类的疾病所固有的社会性，在现代社会生活中，卫护生命远远不是个人的行为，更主要的是社会行为和国家行为，当然，这一社会化的程度与特定的社会经济文化发展相适应，不是主观设定的。

在日常话语中，有些关于卫生的说法表面看来与卫护生命的宗旨相去甚远，比如环境卫生和个人卫生，其实不然，因为实际上整个世界充斥着致病因子，控制和消灭这些致病因子，就是间接意义上的卫护生命。世界从来不是也永远不是清洁无染的，卫护生命的使命永无终结之日。

2. 卫生事业的内涵

卫生体系及其活动构成卫生事业，卫生体系的活动即卫生体系向社会提供的卫生服务。卫生体系是卫生机构及卫生从业人员按一定秩序和内部联系组成的功能整体，其现代形态一般可以分为卫生服务提供体系、健康保障体系和执法监督体系三个子系统，也可将其细分为公共卫生服务体系、医疗服务体系、医疗保障体系、药品供应保障体系、卫生管理体系、卫生监督执法体系等。卫生执法监督体系，主要指的是政府卫生行政部门的管理工作，这里先概略地介绍卫生服务提供体系和健康保障体系。

（1）卫生服务提供体系。

卫生服务提供体系负责提供卫生服务，卫生服务是运用医学知识、经济资源和体力以维护他人健康的社会劳动。现代卫生服务一般包括医疗、预防、康复、保健、健康教育和其他健康促进工作。根据卫生服务的经济学特征，可以将其分为公共产品、准公共产品和私人产品，公共卫生服务一般是公共产品，传染病防治等是准公共产品，医疗服务是私人产品，而医疗服务又可以分为基本医疗、非基本医疗和特需医疗。卫生服务的基本目标也是卫生事业的基本目标，早在 1977 年第三十届世界卫生代表大会上，世界卫生组织（WHO）就确立了“2000 年人人享有卫生保健”（health for all by 2000，HFA）的全球目标，在次年的阿拉木图国际会议上，又确认初级卫生保健是实现 HFA 的基本途径。评价卫生服务目标的完成情况，一般从系统结果和健康结果两个方面考虑。系统结果是卫生服务体系内部效率问题；健康结果是考察社会的健康状况，表征了卫生服务体系对社会的功能，一般用卫生服务可得性、卫生服务可及性、卫生服务普及性、卫生服务系统性以及卫生服务的成本效益等指标分析。

卫生服务需要消耗卫生资源，包括卫生人力、物力、财力、技术和信息等经济资源，其中卫生技术人员的专业知识和个人劳动是最原始的也是最基本的卫生资源。只是到了现代，由于医学技术的进步，凝结和负载医学技术的社会经济资源广泛进入卫生服务，改变了传统卫生资源的结构。这种改变的结果具有两面性：一方面提高了卫生服务水平和社会健康水平，另一方面也加重了社会经济负担。反映卫生资源总量水平的指标一般包括社会总卫生费用、社会总卫生费用占 GDP 的比重、每千人口医生数和每千人口床位数等。

（2）健康保障体系。

卫生事业的核心是卫生服务制度，其中主要是健康保障制度，其实质是卫生资源社会配置的制度安排。大凡称为事业者，都是有社会性的，而社会性是卫护生命的基本要求，因为病者显然不能自己卫护自己，这是卫生被称为卫生事业的原因，也是衡量卫生事业是否健康发展的基本依据。

就目前世界各国卫生事业的形态看，健康保障制度的主体部分是医疗保障制度。根据国家和社会对卫生服务的介入程度，医疗保障制度主要有四种模式：国家医疗保险模式（national health service，NHS）、社会医疗保险模式（social health insurance）、商业医疗保险模式（private health insurance）和储蓄医疗保险模式（medisave）。采用国家医疗保险模式的代表国家有英国、瑞典、丹麦、芬兰、爱尔兰、西班牙等北欧国家和加拿大、澳大利亚、新西兰等英联邦国家，前苏联、东欧国家以及我国 20 世纪 50—90 年代末实行的公费医疗制度均属于这种模式。撇开社会制度的性质差异不论，国有卫生服务的显著特征在于，由国家负责筹集绝大部分卫生资源，并直接举办卫生事业（加拿大例外），医生一般属于国家公职人员。社会医疗保险是国家通过立法强制筹集卫生资源，主要由雇主和雇员按比例分担，政府适当支持。世界上建立社会医疗保险与医疗保障制度的国家或地区，大多数采用的是社会医疗保险模式，其中代表国家主要有德国、法国、日本、意大利、巴西、阿根廷、韩国、荷兰、西班牙、比利时等。在商业医疗保险中，由商业保险公司承办、按照市场规律经营、通过自愿的方式来筹集卫生服务费用，国家只立法监督卫生服务市场。采用这种模式的代表国家是美国。储蓄医疗保险模式由政府强制雇主和雇员双方缴费，建立一个以家庭或个人为单位的储蓄账户，用以支付家庭成员的医疗费用，是一种把个人消费的一部分通过储蓄转化为保健基金的医疗保险形式。此模式的代表国家是新加坡。

就目前世界各国的情况看，无论实行哪一种医疗保障制度，卫生服务中的公共产品和准公共产品部分基本上由国家直接举办，比如，最具自由主义色彩的是美国医疗制度，而其政府支出的卫生费用占总卫生费用的比重 20 世纪 80 年代后一直保持在 40%以上。

11.1.2 卫生事业的基本特征

卫生事业具有区别于其他社会生产和服务的特征，准确认识这些基本特征，有助于卫生服务研究，有助于办好卫生事业和搞好卫生事业管理，这些基本特征是：知识密集性、价值终极性、经济依赖性和服务性。

1. 知识密集性

医学知识的发展推动着卫生事业的发展，没有现代医学知识就没有现代卫生事业，在医学领域内，可以列举出几十门已经发展得十分成熟的学科，卫生事业的知识密集性可见一斑。致力于卫生服务研究的学者不曾重视和研究这一特征，因为对于他们来说，这一特征是不言自明的，但专家的省略并不意味着知识密集性特征是不存在的。如果从逻辑上分析，专家们其实并未忽视这一特征，他们致力于批判卫生服务市场上供需双方之间的信息不对称，在制度上主张第三方付费以改善信息不对称状态，这一努力正是以知识密集性为逻辑前提的。知识密集性的主要表现在于医学是一个成熟而封闭的知识体系，尽管现代社会以健康教育推广普及医学知识，但医学仿佛以比普及更快的速度在发展，在卫生服务市场上，供需双方之间的信息不对称丝毫未得到改变。

2. 价值终极性

任何社会活动都有其宗旨，或称价值关怀，这种价值关怀为社会行动提供合法性，以成功地动员社会资源和实现行动目标。价值是客体能够满足主体需要的属性，也就是说，价值充其量是生命的要素或条件，生命是价值的母体。因此，在某种意义上说，和平条件下的任何社会事业的意义都不应高于卫生事业，绝不能为他故而牺牲卫生事业。这当然不是说，可以不顾其他社会事业的发展，一切为了卫生事业，而是说任何社会事业都不得损及卫生事业应该得到的发展。

基于对生命自体关怀的价值终极性，以及前述卫生事业的社会性，表明政府有责任办好卫生事业。卫生事业的社会性意味着卫生事业是公益性事业，公益性与社会性在本质上是一致的，显然，卫生事业办得好，社会共同体中的任何个人都是受益者，公益性是不言而喻的。因为卫生事业的公益性以及疾病风险对于个人特别是经济状况比较差的个人来说经济负担是不堪负荷的，所以，政府有义务对卫生事业实行福利性政策。

3. 经济依赖性

在卫生服务或者说医学服务的早期阶段，基本依靠卫生技术人员的医学知识和一定的体力劳动。到了现代，随着医学技术的飞速发展，凝结着医学科技的各种设备、药品大量出现在卫生服务领域，使卫生服务不仅具有知识密集性，也表现出明显的资金密集性，因此，卫生服务越来越表现出经济依赖性，这就决定了卫生服务的提供水平不能脱离经济发展水平，必须与经济水平相适应。试图超越经济水平来提供卫生服务，是饮鸩止渴的做法，必然造成整个卫生服务体系的崩溃。

经济依赖性的另一含义是发展卫生事业要按经济规律办事。不按经济规律办事，挥霍有限的经济资源，卫生事业就会办垮。经济依赖性决定了举办卫生事业的一条基本政策是追求适宜技术、控制高精尖医学技术的引进和使用，因为信息不对称和价值终极性会使新的医学技术在病人之间乃至全社会迅速推广，从而突破经济所能承受的限度。

4. 服务性

一般地说，服务业是以消费者或者其财产为服务对象，生产和消费同时发生，它与一般企业生产的区别在于，服务业有明确的服务对象。卫生服务正是直接或间接地以消费者为服务对象，供给和消费同时发生，不存在包装、运输等中间环节，具有一般服务产业的共性。其不同于一般服务业的特殊性在于，它不是提供某种生活条件而是以知识拯救生命，是对生命的直接服务。

由于卫生服务的供给和消费同时发生，以及卫生服务需求的时间紧迫性，在卫生服务中存在服务半径问题，也就是说，任何卫生服务提供者的服务能力要受时间进而受空间限制，或者说卫生服务市场在空间上总是有限的。这种空间有限性决定了卫生资源的配置要受人口分布状况的严格限制，高效率的资源配置要与人口分布相适应，但这并不排斥卫生资源必要的相对集中，因为把高技术的卫生服务配置到所有的地方显然更为浪费。由于卫生服务过程中生产与消费同时发生，理论上常引发卫生服务是生产性还是消费性之争，实际上，卫生服务过程同时包括生产过程和消费过程。当然，这里的生产是广义的，是指能够创造价值的活动，而不仅仅是创造物质财富的活动。

11.1.3 卫生服务市场的特殊性

卫生服务市场是客观存在的，即便在中国过去严格实行计划调节的年代，也存在卫生服务体系与社会的商品与劳务的交换，而市场正是一定空间中的商品和劳务交换关系的总和，卫生服务市场具有一般市场的功能，即价值实现功能、经济联系功能、利益协调功能、信息传导功能和优劣评判功能。市场有趋向均衡的内在属性，这种趋向通过特定的途径和规则实现，即依靠市场机制自动实现。所谓市场机制一般包括交换机制（价格机制、工资机制、利率机制）、竞争机制、供求机制和风险机制。市场机制具有下述特性：自动性，即在市场活动中自发表现出来，自发起作用，类似自然界的自然规律，自动地在理性利己人追逐利润中实现；连锁性，即在全部市场机制中，某一个机制的变化，会导致其他全部市场机制的变化，结果是市场经过一个自动调整的过程再次归于均衡。建设和完善卫生服务市场同建设一般市场的宗旨是一样的，即利用和发挥市场机制的功能，以实现效率和配置资源，但在卫生服务市场中，各种机制具有不同于一般市场的机制的特殊性。

经济学认为，价格机制是市场机制中最重要的，价格是调节生产、消费、资源配置和竞争的最重要信息。从根本上说，工资机制和利率机制从属价格机制，工资是劳动力的价格，调节劳动力的供求，利率是货币价格，引导资金流向。卫生服务市场中的价格机制，表现为卫生服务价格、药品价格、卫生材料设备价格、工资和利率等共同调节卫生服务市场的运行。根据市场机制的连锁性，要使整个市场机制均能自动发挥作用，必须每种机制都能毫不阻滞地起作用。事实上，各国在卫生事业管理中总是不同程度地实行政府定价等价格管制措施，如何在政府定价的前提下发挥价格机制的作用，是卫生事业管理中一个比较棘手的问题，因为卫生服务市场不是充分竞争的，这是卫生服务市场价格机制特殊性的主要表现。

竞争主要是市场中的供方主体为争夺共同市场而展开的一系列有针对性的经济活动。竞争是推动技术进步、市场完善和经济发展的根本动力。在卫生服务市场中，竞争是提高服务质量和卫生服务可及性的重要动力。竞争机制充分发挥作用依赖四个前提条件：经营活动的独立自主性；经营主体能够在竞争中获得相应的经济利益；没有垄断的市场；开放、完整、统一的市场体系。在这个意义上说，卫生服务市场中的竞争是有限的，不同于一般市场中的竞争，因为在卫生服务市场中，各服务主体的服务能力局限在其服务半径以内，因此，整个卫生服务市场中存在明显的分割和垄断。

供求机制反映供求与价格的内在联系，它的主要功能是调节生产和消费，通过供求关系的不断变化实现供求平衡，由于均衡价格反映供求关系，因此，在充分竞争的市场中，供求机制与价格机制是一致的。但是，在计划体制和竞争不充分的市场中，价格不能反映供求关系，而在卫生服务市场中，更兼诱导需求的存在，价格与均衡的供求关系相去更远。在卫生服务市场上，由于卫生服务的知识密集性，供方与需方的信息不对称，供方会利用其信息优势诱导需方产生额外的需求，如过多的检查、药品，甚至治疗。诱导需求的存在，严重影响了供求机制对市场的调节作用，自然也会影响价格机制的作用。

综上所述，价格机制、竞争机制和供求机制作用的有限性，是卫生服务市场特殊性的主要表现，这种特殊性决定了市场对卫生服务的调节作用是有限的，并逻辑地导出了政府对卫生事业的干预。

11.1.4　卫生事业中的政府干预

政府干预是指政府依据科学规范和政策目标对社会实施的调节和控制活动。卫生事业的价值终极性决定了办好卫生事业是政府的基本责任；卫生事业的发展水平依赖于经济发展水平，而只有政府才有能力安排适当的发展水平，以协调社会经济的全面发展；卫生服务市场的特殊性，特别是市场对卫生服务调节的有限性，客观上需要政府介入卫生服务市场，以改善卫生服务；卫生服务市场的规范以及医学规范的落实等，也需要政府干预。

卫生卫护的是病残的生命，但病残者不可能自己卫护自己，卫生服务主体首先可能是病残者的家人，当病残者是家庭主要成员及家庭收入的主要来源时，上述理论上的天然卫生服务主体便不存在了，可能的替代者是社会和国家；在社会发展比较落后的地方，实际上的卫生服务主体只能是政府。政府有责任满足社会的卫生服务需要，这已是世界性的共识，WHO 在其章程中庄严宣称“健康是人类的一项基本权利”，所有 WHO 成员国政府都承诺致力于提高国民的健康水平。

卫生服务作为一种服务产品，相当部分是公共产品和准公共产品。对于医疗服务中的私人消费品，如果考虑到防治疾病能够增加社会劳动力或者减轻社会负担，考虑到对医疗服务奢侈品的私人消费是在推动医学技术进步的话，可以说，医疗服务中的私人消费均具有间接的正的外部性。公共产品和正的外部性，都要求政府的积极有效干预。

经济学在解释政府干预时总结了两个范畴——公共产品和外部性。公共产品是特殊的产品和劳务，有两个基本特征，即供给的连带性和消费的非排他性。供给的连带性是指以零边际成本增加供给，这是严格意义的公共产品，若放松限制，边际成本虽然不为零，但以不断减小的平均成本增加供给则为准公共产品；消费的非排他性使消费者产生“搭便车”的心理。外部性是指生产和消费行为的效用溢出，公共产品都有正的外部性，而外部性不都是正的积极作用。卫生服务中的相当一部分是公共产品，如卫生服务状况的统计和研究、健康教育、公共卫生等，另外还有准公共产品，如传染病防治、流行病控制、医疗保险等。因此，在市场经济条件下，政府有义务提供必要的卫生服务，即公共产品，以满足社会基本的卫生服务需求，保障人民健康。

个人对于公共产品都存在“搭便车”的心理，完全依赖市场机制提供，远不能满足社会实际的需要水平，或者说不能达到帕累托最优水平。因此需要由政府提供必要的卫生服务以达到整个社会的帕累托最优数量，这就是政府干预卫生服务的主要意思。政府干预的方式通常包括直接举办卫生事业、筹措基本卫生资源、实行定价和价格管制、建设有管理的卫生服务市场等。

11.1.5 卫生事业管理的基本内容

卫生事业管理是科学配置卫生资源以实现卫生政策目标的过程。直接涉及的学科有管理学、卫生经济学、政策科学、流行病学、卫生统计学、运筹学以及各门医学学科等，间接涉及的学科有社会学、政治学、经济学、哲学等；管理的主要领域包括卫生机构、医疗保障制度、卫生立法、健康教育、医政、卫生防疫、妇幼卫生、基层卫生保健、药政、特定人群与特定卫生问题、民族医药、卫生人力、医学科技以及卫生管理研究等。根据管理的目标和依据的不同，卫生事业管理可分为三个部分，即卫生行政管理、医学规范管理和卫生经营管理。

1. 卫生行政管理

卫生行政管理的目标是贯彻执行卫生政策，管理的主体是国家卫生行政部门，管理的客体是整个卫生系统及其活动，管理的依据是国家强制力。卫生政策的核心是国家准备实现的社会健康目标及其相应的卫生资源配置。卫生政策和其他社会政策一样，应体现人民的意志，符合人民的利益，在实际制定时，应结合社会健康需要和实际筹资水平综合考虑。国家卫生政策交由各级卫生行政部门具体执行，政策执行应符合行政组织的行政管理原则。作为执行卫生政策主体的卫生行政部门，应当切实贯彻执行各项卫生政策，以实现卫生行政管理的基本目标。就世界卫生事业管理的历史经验看，为了更有效地管理卫生事业，国家必须加强卫生立法，使基本卫生政策法制化，以法律规范卫生服务市场和卫生服务行为，与此相适应，卫生行政部门将主要扮演执法监督的角色。

2. 医学规范管理

卫生事业总是在研究、传播和运用医学知识，医学是一门极为严格精密的科学，毫厘之差可能会以无数的生命为代价。为了保证医疗卫生服务的正确、准确和及时，既需要广大卫生技术人员有严格的科学精神，又需要有严格的科学规范管理。医学规范管理的主要措施是加强三基教育和训练，严格执行医学技术规范和操作规程，严格执行在长期的医疗卫生实践中总结出的一些经验原则。

医学规范管理是标准化活动的一部分，而标准化是医学规范管理的主要途径。标准化主要是对科学、技术和经济领域内重复出现的问题给出标准解决办法，目的是要获得最佳秩序和最佳状态，标准化不仅标识现实的状况，还预示未来的发展。标准化活动已进入企业、行业、国家乃至整个国际社会，因此标准化的最新形式是国际标准。一般地说，各国政府均有自己的医学和卫生标准，在条件许可时，要积极与国际规范接轨。医学规范管理的主体主要是各级卫生管理人员，卫生技术人员也承担一定的责任，客体是医疗卫生活动，其根据在于科学自身的合法性，若有关内容已经标准化时，国家强制力也成为医学规范管理的根据。

3. 卫生经营管理

经营管理首先是以普通管理学的面孔出现的，管理学的宗旨是效率，这与经济学异曲同工。其实可以说，管理学是经济学思想针对特定目标和群体的具体化，经济学则是探索实现效率的一般原理。卫生经营管理与卫生行政管理和医学规范管理有显著区别，卫生行政管理重在忠实地执行政策，医学规范管理的基本原则是行动的科学化和规范化，而卫生经营管理的主体是各卫生机构的决策者，客体是医疗卫生服务活动，依据是市场规律，目标是效率和健康。

在卫生系统里，各医疗卫生及科教单位的管理，主要适用卫生经营管理，就对效率的追求而言，卫生经营管理与一般经营管理是一致的。但卫生事业单位不能完全按照市场中的一般经济主体的行为方式行事，而必须首先遵循卫生政策和医学规范行事，然后才是按经济规律办事，这是由卫生事业的特殊性所决定的。解决这个矛盾的出路在于，要按经济规律和医学规范的要求制定卫生政策。在操作层次上，要把卫生经营管理和卫生行政管理区别开来，卫生行政管理是贯彻执行政策，卫生经营管理是以政策为目标、以医学规范为行为准则的管理，它可以也应该借鉴运用一般管理学的原理和方法。这是两种完全不同的管理，卫生行政部门除监督卫生政策目标和医学规范的落实外，不能干涉正常的卫生经营管理，卫生行政管理的经验大多是不适用于卫生经营管理的。

11.2　国外的卫生事业管理

每个国家在卫生事业管理方面都有成功的经验值得研究和借鉴，如我国以占全球 2% 的卫生资源，保障占全球 1/4 的人口的健康，如此骄人的成就备受 WHO 的赞赏。但是，这不妨碍我们向国外学习和借鉴，目前我国正处在现代化的起飞阶段，欧美发达国家的经验教训对我国当前的卫生改革和发展具有重要的借鉴意义。

11.2.1　卫生行政管理和医疗保障制度

政府在卫生服务中扮演什么角色，承担多大责任，这是卫生事业管理中的基本问题。发达国家在长期的实践中，形成了各具特色的卫生管理模式。

1. 市场主导型

这一类型以美国为典型。在 20 世纪初期，美国政府开始关注那些不能获得医疗保健的人群的卫生问题，这被认为是 20 世纪最深刻的变化。第二次世界大战后，联邦政府开始承担提供和监控卫生服务的责任，通过干预卫生人力资源的开发培养，成为卫生服务的最大提供者；通过制定多种医疗保障计划，成为卫生服务的最大购买者。相对而言，美国卫生服务的市场化程度是全球最高的，但美国政府还是承担了很大的责任。其一，所有的公共产品和准公共产品均由政府筹资举办；其二，各种医院，包括公立、私立和各种社会团体办的医院，其固定资产投资均由政府承担；其三，政府负责少数民族的医疗保障、老人医疗照顾和穷人医疗救助。这种模式的显著优点是，基于供方的自由竞争，在微观上资源的利用效率比较高，医疗服务质量比较高，医疗技术进步比较快。但一般认为，美国试图以市场竞争来保证自由和效率的卫生管理模式是不值得推崇的，这是因为：一方面，美国的卫生费用占 GDP 的比重在全球居于榜首，且增长最快、管理费用最高；另一方面，卫生服务的社会覆盖偏低，可及性较差，全美依然有 3 000 万人没有任何医疗保障，医疗服务的公平性差。

美国联邦卫生行政组织是卫生和人类服务部。该部下设公共卫生署、保健资金筹集署、社会保障总署和人类发展服务局等业务部门，在业务上指导协调各州及各级地方政府卫生局，主要通过有关公共卫生的立法计划和评价以及管理和分配预算来管理全国卫生事业。公共卫生署由助理部长领导，军医局局长协助，主要负责国境卫生检疫、环境卫生、国防医疗和卫生统计，领导国家卫生研究院，协调各地方卫生局对外医学交流，下辖军医局、疾病控制中心、食品药物管理局、卫生资源处、卫生服务处、国立卫生研究院、滥用酒精药物和精神卫生管理局、体格检查和运动医学局、健康维持组织、吸烟和健康局等。保健资金筹集署负责医疗照顾和医疗救助计划。社会保障总署负责社会伤残保险计划和老人、盲人、伤残人的收入补助保障计划。人类发展服务局主要是满足各种特殊人群的卫生需求。另外，联邦政府还直接通过印第安卫生局，对印第安人和阿拉斯加少数民族提供公共卫生和医疗服务。

州一级的卫生行政部门是州卫生局，州卫生局一般设社区卫生处、医疗质量处、卫生处、行政事务处、环境事务处和卫生立法处。其职权主要体现在事权上，州卫生局的主要职责是：出生统计、死亡统计、人口统计和疾病报告；流行病和传染病控制；环境卫生管理；公共卫生实验室服务；妇幼卫生及学校卫生；卫生教育。美国 50 个州和 5 个特区都设有卫生局，管理包括疾病预防控制在内的公共卫生事务。各州的机构设置和职能不完全一样，有的州立卫生局是一个行政职能更加宽泛的行政组织，某些社会事务也归其管辖。全美大约有 3 000 个地方性公共卫生机构、卫生委员会和卫生部门，是最重要的执行机构，它们与民众的联系最为密切，负责的公共卫生事务也最为具体。

美国医疗保障制度的主体部分是商业医疗保险，全美有 1 800 多个医疗保险组织，有私立营利的，也有公立非营利的，医疗保险市场基本上是自由竞争性的。卫生服务的提供和消费按一般市场规律进行，政府像规范一般商品市场那样规范卫生服务市场，作为第三方付费者的保险公司绝大部分是商业性的，国家只负责政府公务员、退伍军人、美国印第安人、65 岁以上的老人、精神病患者和穷人的医疗保险。

2. 社会保险型

国家通过立法，强制所有职工和雇主参加疾病社会保险。该模式肇始于德国，其他如法国、日本、意大利、巴西、阿根廷、韩国、荷兰、西班牙、比利时等国家均采取此模式。这种模式的特点是：其一，强制性，社会医疗保险由国家通过立法强制实施，医疗保险基金的筹集得到法律的保障；其二，互助共济性，医疗保险基金来源于政府、单位和个人三方，由医疗保险机构统一筹集、管理和使用，实行社会统筹、互助共济；其三，现收现付，社会医疗保险基金按“以支定收、以收定付、收支平衡”的原则进行管理，力求当年的收支平衡，基金一般不会有积累；其四，保险机构同医疗单位建立合同关系，促进医院提供高质量的医疗服务。其缺点有二：一是由于实行第三方付费，医患双方缺乏费用意识，容易出现供需双方的道德风险，医疗费用难以有效控制；二是由于实行现收现付制，没有纵向的积累，医疗保险费用负担的代际转移问题突出，尤其是在人口老龄化较高的国家或地区。作为社会保险的一种新的尝试，新加坡新近创设的制度克服了社会保险没有积累机制的问题，新加坡的社会医疗保险分保健储蓄、保健双全和保健基金三个部分，其中保健储蓄的个人医疗账户可以继承，一定程度上解决了原来的社会医疗保险缺少积累机制的问题。下面以德国为例介绍社会保险型模式。

德国在普鲁士时代的 1685 年就开始建立国家卫生管理制度，18 世纪初设立了国家卫生警察局，1875 年已有 5 个城市先后出现社会性的卫生服务机构，1881 年俾斯麦政府制定实施社会保险法案，标志着医疗社会保险制度的开始。1889 年，普鲁士政权宣布废除医务官制度，并以法律明确各种社会卫生组织的义务，自此社会保险型的卫生服务模式日渐成熟。

德国主要通过推行强制的社会健康保险（statutory healthy insurance，SHI）为卫生服务组织体系筹资，SHI 由多个疾病基金会（sickness funds）组成。医院的举办和投入主要依靠政府，SHI 主要补偿医院服务提供的运营成本。德国的卫生行政组织分为联邦、州和县三级。联邦卫生行政管理部门主要有联邦卫生部、联邦劳动和社会事务部、联邦内务部和联邦研究及技术部等。联邦卫生部主要负责公共卫生、卫生防疫、药品和麻醉剂、老人和残疾人的福利工作及有关立法，另有卫生研究机构从事疾病预防、公共卫生、社会医学、流行病学、药品制剂等研究。此外，联邦劳动和社会事务部负责医疗保健、医院、康复、劳动保护等有关健康保险的工作，联邦内务部负责环境卫生，联邦研究及技术部负责卫生科研工作及其立法事务。

地方卫生行政管理主要由各州卫生部负责。州卫生部除执行联邦卫生法律外，还负责学校卫生、口腔卫生、医院管理、传染病防治、疫情监督、急救医疗管理等，享有独立的卫生立法权。州以下的各区卫生局，除卫生执法外，负责保健教育、预防接种、疫情报告、卫生指导等基层保健工作。

德国实行的是法定社会保险，类型有社会疾病保险、工伤事故保险、养老保险、失业和失业救济保险、儿童津贴保险、农民养老金保险等，其中社会疾病保险是主体部分，也是被全球广为采用的模式。社会保险基金由雇主和雇员共同支付，政府适当补贴，基金由基金会自主管理，并由基金会负责与医疗机构统一结算，这些是德国社会医疗保险的基本内容。社会疾病保险的范围非常广泛，包括：疾病的预防和疾病的早期诊断；门诊治疗和住院治疗，以及各种康复治疗；患者的收入维护与疾病确诊费用；怀孕与分娩时的经济与医疗资助；资助合法的受孕、绝育和流产；资助既有子女需要医疗又要继续农业劳动的家庭的经济收入；受保人和共同受保人死亡者的经济利益。

3. 国有卫生服务型

国外的国有卫生服务型有两种：一是社会主义国家的，由于苏东剧变，目前已基本解体或者换了模样；另一种是英国和加拿大的，特点是卫生资源的筹集主要来自财政拨款，两国的不同之处在于，英国是“国营”，加拿大是“国有民营”。国有卫生服务型模式的优点是：其一，卫生费用由国家财政负担，保障比较有力；其二，卫生服务的人群可及性高，一般是对全社会提供的。其主要缺点是：其一，卫生费用同其他财政预算竞争，当经济情况不好时，卫生费用可能首先受到削减，损害卫生事业的健康发展；其二，卫生工作者的积极性不高，资源配置不好；其三，社会缺少费用节约意识，浪费严重。

英国在 1948 年 7 月 5 日颁行国民卫生服务法案，认为卫生服务应该全部或大部分由国家税收支付，个人因而不付或很少付，卫生服务应该包括初级卫生保健服务、社区卫生服务和医院服务三部分，其中初级卫生保健服务由通科医生提供，社区卫生服务由当地政府负责。1974 年，英国卫生部和社会安全部合并成立卫生及社会安全部，统管全国卫生行政和业务，全权负责英国卫生事业的计划、决策和资源配置。其大区（region）、地区（area）、区（district）均设有卫生行政部门，主管辖区内卫生服务的计划、管理、资源配置、医学教育科研的领导工作。卫生技术人员除通科医生、齿科医师和眼科医师为合同制外，其余皆为国家工作人员。除齿科和眼科治疗、车祸治疗、医疗用品、处方费以及政府间无互惠条件的外侨外，国家支付其余全部医疗卫生费用。

加拿大于 1968 年在全国推行以省为单位的医疗保险，基金由联邦和省从税收中共同支付，各占一半，个人支付的费用约占总卫生费用的 1/4，保险覆盖人口占总人口的 99%，政府不直接经营基金和医院，分别由社会团体法人自主经营，医院里的医生一般不是国家公职人员。

加拿大联邦政府设有卫生福利部，辖卫生保健司、医疗服务司、健康与业余体育活动司、卫生计划司、远期卫生规划司和医学研究委员会。其中，卫生保健司负责制定卫生保健的综合计划，计划涉及全部公共卫生领域；医疗服务司负责加拿大印第安人、爱斯基摩人、育空河与西北地区全体居民的医疗和卫生工作，以及边境检疫和移民医疗、民用航空医学、伤残鉴定和急诊等。州卫生行政部门负责本州医疗保健的管理，贯彻执行卫生保险法案，提供公共卫生服务和医学教育研究等。

11.2.2 医学规范管理和卫生经营管理

1. 医学规范管理

医学规范管理包括医学教育和医疗活动规范管理两部分。通常，西方国家的医学教育只涉及医师教育，而护理教育、公共卫生教育、牙科教育及其他卫生技术教育是同医学教育相平行的独立部门，各自专设教学机构独自进行，不相隶属。高等医学院校一般提供大学医学教育、研究生教育和继续医学教育，其中，继续医学教育是为在职人员提供的。本科的学制通常为 6 年左右，分三期：第一阶段主要学习人文科学、社会科学和自然科学的基础课程，时间各不相同，美国为 4 年，日本为 2 年，英国为 1 年；第二阶段学习基础医学，一般为两年；最后为临床期，亦为两年。一般情况下，学生毕业即取得合法行医的资格，而有些国家尚要参加执业资格考试，执业后的继续教育是研究生教育或专科医师训练。医学教育经费的来源也有差别，在美国，公立与私立医学院校各占一半；在德国，教育经费通常由州政府承担，联邦政府仅对新建院校和学生宿舍负担 50%的费用；在英国全部由政府负责。而医学科研经费基本上都由政府或各种基金会提供。

医疗规范管理是一种科学或者说是学科管理，其力量和合法性来自科学精神，基本形式是各种技术标准、操作规程及规章制度。医疗规范管理的根本途径在于医学教育，只有增加卫生技术人员的医学知识、基本能力和科学素养，才能提高医疗卫生服务中的学科规范水平。医疗规范管理的基本措施是对医疗卫生活动的直接管理，主要有两种途径，一是依靠各医疗卫生单位内部的业务管理部门，二是通过政府立法，使医学规范上升为法律，以国家强制力保证医学规范的落实。各发达国家关于医学规范的立法相当完备，如医师法、医疗法、牙科技师法、尸体解剖保存法、角膜及肾移植法、医药副作用受害救济金法、药剂师法、化学物质审查及限制制造法、传染病防治法、毒物及剧毒物取缔法等。

2. 卫生经营管理

卫生经营管理以效益为首要目标，所谓有效益包括两种情况：在既定投入条件下追求最大产出，或者在特定产出目标下追求最小成本。卫生行政管理和医学规范管理当然也要受到效益的约束，但不是首先要考虑的。卫生系统的各类卫生单位，诸如医院、公共卫生服务机构、医学教育机构，乃至卫生行政部门都存在卫生经营管理，限于篇幅，这里不分别讨论，只讨论卫生事业全行业经营管理的基本问题，包括卫生服务目标、卫生服务组织提供、卫生经费和资源配置、卫生服务评价等，这一部分内容对我国卫生事业管理具有参考价值。

(1) 卫生服务目标。

卫生服务目标规定了卫生事业在未来某个时期应该完成的任务。制定卫生服务目标不能主观随意，要依靠研究卫生服务的专家进行科学决策。一般依据卫生服务需要和需求、现有卫生资源存量的服务能力以及未来可能的社会总卫生费用确定卫生服务目标。卫生服务需要是指卫生服务研究专家通过流行病学等调查统计分析方法，依据医学标准和居民的实际健康状况判定应该向社会提供的卫生服务，其资料来源于医疗卫生单位的报告报表、人口普查和卫生服务专题调查。卫生服务需求是指社会有支付能力的卫生服务需要。现有卫生资源存量的服务能力是指现有的卫生人力资源和卫生设施的服务能力。社会总卫生费用也是卫生资源，是实施卫生事业再生产的追加投资，是卫生服务日标制定中最重要的影响因素。就社会总卫生费用的来源看，政府、单位和个人均有负担，一般是按照 GDP 的一定比例来框定，实际操作时很难确定一个正当的固定比例，大致可按卫生资源存量的一定比例逐年增长，或者按财政支出的一定比重增长。对全球资料的统计分析表明，卫生费用增长速度对 GDP 增长速度的弹性系数为 0.86～1.34，发达国家一般比较高。

(2) 卫生服务组织提供。

卫生服务可以粗略地分为公共卫生、医疗和医疗保障，以及为之基础的医学教育和研究。卫生服务组织提供的首先是卫生人力资源培养，其次是开发适宜技术，再次是组织制度建设，以充分发挥现有卫生资源的社会功能。卫生服务组织提供是卫生经营管理的主要内容，涉及所有卫生单位的经营管理，发达国家都广泛借鉴企业管理的成功经验。从理论上讲，医疗卫生服务只能追求适宜技术，这是因为：社会总卫生费用占 GDP 的比重不宜过大；医疗卫生服务本质上是知识密集性的服务，治疗病伤不是修理机器，在卫生服务过程中，医学知识和关心与物质手段一样重要；现代市场营销手段很容易把一项新技术成果在社会上迅速推广，而科技产品对人体的副作用可能要几十年或更长的时间才能表现出来，因此科技产品的医学论证往往是不充分的，不宜滥用高科技产品。

(3) 卫生经费和资源配置。

卫生经费和资源配置主要是卫生经费的分配和卫生资源存量的结构调整。在年度卫生服务目标确定以后，可支配的卫生费用也就基本上确定了，主要是按预算分配，实际工作往往集中在卫生费用的控制上。在美国，由于主要依靠市场调节，政府的控制乏力，难以遏止卫生费用的持续上涨。美国政府控制卫生费用上涨的措施主要有：控制医院投资，医院欲增加建筑和添置新设备，必须得到州政府的批准；改革支付方式，推行按诊断相关分类收费的支付方式；鼓励创建新的制度形式，如健康维持组织和优选提供者组织，这是一种提供者和支付方合一的模式。英国的措施主要有两条：一是让病人承担一定比例的费用，以增强节约意识；二是让地方卫生行政部门和通科医生成为购买方，引进竞争机制，构建卫生服务内部市场。德国的措施主要有：控制医院规模，根据门诊人次和住院率、平均住院天数和病床使用率严格测算，控制医院规模；加强初级卫生保健，控制、减少进入诊所和医院的病人数；控制药品报销范围；协商定价，由保险公司和医师协会通过法庭辩论协商定价。

在卫生事业发展过程中，卫生改革总是或轻或重的存在，改革的实质是卫生资源存量的结构性调整，调整的根据是卫生事业发展目标和区域卫生规划。区域卫生规划是实现卫生事业与社会经济协调发展的基本手段，是卫生事业自我改革与发展的依据，它以卫生立法为基础，又是卫生行政行为的基础，依据科学的方法和手段，对卫生事业未来的目标和途径作出安排，是所有卫生工作人员乃至整个社会的行动准则，有利于卫生事业的健康发展，有利于实现卫生事业与社会经济的协调发展，有利于全社会对卫生事业的理解、支持和参与。区域卫生规划的基本原则是：与社会经济发展相适应；与社会健康需求相适应，并逐步满足社会健康需要；与医疗卫生制度改革、提高管理效率相适应；与医学发展、服务方式改革相适应；与优化资源结构、提高利用效率相适应。

（4）卫生服务评价。

卫生服务评价是制定和考核卫生服务目标的判断分析过程，内容主要是医疗需要量、卫生服务利用、卫生资源、医疗活动、质量评价、态度、效率、产出等，方法主要是流行病学、统计学和成本效益分析。卫生服务评价在卫生事业管理中应用非常广泛，主要包括：反映、监督和考核卫生事业目标，揭示卫生工作的进展、目标完成状况以及卫生工作的价值；分析社会的医疗需要量和卫生部门提供卫生服务的数量和质量，评价社会医疗需要的满足程度，研究影响卫生服务利用的因素，分析卫生服务供给不足的原因；考核卫生服务的社会效益和经济效益，推动经济效益的提高，以保证社会效益。卫生服务评价也是卫生工作改革和试验的重要手段。

奥巴马政府医疗保健制度改革

美国医疗保健制度改革（healthcare reform）历来是美国内政中问题最复杂、争议最激烈的内容之一。尽管多届总统均提出了医改方案，但总体而言，由于各方意见分歧较大，医改之路总是崎岖而艰难。直至奥巴马总统入主白宫，着力进行医改，经过多方博弈和漫长的协商，终于在 2010 年 3 月 21 日，美国众议院以 219∶212 票通过了医改法案，向全民医保之路迈出了至关重要的一步。

1. 奥巴马政府的医改方略

奥巴马政府的医疗改革主要目标是实现医疗保险的全民覆盖，遏制医疗费用过快增长，全面提高医疗保健水平和服务质量。为实现改革目标，奥巴马政府制定了改革应遵循的八项原则：一是提供财务保障，使美国公民不致因发生大病重病而导致财务破产；二是增强医疗保险可支付性，降低医疗保健计划的管理成本，减少浪费，提高效率；三是扩大医疗保险可及性，确保改革目标在于覆盖全体公民；四是增强医疗保险的可转移性，确保公民在更换工作时能延续医疗保险；五是保障公民自由选择医生和医疗保险计划的权利；六是重视推广和资助公共卫生与疾病防控计划；七是推广和资助行之有效的措施，利用激励手段、信息技术和有效医疗干预改善医疗保健服务质量，保障病人安全；八是提升可持续性，改革方案必须在开源节流的基础上具备自我支付能力。

2. 奥巴马政府医疗改革的主要内容

2.1 旨在扩大覆盖面的规定

一是增加个人强制（individual mandate）有关规定。明确从2014年起，没有参加雇主资助保险计划（employer sponsored health plan）、医疗救助（medicaid）、医疗照顾计划（medicare）或其他公共保险计划的个人，必须购买一项私人保险计划，否则要付罚款（每年至少695美元）。用人单位也必须为员工投保，否则政府将按每名员工2 000美元施以罚款。

二是建立医疗保险交易平台（health insurance exchanges）。这个交易平台主要是把经州政府批准的各项医疗保险计划放在上面，以方便个人和小企业比较不同计划的费率和受益情况进行购买。

三是扩大补助范围。对于通过医疗保险交易平台购买保险的低收入个人和家庭（收入在联邦贫困线的1～4倍），由联邦政府按收入给予相应比例的补助。通过医疗保险交易平台购买医疗保险的小企业也可得到补助。

四是扩大医疗救助计划的受益人员范围。规定凡收入在133%的贫困线以下的个人和家庭有资格享受医疗救助计划。但在最高法院裁决中，允许各州自愿选择是否扩大医疗救助范围。目前佛罗里达、路易斯安那、密西西比、南卡罗来纳和得克萨斯州选择不扩大医疗救助范围。

五是加强对私人医保计划的监管，提高私人医保计划的吸引力。包括规定保险公司不得以客户过往病史为由拒保或收取高额保费，建立专门机构监督和评估保险企业的保险费率调整，有权否决不合理的保费上调方案，建立医疗保险政策的最低标准并禁止保险公司制定年度或终身支付封顶等。要求保险公司将大集团保险费的85%，小集团保险费的80%花在医疗服务的补偿上，也就是说，保险公司只能留15%～20%的费用用于管理费用和利润。

2.2 旨在维持收支平衡、减少赤字的措施

因为扩大医保覆盖面必然意味着支出的增加，为保持收支平衡，法令规定了一些增收节支的政策。主要包括：

一是提高富人的医疗照顾税率。凡年收入在20万以上的个人和25万以上的夫妻联合申报的家庭，其医疗照顾税率由原来的1.45%提高至2.35%，提高了0.9%。同时对这些高收入人群或家庭的非工资性收入（unearned income）课以3.8%的附加税。据预测，未来10年此项政策可增收2 102亿美元。

二是对保险公司及名牌药（branded drugs）生产厂家或进口商征收年费（annual fee）。未来10年，这项收入可达870亿美元。

三是增加部分消费品的消费税。包括“凯迪拉克”保险计划的消费税和针对高价格医疗设备生产者和进口者的消费税。“凯迪拉克”保险计划意指年医疗保险缴费超过10 200美元（个人）、27 500美元（家庭）的医疗保险计划。对参加这些计划的个人和家庭，

要增收年保费 40%的消费税。对高价格医疗设备生产者和进口者则征以 2.3%的消费税。对室内日光浴等高消费，征 10%的联邦税。未来 10 年这两项收入可达 520 亿美元。

四是提高起付线的标准。把医疗保险的起付线从调整后的总收入（ajusted gross income）的 7.5%提高到 10%。未来 10 年可节支 152 亿美元。

另外，为实现收支平衡，法令还减少了对医疗照顾升级保险计划（医疗照顾计划 C 部分，主要指服务多样但费用较高的私人医疗保险）的补贴。未来 10 年可节支 1 320 亿美元。

2.3 旨在加强医疗服务管理，降低医疗费用支出的措施

一是重构医疗费用支付方式。变按服务项目付费（fee-for-service）为一揽子付费（bundled payments，即按总额付费）。

二是促使药企让利。明确医疗救助计划的名牌药品折扣率提高到 23.1%（其中凝血类药和儿科用药的折扣率提高到 17.1%），其他非创新药的折扣率也提高到了 13%。作为回报，法令规定生物制药产品的法定保护期为 12 年，而此前有些国会议员主张保护期不超过 5 年，奥巴马总统建议为 7 年。正是从这个意义上，美国《时代》周刊说生物制药业是美国医改的最大赢家。

三是加强对医疗服务产出的评价，引导医疗服务提供者降低成本，提高效率。成立了非营利、独立的以病人为中心的结果研究机构，负责评价不同治疗方案的相对健康结果、诊疗效率和适当性。这一机构的董事会有 19 人，包括病人代表、医生代表、医院代表、药品生产者、医疗设备生产者、保险公司代表、政府官员和卫生专家等。对这一机构的研究结果，医疗照顾计划在确定哪些诊疗方案纳入时会作为参考。

在全球金融危机的背景下，美国医改法案获得通过，在美国历史上开创先河。纵观整个改革发展历程和制度变革，这次美国医政在厘清政府责任边界、完善利益表达体系以促进各利益相关者参与政策制定、合理定位政策目标、重视政策可操作性等方面令人深思，给人启迪。

资料来源：*Americans'choice for health*，The Lancet，2012，380（9846）：949. Melinda Abrams，Rachel Nuzum，Stephanie Mika，and Georgette Lawlor，*Realizing Health Reform's Potential：How the Affordable Care Act will Strengthen Primary Care and Benefit Patients*，Providers，and Payers，The Commonwealth Fund，January，2011：11. R. L. Phillips and A. W. Bazemore，*Primary Care and Why It Matters for U. S. Health System Reform*，Health Affairs，2010，29（5）：806.

11.3 我国卫生事业的发展

11.3.1 发展概况

我国的传统医药源远流长。对中医药的研究可以追溯到神农尝百草，在先秦诸子文集中也散见各种关于卫生健康的讨论，有关医政管理的文字记录最早见于《周礼》，书中把医生分成食医（管理王室饮食）、疾医（内科）、疡医（外科）、兽医四种，以“医师”为

众医之长，总管国家的医药卫生行政工作。书中还记录了对医生进行考评的制度，嗣后各朝均有各自的御医御药制度。南朝宋元嘉二十年（公元 443 年），时任医政总管的太医令秦承祖奏请设置“医学”，为我国古代医学教育滥觞。北魏还设有太医博士、太医助教等，专司医学教育。中国传统医药是中华民族数千年间与疾病斗争的经验总结，抛开其神秘的部分，有不少是经得起时间和现代医学考验的科学实证成分，是中国传统医药的无尽宝藏。

我国卫生事业步入现代化的持续发展道路是 20 世纪特别是中华人民共和国成立以后的事，发展的理念体现在卫生工作基本原则当中，从基本原则的推演中可见我国卫生事业发展概貌之一斑。1950 年提出“面向工农兵，预防为主，团结中西医”三大原则；1952 年增加“卫生工作与群众运动相结合”一条；80 年代初，国务院提出“预防为主，城乡兼顾，中西医结合”的新方针，这一新思路至 1996 年底最终定型为：以农村为重点，预防为主，中西医并重，依靠科技与教育，动员全社会参与，为人民健康服务，为社会主义现代化服务。2009 年，《中共中央关于深化医药卫生体制改革的意见》提出“建立健全覆盖城乡居民的基本医疗卫生制度，为群众提供安全、有效、方便、价廉的医疗卫生服务”的总体目标；“建设覆盖城乡居民的公共卫生服务体系、医疗服务体系、医疗保障体系、药品供应保障体系，形成四位一体的基本医疗卫生制度”；“完善医药卫生的管理、运行、投入、价格、监管体制机制，加强科技与人才、信息、法制建设，保障医药卫生体系有效规范运转”等；进一步深化了新时期的卫生工作方针的内涵。

在过去的半个多世纪里，我国卫生事业取得了巨大成就，人均期望寿命比 1949 年的 35 岁翻了一番，全社会的健康状况和健康水平有了很大的改善和提高。另据 WHO 统计报告，我国以全球卫生费用的 2%维持占世界 1/4 的人口的健康，说明了我国卫生事业的巨大成就。目前作为全球基本卫生政策的初级卫生保健，其雏形即来自我国农村的合作医疗。新中国成立后卫生事业的迅速发展具体表现在以下几方面：

第一，建立了能够基本满足我国人民健康需求的、比较完善的社会主义卫生服务体系。公费、劳保与农村合作医疗相互结合的综合社会医疗保障制度，覆盖了我国的大部分人口；消灭或控制了各种烈性传染病和流行病，以及一些严重危害人民健康的地方病，如鼠疫、霍乱、天花、血吸虫病、寄生虫病、麻风病、肺结核及一些地方病；医学教育和科研取得了长足进步，2012 年普通高等学校医学专业在校生达到 1 932 214 人，中等职业学校医学专业在校生为 1 539 531 人。① 中医院校负责全面编辑整理中医典籍，编写中医教材，开展中西医结合研究；中央，各省、自治区和直辖市均成立医学科研机构。

第二，卫生资源存量能够基本保障人民的基本医疗需求，在部分地区还表现出供大于求的现象。根据《2013 年我国卫生和计划生育事业发展统计公报》，2013 年末，全国医疗卫生机构床位 618.2 万张，其中：医院 457.9 万张（占 74.1%），基层医疗卫生机构 135.0 万张（占 21.8%）。与上年比较，床位增加 45.7 万张，其中：医院床位增加 41.7 万张，基层医疗卫生机构床位增加 2.6 万张。每千人口医疗卫生机构床位数由 2012 年

① 参见《2013 中国卫生统计年鉴》，见中华人民共和国卫生和计划生育委员会网站。

4.24 张增加到 2013 年 4.55 张。①

卫生服务队伍空前壮大，2013 年末，全国卫生人员总数达 979.0 万人，比上年增加 67.4 万人（增长 7.4%）。2013 年末卫生人员总数中，卫生技术人员 721.1 万人，乡村医生和卫生员 108.1 万人，其他技术人员 36.0 万人，管理人员 42.1 万人，工勤技能人员 71.8 万人。卫生技术人员中，执业（助理）医师 279.5 万人（其中全科医生 14.6 万人），注册护士 278.3 万人。每千人口执业（助理）医师 2.06 人，每千人口注册护士 2.05 人，每万人口全科医生 1.07 人，每万人口专业公共卫生机构人员 6.08 人。②

除了人力资源和基本医疗卫生设施，其他如各种卫生材料、药品和生物化学制剂等，也有了很大发展，均能满足国内需求，质量和科技含量直逼国际先进水平。各种诊疗设备齐全，基本能满足医疗服务需要。

第三，建立了比较完善和稳定的卫生投资机制，确保卫生事业的协调持续发展。改革开放前，我国卫生投资主要来自财政支出和集体提留，特别在城市地区，居民几乎享受免费医疗；改革开放后，这种格局大为改观，基本形成国家、单位和个人共同承担的局面。据《2013 中国卫生统计年鉴》，2012 年中国总卫生费用为 27 846.8 亿元，其中政府预算支出 8 365.98 亿元，占 30.0%；社会支出 9 916.31 亿元，占 35.6%；个人支出 9 564.55 亿元，占 34.4%。医疗卫生服务支出 3 506.70 亿元，医疗保障支出 3 789.14 亿元，行政管理事务支出 323.29 亿元，人口与计划生育事务支出 812.85 亿元，人均卫生费用 2 056.6 元，卫生总费用占 GDP 的 5.36%。③

第四，建立了比较完善和科学的卫生服务体系，确保城乡居民的健康水平。新中国成立初期，我国的医疗机构和医务人员基本上集中在城镇，医疗设备极其简陋，医疗技术水平低下，广大群众特别是农民缺医少药，得不到基本的医疗卫生保障。经过 60 多年的建设和发展，至 2012 年底，全国共有 950 297 个医疗机构，其中医院 23 170 个，包括综合医院 15 021 个、中医医院 2 889 个、中西医结合医院 312 个、民族医院 208 个、专科医院 4 665 个、护理院 75 个。基层医疗卫生机构 912 620 个，包括社区卫生服务中心 8 182 个，社区卫生服务站 25 380 个，街道卫生院 610 个，乡镇卫生院 37 097 个，村卫生室 653 419 个，门诊部 10 134 个。此外还有疾病预防控制中心 3 490 个，专科疾病防治院（所、站）1 289 个，健康教育所（站）160 个，妇幼保健院（所、站）3 044 个，急救中心（站）295 个，采供血机构 531 个，卫生监督所（中心）3 088 个，计划生育技术服务机构 186 个，疗养院 194 个，医学科研机构 207 个，医学在职培训机构 451 个，统计信息中心 48 个，其他医疗卫生机构 1 524 个。④

第五，建立了完整的卫生事业管理网络和管理制度，卫生管理研究取得了巨大发展。我国卫生事业管理研究起步较晚，20 世纪 80 年代初，全国设立了 6 个卫生管理培训中心，开始了全面研究总结自己的卫生事业管理经验，结合我国国情，汲取国外的经验，迅速取得了可喜成绩，在科教研究方面基本满足了自身需要。在我国，承担卫生管理的主体是卫生行政机构，最高卫生行政机构是卫生和计划生育委员会。其前身是 1949 年 11 月 1 日成

---

①② 参见《2013 年我国卫生和计划生育事业发展统计公报》，见中华人民共和国卫生和计划生育委员会网站，2014-05-30。

③④ 参见《2013 中国卫生统计年鉴》，见中华人民共和国卫生和计划生育委员会网站。

立的中央人民政府卫生部，当时设部长、副部长，有办公厅和各业务局、处、室共 8 个，下设 6 大行政区军政委员会卫生部。1954 年政务院改国务院，中央人民政府卫生部改为中华人民共和国卫生部，撤销 6 大区的卫生部，卫生部内部亦有变动。1982 年机构改革，设置办公厅、人事司、医政司、卫生防疫司、医学教育司、中医司、妇幼卫生司、药政管理局、外事局、老干部局 11 个司（局）。1986 年中医司升格为国家中医药管理局，由卫生部代管，同时组建地方病防治局，增设政策研究室、贷款办，医学教育司改为医学科技教育司。1988 年的国家机构改革中，卫生部将政策研究室改为政策法规司，地方病防治局改为地方病防治司，防疫司分为卫生监督司和卫生防疫司，医学科技教育司分为科学技术司和医学教育司，增设卫生统计中心、卫生部监察局和审计局，共 19 个下属部门。90 年代初，又将科学技术司和医学教育司合并为科技教育司，卫生防疫司改为疾病控制司。2008 年大部制改革，国家食品药品监督管理局变更为隶属于卫生部的副部级国家局，除保留对原有的药品、医疗器械和化妆品的监管外，还获得了对食品和化妆品的卫生许可管理权。在原有内设司局的基础上，增设医疗服务监管司和药物政策与基本药物制度司，并将卫生监督局调整为食品安全综合协调与卫生监督局。食品安全综合协调与卫生监督局在原承担卫生监督职责的基础上，增加了组织拟订食品安全标准，组织查处食品安全重大事故，组织开展食品安全监测、风险评估和预警，拟订食品安全检验机构资质认定条件和检验规范，以及重大食品安全信息发布等职责。2013 年 3 月，按照 2013 年新一轮“大部制”改革方案及《国务院机构改革和职能转变方案（草案）》，将卫生部的职责、人口计生委的计划生育管理和服务职责整合，组建国家卫生和计划生育委员会；将国家人口和计划生育委员会的研究拟订人口发展战略、规划及人口政策职责划入国家发展和改革委员会；国家中医药管理局由国家卫生和计划生育委员会管理。同时，不再保留卫生部、国家人口和计划生育委员会。

按照改革方案设定，国家卫生和计划生育委员会的主要职责是，统筹规划医疗卫生和计划生育服务资源配置，组织制定国家基本药物制度，拟订计划生育政策，监督管理公共卫生和医疗服务，负责计划生育管理和服务工作等。

11.3.2 医疗保障制度

过去 60 多年，我国医疗保障制度主要是公费医疗、劳保医疗和农村合作医疗，公费医疗和劳保医疗目前正在向社会医疗保险改革过渡。

公费医疗制度始于 1952 年，其标志是国务院颁发《国家工作人员公费医疗预防实施办法》。经费来源于国家财政，属于国民收入再分配范围，被认为是社会主义的福利制度，是我国个人消费品按劳分配的必要补充。其享受对象是国家机关及全民所有制事业单位的工作人员和退休人员，二等乙级以上革命残废军人，国家正式核准成立的高等学校学生，派驻公费医疗单位的人民武装干部，在华工作的外籍专家及其随住家属。

公费医疗制度在中国迅速推广，1954—1964 年进入发展阶段，十年动乱后进入改革阶段。公费医疗制度的主要问题是缺少有力的费用控制机制，以往的主要措施是限制药品报销范围和个人承担一定比例的费用，这种措施难以遏制公费医疗费用的持续上涨。1979 年以前，公费医疗费用属于卫生事业费的一项，由于实际支出总是超出预算定额，挤占地方卫生事业费，不得已于 1980 年把公费医疗经费单列一项。公费医疗经费专款专用，各单位统一使用，一般不能将公费医疗经费平均地、直接地分给个人支配，也不由个人自行购药等。享受公费医疗者必须到指定医疗单位诊疗，医疗费由医疗机构统一向有关单位结算。同时，各级地方政府均成立公费医疗管理机构，审核各单位公费医疗的享受人员和金额，协调公费医疗享受单位和医疗服务单位的关系，统筹统支公费医疗费用，监督有关规定的贯彻执行。

劳保医疗制度是劳动保险制度的组成部分，作为一种现实的制度 1948 年首先出现在东北解放区的军工、军需、铁路、邮电等部门，次年扩大到东北地区全部公营企业，1951 年 2 月 26 日政务院公布《中华人民共和国劳动保险条例》，劳保医疗遂在我国确立和推广。

劳保医疗的享受对象为全民所有制的工厂、矿场、铁路、航运、基建、地质、商业、外贸、粮食、供销合作、金融、民航、石油、水利、国营农林牧等部门，区县以上集体企业参照执行。企业职工本人患病时享受免费医疗，所供养的直系亲属在指定医疗单位就医可享受半费医疗待遇。

国家规定劳保医疗经费属职工福利基金，按照企业职工工资总额和国家规定的比率在生产成本项下列支，初期这一比率为 3%，1957 年提高到 4.5%～5.5%，后来企业改革时福利基金由企业利润留成中提取，不再计入成本，但比率仍为 5.5%。从根本上说，劳保医疗经费来源于企业职工新创造的价值，其提取属于国民收入初次分配，经费管理原则与公费医疗一样，要求专款专用，单位统一使用，不能把经费分发给个人支配，也不由个人自行购药。

我国的社会问题主要在农村，任何社会事业要是不能贯彻到农村，都不能说是成功的，医疗保障也是如此。如何安排好占我国人口 70%、普遍低收入的农村人口的医疗保障，是我国卫生事业发展的一大难题。合作医疗是一次极富启发意义的尝试。合作医疗于 1955 年由河南省正阳县王庄乡团结社自发创办，此后各地争相模仿，由于受到党中央的肯定，60 年代在国内全面普及。合作医疗依赖农村集体经济的支持，其费用主要来源于集体公益金，因此，在 80 年代农村实行家庭联产承包责任制以后，除经济条件比较好的少部分农村地区继续保留以外，合作医疗大多已经解体，农民又被置于生命健康无任何社会保障的状态。

农村合作医疗除主要依靠集体经济外，农民个人也要负担一定的费用。合作方式灵活多样，有合医不合药、合药不合医、合医又合药，或者保大不保小、保小不保大、保大又保小，管理体制上有村办乡管、村办村管、乡村统筹、乡办乡管。

合作医疗确实给我国农民办了好事，确实为我国农民所必需，曾经备受 WHO 赞赏，为国际同行所称道，然而，为何其瓦解却势如破竹？其中的缘由也是众说纷纭，大概可以归纳如下：首先，改革开放以后，合作医疗被一些人当成“左”的东西而抛弃，这显然是不对的，但是应该承认，在合作医疗的推广普及中是有“左”的因素作祟，比如在合作医疗的模式中，集体经济组织负担的费用比重过大。其次，没有明确基层政府对办好合作医疗所负有的责任。再次，没有引进科学、民主的管理体制，没有赢得农民的信任。最后，以村或乡为基本合作单位，风险承担能力差，因而合作医疗的保障功能差。

毫无疑问，我国医疗保障制度是成功的，特别是在整个国家属初创阶段的时候，基本上满足了城乡居民的医疗需求，在经济条件极为恶劣的情况下，保障了人民健康，保障了社会经济的稳定和发展。然而几十年不变的模式日益与社会经济发展不相适应，积累了不少问题，甚至积重难返。

90年代开始医疗保障制度改革，这次改革是要在我国建立社会医疗保险的医疗保障制度，即以立法保障筹集医疗保险基金，由医疗保险公司作为支付方具体负责保险金的管理和支付。保险金实行属地管理，各种企事业单位一律参加所在地市的社会医疗保险，公费医疗和劳保医疗逐步适用统一标准进行统一管理。暂按传统的办法支付，条件成熟时实行供方预付，目前实行三阶段付费，先由职工个人账户支付，个人账户用完后由个人现金支付，现金支付超过个人年工资总额的5%由社会统筹账户支付，现行支付方式综合运用起付线、共付和封顶等综合控制费用机制。保险以保障职工基本医疗为宗旨，逐步建立补充医疗保险和医疗保险的补充，以建立与社会主义市场经济体制相适应的完善的医疗保障体系。这次医疗保障制度改革的目标是适应建立社会主义市场经济体制和提高职工健康水平的要求，建立社会统筹医疗基金和个人医疗账户相结合的社会医疗保险制度，并使之逐步覆盖城镇全体劳动者。基本原则是：为城镇全体劳动者提供基本医疗保障，以利于形成比较完善的社会保障体系；保障水平与我国社会生产力发展水平相适应，国家、单位和个人合理分担；公平与效率相结合，有利于减轻企事业单位的社会负担，建立现代企业制度；建立医患双方的费用制约机制，遏止浪费；推进区域卫生规划，优化资源配置；公费和劳保医疗逐步实现双轨合一；政事分开，使医疗卫生单位进一步成为自主经营的主体；保险金实行预算内管理，专款专用；实行属地管理原则，打破条块分割的状况。

启动医疗保障制度改革后，城镇职工和城镇居民基本医疗保险稳步推进，到2012年底全国城镇基本医疗保障人数达到5.36亿人，其中，城镇职工基本医疗保险参保人数达到2.65亿人，城镇居民基本医疗保险参保人数达到2.71亿人。2002年10月，中央出台政策建立由中央财政、地方财政和农民自愿参加筹资、以大病补助为主的新型农村合作医疗制度，目前已覆盖全国所有含农业人口的县（市、区），2012年底参合人数达8.05亿人，参合率98.26%，2013年进一步提高新农合筹资标准和保障水平，各级财政对新农合的补助标准进一步提高到每人每年280元。同时，国家积极建立和逐步完善城乡医疗救助制度、补充医疗保险制度，并推动商业健康保险发展。经过几十年的不断探索和发展，一个以城镇居民医保、职工医保、新农合以及城乡医疗救助为主体，覆盖城乡全体居民的基本医疗保障体系已初步形成。

“全民医保”的“中国速度”

5年前，在“中国医改不成功”舆论的风口浪尖下，在“全民医保刮共产风”的喧嚣激辩声中，医保就像不断刷新世界纪录的高速铁路一样，也创造了令人惊异的“中国速度”，城镇职工医保、城镇居民医保和新型农村合作医疗这“三列快车”成就了世界上人口最为庞大的医疗保险覆盖计划。

“十五”期间，中国医疗保险制度完成了从公费、劳保医疗福利制度到社会保险制度的艰难转身，取得了制度建设的阶段性成果。但这一成果只是初步、阶段性的。2005年，中国医改遭遇了前所未有的舆论风暴。在舆论风暴剑指医改的同时，医保也背上了

“富人俱乐部”的“罪名”。

2007 年 7 月 23 日，全国城镇居民基本医疗保险试点工作会议在北京召开，城镇居民纳入基本医保工作启动。《国务院关于开展城镇居民基本医疗保险试点的指导意见》要求，“2007 年在有条件的省份选择 2 至 3 个城市启动试点，2008 年扩大试点，争取 2009 年试点城市达到 80%以上，2010 年在全国全面推开，逐步覆盖全体城镇非从业居民”。

当时的舆论认为，强力启动城镇居民医保的另一个意图是用医保改革撬动整个医改的困局，以“全民医保”领航新医改。

多年来，医疗体制改革一直成为两会热议的焦点，甚至被称为社会政策的“珠穆朗玛峰”。“全民医保”成为新医改的先行者后，“三列快车”加速齐驱，扩面从“穷人”开始突破，没有经济来源、无力参保的城镇居民，关闭破产国有企业退休人员的医保正式步入“绿色通道”。近年，国家财政对城乡医疗保险的投入超过 1 200 亿元。新农合和城镇居民基本医疗保险，财政补助额从开始的每人每年 20 元提高到 120 元。2008 年 8 月 20 日，财政部、人力资源和社会保障部、国资委联合印发《关于中央财政帮助地方政策性关闭破产国有企业退休人员参加城镇职工基本医疗保险补助资金拨付有关问题的通知》，2008 年、2009 年国家共安排 509 亿元解决关闭破产国有企业退休人员医疗保险问题。

2010 年 10 月，卫生部部长陈竺就在“中瑞和谐健康论坛”上高调宣布，基本医疗保障制度已经覆盖超过 90%的人口，提前一年完成了原定于 2011 年完成的覆盖目标。他表示：“这是世界上最大的基本医疗保障体系。”从人口覆盖总量上来看，从 3.1 亿到超过 12.5 亿，相当于“十一五”的 5 年间每月新增参保人数 1 567 万人。

当前，我国医疗保障制度建设进入了新的历史阶段，如何加快城乡统筹步伐，进一步理顺体制，创新机制，完善制度，实现保障公平、运行稳健、发展持续，是摆在我们面前需要深入研究和认真解决的重大课题。新医改方案中提到要“探索建立城乡一体化的基本医疗保障管理制度，并逐步整合基本医疗保障经办管理资源”。但从目前实际情况来看，我国的城乡医保仍处于分割状态。

有专家认为，这相当于一个医疗保障体系出现了两个“火车头”。城镇居民医保和新农合由于管理方式和信息系统的不统一，实际工作中又存在互争参保资源的问题，导致各地普遍存在着城乡居民重复参保的现象。从国务院城镇居民基本医疗保险试点评估专家组的调研情况来看，天津、成都、厦门、泰州整合医疗保险管理资源后，通过信息系统比对，分别发现有 45 万、27 万、8 万、20 万人重复参保。南京市栖霞区 11 万城镇居民参保人员中，就有 4 万人同时又参加了新农合。据推算，我国重复参保的比例约占城乡居民参保人数的 10%，为此财政将为参保居民重复补贴，增加了各级财政的不合理负担。

“十一五”期间，全国已有部分城市开始探索医疗保障城乡统筹之路。广东省深圳、珠海、佛山、中山、东莞、湛江和揭阳 7 个地级以上市率先建立起城乡一体化的医疗保险制度。其特点是打破城乡户籍界限，整合城镇居民医保与新农合两大制度，建立起城乡居民医保制度；打破有无职业界限，进一步整合城镇职工医保和城乡居民医保两大体系；加大财政投入，实现城乡补助一致。

在“十二五”规划的决策中，医疗保障体系的统筹协调已引起各方重视。人社部副部长胡晓义提出，“十二五”是实现 2020 年建立比较健全的医疗保障体系目标的承上启下的关键时期，重点要加快完善职工医保、居民医保、新农合和城乡医疗救助 4 项制度。从重点保大病起步，逐步向门诊小病延伸，不断提高保障水平，并做好制度之间的衔接，缩小不同制度保障水平差距，加快探索城乡一体化的基本医疗保障管理制度。

“十二五”期间，在整体提高医疗保障待遇水平的同时，要重点向困难人群、大病患者倾斜，切实减轻他们的医疗费用负担。在坚持社会保险基本原则的基础上，有计划、有步骤地缩小职工医保、居民医保和新农合 3 项基本医疗保险制度的待遇差距。与此同时，“十二五”期间还要加快提高医疗保险统筹层次，2011 年基本实现市级统筹，参保人数总规模较小的省区可以通过建立基金调剂机制逐步探索省级统筹，实现更大范围的风险调剂。

“十一五”期间，我国医疗保障事业已经完成了体制转轨、模式转换、制度扩展、管理流程再造四个转变。“十二五”时期我国社会保障体系建设的总体走向为“增强公平性、适应流动性、保证可持续性”。展望医疗保障事业的未来，在制度架构上实现城乡统筹，在管理服务上实现城乡统一，在待遇标准上实现城乡基本一致，这才是真正意义上的“全民医保”。

资料来源：刘洪清：《“全民医保”的“中国速度”》，载《中国社会保障》，2011（1）。

11.3.3 我国卫生事业管理的几点经验

1. 强有力的政府干预

在过去的 60 多年里，我国卫生事业能取得巨大成就，是与强有力的政府干预分不开的。当然，对于政府干预要一分为二地看，尤其是在建设社会主义市场经济的大环境下，既不能以过去干预的成绩为由继续干预，从而妨碍市场经济建设，也不能因为要建设社会主义市场经济而忽略了政府应该承担的责任。实事求是地说，在防治流行病、血吸虫病和地方病，以及改善卫生条件、基本卫生设施建设和医疗保障制度建设方面，政府干预的成绩是无可非议的，在保障基本卫生服务方面，政府干预的效率明显高于市场。但同时我们也应该看到，长时期全方位的政府干预的后果也是非常严重的，甚至会造成一些积重难返的问题。

2. 开发推广适宜技术

新中国成立初期，在当时极为落后的物质经济条件下，靠着“一根针、一把草”防病治病，基本保障了人民健康，使新中国能够腾出手来医治百年战争创伤，并开始社会主义现代化建设。嗣后，又在这种极为恶劣的条件下搞合作医疗，保障和提高了广大农民的健康水平。与今天中国的医疗技术水平和健康水平比，这一成就是令人称羡的。考虑到卫生事业的经济依赖性，再回想近几年卫生领域高新技术的过量引进以及由此引发的财政困难，我们不难理解强调开发推广适宜技术的重要性。

3. 保持与社会经济的协调发展

在社会经济水平低下时，人们很难独自获得基本医疗保障，更遑论提高整个社会的卫生水平了，于是需要政府介入，以保障人民基本的卫生服务需求，从而保障社会经济的持续发展。社会经济不发达，政府的财力也是很有限的，只能依靠开发推广适宜技术来举办卫生事业。改革开放以后，百业俱兴，政府各部门之间相互竞争预算，卫生事业的财政投入日渐萎缩，卫生服务设施和卫生技术水平越来越脱离人民的健康需求，为解燃眉之急，即为补偿财政投入不足和更新设施，政策上允许卫生部门引进高新技术进行创收，最终导致社会和其他政府部门的强烈不满，使人们感到卫生技术水平上去了，卫生事业反而办得不如以前了。正反两个方面的经验教训表明，举办卫生事业一定要保持与社会经济的协调发展。

11.3.4 我国卫生事业面临的挑战

我国卫生事业取得的成就是举世公认的。世界卫生组织曾经赞誉我国用最低廉的成本保护了世界上最多人口的健康。但是，用以人为本和科学发展观重新审视我国的卫生事业，就会发现我国卫生事业发展滞后于经济和其他社会事业发展，发展水平与人民群众日益增长的健康需求及经济社会协调发展要求不适应的矛盾还比较突出。“看病难、看病贵”作为我国医疗服务现状的问题焦点，促发我国新一轮医药卫生体制改革。2008 年第四次国家卫生服务调查结果显示，仍有 37.6%的人应就诊而不去就诊，有 21%的人应住院而不住院，与 2003 年相比虽呈下降趋势，但群众“看病难”和“看病贵”仍在一定范围内存在。概括起来，我国卫生事业面临的挑战主要有以下几个方面：

1. 重大疾病预防控制任务艰巨

我国卫生工作的基本方针是坚持预防为主，预防控制疾病的发生是卫生工作的首要任务。近几年，疾病预防控制体系建设取得了显著进展，但在我们这样一个人口众多、经济不发达、地区间经济发展水平存在较大差距的国家，要解决多年来影响和困扰预防控制体系建设与发展的诸多问题，需要进一步完善体系建设，仍然任重道远。

目前，我国传染病患病人数仍居高位，结核病、肝炎等传统型传染病仍在威胁人民的健康。我国是世界上 22 个结核病高负担国家之一，患者人数仅次于印度居全球第二位。全国每年新发生活动性肺结核患者约 145 万，其中传染性肺结核患者 65 万例，全国每年约有 13 万人死于结核病。乙型肝炎病毒携带者估计占全世界的 1/3。血吸虫病患者约有 85 万人。在不少农村地区，肠道传染病、微量营养素缺乏病、妇女孕产期疾病，地方病和寄生虫病等仍未得到有效遏制。艾滋病、甲型 H1N1 流感等新发传染病的出现，也加重了我国疾病预防控制工作的难度。

在疾病预防控制机构运行机制上仍需要解决下列问题：财政保障机制不健全，缺乏稳定长效的投入机制；疾病预防控制机构缺乏健全合理的进入准入机制；疾病预防控制设备简陋、数量不足，检验能力有待提高；公共卫生服务职能和效果达不到政府与社会的期望。

2. 突发公共事件卫生应急机制仍不完善

卫生应急不仅包括突发公共卫生事件的应急处置，还包括其他突发公共事件，如自然灾害、事故灾难、社会安全事件的医学救援、心理干预与卫生防疫等。建立健全突发公共事件卫生应急机制、机制和法制，建立完善的卫生应急预案体系，提高卫生应急能力，对于维护国家安全和社会稳定有着重要的战略意义。近年来我国各类突发公共事件时有发生，对建立健全突发公共事件卫生应急机制提出了更高要求。

3. 卫生资源总体不足，配置失衡

卫生发展落后于经济发展。我国有 13 亿人口，占世界总人口的 22%，而卫生总费用仅占世界卫生总费用的 2%。卫生资源不足，特别是优质卫生资源严重不足，是长期存在的突出问题。过去我们经常说，中国的卫生事业走的是低投入、高产出、低成本、高效益的路子。但用科学发展观来审视，这是以影响群众利益和加重医疗卫生人员特别是优秀医务人员负担为代价的。解决群众看病难问题，最根本的办法还是要加快发展壮大医疗卫生资源。

当前，我国医疗卫生资源多集中在城市，其中优质资源又多集中在大中型医院，城乡和区域之间差距不断加大。现有卫生资源结构和布局不合理，宏观调控乏力，乡村和城市社区卫生资源少、质量不高，服务能力和水平低；卫生资源主要集中在医疗服务领域，公共卫生领域资源不足，不能满足人民群众对基本医疗卫生服务的需求。

4. 药品供应体系尚需深化

目前全国政府办基层医疗卫生机构已经实施基本药物制度，实行药品零差率销售。基本药物零差率销售后价格平均下降 30%左右。但是对于推进国家基本药物制度建设仍有许多工作要做，一些利润较低临床必需的药品，生产企业不愿意生产，流通企业不愿意经营，医疗机构不愿意使用，人民群众买不起药、看不成病成为社会关注的热点问题之一。对基本药物要引入竞争机制，招标生产、集中采购、限定价格、保障供应，对于基本药物生产经营利润过低的，政府给予合理的补偿；要制定并实行严格的医疗机构基本药物用药规范，对医疗机构基本药物的备药率和使用率进行明确，充分发挥基本药物制度在药品供应保障体系中的基础作用。

5. 医疗保障体系仍不健全

健全医疗保障体系仍任重道远。我国基本医疗保障制度已基本覆盖城乡居民，但如何提高各种医疗保健制度的保障水平，如何做好职工医保、居民医保及新农合制度之间的衔接，如何妥善解决农民工基本医疗保险问题，如何做好以异地安置的退休人员为重点的异地就医结算服务等问题仍不容忽视，需要妥善解决。

6. 医疗卫生管理体制与人民健康需求不适应

健全的国家医疗卫生体系，应该包括医疗卫生服务、基本医疗保障、药品和医用器材供应、医药费用价格管理、财政经费保障以及卫生监督管理体系等。从我国国情出发，这些工作不能仅靠一个部门，需要动员政府各有关部门齐抓共管。我国现有的医疗卫生资源分别隶属于各级政府、部门、行业和企业，当地卫生部门把主要精力只放在本级所属的几个医院，而且是重扶持、轻监管，是导致难以对整个卫生行业实施有效监管的重要原因之一。

11.4 我国卫生事业管理的改革

卫生服务本身是一个自成体系的市场，在建设社会主义市场经济体制的过程中，尤其需要做好卫生服务市场同整个大市场的接轨与协调。一般地说，卫生服务市场的运行在理论和现实中都不支持纯粹的市场调节，普遍存在的情况是市场调节和政府干预的结合，区别只是干预的程度。我国未来的卫生事业改革与发展应该坚持以人为本，把维护人民健康权益放在第一位。坚持医药卫生事业为人民健康服务的宗旨，立足中国国情，坚持科学发展，积极探索，开拓创新，以维护广大人民群众的健康需求为出发点和落脚点，坚持构建和谐社会和建设小康社会服务的方向，建立起适应社会主义市场经济体制、适应我国经济发展水平、适应人民健康需求和承受能力的比较完善的医疗卫生服务体系。

11.4.1 我国卫生事业改革的目标

健康是促进人的全面发展的必然要求，维护国民的健康公平已成为一个国家实现社会公平正义的重要标志。我国政府一向重视人民的健康公平问题，并把获得医疗卫生服务作为人民的基本权利。十七大、十八大报告均提出“人人享有基本医疗卫生服务”的奋斗目标，深刻揭示了医疗卫生工作与经济社会发展的内在关系，也体现了政府坚持以人为本，全心全意为人民服务的根本宗旨。

《关于深化医药卫生体制改革的意见》提出深化医药卫生体制改革的总体目标是：建立覆盖城乡居民的基本医疗卫生制度，为群众提供安全、有效、方便、价廉的医疗卫生服务。到2020年，覆盖城乡居民的基本医疗卫生制度基本建立。普遍建立比较完善的公共卫生服务体系和医疗服务体系，比较健全的医疗保障体系，比较规范的药品供应保障体系，比较科学的医疗卫生机构管理体制和运行机制，形成多元办医格局，人人享有基本医疗卫生服务，基本适应人民群众多层次的医疗卫生需求，人民群众健康水平进一步提高。

提高人民健康水平。健康是促进人的全面发展的必然要求。要坚持为人民健康服务的方向，坚持预防为主、以农村为重点、中西医并重，按照保基本、强基层、建机制要求，重点推进医疗保障、医疗服务、公共卫生、药品供应、监管体制综合改革，完善国民健康政策，为群众提供安全有效方便价廉的公共卫生和基本医疗服务。健全全民医保体系，建立重特大疾病保障和救助机制，完善突发公共卫生事件应急和重大疾病防控机制。巩固基本药物制度。健全农村三级医疗卫生服务网络和城市社区卫生服务体系，深化公立医院改革，鼓励社会办医。扶持中医药和民族医药事业发展。提高医疗卫生队伍服务能力，加强医德医风建设。改革和完善食品药品安全监管体制机制。开展爱国卫生运动，促进人民身心健康。坚持计划生育的基本国策，提高出生人口素质，逐步完善政策，促进人口长期均衡发展。

11.4.2 我国卫生事业改革的主要内容

1. 全面加强公共卫生服务体系建设

建立健全疾病预防控制、健康教育、妇幼保健、精神卫生、应急救治、采供血、卫生监督和计划生育等专业公共卫生服务网络，完善以基层医疗卫生服务网络为基础的医疗服务体系的公共卫生服务功能，建立分工明确、信息互通、资源共享、协调互动的公共卫生服务体系，提高公共卫生服务和突发公共卫生事件应急处置能力，促进城乡居民逐步享有均等化的基本公共卫生服务。

2. 进一步完善医疗服务体系

坚持非营利性医疗机构为主体、营利性医疗机构为补充，公立医疗机构为主导、非公立医疗机构共同发展的办医原则，建设结构合理、覆盖城乡的医疗服务体系。

大力发展农村医疗卫生服务体系。进一步健全以县级医院为龙头、乡镇卫生院和村卫生室为基础的农村医疗卫生服务网络。县级医院作为县域内的医疗卫生中心，主要负责基本医疗服务及危重急症病人的抢救，并承担对乡镇卫生院、村卫生室的业务技术指导和卫生人员的进修培训；乡镇卫生院负责提供公共卫生服务和常见病、多发病的诊疗等综合服务，并承担对村卫生室的业务管理和技术指导；村卫生室承担行政村的公共卫生服务及一般疾病的诊治等工作。有条件的农村实行乡村一体化管理。积极推进农村医疗卫生基础设施和能力建设，政府重点办好县级医院，并在每个乡镇办好一所卫生院，采取多种形式支持村卫生室建设，使每个行政村都有一所村卫生室，大力改善农村医疗卫生条件，提高服务质量。

完善以社区卫生服务为基础的新型城市医疗卫生服务体系。加快建设以社区卫生服务中心为主体的城市社区卫生服务网络，完善服务功能，以维护社区居民健康为中心，提供疾病预防控制等公共卫生服务、一般常见病及多发病的初级诊疗服务、慢性病管理和康复服务。转变社区卫生服务模式，不断提高服务水平，坚持主动服务、上门服务，逐步承担起居民健康“守门人”的职责。

3. 加快建设医疗保障体系

加快建立和完善以基本医疗保障为主体，其他多种形式补充医疗保险和商业健康保险为补充，覆盖城乡居民的多层次医疗保障体系。城镇职工基本医疗保险、城镇居民基本医疗保险、新型农村合作医疗和城乡医疗救助共同组成基本医疗保障体系，分别覆盖城镇就业人口、城镇非就业人口、农村人口和城乡困难人群。坚持广覆盖、保基本、可持续的原则，从重点保障大病起步，逐步向门诊小病延伸，不断提高保障水平。建立国家、单位、家庭和个人责任明确、分担合理的多渠道筹资机制，实现社会互助共济。随着经济社会发展，逐步提高筹资水平和统筹层次，缩小保障水平差距，最终实现制度框架的基本统一。进一步完善城镇职工基本医疗保险制度，加快覆盖就业人口，重点解决国有关闭破产企业、困难企业等职工和退休人员，以及非公有制经济组织从业人员和灵活就业人员的基本医疗保险问题；2009 年全面推开城镇居民基本医疗保险，重视解决老人、残疾人和儿童的基本医疗保险问题；全面实施新型农村合作医疗制度，逐步提高政府补助水平，适当增加农民缴费，提高保障能力；完善城乡医疗救助制度，对困难人群参保及其难以负担的医疗费用提供补助，筑牢医疗保障底线。探索建立城乡一体化的基本医疗保障管理制度。

4. 建立健全药品供应保障体系

加快建立以国家基本药物制度为基础的药品供应保障体系，保障人民群众安全用药。中央政府统一制定和发布国家基本药物目录，按照防治必需、安全有效、价格合理、使用方便、中西药并重的原则，结合我国用药特点，参照国际经验，合理确定品种和数量。建立基本药物的生产供应保障体系，在政府宏观调控下充分发挥市场机制的作用，基本药物实行公开招标采购，统一配送，减少中间环节，保障群众基本用药。国家制定基本药物零售指导价格，在指导价格内，由省级人民政府根据招标情况确定本地区的统一采购价格。

规范基本药物使用，制定基本药物临床应用指南和基本药物处方集。城乡基层医疗卫生机构应全部配备、使用基本药物，其他各类医疗机构也要将基本药物作为首选药物并确定使用比例。基本药物全部纳入基本医疗保障药物报销目录，报销比例明显高于非基本药物。完善体制机制，保障医药卫生体系有效规范运转

5. 建立协调统一的医药卫生管理体制

强化区域卫生规划。制定卫生资源配置标准，组织编制区域卫生规划和医疗机构设置规划，明确医疗机构的数量、规模、布局和功能。充分利用和优化配置现有医疗卫生资源，对不符合规划要求的医疗机构要逐步进行整合，严格控制大型医疗设备配置，鼓励共建共享，提高医疗卫生资源利用效率。推进公立医院管理体制改革。从有利于强化公立医院公益性和政府有效监管出发，积极探索政事分开、管办分开的多种实现形式。进一步转变政府职能，卫生行政部门主要承担卫生发展规划、资格准入、规范标准、服务监管等行业管理职能，其他有关部门按照各自职能进行管理和提供服务。

6. 建立政府主导的多元卫生投入机制

明确政府、社会与个人的卫生投入责任。确立政府在提供公共卫生和基本医疗服务中的主导地位。公共卫生服务主要通过政府筹资，向城乡居民均等化提供。基本医疗服务由政府、社会和个人三方合理分担费用。建立和完善政府卫生投入机制。中央政府和地方政府都要增加对卫生的投入，并兼顾供给方和需求方。逐步提高政府卫生投入占卫生总费用的比重，使居民个人基本医疗卫生费用负担有效减轻；政府卫生投入增长幅度要高于经常性财政支出的增长幅度，使政府卫生投入占经常性财政支出的比重逐步提高。

本章小结

1. 卫生体系及其活动构成卫生事业。卫生体系一般可以细分为卫生服务提供体系、健康保障体系和执法监督体系三个子系统。卫生事业的核心是卫生服务制度，其中主要是健康保障制度。知识密集性、价值终极性、经济依赖性和服务性是卫生事业的基本特征。卫生服务市场具有特殊性，主要表现为价格机制、竞争机制和供求机制的有限性，这种特殊性决定了市场对卫生服务的调节作用是有限的，需要政府对卫生事业进行适当的干预。

2. 卫生事业管理是科学配置卫生资源以实现卫生政策目标的过程。根据管理的目标和依据的不同，卫生事业管理可分为卫生行政管理、医学规范管理和卫生经营管理三个部分。

3. 国外卫生事业管理模式主要有市场主导型、社会保险型、国有卫生服务型三种。三种模式各有优劣。

4. 在过去的半个多世纪中，我国卫生事业取得了巨大成就。我们建立了比较完善的卫生服务体系，形成了以城镇居民医保、职工医保、新农合以及城乡医疗救助为主体，覆盖城乡全体居民的基本医疗保障体系，基本满足了广大群众医疗卫生服务需求，同时也积累了有益的卫生事业管理经验。

5. 目前我国卫生事业在思想和理论认识、管理体制、医疗保障制度和价格机制等诸多方面都存在一些问题，需要求新求变。卫生事业改革的目的在于增强卫生事业的活力，

充分调动卫生机构和卫生人员的积极性，不断提高卫生服务的质量和效率，更好地为人民健康服务，为社会主义现代化建设服务。要适应社会主义市场经济的发展，遵循卫生事业发展的内在规律，逐步建立起宏观调控有力、微观运行富有生机的新机制。

关键术语

卫生　卫生服务　卫生事业　卫生服务评价　医疗保险　卫生管理　卫生政策

复习思考题

1. 卫生事业有何基本特征？
2. 政府为什么要加强卫生事业管理？
3. 简述发达国家卫生事业管理的模式及其优缺点。
4. 如何改革我国的卫生事业？

阅读书目

1. 梁万年. 卫生事业管理学. 北京：人民卫生出版社，2012
2. ［澳］哈里斯主编. 卫生服务管理：理论与实践. 北京：北京大学医学出版社，2009
3. ［美］威廉斯等. 卫生服务导论. 北京：北京大学医学出版社，2004
4. 韩莉. 我国医疗卫生资源配置研究. 北京：中国社会科学出版社，2011
5. 曹永福. 中国医药卫生体制改革：价值取向及其实现机制. 南京：东南大学出版社，2011

第 12 章

文化事业管理

文化事业是公共事业的有机组成部分，是人类精神文明实践的重要活动形式。文化事业管理就是对这一领域具体活动和事务的管辖、调控和处理。在体制转轨和社会转型时期，如何建立和健全与社会主义市场经济体制相适应的现代文化事业管理体制，繁荣有中国特色社会主义文化建设，满足人们不同层次的文化生活需要，提高全社会的精神文明生活水平，实现建设社会主义文化强国的战略目标，是摆在我们面前的一个具有重要理论意义与实践意义的课题。本章将在简要分析文化事业管理基本理论问题的基础上，侧重评述比较中外文化事业管理体制和管理方式，并针对转轨时期我国文化事业管理体制中存在的主要问题，提出推动和发展我国文化事业的具体措施。

重点问题

- 文化事业管理的内涵、目标和内容
- 文化事业管理体制的基本类型
- 我国文化事业管理体制的历史沿革
- 深化我国文化事业管理体制改革的内容和途径

12.1 文化事业管理概述

文化事业管理是人们在管理文化艺术创作、生产、流通、消费等过程中的活动。在现代文化管理体系中，文化事业管理的范围不断扩展，目标不断调整，其地位也日益重要。文化事业管理有广义和狭义之分。广义的文化事业管理，是指各级政府及其文化行政部门对文化事业的宏观管理。狭义的文化事业管理，则是指企事业文化单位对具体文化活动的微观管理。在本章中，我们将二者统一在文化事业管理中，侧重分析宏观文化事业管理的基本内涵、目标体系和主要职能。

12.1.1　文化事业管理的内涵

为了理解文化事业管理的基本内涵，有必要先了解文化与文化事业、文化事业与文化产业、文化事业管理与文化管理等相关概念的关系。

1. 文化与文化事业

文化是人们最经常使用的词语之一，却也是最难达成一致看法的概念。近代以来，人们从人类学、哲学、历史学、生物学、地理学、心理学和社会学等角度探讨了大量的文化现象和文化问题，并提出了有关“文化”的各种不同定义。著名英国文化学学者 E. B. 泰勒就将文化等同于人类的精神生活，认为文化“是包括知识、信仰、艺术、道德、法律、习俗和任何人作为一名社会成员而获得的能力和习惯在内的复杂整体”[①]。美国文化人类学家 A. L. 克罗伯和 C. 亨克鲁柯则认为，文化是各种外显或内隐的行为模式；它通过符号的运用使人们习得及传授，并构成人类群体的显著成就，包括体现于人工制品中的成就；文化的基本核心包括由历史衍生及选择而成的传统观念，尤其是价值观念；文化体系虽被认为是人类活动的产物，但也可被视为限制人类进一步活动的因素。[②] 中国大百科全书出版社 1987 年版《中国大百科全书·哲学卷》对文化的解释则反映了我国学术界对“文化”这一概念的普遍看法。该书中指出，文化是人类在社会实践过程中所获得的能力和创造的成果。广义的文化，包括人类物质生产和精神生产的能力、物质和精神的全部产品；狭义的文化，指精神生产的能力和精神产品，包括一切社会意识形态，有时又专指教育、科学、艺术、卫生和体育等方面的知识和设施。

与上述定义有所区别，本章中的“文化”作为精神文明的重要形式，专指与经济、政治、科技、卫生、教育相区别的文化艺术、新闻出版、广播影视和新兴媒体等领域。文化事业则是人们在这些领域从事的具有特定目标和相应规模，并对社会发展有重要影响的经常性活动。文化事业不仅包括有关这些领域的思想理论、价值准则、精神形态等主观内容，还包括体现和反映这些主观内容的媒介载体、传播方式、文化设施、文化组织机构与管理体制等客观因素。

2. 文化事业与文化产业

文化事业与文化产业是两个既有联系又有区别的概念。根据文化产品的主要功能及其与市场的关系，大致可将文化产品分为三大种类：一是公益性文化，主要是为公众提供无偿的文化产品和服务。二是准公益性文化，虽可通过产业化方式进行经营或可获得一定的经济收益，但其收入不能达到其从事文化创造或艺术生产所付出的劳动价值。三是经营性文化，完全通过市场以产业化方式进行经营。

狭义的文化事业，即公共文化事业，由公益性文化事业和大部分准公益性文化事业组成，以人人享有基本的公共文化产品和服务为主要目标，体现着人的全面发展，经

---

① 转引自庄锡昌等：《多维视野中的文化理论》，99 页，杭州，浙江人民出版社，1987。

② 参见冯天瑜：《中国文化史》，题记 22 页，上海，上海人民出版社，1988。

济、政治、文化的协调一致和社会的根本进步，公益性、均等性、基本性、便利性是其基本特征。[①] 与狭义的文化事业相区别的经营性文化，主要指文化产业，发展文化产业的主要目的是为了实现文化的经济价值，满足人们日益多样化、多层次、多方面的文化消费需求。可见，文化事业、文化产业两者在价值取向、资金来源、运作机制等方面存在着差别。

广义的文化事业，既包括文化产业，又包括无法进行或完全进行产业化运作的公益性和准公益性文化事业。从这一意义上看，文化产业是文化事业的重要组成及内容。鉴于中国大部分文化产业脱胎自文化事业的现实，我们在研究文化事业管理时，不可避免地要将文化产业管理纳入研究视野。而且，在市场经济条件下，绝大多数文化事业功能的真正实现必须以其载体——精神文化产品走向市场为前提，只有这样才可能体现这一文化产品的社会效益。在这种情况下，文化产业不但不会违背文化的社会属性，而且还是文化事业最强有力的传播手段和组织机制。这要求，必须坚持“两手抓”，一手抓公共文化事业，一手抓经营性文化产业，在遵循文化发展客观规律的前提下，实现文化事业和文化产业双轮驱动、两翼齐飞、共同发展。

3. 文化事业管理与文化管理

文化事业管理是各级政府及其文化行政部门和各种文化企事业单位对各项文化事业和具体文化活动的规划、组织、协调和监督，包括宏观文化行政和微观文化管理两个层面。

文化行政是政府对文化事业的宏观管理，是各级政府及其文化行政部门以文化法律和法规为基本依据，以整个国家的文化事业为管理对象，对有关文化行政系统和文化企事业单位的事务进行决策、组织和调控的行政行为。宏观性、间接性和多样性是文化行政的主要特点。宏观性要求政府弱化指令性的行政手段，对文化发展只提出原则性的要求，如何实现发展则由文化企事业单位自己决定。间接性要求政府只提出文化发展的目标和规模，规划文化投资的总量，监督、检查和评估文化发展计划落实的情况和效益，而把投资资金的分配、规划的实施交由社会中介组织去处理。多样性则要求政府多管齐下，综合运用各种手段进行宏观管理，坚持以法律手段和经济手段为主，辅以必要的行政手段和思想教育手段。

文化企事业单位对自身文化经济活动和文化社会活动的管理是文化事业管理的微观层面，其管理内容主要涉及企事业单位的管理原则、管理制度、管理机构及人员、运行机制和对具体文化活动的组织与协调等。其目的是为了在各种约束条件下，最有效地利用各种资源实现企事业单位的文化目标。

文化管理是对文化领域的各种社会活动，包括文化设施建设、文化人才培养、文艺创作活动、文化交流、文化产品的生产与流通、文化消费等的管理。可见，文化管理涵盖了宏观文化行政和微观文化管理的基本内容，文化管理具有“合作网络治理”的典型特征，必须由政府、有关部门和单位共同完成，文化行政离不开文化单位的支持，文化单位的管理也离不开政府的引导。从这一意义上讲，文化管理也就是文化事业管理。

---

① 参见高永贵主编：《文化管理学》，6～7页，北京，北京大学出版社，2012。

12.1.2　文化事业管理的目标体系

1. 协调目标

有效的文化事业管理活动应与文化艺术的创作生产规律相适应，与特定时期一国的经济社会发展水平、经济管理模式和政治体制相协调。文化艺术创作在很大程度上是个人或集体对社会生产生活实践的主观总结，反映着个人对世界、对人生、对社会的看法和态度，文化事业管理应尊重文化活动的这种特质，应在不打击文化创作积极性和能动性的基础上，将文化艺术活动引导到符合社会发展方向的轨道上来。文化是综合国力的重要指标，文化事业管理的目的之一就是要推进文化与政治、经济的协调发展，充分发挥“文化力”的凝聚力量、动员力量和推动力量。① 另一方面，作为意识形态的重要组成部分，一国文化的发展也脱离不了其经济基础和上层建筑的制约作用，必须与经济基础和上层建筑的发展相协调。农业社会、工业社会和后工业社会的生产方式和社会组织模式发展着与自身相适应的文化类型，也形成了与之相对应的文化事业管理模式。

2. 繁荣目标

文化繁荣是文化发展的标志，也是文化事业管理的重要目标。文化繁荣是文化的全面发展，是一种百花齐放、欣欣向荣的文化格局。除了有娱乐文化与大众文化的繁荣，还要有学术研究、高雅艺术、群众文化、行业文化、社区文化的共同繁荣；除了有城市文化、都市文化的繁荣，还要有农村文化、城镇文化的共同繁荣；除了有成人文化的繁荣，还要有儿童文化、老人文化等不同年龄段文化的繁荣。文化繁荣还应是真正的繁荣，而不是表面的繁荣。娱乐场所的“莺歌燕舞”、通俗文学的“鱼目混珠”和公款文化消费的大行其道，都不过是表面的繁荣。真正的文化繁荣不仅能实现文化的经济价值，更重要的是，它能满足广大人民群众日益多样化、多层次、多方面的文化需求，能真正提高全民族的文化素质和精神修养。在市场经济条件下，价值规律会自发地刺激部分文化事业走向繁荣，遏制这部分文化活动的不健康因素是促使文化事业真正繁荣的重要保证。同时，市场经济又会使那些不能进入市场和很难进入市场的文化事业产生生存危机，对这部分文化事业进行扶持，促使其走向繁荣，是文化事业管理目标的另一工作重心。

3. 创新目标

这是文化事业管理在追求文化繁荣基础上的更高目标。文化创新是文化繁荣的根本动力，也是文化交流和碰撞的结果。通常所说的文化创新包括两个层次的含义：表层含义指创文化名牌，小到某种文化产品，大到享誉全国乃至世界的文化活动、文化项目和文化产业，如音乐之都维也纳、钢琴之岛鼓浪屿、法兰克福国际书展、好莱坞电影等等；深层含义则指创划时代的文化模式，如古希腊的文化、古罗马的文化、中国的儒家文化、文艺复兴时代的欧洲文化、17—18世纪法国的帝王文化、19世纪英国的绅士文化、20世纪美国的大众消费文化等等。文化创新是各种社会因素综合作用的结果。其中，政府在进行深层次文化创新方面起到了独特的主导作用。政府既要组织大量的人力、物力、财力进行文化设施建设和文化人才建设，又要通过各种管理手段教育引导市民，使之养成与某种文化模

---

① 参见贾春峰：《文化力》，4页，北京，人民出版社，1996。

式相适应的文化精神，并将文化单位的能量和资源纳入创建新文化模式的活动中。文化创新是在各种文化的交融中实现的，这意味着文化创新面临着不同甚至矛盾的选择及其带来的困惑。较合理的文化创新途径应能进行理性取舍，既能吸收传统文明的优秀成果，又能不固守任何传统成见；既能立足于优秀的民族文化精华，又能不排斥国外先进的文化成果和管理经验。

4. 效益目标

经济效益和社会效益是文化事业管理效益目标的两个不可分离的有机组成部分。这是由文化产品的双重社会属性决定的。文化产品是生产者通过创造性劳动所形成的精神产品，具有社会意识属性和商品属性双重特性。一方面，文化产品在其生产过程中因投入了大量的人力、物力和财力，它凝聚的社会劳动需要得到社会的承认，需要能够实现其社会经济价值。在利益最大化原则的驱动下，文化产品将追求最大的销售量、最多的演出场次、最高的收视率和点击率，以获得最高额的市场回报。可见，文化产品的商品属性在要求实现经济价值的同时，必然也要求文化事业管理遵循经济效益原则，注重管理绩效，为尽可能实现文化产品的经济价值创造社会条件。另一方面，文化产品不可避免地打上作者的政治思想倾向、伦理道德观念和审美情趣等主观印记，而大众在文化产品的消费过程中，也必然被作者的倾向和观念所影响，文化产品在进入社会流通领域之后，又受到社会公众态度和政府意识形态的制约。文化产品的这种社会意识属性是其最根本的属性。树立健康、高尚、积极、进步的社会意识形态是每个国家和民族文化建设的共同目标。由于文化产品的特殊性，文化事业管理应坚持把社会效益摆在第一位的原则，正如邓小平所说的："思想文化教育卫生部门，都要以社会效益为一切活动的唯一准则，它们所属的企业也要以社会效益为最高准则。"① 这也是当文化产品的经济效益和社会效益发生冲突时，文化管理部门所应坚持的工作原则。同时，我们还要看到，市场经济为将文化产品的经济效益和社会效益统一起来提供了重要的渠道，文化事业管理者要学会利用这一渠道，通过单位改制、产业化等手段使文化产品在市场机制的作用下形成社会效益和经济效益的互相促进、有机统一。

12.1.3 文化事业管理的基本内容

文化事业管理的内容繁多，涉及面广。从工作对象看，可将其分为艺术管理，图书和文献管理，文物管理，新闻出版业管理，图书发行管理，音像品管理，广播、电视、电影事业管理，文化旅游管理，广告会展管理，游戏动漫管理等；从管理范围看，可将其分为农村文化管理、城镇文化管理、城市文化管理、都市文化管理和其他区域性文化管理（如社区文化管理、企业文化管理、学区文化管理等）；从工作性质看，又可将其分为人事管理、经营管理、业务管理、市场管理、财务管理、技术管理、安全管理、外事与公共关系管理等等。从政府管理职责的角度，我们将文化事业管理的基本内容概括为以下几个方面：

1. 制定文化发展战略，规划国家文化事业发展

"所谓文化发展战略是指在一定时期内为实现国家和社会的总体目标而作出的有关文

---

① 《邓小平文选》，1版，第3卷，145页，北京，人民出版社，1993。

化发展的目标、重点、发展阶段、投资方向、力量部署、对策措施的谋划与抉择。简而言之，是文化发展的整体计划。”制定文化发展战略旨在使文化事业随着政治、经济等社会事业的发展而协调发展，使文化事业能适应这种发展并不断促进社会的进步。制定文化事业的发展计划，是从中央到地方各级政府及其文化部门的重要任务。权威性、原则性、科学性和系统性是文化发展战略的主要特点。文化发展战略既是宏观文化行政的科学依据，也是微观文化管理的指导性纲要，对动员各种社会力量参与国家文化事业的发展具有重要的作用。20 世纪 90 年代以来，日本、韩国等国家先后确定“文化立国”战略，通过制定、实施科学的文化发展战略推动本国文化事业的快速发展。

2. 优化文化资源配置，推动文化产业壮大

文化资源是人们从事文化生产或文化活动时所利用或可资利用的资源。从投入看，文化资源的生产要素包括货币、技术、专利和智能要素四种形态。智能资源的重要性在文化产业中表现得很突出。文化资源通过市场机制流通和传播是将文化资源转化为文化产业的根本途径，最能实现文化资源的经济价值。然而，纯粹以市场机制配置文化资源，必然会给文化产业的发展带来很大的负面效应。例如，在经济利益的驱动下，文化经营者会将文化资源投向投资少、见效快的娱乐业，造成娱乐业高速发展、其他文化产业发展缓慢的畸形产业结构。而文化经营者的短期生产行为也无法使文化资源得到可持续的利用。这就需要政府在研究分析各地文化资源分布、配置情况的基础上，积极利用经济政策手段调整文化资源的流向，加大对公共文化基础设施建设的投入并向农村、边远、少数民族地区倾斜，同时积极引导社会力量参与文化产业开发，推动文化产业结构的优化调整、转型升级。只有政府与市场两种力量有机融合，文化资源的合理流动、文化事业的均衡发展、文化产业的蓬勃发展才能得以实现。

公共文化服务指数体系

根据党的十七届六中全会关于“完善公共文化服务网络”、“制定公共文化服务指标体系”的精神，上海高校都市文化 E—研究院设计开发了公共文化服务指数体系，对全国 31 个省市自治区公共文化服务水平进行了量化研究，为我们了解全国 31 个省市自治区公共文化服务体系的建设水平、服务效果提供了一个新的窗口。

公共文化服务指数体系，选取“公共文化投入”、“公共文化机构”、“公共文化活动”、“公共文化享受”4 个评价维度 38 个评价指标。通过数据分析，2011 年全国 31 个省市自治区中：

（1）公共文化服务综合指数总量得分前五名的分别是广东、江苏、浙江、四川和河南；人均得分前五名的分别是上海、北京、天津、浙江、青海。

（2）公共文化投入综合指数总量得分前五名的分别是广东、浙江、上海、江苏和北京；人均得分前五名的分别是上海、北京、青海、浙江和天津。

（3）公共文化机构综合指数总量得分前五名的分别是四川、河南、广东、江苏和河北；人均得分前五名的分别是西藏、青海、新疆、甘肃和山西。

（4）公共文化活动综合指数总量得分前五名的分别是山东、河南、江苏、浙江、广东；人均得分前五名的分别是北京、上海、辽宁、新疆和浙江。

（5）公共文化享受综合指数总量得分前五名的分别是江苏、广东、浙江、湖北、湖南；人均得分前五名的分别是上海、天津、浙江、北京和福建。

资料来源：上海高校都市文化E—研究院：《2011年全国31个省市自治区公共文化服务指数蓝皮书》，北京，商务印书馆，2012。

3. 规范文化市场行为，培育新的经济增长点

文化产品和文化服务一旦以商品的形式进入流通领域，就构成了文化市场。文化市场一般可分为出版市场、文化娱乐市场、文艺演出市场、文化交流市场、文物市场和文化艺术培训市场等几大类别。这些文化市场既是推动文化事业全面发展的重要力量，又向政府的文化行政活动提出了更高的要求。一方面，文化行政部门要依法治文，将文化市场管理纳入法制化的轨道，并且能针对文化市场中的不良现象，运用多种手段正确引导文化产品的生产者和经营者，促进文化市场在有序中走向繁荣。另一方面，文化行政部门还应认识到，为培育新文化市场服务是比监管文化市场更高层次的工作。文化是一种日益显露的生产力。通过扶持新型文化产品和文化市场的开发与培育，文化行政部门在推动文化市场繁荣的同时，也可从文化经济一体化的视野，扩大文化对经济社会发展的贡献。

4. 引导文化消费倾向，提高社会生活水平

文化消费是人们为满足精神文化生活的需要所进行的消费活动。文化消费具有明显的层次性。随着人们生活水平的不断提高和生活方式的相应变化，文化消费需求将不断增加，层次将越来越高，选择将日益多样化。但许多人在多样化的文化产品面前，没有明确的消费目的，容易受周围消费倾向的影响而陷入盲目攀比的消费中，甚至进行有损健康、有害社会进步的活动，如迷信、赌博、传播借阅黄色文化产品等。在这一过程中，政府的积极倡导对人们的消费选择有很大的影响。通过加强文化消费领域的管理和引导，政府不仅要维护文化消费者的合法权益，还要使人们能自觉选择健康性的消费品和消费服务，从而使这种积极向上的文化消费在促进自我发展的同时，能够推动精神文明建设的健康发展和社会文化水平的全面提高。

5. 开展对外文化交流，维护国家文化安全

文化是国际交流的重要渠道，是增进各国之间相互了解和友谊的重要手段。开展对外文化交流是文化事业管理的另一重要职责。当然，文化的对外开放和交流也引发了国家文化安全问题。在对外文化交往日益频繁、日趋扩大的现时代，越来越多的国家认识到，国家安全不仅包括军事安全、政治安全、外交安全和经济安全，也包括文化安全这一必不可少的因素。文化是一个民族、一个国家最深层、最主要的心理支点和文明支撑。文化生存是国家生存和民族生存的前提，它的生存状态不仅积淀着一个民族和国家过去的全部文化创造和文明成果，而且蕴涵着它走向未来的一切可持续发展的文化基因，是民族国家存在与发展更深层次的合理性所在。经济全球化背景下的文明冲突会给民族国家造成文化认同危机，甚至是国家危机。所以，维护国家文化安全是一国政府在开展对外文化活动中的重要责任，“文化是民族的血脉，是人民的精神家园”、“文化多样性是人类的共同遗产”，在对外经济开放与交流中应坚持“文化产品例外原则”，在制定保护本国文化特性及文化多样性的政策时不要受世贸组织有关规则的影响。①

12.2　中外文化事业管理体制比较

文化事业管理体制是在管理文化事业过程中用于规范文化管理关系的制度体系。人们在组织和管理一国文化事业的过程中，必然会形成各种关系，如中央与地方的关系、国家与文化企事业单位的关系、政府与民间组织的关系，以及文化商品的生产者、销售者和消费者的关系等。文化事业管理体制就是规范这些关系的体系。一个国家或地区的文化管理体制是该国或该地区的社会历史和现实生活在文化事业管理工作上的映射，与其政治、经济和文化自身的发展状况密切相关。各国由于在社会制度、经济水平和文化传统以及国际环境上存在明显差别，其采取的文化事业管理体制也各不相同。从考察世界上典型国家的文化事业管理体制入手，我们可以将众多文化事业管理体制大致划分为四种类型，即政府指令型、社会调节型、多元复合型、政府主导型。

12.2.1　政府指令型

这是一种中央高度集权的文化事业管理体制，是一种由各级政府及其主管行政部门以指令性计划和行政手段来调节文化事业的体制。苏联、朝鲜和改革前的中国都是实行这种体制的国家。这种体制的主要特点是：文化事业主要由国家兴办，它在国民经济中所占的比重由政府规定并以指令性计划加以实现，政府对文化单位实行直接的、微观的和全面的控制。

苏联最高苏维埃是领导全国文化事业最高层次的机构，负责审查和批准国民经济计划和预算中有关文化事业建设的重要指标。它在文化建设方面的指令由部长会议执行，文化部、国家电影事业委员会及国家出版、印刷、书籍发行委员会等机构的职能是执行最高苏维埃的法令和党在文化建设方面的指令，领导相应的文化部门和单位。加盟共和国文化管理机关负责辖区内的文化事业管理。同样，共和国以下行政区域的文化管理也由相应的文化管理机关承担。如州（边区）文化局，除了直接管理州（边区）所属的文艺团体、文化设施、文化场所和审批所属剧院、演奏单位的剧目外，还对领导戏剧、游艺的主管部门和组织以及对集体农庄、机关和工会的文化启蒙机构网的活动进行监督。

苏联文化部处在管理文化艺术活动的中心地位，直接领导着戏剧艺术、音乐、绘画、舞蹈、雕刻、杂技和文化启蒙等工作的开展。文化部还直接领导全国最大的艺术企业和机构，直接领导艺术大、中专院校，并在文化部范围内设有苏联艺术研究院等科学研究所。文化部与各作家协会紧密结合，开展自己的工作。苏联的对外文化交流工作主要由外交部人文与文化联络局协调，文化联络局可代表政府与外国签订文化合作计划。② 政府指令型

① 参见单民联：《论全球化时代的文化多样性》，载《天津社会科学》，2005（2）。

② 参见金冠军、郭常明：《市场经济与文化管理》，203 页，上海，学林出版社，1996。

管理模式是计划经济体制下的产物，在一定的历史时期曾发挥了重要的作用。其最大优势是从中央到地方形成了一个庞大而严密的、条块结合的、封闭性的文化行政网络，有利于加强对意识形态领域的领导和控制，为特殊时期的政治任务服务；有利于抵制外来不良文化的威胁，维护本国的文化安全和国家认同；在一定程度上有助于推动非营利性文化组织的迅速发展和壮大，集中人力、物力在较短时间内培育出文化艺术精品。然而，这种体制的弊病也十分突出：（1）片面强调文化是上层建筑、意识形态的工具，忽视了文化自身的发展规律，从而限制了文化事业的发展，使文化沦为政治的附庸。（2）轻视了文化产品的经济价值，文化产品的供需关系紧张，矛盾突出，难以有效地满足人们的精神文化需要。（3）一切权力均集中在文化行政机关手中，文化行政机关以指令性手段管理文化单位，文化单位没有自主权，积极性严重受挫。同时，文化经费来源单一，国家拨款有限，不利于文化事业的发展。

12.2.2 社会调节型

这是一种依靠社会力量调节文化事业的开放型管理体制。这种体制的主要特点是：政府不直接参与文化事业的管理，而是通过立法、经济政策和民间文化机构与中介组织来间接管理文化事业。美国、加拿大、澳大利亚和英国都属于采取这种体制的西方发达国家，其中以美国最为典型。

美国政府机构中不设文化行政部门，不直接干预文化事业的发展。国内的文化事业多种所有制并存，大多为私人所有。政府充分强调自主经营，强调文化依赖于公众，所以一般不对文化的发展方向和文化形式加以政策限制，并允许文化单位在市场上自由竞争、优胜劣汰。

政府虽不直接干预文化事业，但可以通过国家艺术基金会和国家人文基金会这两个半官方色彩的独立管理机构来影响和引导文化事业的发展。美国国会每年将一部分国家预算拨给这两个基金会，再由基金会下属的拨款委员会按照法律规定，将这些经费提供给申请拨款的非营利性艺术团体或艺术家个人。申请拨款的艺术团体和艺术家，必须就其团体的性质、作品的艺术质量、财政状况和管理水平提交一份详尽的书面报告，由有关艺术门类的专家小组实地评估并提出建议，最后由拨款委员会以表决的方式裁定。基金会的资助数量很少，一般只占艺术团体总收入的5%以下。因政府拨款有限，许多文化单位不得不千方百计地去寻求社会资助，而政府也通过减免税收等法律政策，鼓励各种基金会、大公司或个人投资于文化事业。这实际上也是政府援助文化单位的另一种重要形式，但这种援助仅限于非营利性的文化单位。同时，美国还设立新闻总署，由其负责对外文化宣传和组织管理对外文化、教育及学术交流。而这一领域也并非由国家垄断，各类大学、民间组织和民间基金会也大量参与。

美国的营利性文化单位一般由个人投资或各种形式的合资组建，采用老板负责制的管理体制，决策与管理均由老板负责，在若干名雇员协助下开展工作，不能享受减免税的优惠政策，政府一般也不给予资助而彻底交由市场调节，它们必须自谋生路，在文化市场中参与竞争。政府对营利性的文化事业实行“商业决定型”的放任政策。

同其他领域一样，美国的文化立法也较为健全。中央和地方政府的各种立法，对文化事业的发展起到了促进作用。这些法律有1965年的国家艺术与人文拨款委员会法案、新闻法、版权法、图书馆法和志愿人员保护法案等等。即使那些没有专门立法的文化行业，宪法和其他有关法律也对它们作了规定。比如，美国没有专门的出版法，但涉及出版活动的法律很多，使该工作基本有法可依。

社会主导、政府间接引导是社会调节型文化事业管理模式的主要特征，它具有以下优点：第一，政府较少干预文化发展，文化单位在文化市场上自由竞争，有利于形成符合文化活动规律、多样化、多层次的文化格局，从而较好地满足人们的文化生活需要。第二，政府对非营利性文化单位以经济优惠政策而非行政拨款的方式进行扶持，这一方面避免了文化事业发展的"官方"倾向，减轻了政府的财政负担，另一方面，又鼓励了社会各界关心支持文化事业的发展，有利于将更多的社会财富用于发展文化事业。第三，依靠众多民间文化机构去调节文化与公众的关系，沟通文化单位之间的联系，有助于调动地方和个人的积极性，扩大对内对外的文化交流水平，丰富社会各阶层的文化生活。第四，依靠法律手段而非行政手段规范文化市场和推动文化发展的做法，有利于文化事业健康、有序地向前发展。美国的文化立法大多由地方创设，尔后渗透到联邦，上升为联邦政府的法律，所以法律较符合客观实际，容易落到实处。但是，该模式也有以下不足：一是半官方和非官方的文化管理机构较多，容易造成管理权限的重叠混乱和管理工作的扯皮现象。二是不利于在意识形态领域中形成统一的意志和思想，社会凝聚力差，无力抵御外来有害文化的侵害。

12.2.3　多元复合型

这是一种合集权、分权和放权为一体的文化事业管理体制，其主要特点是：在同一个国家里，对不同的文化产业或同一文化产业的不同层次，采取不同的管理体制，在不同的发展时期对同一文化产业采取不同的管理方式，甚至在同一文化产业的管理体制中，包含了截然对立的多元化因素。法国是采用这一体制的典型代表。

法国历届政府均设有文化部，还成立了出版社和通讯对等委员会、法新社最高委员会、广播电视质量委员会等独立的行政分支机构。这些文化行政机构负责主管全国的文学、艺术、电影、戏剧、音乐、博物馆、广播、电视、出版、档案、建筑和美食等事务。此外，还另设各种咨询机构、专门协会及直属专业中心协助处理这些事务。

仅从机构设置情况看，法国政府对文化事业领域的宏观调控力度就比美国政府强。这还表现在：政府对一些重点文化建设项目全力投资；对易受市场冲击的特殊行业采取必要的保护措施，如当电影业面临美国电影和本国电视、录像业冲击而出现危机时，政府便出面干预，协调关系；对国家文化机构及与国家有合同关系的文化团体，每年给予固定补贴，金额逐年增长；对被视为重要文化遗产而又在市场中面临困境的文化团体，成立专门基金会来挽救与扶持；成立文化机构管理协会，帮助建立全国文化事业管理网并协助其开展活动，改善文化单位的经营管理；等等。

值得一提的是，近几年法国的经济在低谷中徘徊，政府虽然面临着巨额财政赤字、高失业率、社会排斥等问题的困扰，但没有牺牲文化投资来发展经济，而是通过增加文化投入推动文化事业的发展，并积极利用文化手段解决上述社会经济问题。文化投资在国家经费预算中所占的比例不断提高，1995 年希拉克上台后宣布，国家每年拨给文化事业的经费不得少于国家经费预算的1%，文化行政费用和文化活动经费较为宽裕。[①] 实践证明，法国在文化投资方面所采取的措施是正确的，文化投资的增加不仅促进了经济的复苏，而且通过文化活动为不同阶层人士提供了相互了解的机会，有利于减少社会排斥，维护社会稳定。

法国在强化政府调控的同时，还推行“分散文化权力”的政策，如把一些文化权力移交给地方，通过合同制对地方重要文化项目给予帮助，加强地方机构的文化设施建设，帮助地方建立文化活动中心和文化发展中心，等等。对营利性的文化产业和文化单位，法国政府也不大包大揽，而是交由市场调节。即使在一般人看来最需宏观调控的新闻事业，法国政府也采取了国家垄断与自由放任相结合的方式。例如，法国的法律规定，法国公共广播部门为国家垄断，凡国营、私营的广播电视部门都必须置于国家控制之下，但对同属于新闻事业的报刊业，则采取自由放任政策，从报道内容到机构设置均不受政府干预。近来，法国还推行“文化的民主性”政策，强调公众对文化的享有以及采取措施提高公众对文化管理的参与力度。

可见，集权、分权、放权的多元交叉和并存是多元复合型文化事业管理体制的根本特征。其优点体现在：（1）中央集权与地方分权相结合，有利于调动地方办文化的积极性，有利于增加对地方文化单位和文化活动的资助，并在必要的时候保护本国文化不受外来文化的冲击，维护国家文化安全。（2）国家干预与市场调节相结合，有利于对那些需要加强调控的部门进行有效的监控，也有利于使那些可交由市场调节的行业得到充分自由的发展。（3）集权、分权、放权并用，体现了这一管理体制的灵活性，可根据实际情况适时适度采用不同的管理方式，使文化事业管理能遵循文化活动本身的规律和要求。

但是，这种模式也有其内在的缺陷，集权和分权的矛盾、放权和收权的冲突会给管理带来一定的负面影响，给协调工作造成较多的问题。比如，中央政府投巨资扩建和新建卢浮宫、印象派艺术博物馆等重大工程时，在无形中就减少了对地方文化事业的投入；政府一般不给予电影业经济援助，但当其受到内外冲击时，又不得不出面进行协调，甚至将其直接纳入干涉和管理的范围。

12.2.4 政府主导型

这是后现代化国家推动文化事业迅速发展的重要体制。政府以强有力的方式引导文化事业发展，是这种管理体制的主要特点。在这种体制下，文化事业虽以私人兴办为主，但政府并不放任自流，而是积极主动引导，使文化发展“繁荣”而不“出格”。新加坡是采用这种体制的代表。

新加坡不仅因经济发达被誉为亚洲“四小龙”之一，也因其丰富多彩的文化生活而享有“文化绿洲”的美誉。在政府的鼓励下，国内各种大众传媒办得有声有色，时效快，内容新颖，文化娱乐形式多样，对外文化交流紧密，人们的文化素质高，文化生活水准同现代社会生活非常和谐。

新闻与艺术部是新加坡管理文化事业的政府机构，其主要职责是负责新加坡政府国内信息（新闻）服务政策和计划的制定和对大众传媒、电影和出版物的审查，以保证新加坡社会的稳定、道德水平的提高以及正确价值观在青年一代中的形成。它包括新闻局、广播

① 参见陈振明主编：《公共管理学》，721页，北京，中国人民大学出版社，2005。

局、旅游局、电影审查委员会等主要部门，新加坡广播公司等直属事业单位，以及莱佛士博物院、图书馆等其他单位。

新加坡的文化行政部门认为，加强管理是文化繁荣的重要保证，为了维护国家安定和保证社会生活的健康有序，也应像其他领域一样由政府对文化领域进行引导、干预和严格的管理。任何文化活动都不得违背以下基本准则：一是在政治上不得从事危及政府和政局稳定的宣传；二是在道德上不得有悖于东方的价值观念，尤其不得鼓励、放纵、渲染色情和极度暴力。迄今为止，新加坡政府对新闻活动仍采取高度集权的强控型管理模式，由以政府股份为主的报业控股集团对报业进行管理，该集团董事须经政府批准方可任职。广播、电视业由新加坡广播局统一管理，局下设广播与电视节目部，再下面设台一级的建制。为了防止西方文化中极端个人主义价值观、色情、暴力、吸毒和凶杀等消极颓废内容对国民心灵的腐蚀，新加坡政府还制定了一系列审查制度，对境外进口的图书报刊、影视节目、音像制品进行严格的管理。除了“堵”和“控”之外，新加坡在文化领域中还注重“疏”和“导”。针对新加坡华人占绝大多数、受儒家文化深刻影响的情况，新加坡政府以儒家文化作为对其国民进行思想道德教育的重要内容，并大力主张同中国的文化交流，向我国购买了大量的影视节目，以满足人们的文化生活需求。

政府高度重视文化事业，从宏观上管文化，而不是从微观上办文化，做到既让文化在开放中繁荣，又防止文化在开放中腐化，是政府主导型文化事业管理体制的特征和目标。它具有以下优点：第一，政府的强力调控有助于消除文化交流中颓废、腐朽等不良外来文化的负面影响，有助于帮助国民消除焦急、困惑、不信任等消极文化心理的束缚，有助于继承和发扬本国的优秀文化传统，进而提高社会的整合程度。第二，文化管理机构“少而精”，尤其广播电视系统的“局台合一”建制有利于提高管理效率，这也为部分文化事业单位转为企业、参与市场竞争以求发展创造了条件。该模式的缺陷也很明显，它较适合小国寡民的国家，较适合单一制的国家，不太适合多民族、地域辽阔的大国。

12.2.5　我国的文化事业管理体制

新中国成立 60 多年来，随着社会经济条件的变化、政治体制与经济体制的调整及文化事业自身的发展，我国文化事业管理体制也经历了一个不断演变、适应和发展的过程。

1. 我国文化事业管理体制的历史沿革

(1) 确立时期（1949—1956 年）。

在我国由新民主主义向社会主义转变的重要历史时期，由于国际国内环境等制约，我国的经济体制和政治体制模仿苏联的模式，形成了高度集权的社会管理体制。与此相适应，我国的文化事业管理体制也打上了高度集权的烙印。新中国成立时，我国就把文化行政机构的建制及其职责提上了议事日程，并采取了国家办文化、将文化资源收归国有等措施。1949 年 10 月 21 日，政务院决定成立政务院文化教育委员会，由其负责指导文化部、教育部、中科院及新闻出版总署的工作，并发布了《关于调整省、市人民政府文化行政机构的决定》等有关文件，明确文化行政机构的职责，将其列入政府机构序列。据此，文化部、新闻出版总署等自上而下组成了一个严密的组织体系网络，通过行政隶属关系，直接管理和指挥全国的专业艺术团体和文化企事业单位，并运用行政指令式计划大量干预文化活动。文化企事业单位的出版、演出、影片和节目等，都要向上级机关呈报，获得批准后方可运作。新中国成立初期，这种高度集权的文化事业管理体制符合党和政府加强对文化事业领导和管理的需要，对于克服私有经济主导文化发展的负面影响、迅速推动社会主义文化建设有积极的促进作用。

（2）调整时期（1957—1965 年）。

这是中国共产党领导全国人民大规模建设社会主义的历史时期。在这一时期，我国的文化事业管理体制进行了一些尝试性的调整，积累了社会主义文化建设的重要经验，推动了文化生产力的发展。但是，由于这些改革没有突破计划经济体制的基本框架，不可能改变传统文化事业管理体制的弊端；相反，在“左”的思想影响下，这一体制越发僵化，弊端越发明显。

1957 年以来，党和政府对文化事业管理体制进行过一些方向正确的探索。例如，制定了《文艺工作条例草案》，在进一步强调“百花齐放，百家争鸣”文艺方针的基础上，针对“文艺为政治服务”口号下出现的弊病，赋予口号以新的科学内涵，并就提高创作质量、培养优秀人才、开展文艺批评和改进领导方式等问题作出了规定，成为这一时期指导文化事业建设的重要规范。并且，周恩来、陈毅等中央领导还就文化建设、文化管理、知识分子等问题作了一系列重要的批示和讲话。为了发展文化事业，文化部还将原来由其直接管理的一些文化企事业单位下放给地方管理，如 1958 年文化部将由其直接管理的新华书店上海发行所、商务印书馆上海印刷厂等单位下放给上海市管理。① 但是，这些改革并没有改变国家包办文化事业的总体格局，文化行政部门仍直接控制着基层文化单位。在国家统包统管体制下，文化团体规模日趋扩大，人员膨胀，毫无自主权，文艺创作的动力有减无增，文化事业发展的动力随之受到削弱。“只算政治账、不算经济账”的社会环境加剧了这种势态，1962 年后，随着“左”倾错误的发展，文化事业管理体制的政治色彩更加突出，广大文艺工作者更是备受打击。

（3）畸变时期（1966—1976 年）。

“文化大革命”十年浩劫，是文化事业管理体制改革停滞和畸形发展的时期。“文化大革命”中，整个文化战线被视为“修正主义黑线专政”，造反派掌权的革命委员会及其下设的政宣组和写作组掌管着文化大权，主宰着文化建设事业。“四人帮”、“中央文化革命委员会”和各级“革委会”集党政军大权于一身，通过文件、指示，以行政专制手段指挥、控制着文化事业和文化活动。这种带有文化专制色彩的管理体制对社会主义文化事业的发展造成了难以形容的破坏。在文艺界，不同风格、不同流派的艺术表演受到摧残，社会主义文艺园地百花凋谢；“八亿人只有八个样板戏”，人民群众的精神文化生活水平极其低下；在文物、旅游文化界，不少体现中华民族文明和文化传统的稀世珍宝、文化遗址被毁于“破四旧”和造反派的“打、砸、抢”中。文化事业被视为上层建筑的组成部分，甚至是阶级斗争的重要工具。文化事业的政治化造成了文化单位的行政化、文化活动的非产业化和文化管理的人治色彩。

（4）改革时期（1978—2001 年）。

党的十一届三中全会以后，在改革经济体制和政治体制的同时，对传统文化事业管理

---

① 参见程恩富：《文化经济学通论》，317 页，上海，上海财经大学出版社，1999。

体制的改革也提上了议事日程。为了指导文化事业的发展，党、人大和政府适时制定了一系列的法律、法规和规定，如全国人民代表大会通过的《中华人民共和国文物保护法》、《中华人民共和国著作权法》，国务院发布的《批准进口影片管理办法》、《音像制品管理条例》等行政法规，以及文化部、新闻出版总署等发布的《图书总发行管理的暂行规定》、《广播电视设施保护条例》、《电视剧制作许可证管理规定》、《报纸管理暂行规定》、《期刊管理暂行规定》与《报纸质量管理标准》等行政规定。根据这些法律、法规和规定，党和政府领导我国的文化界对文化事业管理体制进行了改革和探索，初步形成了有中国特色社会主义文化管理体制，主要表现在：

1）确立了我国文化事业管理体制的改革目标。

富强、民主、文明是我国社会主义现代化建设的基本目标，而建设有中国特色的社会主义文化是我国文化现代化的主要目标。它不仅是我国文化事业发展的根本诉求，也是我国文化事业管理体制的改革坐标。江泽民同志指出："社会主义现代化应该有繁荣的经济，也应该有繁荣的文化……全党必须从社会主义事业兴旺发达和民族振兴的高度，充分认识文化建设的重要性和紧迫性……有中国特色社会主义的文化，是凝聚和激励全国各族人民的重要力量，是综合国力的重要标志。它渊源于中华民族五千年文明史，又植根于有中国特色社会主义的实践，具有鲜明的时代特点……我国文化的发展，不能离开人类文明的共同成果。要坚持以我为主、为我所用的原则，开展多种形式的对外文化交流，博采各国文化之长，向世界展示中国文化建设的成就。"

2）形成了多种所有制并存的文化事业发展格局。

党的十一届三中全会以来，在文化事业领域，我国在坚持文化生产资料公有制为主体的基础上，积极发展其他经济成分，变国家办文化事业为国家、集体、个人一起上，全社会共同兴办文化事业的局面，先后涌现了一大批农村文化个体户、民办演出团体、自由职业撰稿人、个体书商、自由职业演员、自由职业制片人、民办图书馆等，大大促进了各类文化产品的生产，成为公有制文化经济的必要和有益补充。多种所有制并存的文化事业发展格局，与我国多层次的文化生产力相适应，既在一定程度上弥补了国家文化事业经费的严重不足，又较好地满足了人们的文化生活需要。

3）探索以市场配置文化资源为主的产业结构。

将大部分文化事业和文化产品推向市场，形成市场配置文化资源的格局，是我国文化事业发展的又一趋势。过去文化行政部门一手包办事业的局面已被打破，众多私营、民营、三资文化企业在文化市场中兴起，通过市场机制向人们提供文化娱乐服务和通俗文化产品。部分文化事业单位在坚持主业的同时，开展多种形式的"以文补文、多业助文"的活动，有的尝试市场化运作，以求在市场中获得新生。市场配置文化资源的机制，能优化文化资源组合，大大促进了我国文化事业产业化的进程。传播出版方面，1996年广州日报社率先建立报业集团，全国各大报社迅速跟进，在报刊行业掀起一次产业化的浪潮；大众娱乐方面，音像制品经营单位从一开始就按照企业模式运转，按照市场规则运作，音像业已形成了一个包括制作、出版、复制、零售、出租、放映等门类齐全的产业体系。

4）初步建立按市场规律办事的文化行政管理体制。

我国的文化行政是市场经济条件下的文化行政，市场经济要求文化行政部门依法治文。当前，我国已经制定了大量有关文化事业的法律法规和规定，这些文化法律为依法行政奠定了基础。文化行政部门还减少了对文化事业发展的直接干预，弱化行政指令色彩，强化宏观调控，尤其是大量运用财政货币等经济调控手段，变单一的文化行政为多样的文化管理，初步建立了行之有效、符合市场经济运行规律的宏观文化行政体制；根据我国文化事业发展的需要，我国还调整了文化行政机构，文化部80年代增设了文化市场司，1998年又增设了文化产业司，文化部成为主管文化艺术的职能部门，1998年的国家机构改革还撤销了广播电影电视部，成立了国家广播电影电视总局，与新闻出版署一起作为国务院的直属机构，负责全国广播、电影、电视和报纸、期刊、图书及音像制品的出版发行管理工作。文化行政部门还加强信息服务，利用自身的信息资源优势为文化企事业服务；在信息化的今天，有关文化行政部门还积极利用信息技术和网络技术进行管理，推动文化管理的信息化。

5）积极探索微观文化管理的新路子。

针对传统文化事业管理体制下文化单位死气沉沉、缺少活力的弊端，分别采取了放权、引入竞争机制等措施，初步改变了政事不分、政企不分的局面，逐步扩大了文化企事业单位的自主权。20世纪80年代初，承包制被引入文化事业单位，以调动文化事业单位和文化工作者的积极性。80年代中期以来，我国改革了文化单位的领导体制，实行艺术家负责制、总编负责制和团长院长负责制，由行政一把手负责处理本单位内行政、人事和经营管理中的重大问题。为消除机构林立、臃肿等突出问题，文化事业单位在各级政府和文化主管部门的支持下，通过合同制用工、成立文化艺术人才中心和离退休人员服务中心等多种形式，努力合并文化事业单位，精简机构，裁汰冗员，并制定各种措施鼓励各类文化事业单位的相关人员“业余兼职”、“停薪留职”或“人才交流”，走出单位大门，从而促进了各类文化事业单位人才的合理流动。与此同时，一些基层文化单位尝试改革“大锅饭”的分配模式，合理拉开了文化工作者的收入差距。不少剧团实行浮动工资制和岗位津贴制，把演职人员的工作好坏与工资报酬挂钩，用考评计分，按分数高低来确定个人收入。奖金分配上也同样评分量化，体现奖勤罚懒的原则。

（5）深化改革时期（2002年至今）。

党的十六大以来，我国集中出台加快文化体制改革的重大举措和产业政策，大力推进文化体制改革和文化单位转企改制，进一步明确和深化了文化体制改革的目标、意义、主要任务和重点工作，扎实推进了有中国特色社会主义文化强国的建设进程。主要表现在：

1）提出了建设社会主义文化强国的战略目标。

党的十七届六中全会，深刻总结了我国文化建设的历史经验，科学分析了当前我国文化建设的基本形势和发展路径，进一步提出了建设社会主义文化强国的重大战略目标，吹响了中华文化和中华民族伟大复兴的号角。推动文化事业全面繁荣和文化产业快速发展，将作为中国调整经济结构、推动产业升级、转变经济增长方式、实现跨越式发展的战略选择。在这一战略目标的指引下，还重申了“两手都要抓、两手都要硬”，“把社会效益放在首位、社会效益和经济效益相统一”，“为人民服务、为社会主义服务”，“百花齐放、百家争鸣”等我国文化事业管理体制的改革原则、方向和方针。

2）文化事业单位改革深入推进。

一是公益性、准公益性文化事业单位内部机制改革不断深化，普遍实行了全员聘任制和岗位责任制，保留事业单位性质的文艺院团基本实行企业化管理，干部职工积极性的创造性得到进一步的发挥。二是经营性文化事业转企改制全面推进。截至 2011 年上半年，已有 590 家文艺院团、402 家出版单位、327 家电影公司、595 家非时政类报刊出版单位、32 家省级党报党刊发行机构、52 家电视剧制作机构完成转企改制，29 个省直辖市已组建省级广电传输网络公司。[①] 三是一批实力雄厚、竞争力强的大型文化企业集团逐步发展壮大。截至 2011 年，全国已有 26 家文化企业在 A 股、H 股市场上市，多地成立了文化产业投资基金或投资公司，多元化文化投资格局逐步形成。

3）文化行政手段日益多样化。

一方面，国家密集出台了一系列深化文化管理体制改革、鼓励文化产业发展的政策，从产业规划、市场准入、文化产品流通贸易、税收财政、投融资等方面大力引导经营性文化事业单位转制，鼓励文化企业“走出去”和进行改革创新；另一方面，文化市场综合执法改革取得阶段性工作进展，已有北京、天津等 14 个省区市全面完成综合执法改革任务，306 个副省级及地级市已组建综合执法队伍。

4）公共文化服务体系不断完善。

我国不断加大对公共文化事业的投入，逐步形成了覆盖全社会的比较完备的公共文化服务体系。日前，我国共有 3 020 个博物馆、2 884 个图书馆、3 246 个文化馆、40 118 个文化站，基本实现了县县有图书馆、乡乡有综合文化站，初步形成了覆盖城乡的六级公共文化服务网络。我国已建成世界上覆盖人口最多的广播电视网。公共文化资源和文化服务不断向农村和欠发达地区、少数民族地区倾斜，区域、城乡公共文化服务的差距不断缩小，公共文化设施免费开放工作全面推进。

5）文化产业蓬勃发展，逐步成为国民经济新增长极。

2003 年，国家正式将文化产业列入国民经济的重要部门，纳入国民经济发展总体规划。2009 年，国务院发布实施《文化产业振兴规划》，成为中国文化产业发展的纲领性文件。2012 年 2 月，文化部发布了《“十二五”时期文化产业倍增计划》，进一步规定了文化产业的发展思路、主要目标和任务、重点行业。在这些政策的推动下，我国演艺、娱乐、影视制作、新闻出版等传统产业快速发展，动漫游戏、数字音乐、网络视频、移动多媒体、数字出版等新兴文化产业迅猛崛起。据统计，2004—2008 年，我国文化产业增加值年均增 22%，高于同期 GDP 年均增速近 3.6 个百分点。2008—2010 年，文化产业增加值年均增长 24.2%，继续大幅高于同期 GDP 年均增速，北京、上海、广东、江苏、湖南、湖北等省市文化产业占国内生产总值比重都超过 5%，文化产业已经成为当地国民经济的支柱性产业。

6）文化遗产保护与对外文化交流共同发展、相辅相成。

截至目前，国务院先后公布了 7 批 4 294 处全面重点文物保护单位，4 批 1 517 项国家级非物质文化遗产名录项目。目前，我国共拥有联合国教科文组织颁布的世界自然遗产、文化遗产和双遗产 48 处，30 个项目入选联合国教科文组织“人类非物质文化遗产代表作名录”、7 个项目入选“急需保护的非物质文化遗产名录”。同时，我国大力实施文化走出去战略，不断增强中华文化国际影响力，在海外设立了 20 个中国文化中心、475 所孔子学

① 参见马力等主编：《建设社会主义文化强国研究》，西安，西北工业大学出版社，2012。

院和851个孔子课堂。

版权贸易逆差指标与“文化走出去”战略

版权贸易逆差指标，即版权贸易进出口之比，是衡量一国国际文化贸易状况的重要指标。多年来，中国国际文化贸易逆差广受关注，版权贸易是其中的重点，版权贸易逆差指标在“九五”期间一度高达10：1。随着国内出版发行体制改革的深入，完成转企改制的国内出版企业纷纷加快实施“走出去”战略，更加自主地参与到国际出版竞争之中。国家版权局网站公布的信息显示，2004年，我国引进与输出版权的比例为7.6：1，2005年比例是6.5：1，“十一五”期间进一步缩小，2010年版权贸易逆差进一步缩小到3：1。

资料来源：张小平：《中国文化建设的理论和实践》，北京，社会科学文献出版社，2012。

2. 国外经验对深化我国文化事业管理体制改革的借鉴意义

虽然我国的文化事业管理体制与国外的管理体制存在很大的区别，但立足国情借鉴这些共同的经验，有助于完善我国新型的文化事业管理体制。

（1）加快经济与文化发展的一体化步伐是各国文化事业管理体制改革的共同目标之一。

在当代社会，人们越来越认识到文化的经济效用和社会效用，不再将文化活动当成一种只有投入没有产出的活动，文化产业已成为新的经济增长点，它吸引了大量的就业人员，有一定数量的规模投入和固定资产，归属第三产业，是国民经济的重要组成部分。在这种情况下，各国都将绝大部分文化活动和文化事业推向市场，走产业化之路，密切文化与经济的联系以实现文化的经济效益和社会效益。加快文化产业化步伐，通过市场机制优化文化资源配置，是我国文化事业管理体制改革的重中之重。

（2）社会办文化是文化事业管理的大势所趋。

在市场经济条件下，政府不可能包办所有的文化事业，由社会主办文化事业是所有发达国家的重要经验，也是推动文化事业发展的理性选择。即使是政府主导文化事业发展的新加坡，它的文化产业也是以私人兴办为主。文化经济社会办，积极支持社会各界对文化产业的投入和资助，注重发挥行业协会的作用，也应是我国文化事业管理体制改革的取向。

（3）实行政府宏观调控和间接管理，是各国文化管理体制改革的又一共同特征。

各国政府一般不直接干预微观文化主体的生产经营活动，而是通过文化立法、经济手段等来间接调控文化市场和文化活动，通过综合运用战略规划、合同契约、绩效评估、财政拨款、税收减免、行政指导和监督手段进行管理。这对我国的文化行政管理体制改革尤其具有借鉴意义。在社会主义市场经济体制下，加强政府宏观调控和间接管理是我国文化事业管理体制改革刻不容缓的任务，也是扩大我国文化事业单位自主权、改善文化企事业单位经营环境的主要途径。

（4）文化事业管理体制改革还必须适应文化交流的国际化趋势。

当前，文化的国际交流日益频繁，交往的程度也不断扩展，文化的对外开放已不可避免，各国都将文化交流作为扩大国际影响的重要外交手段。人造卫星、互联网等现代高科技更是加深了文化交流的国际化程度。这一趋势要求政府调整文化事业管理体制，正确处理文化对外开放和维持本国文化生命力、文化安全等问题的关系。

12.3　转轨时期我国文化事业管理的完善

改革开放 30 多年来，我国文化事业管理体制改革已取得了令人瞩目的成绩。但是，由于总体文化改革目标之下缺乏必要的配套改革措施，传统文化事业管理体制虽已被打破但仍未根本解体，新型文化事业管理体制虽已具备雏形但远未完善，转型时期的文化事业管理面临着交织在一起的新旧问题，文化事业管理改革也承受着莫大的压力。理顺文化与政治、文化与经济、文化与社会等多重关系已成为新形势下完善我国文化事业管理体制的路径依赖，成为提高我国文化事业管理水平的必然选择。

12.3.1　目前我国文化事业管理体制中存在的问题

自社会主义市场经济体制的改革目标确立以来，我国加快了文化事业管理体制改革的步伐，但是同其他体制改革相比，文化事业管理领域的各项改革稍显滞后，在改革文化事业管理体制的进程中，我们仍面临着以下几个问题：

1. 表现在投入建设方面

因为文化建设长期没有摆在突出地位，文化投资体制不畅，对文化的投入严重不足，文化基础设施建设明显滞后。新中国成立以来，文化事业经费占国家财政总支出的比重长期偏低，一直在 0.4%左右徘徊，近年来有所提高但仍较低。相应地，除北京、省会城市、经济特区及沿海开放城市进行了稍具规模的文化基础设施建设外，大多数城市的公益性文化基础设施建设不足、分布不均，缺乏标志性的城市文化名牌。文化历史欠账多，中央和地方的众多专业剧团和院校的工作与生活场所年久失修、用地拥挤，影响了文化事业发展的后劲。

2. 表现在文化行政方面

政府的文化管理职能不明确，管了许多不该管的事情，该管的事情又没管好。一方面，政府包办所有文化事业的观念仍有市场，这限制了文化产业化的进程；政府仍大量运用指令性计划干预文化单位的生产经营活动。另一方面，由于文化经济立法滞后，宏观的科学分类管理不够，对文化行业的行政管理职责不清，放任不管某些本来应当进行必要干预的不良文化经济活动，从而引起文化市场秩序的混乱。例如，音像市场管理中就存在多头交叉管理现象。文化部门和广电部门主管，出版、物价、工商、公安和海关部门也管，但是对音像市场的日常管理又不到位，以至于需要集中一段时间进行治理。这种管理局面既不符合精简高效的管理准则，容易导致管理部门的争权夺利和相互扯皮，也不符合政令一致的原则，政出多门使文化生产和经营单位无所适从。另外，政府也没有很好地发挥主导国家公益文化事业发展的职责。

3. 表现在微观管理方面

尚未建立符合市场经济规律和文化事业自身发展的现代文化事业管理体制。对那些无法进入市场或较难进入市场的文化事业单位而言，政事不分现象依然存在，束缚着文化事业单位的自主权；平均主义与“大锅饭”现象还严重存在；而文化机构林立，“消肿”难，人员冗余大量挤占了文化事业经费；文化艺术创作基金没有保证，文化艺术人才留不住和老龄化问题突出，新型文化事业单位管理体制的建构仍处在探索阶段。据统计，一些国家级艺术院所中，中级职称的演职员有一半超过 30 岁，二级演员 40 岁以上的已过半数，几乎有 2/3 的一级演员超过 50 岁，并且大多不能上台。[①] 对那些进入市场竞争的文化企业而言，文化企业的经营机制不畅，部分企业仍按原先事业单位的管理模式运行，是文化事业单位还是文化企业单位定位不清，转换微观经营机制也就无从着手。在利益最大化的驱动下，一些文化企业不惜从事违法违规的生产经营活动，如音像市场的制黄贩黄、封建迷信读物、娱乐市场的色情服务、演出市场的庸俗表演、艺术品市场的无序运作、文物走私等等。这些违法的生产经营行为严重干扰了正常的市场秩序。同时，“三乱”等不正常的行政行为还不时干扰着文化企事业单位的生产经营活动。

4. 表现在资源配置方面

市场在配置文化资源中的基础性地位没有充分发挥出来，文化产业化步伐加快，但现有的文化产业尚未形成集约化、规模化，难以参与国际竞争。大多数的文化单位按行政隶属关系进行管理，条块分割、相互封闭的管理体制使文化单位各自为政，垄断供给，难以进行文化资源的有效整合，使文化企事业难以共享信息、人才、技术、知识和设备等资源。这与国际上文化企业兼并频繁、资源活跃流动的情况形成了强烈的对比。与此同时，政策和法规的滞后限制了文化资源配置社会化的程度。社会各界在办文化方面受到诸多束缚，民营私营和“三资”文化产业在贷款、融资、股票上市、项目审批、税收等方面遭遇众多限制性规定，处在与国有文化产业不对等的政策环境中。对文化资源配置的条块分割和对社会办文化事业的不利限制，已成为困扰我国文化产业化进程的突出问题。

12.3.2 我国文化事业管理体制改革的内容

体制转轨时期，文化管理关系没有完全理顺是造成我国文化事业管理体制中上述问题的根本原因。这表明，进一步理顺文化管理关系是当前我国文化事业管理体制改革的根本内容，也是建构既各司其职、相互独立，又密切协作、相互配合的现代文化事业管理体制的迫切需要。理顺文化管理关系要求：

1. 进一步理顺文化与政治的关系

首先，加强和改善党对文化事业的领导。1997 年 1 月 11 日中共中央《关于进一步做好文艺工作的若干意见》指出：“繁荣发展社会主义文艺，必须加强和改善党对文艺工作的领导。”党对文艺工作的领导集中体现在对文化事业的政治领导，主要有：首先，制定符合社会主义核心价值体系的基本方针、政策，保证马克思主义文化在文化现代化建设中的主导地位，保证文化活动沿着社会主义方向发展；通过各级党组织的领导组织作用和党员的先锋模范作用，带动广大文化工作者进行有中国特色的社会主义文化建设；按德才兼备的用人标准向文化部门推荐领导干部人选，加强领导班子建设。建设代表先进力量的主流文化是党在文化建设中的主要职责。当前，就是要在邓小平理论、“三个代表”重要思想及科学发展观的指导下，唱响主旋律，加强文化阵地建设，大力提倡一切有利于改革和

---

① 参见陈振明主编：《公共管理学》，730 页。

现代化建设的精神，一切有利于民族团结、社会进步、人民幸福的思想。其次，政事分开，转变政府的文化行政职能，将自主权真正交还给文化单位。各级政府和文化行政部门应将文化行政职能切实转变到指导、规划、协调、服务、监督和宏观管理上来，不再直接干预微观文化单位的生产经营活动，并将大量管理权力下放给文化企事业单位和社会中介。在转变职能的同时，政府应将主要精力转到管宏观、定政策、定规则、抓监管上来，转到依法行政、社会管理、公共服务和改革事务上来。① 最后，在文化管理方面，还要遵循党政分开的原则。既要坚持党对文化事业的政治领导，又要坚持政府对文化事业的行政管理，党对文化事业的领导应大量通过国家各级行政机构履行管理文化事业的职能来实现。

2. 进一步理顺文化与经济的关系

重点是处理好文化建设为经济建设服务和文化事业在市场经济中的独立性这二者的关系。经济建设是中国当前一切工作的出发点和落脚点。文化事业的发展当然也要服从和服务于这一中心。这是由我国处于社会主义初级阶段这一基本国情决定的。但这不是说文化建设就是完全被动的，恰恰相反，从辩证法的角度看，文化建设若想更好地为市场经济建设服务，就必须保持自己的相对独立性。这“不仅是由文化建设自身特有的发展规律决定的，也是由它对市场经济特有的价值意义决定的”②。首先，相对独立的文化事业建设是纠正市场经济条件下社会人文缺位问题的重要机制。历史表明，市场经济在发展过程中有自身的弱点，会出现极大的负面影响，对利益、效率和竞争的过度追求会导致人文价值的缺失，道德伦理的式微和社会合约的崩溃。这就需要我们在建设市场经济的同时，大力建设社会主义精神文明。其次，文化建设，尤其是意识形态建设，是降低市场交易成本、使市场经济体制稳定运行的重要因素。在新制度主义经济学家看来，成功的意识形态能够克服“搭便车”现象，能够促使一些群体不再按有关成本与收益的简单的、享乐主义的和个人的计算来行事，从而强化了市场运行秩序，降低了市场交易费用。③ 加强爱国主义、集体主义和社会主义精神文明建设是我国意识形态建设的主要内容，也是市场经济条件下凝聚社会力量的重要支柱。最后，改革开放以来，我国的文化产品进入了市场，文化市场已成为社会主义市场经济的重要组成部分。这三方面充分说明了文化相对独立性的重要作用及其对我国经济建设的独特意义。

3. 进一步理顺文化与社会的关系

我国文化事业发展的根本目的是为了满足人们的精神需求，提高人们的素质。从这一意义上讲，文化建设也就是为了服务社会。在体制转轨时期，只有真正建立社会主办文化事业的格局，才能真正了解人们的文化精神需求，才能使文化建设更好地服务社会。社会主办文化事业要求：一是在非文化部门创办的经营单位已占大多数的情况下，要由数量占优走向社会资本对文化市场的投入占优。这要求取消对社会资本准入和对民间企业上市的诸多限制。二是社会各界尤其是企业要加大对社区文化事业的自愿资助，进而促使整个地区文化的协调发展。三是要进一步发挥群众文化团体和文化中介组织在文化事业管理中的

---

① 参见孙萍：《文化管理学》，389 页，北京，中国人民大学出版社，2006。

② 黄楠森、龚书铎、陈先达：《有中国特色社会主义文化研究》，490 页，济南，山东人民出版社，1999。

③ 参见［美］道格拉斯·C·诺思：《经济史中的结构与变迁》，59 页，上海，上海人民出版社，1994。

作用。我国的文化活动历来有社会自发组织的习惯，对民间文化团体自发组织的文化活动要积极支持。文联和各种协会是党、政府、社会各界同文化界相沟通的有效渠道，也负有一定的文化事业管理职能，这种职能是党和政府所无法取代的。此外，还要大力培育经纪人、专家裁定小组等社会中介组织，将文化与市场、市场管理紧密联系起来。在这一点上，政府应加快将可由社会团体和中介组织完成的事情交由社会自行管理，充分发挥这些组织的联络、协调和服务等管理作用。

12.3.3 深化我国文化事业管理体制改革的途径

为了进一步理顺文化与政治、文化与经济、文化与社会的关系，我们应采取以下措施，以推动我国的文化事业管理体制改革向纵深方向发展。

1. 转变政府文化行政职能，加强政府对文化事业发展的宏观调控

在政府不再包办文化事业、从文化单位所有者角色中退出的同时，要重新定位政府在文化管理中的职能，这些职能包括：确定文化发展战略，制定文化发展规则，制定和颁布文化政策法规，提供必要的文化发展信息，制定国家文化发展预算，合理分配和使用国家文化发展基金，指导群众文化活动，开展艺术教育，组织对外文化交流并受人民代表大会委托监督文化政策、法规的执行情况和文化预算、基金使用情况，等等。

根据转变后的职能需要和精简高效的机构设置原则，可考虑对现有文化、广电、新闻出版三家文化主管部门进行合并，实行大文化管理，以减少人为的交叉多头管理矛盾和条块分割现象，这也有利于在文化行政过程中形成合力。同时，可借鉴上海成立文化稽查小组的成功经验，由文化行政部门、工商部门和公安部门联合进行行政执法，加强对文化市场和文化活动的日常监管。为了防止文化行政中“上有政策、下有对策”现象和文化执法中的地方保护主义行为，还应进一步完善中央与地方的关系，在坚持服从中央整体利益和不损害地方积极性的前提下合理划分中央和地方的利益、权限和职责，并建设一支思想好、作风正、业务精的文化行政队伍。

政府还应在有效收缩国家文化行政职能范围的基础上，加强对文化事业的宏观调控，建立以法律、经济手段调节为主，以行政、思想教育手段为辅的间接行政管理体系。首先，加强文化立法工作，依法治文。针对目前我国文化立法层次低、效力差等问题，加快制定文化法、广播电视法、电影法等基本的法律法规，为依法治文提供制度规范。为了净化文化市场环境，还应针对当前文化市场的违法违规经营活动，依法加大监督管理力度。开展对娱乐服务场所的专项治理工作，严厉打击社会上黄色、非法出版物及出版领域的盗版活动，加强“扫黄打非”工作，采取有力措施遏制封建迷信、吸毒赌博、卖淫嫖娼等社会丑恶现象。其次，实行分类管理，针对不同文化事业的性质和不同文化单位的特点，制定相应的管理措施。对学术团体、图书馆、文化馆、博物馆等社会公益性文化事业单位实行全额拨款政策，并鼓励这些单位设立基金会吸引社会捐赠，有条件的单位还可尝试市场化运作，如四川广汉三星堆博物馆通过革新性的陈列吸引观众，开馆以来，参观人数高达百万人次，已具备较高的自养能力；对交响乐团、芭蕾舞团等高雅文化团体和有保存价值的民间文化团体实行财政资助和适量经营相结合的政策，中央和地方可以择优举办少量的示范性艺术事业团体，实行政艺分开，其经费来源以财政拨款为主，同时吸收其他资金，其余绝大多数艺术表演团体和演出场所等文化单位，均应逐步推向市场和社会；确立出版社、电影厂、影剧院、旅行社、游乐场等企业型文化单位的市场主体地位，让其自主经营、自负盈亏，在市场竞争中优胜劣汰，发展壮大；对报社、出版社、电台、电视台可实行内容生产和编播分离、出版与发行印刷分离，对内容部分严格管理，对电视制作、发行印刷、电影生产、发行和放映机构等经营业务实行企业化改制和产业化经营。

最后，政府要学会运用市场机制力量，借助价格、税收、信贷、文化专项基金等经济调节手段，通过调节文化经济利益来组织和引导文化生产、文化流通和文化消费，加快发展各类文化产品和要素市场，打破条块分割、地区封锁、城乡分离的市场格局，构建统一开放竞争有序的现代文化市场体系，促进文化产品和要素在全国范围内合理流动和有效配置。在必要的时候，可辅以行政手段，变消极行政为积极行政，发布有关文化事业发展的信息，指导文化单位的生产经营活动，对违法的文化经营行为，则应以强制性手段加以严格查处。

根据社会发展的需要，各级政府和文化行政部门还应将互联网文化建设纳入管理的重心。加强网络文化建设，做好网络新闻宣传，对维护我国的文化安全和进行社会主义精神文明教育具有重要的作用。1999 年是我国信息产业的“政府上网年”，文化部也开设了中华文化信息网的主页，利用网络资源为文化建设服务。但是当前我国的网上舆论和宣传工作明显滞后，缺乏高质量的新闻站点。在这方面，美国政府的做法值得借鉴。美国国会和白宫开设了“美国的回忆”、“托马斯网络专页”和“白宫网站”等站点。“美国的回忆”是对网民进行国情教育的最好教材，被评为研究美国历史的最佳网点；“托马斯网络专页”为公众了解美国联邦立法信息而设，平均每天有 27 万多个文件被查阅；而在“白宫网站”中，任何网民可随时给总统写信询问有关问题，网站会马上解答，以表明美国总统或政府的立场。建立高质量的新闻站点和政府网站是当前我国网络文化建设的当务之急。在建设网络文化的同时，还应加强对网络文化的管理。由于互联网没有中心控制计算机，没有明确的主管责任机构，在“信息自由”口号下，一些冗余、污秽、盗版、非法、敌对、失真、过时和错误的信息可借助互联网而广为流传，加重了意识形态和社会风气等方面的问题，构成了严重威胁人们身心健康和社会秩序的公害。美国卡内基梅隆大学的专家小组花了 18 个月，调查网上 92 万条信息、图片和影片后，判定其中 83.5%具有色情内容，电子公告牌储存的数据图像 4/5 有污秽内容。[①] 这对文化行政部门的管理能力提出了新的挑战，要求我国政府及早建立信息发布管理体制，由专门机构负责信息发布单位的资格审批与监督，对单位终端进行严格管理，成立网络信息的专控部门，加强对信息发布内容的审核，以及时屏蔽精神垃圾和有害信息。2000 年 12 月正式启动的“网络文明工程”是我国加强网络文化管理的有力尝试。中国文化信息网、人民日报网、光明日报网、中央电视台网等 15 家中国优秀文化网站在启动仪式上联合发出倡议，号召国内网络工作者文明建网，引导广大网民文明上网，以在网上形成健康文明的道德规范，创造全新的网上生活方式，占领网络这个新的思想宣传和文化传播阵地。我们应在总结和借鉴这些经验的基础上，积极探索建设和管理网络文化的新思路。

---

① 参见杨绍兰、李贤民：《网络文化对民族文化的影响与对策》，载《学习论坛》，2000 (9)。

2. 彻底实现“两个分开”，建立现代微观文化管理机制

政府对文化事业管理职能的重新界定和调整，必然要求将现有绝大多数国家文化事业单位逐步推向市场，使其企业化、产业化和社会化，也必然要求改革微观文化主体的管理模式。建立现代文化企事业单位管理体制是改革我国文化事业管理体制的基石，也是深化我国文化行政体制改革的必然逻辑。

（1）政事分开，建立现代文化事业单位管理制度。

这是改革应保留的文化事业单位的途径。这里的文化事业单位是指从事准公共产品生产经营活动的社会组织，具有“非政府”和“非企业”的特点。所谓现代文化事业单位管理制度，是指与中国社会主义市场经济体制和文化事业发展自身规律相适应的一系列文化事业管理制度，它是有关现代事业组织的事业法人制度、事业领导制度、事业人事制度、事业财务制度、事业运行制度、事业评估制度等各项管理制度的总称。① 应取消对事业单位的行政级别设置，并采取简政放权等多种过渡性措施，逐步淡化并使事业单位最终完全脱离与其主管部门的行政隶属关系。根据我国文化事业单位的特点，可将微观管理体制区分为艺术事业管理模式、公益文化事业管理模式、新闻出版事业管理模式和广播电视电影事业管理模式四种类型。这些管理模式的特点不尽相同，但都应遵循政事分开的原则，有明确的法人主体地位，有必要的经营自主权，组织方式多样，有多元化的事业投资与经营补偿机制、科学民主的事业领导制度，拥有充分的用人自主权、规范化的事业组织国有资产管理制度和成本核算制度，并采用事业目标管理、编制硬约束等方式进行管理。当然，我们还应支持有条件的事业单位进行“事业性质、企业模式的管理”和开展适当的经营活动。

（2）实行政企分开，建立现代文化企业经营机制。

只有实现政企分开，使文化企业具有自己的经营自主权，才能搞活文化企业的活力，真正转换文化产业的经营机制。文化企业是市场经济活动的主体，拥有文化生产经营方式选择权、人财物支配权、产供销自决权和个人收入分配权等多种权力。文化企业是推动文化产业化的生力军。在现代企业经营机制中，文化单位要完善科学决策体制，对有关文化产业经营项目的开发、经营成果的好坏、经营网点的布局、规模和发展后劲等进行全面、长远的决策，经营决策既要有利于发挥行业特色，又要适合市场要求，充分估计产业决策的风险并采取防范措施。文化娱乐行业以及字画、收藏等行业，大多不存在政企分开的问题，本身就已经产业化了。对其他文化行业，尤其是可进行产业化运作的报业、出版业、电视业和电影业则应通过建立现代企业制度，对文化资源进行优化重组，推动文化产业的发展。要毫不动摇地支持和壮大国有或国有控股文化企业，进一步完善管人管事管资产管导向相结合的国有文化资产管理体制，坚持社会效益优先，努力实现社会效益和经济效益的统一，建立和完善国有文化企业评估、监测、考核体系，加强国有文化资产监管，确保国有资产保值增值。当务之急是要组建文化企业集团，对文化生产经营单位的资源进行重组，形成以优秀人才、高新技术、名牌产品和高效益经营单位为龙头，以资产为纽带的跨行业、跨地区的大型文化企业集团，以应对加入WTO后的挑战，参与国际文化产业的竞争。

---

① 参见黄恒学：《中国事业管理体制改革研究》，155页。

3. 加快相关制度的配套改革，为深化我国文化事业管理改革创造良好的条件

随着改革的纵深推进，人们越来越认识到，体制改革不能孤军奋战，单项推动，而要从整体上设计体制改革，按各体制之间的互动关系、逻辑结构，协调配套地进行改革。我国的文化事业管理体制改革同样面临着这一问题。只有加快配套制度的改革步伐，现代化的文化事业管理体制才能在我国真正建立。

（1）改革我国现行的用人制度和编制制度，为文化单位的“消肿”提供支撑。

在以往的改革中，由于片面强调行政体制改革和企业体制改革，造成事业体制改革严重滞后，从而使事业单位成为国家体制内改革的一个“避风港”，大量的后勤人员和裁减的行政人员转入事业单位，加上事业机构和人员编制约束软化，事业单位的人员有增无减。针对这种情况，应强化编制约束，对现有事业单位的各类人员进行岗位职务分类，因事设岗、因事设职，保持出口和入口的畅通。

（2）完善社会保障制度、住宅制度和户籍制度等相关制度。

目前，我国的文化企事业单位仍具有“福利”单位的性质，住房、社会保险等福利与所在单位直接挂钩，分块控制的户籍管理制度也与市场经济的要求不相适应，这些因素在很大程度上限制了文化人才的合理流动，不利于企事业人员的分流。应加快对上述制度的改革，实现社会保障的社会化、住房的商品化，并大力发展各种文化人才市场。

（3）壮大社会文化中介组织，进一步收缩和转换政府的文化事业行政职能。

没有文化中介组织的发展壮大，就不可能有文化市场的繁荣和文化事业管理的有序与高效。必须健全文化经纪代理、评估鉴定、投资、保险、担保、拍卖等中介服务机构，引导社会中介、行业组织更好地履行协调、监督、服务、维权等职能，必须借助各类现代文化经纪人和中介组织进行文化投资、文化策划、文化研究与开发、文化设计与包装、生产与销售，必须借助各种文化协会和行业组织进行管理，让它们承载政府下放的权力和授予的职能，发挥这些组织在管理文化企事业单位中的独特作用。

本章小结

1. 文化事业管理是各级政府及其文化行政部门和各种文化企事业单位对各项文化事业和具体文化活动的规划、组织、协调和监督。这一概念指出了文化事业管理的主体、客体、表现形式和两种基本类型。文化事业管理是一种有组织、有目的的活动，虽然各国不同时期的文化管理目标各不相同，但一般都将协调、繁荣、创新和效益纳入文化事业管理的目标体系。

2. 从政府职责看，文化事业管理包括以下内容：制定文化发展战略，规划国家文化事业发展；优化文化资源配置，推动文化产业壮大；规范文化市场行为，培育新的经济增长点；引导文化消费倾向，提高社会生活水平；开展对外文化交流，维护国家文化安全；等等。必须明确，为了履行这些职责，政府的行政活动离不开文化单位的配合，离不开文化单位自身职能的发挥。

3. 文化事业管理体制是在管理文化事业过程中用于规范文化管理关系的制度体系，一般可分为政府指令型、社会调节型、多元复合型和政府主导型四类。它们的主要区别在于国家（政府）、文化单位（企业、事业单位）和社会（中介组织、个人）三者在文化活动中的权责不同，在管理过程中的地位不同，所发挥的作用也不尽相同。一国的文化事业管理体制与该国的经济体制、政治体制、历史传统等众多因素直接相关。

4. 新中国成立之后，我国的文化事业管理体制先后经历了确立、调整、畸变、改革和深化改革的过程，与高度集权的传统文化事业管理体制相比，我国现行的文化事业管理体制在改革目标、发展格局、产业结构等多方面取得了很大的突破。但是，新型的现代化文化事业管理体制尚未完全确立，转型时期我国的文化事业管理仍面临着诸多问题，需要采取多种改革措施进一步理顺文化管理关系。

关键术语

文化　文化事业　文化产业　文化市场　文化发展战略　文化管理体制　文化行政

复习思考题

1. 文化事业管理包括哪些主要内容？
2. 通过比较我国与新加坡文化事业管理体制的异同点，你觉得新加坡的文化事业管理经验有哪些值得借鉴的地方？
3. 结合你的上网经历，谈一谈你对加强网络文化建设和管理的看法。
4. 体制转轨时期，如何深化我国的文化事业管理体制改革？
5. 谈谈你对建设社会主义文化强国战略目标的理解。

阅读书目

1. 凌金铸. 公共文化行政学. 上海：上海交通大学出版社，2012
2. 曹爱军，杨平. 公共文化服务的理论与实践. 北京：科学出版社，2011
3. 崔建民. 中国文化事业单位改革思路研究. 北京：中国社会科学出版社，2010
4. 胡筝. 文化事业管理概论. 北京：中国统计出版社，2010
5. 刘克利. 中国文化体制改革与建设研究. 北京：中国人民大学出版社，2009

第13章

体育事业管理

体育是人类活动的有机组成部分，是人类社会在漫长的发展中所产生的重要社会现象。随着时代的进步及世界经济形态和社会结构的转变，体育扮演着越来越多样的角色，在社会生活中发挥越来越重要的作用。体育事业管理就是对体育相关领域内的活动和事务进行组织协调、统筹规划、服务监督。本章主要介绍体育事业管理的内涵、内容及体育事业管理体制，重点阐述我国体育事业管理体制的改革历程、基本政策与未来的发展趋向。

重点问题

- 体育事业管理的内涵和内容
- 世界各国体育事业管理体制及其特点
- 中国体育事业管理体制改革历程与发展趋向

13.1 体育与体育事业管理

13.1.1 体育与体育事业的内涵

为了理解体育事业管理的基本内涵，有必要先了解体育、体育事业、体育产业等相关概念。

1. 体育

体育是以人体活动为基础的事实和现象，人体活动是人类生存和发展过程中的一种自然现象，自从有了人类，人体活动就存在于人类的生产和生活活动中。伴随着人类生存状况和生活条件的改善以及人类文明的进步，人体活动的方式、内容和意义发生了变化，逐渐偏重于竞技、健康、教育、娱乐休闲等人体活动，也就是现代所称的体育。广义上说，体育在生活中无处不在。随着以奥林匹克运动为代表的现代体育的兴起，一些全球性的体育活动如奥运会、足球世界杯、NBA 篮球赛、世界一级方程式、温布尔顿网球公开赛以及各类世界锦标赛等通过电视转播，吸引了全世界观众的眼球，体育逐渐成为现代人社会生活的一个重要部分。当然，不同的人对体育也有不同的看法和理解。对于走在时尚前沿的年轻人来说，体育是潜水、冲浪、NBA、世界杯以及健身房；对于中老年人来说，体育是下棋、散步、太极拳和广场舞；而对于小孩来说，则意味着跳皮筋、拍皮球、捉迷藏等简单趣味的游戏。

清晰地了解体育的概念与本质，有助于我们对体育事业有较深的理解。在西方，sport 一词最早起源于法语 desport，意即休闲。英语中最早有关 sport 的定义是一种娱乐，即包括赌博、狩猎、游戏等以身体为媒介所进行的活动。世界各国教育、体育发展史表明，体育最初是标志教育过程的一个专门领域的名词，是国内学者最早使用的舶来词汇。① 当时人们对体育概念与本质的理解仅局限于“以身体活动为手段的教育”，甚至在相当的一段时间里，“体操”和“体育”两个词并存混用，直到 20 世纪初才逐渐在世界范围内统一称为“体育”。

二战后，作为一种普及化的社会活动的体育运动得到了突飞猛进的发展。剧烈的社会变革使体育处于政治、经济、文化、科技等诸多要素互动构成的现代社会网络之中，体育的形式和意义不断发生着变化：一方面，群众体育兴起并快速发展。1946 年世界卫生组织成立，并开始关注群众体育在推动国际健康中的作用，使群众体育成为国际大众健康运动不可分割的组成部分，从而奠定了群众体育的基础。另一方面，20 世纪 80 年代以来，随着体育科学的发展，人们意识到具有竞争性的体育活动并不是获取健康的唯一渠道，最关键的是人们要保持积极健康的生活方式。因此，许多国家开始实施健身计划，如美国的“健康公民 2000 年”（Healthy People 2000），澳大利亚的“活跃澳大利亚”（Active Australia）等。

在国内外理论界，关于体育的概念和本质是一个经久争论的话题，各种见解不一而足，争论的焦点是：体育到底应不应该包括竞技体育？或者说，竞技运动是否也属于体育？这些争论反映了人们对现代体育认识的巨大差异。当今国内外机构和学者多从多学科视角来综合界定体育的概念，其中较有代表性的定义有：《美国百科全书》认为“体育运动”（physical education and sport）“泛指一切非生产性的体力活动，即从兴趣出发，以竞技为目的和以强健身体为目的的体力活动”。国际体育名词学会出版的《体育名词术语》称“体育”（physical culture）是“广义文化的组成部分，它综合各种身体活动来提高人的生物学潜力和精神潜力的范畴、规律、制度和物质条件”。1962 年，欧洲体育用语统一国际研究会把“physical culture”界定为体育的上位概念，认为它不只是包括体育教育（PE），还包括身体的休闲、消遣、娱乐、竞技等活动，以及有关身体方面人类所创造的物质和精神财富的总和。②《中国大百科全书·体育》认为体育“是人们锻炼身体、增强

① 参见樊正治：《中国体育史学研究》，载《台湾师范大学学报》，1981（26）；有学者认为“体育”一词源自清朝政府女子学堂颁布的法令中的规定：“女子必身体强健……至女子缠足尤为残害肢体，有乖体育之道……”（参见江良规：《体育学原理新论》，4 页，台北，台湾商务印书馆，1968）。

② 参见韩丹：《俄（苏）体育的基本概念和基本原则》，载《体育学刊》，2001（2）。

体质、延长生命的重要方法；是与德育、智育、美育等相配合的整个教育的组成部分；它以竞技的形式，成为人们文化生活的内容和各国人民之间加强联系的纽带”①。体育学院通用教材《体育概论》认为“体育（广义的，亦称体育运动）是指以身体练习为基本手段，以增强体质、促进人的全面发展、丰富社会文化生活和促进精神文明为目的的一种有意识、有组织的社会活动”②。

综上所述，虽然关于体育的概念和本质还未有共识，但至少在目前，为数较多的国家和学者认为“体育”不仅包括体育教育（PE），也包括竞技体育和大众体育。如果说人们过去主要是从生物学和教育学层面去认识并界定“体育”，那么当今则多从政治学、经济学、教育学、传播学等多重视角来综合认识体育的本质和概念。

首先，体育被认为是一种政治制度。近代以来，体育一直和政治、政府以及国家联系在一起。全球化背景下，奥运会等大型国际体育赛事被各个国家视为提高国际声誉和地位的重要政治舞台。基于体育与政治紧密联系的种种现实，西方体育社会学者明确提出“体育是政治的一部分”。

其次，体育是一种重要的经济现象。从20世纪90年代末到21世纪以来，经济因素在体育现象中扮演了越来越重要的角色，体育进入全球化、资本化和市场化时代。以竞技体育为主体的各类体育运动纷纷采取商业化的运作方式，以获取高额利润。

再次，体育被看作一种教育手段。体育从古典时代开始就具有很深的教育色彩，目的就是为了锻炼体格和磨炼意志。在今天，体育仍然有着不可忽视的教育价值，如塑造性格、培育情操、加强团结等。

此外，体育还是一种传媒方式。在全球化时代，体育与传媒息息相关。体育明星、体育赛事经过电视卫星的转播受到世界瞩目，世界各大广播公司和网络媒体不惜以高额代价竞相争夺奥运会、世界杯等重大体育赛事的独家转播权。

从公共事业管理的实践出发，本书接受这样一个体育的“大概念”或广义体育概念：体育是人类为适应自然和社会，以身体练习为基本手段而自觉地改善自我身心和开发自身潜能的社会实践活动。简言之，体育是人类以自身运动为主要手段改造自我身心的行为或过程。

2. 体育事业

体育事业是一个具有“中国特色”的概念，西方国家以及日本、韩国等经济较为发达的国家并没有体育事业的提法，这些国家都十分明确地以产业的框架来发展体育。③ 概括地说，体育事业是指在社会生活中，以一定的目标、组织、系统活动为基本框架，在国家的相应部门领导下，由国家财政支持生产或创造具有公益性、福利性公共产品（物质产品或精神产品）的组织单位的集合。体育事业概念有广义和狭义之分，广义的体育事业是指整个社会主义制度下的体育，既包括国家财政出资举办的部分，也包括产业化的部分，是公益性事业和非公益性事业的结合，不涉及开展这些活动的单位及其经济性质；狭义的体

---

① 中国大百科全书总编辑委员会编：《中国大百科全书·体育》，1页，北京，中国大百科全书出版社，1982。

② 全国体院教材委员会编写组编：《体育概论》，16页，北京，人民体育出版社，1989。

③ 参见郑家凤等：《全球化视角下我国体育事业的可持续发展研究》，载《沈阳体育学院学报》，2013（1）。

育事业是指由国家或社会兴办的为全体公民或社会某一部分人提供体育产品或服务的公益性体育事业单位及其开展的各项活动，它不以营利为目标。

中国传统的体育事业是在计划经济体制基础之上建立起来的，也曾产生过重要的历史作用。新中国成立至改革开放之前，中国体育长期存在高度集中的举国体制特征。随着我国社会经济的发展、市场经济制度的逐步确立和政府改革的深入，体育事业发生了很大的变化，原有的体育管理体制和运行机制已经不能适应现代体育运动的发展，借鉴国外先进经验，走体育产业化道路成为水到渠成的选择，我国体育事业管理体制呈现出双轨体制（市场体制与举国体制）并存的基本特征，主要体现在以下方面：

首先，举国体制出现了关系不顺、机制不活、经费不足、人才流动不畅等诸多问题，特别是政府对体育事业的财政支持已经无法满足群众日益增长的体育需求。

其次，国际足球、篮球等运动项目的职业体育联赛模式深刻影响了我国体育事业市场化改革潮流，体育事业由原来的依靠政府包办逐渐过渡到主要由企业和社会来办。

最后，曾经被认为是纯公共产品的体育服务性质已经发生了很大的变化，体育事业内部有些部分已经不再具有纯公共产品的性质，逐渐具有准公共产品或私人产品性质。

同时，处于变革中的体育事业还存在一些问题，如组织性质杂乱、职能混合或交叉、财产组织制度不尽合理。

3. 体育事业与体育产业

体育经济功能的发现与发展，催生了体育市场体制的初步形成，反过来又促进了我国体育产业化进程的演进。我国体育系统开展多种经营活动始于 20 世纪 80 年代，而体育运动与市场结合的产业化尝试起步于 20 世纪 90 年代。现代体育事业的复杂性在于它既有公共产品的部分，又有私人产品的内容，体育事业与体育产业的关系是体育事业改革的难点。理论界和实务界针对体育事业与体育产业关系问题进行了积极的争论和探索（见表 13—1）。认识体育事业与体育产业的区别与联系，既是一个体育事业管理的理论问题，更具有重要的实践意义。

表 13—1　　体育事业和体育产业关系的争论

体育产业和体育事业的关系	含义表述	主要代表学者
体育产业等于体育事业	体育产业是社会主义市场经济体制下的体育事业	鲍明晓等
体育产业属于体育事业	体育产业是体育事业中的可营利部分	赵炳璞等
体育产业和体育事业不相容	体育产业是传统体育事业的产业化部分，没有产业化的部分为体育事业	张岩、丛湖平等

资料来源：张保胜：《体育事业产业化的几个基本理论问题》，载《武汉体育学院学报》，2005（3）。

当代经济学中，“产业”这个词有两种含义，一种是广义的产业，即“各种生产、经营行业”、“国民经济的各行各业”；另一种是狭义的产业，即“具有同一属性的企业的集合”。基于上面关于产业的定义，体育产业的概念也有广义与狭义之分。广义的体育产业是指“体育生产经营和服务的行业，即体育行业，它既包含经营性的体育企业，也包含公益性的体育事业”；所谓狭义的体育产业指的是“从事体育生产、经营和服务的企业的集合，它的基本特征是营利性”①。本书使用狭义的体育产业的概念，即体育产业是指为社会公众提供体育产品和服务的产业活动，以及与这些活动有关联的产业活动的集合。

关于体育产业的分类，学者们众说纷纭，有的主张体育服装、器材、场馆、药物、饮料等体育物质产品应该归属于体育产业，有的主张体育旅游、体育彩票、体育广告、体育教育等非物质的服务业属于体育产业。② 综合学者们和官方的观点，本书认为，体育产业涵盖服务业和制造业两大行业，既包括各种提供体育服务产品的主体活动，如体育场馆、体育健身休闲、体育赛事组织、体育中介服务等，也包括与这些活动直接关联的体育用品、体育彩票、体育器材与设备的生产与销售活动，也就是“相关产业”。体育核心产业是竞赛表演业和体育健身休闲业。

体育产业的出现、形成和发展是与体育事业改革和发展的整体进程密切相关的。长期以来，我国的体育事业作为社会公共事业的一部分，由政府向社会提供全方位的体育服务。但随着社会政治经济的发展，人们对体育活动的需求日益增长并趋向多元化，仅靠政府提供体育资源就显得不足。曾经被认为是公共产品的体育服务，其内涵和外延也发生了很大的变化，传统体育事业中有些部分已经不再具有公共产品的性质，而是具有生产经营的特性和产业的特点，因此，体育产业是社会进步和生产力发展的必然产物。

体育事业和体育产业是两个既有联系又有区别的概念。在《中华人民共和国国民经济和社会发展第十一个五年规划纲要》中，“发展体育事业和体育产业”是作为“丰富消费性服务业”的工作之一而提出的，是在新的条件下对体育事业概念的进一步深化和发展。体育事业和体育产业都是政府体育工作的重要内容，在中国目前体育事业管理体制转轨的过程中，体育事业与体育产业密切相关，交叉重叠的地方不少，其具体界限相当模糊，并随着情况的变化两者有时还会互相转换。从目前我国的实际情况看，全民健身的一些服务（如社区体育、农村体育等）、体育人才培养服务（运动员和教练员等相关人才的培养）、体育科技服务、公共体育设施、青少年体育比赛等具有较弱的排他性和竞争性，应该属于体育事业的范畴。而直接由市场经营的健身娱乐项目（如高尔夫球、健身房）、体育用品生产和销售、体育中介服务、纯商业性体育赛事等具有较强的排他性和竞争性，应该属于体育产业的范畴。

当然，体育事业与体育产业也是密不可分的：体育产业对体育事业具有极大的推动作用，在市场经济条件下，绝大多数体育事业功能的真正实现必须以其载体——体育产品走向市场为前提，才可能体现体育的经济效益和社会效益。比如，作为我国重要体育产业——体育彩票就为我国体育事业及其他社会公益事业的发展作出了卓越的贡献，成为体育事业发展的生命线。体育产业的发展会为体育事业发展提供资源配置和资金支持。同时，体育产业的发展需要依托场馆、立足体育本体，而且必须顺应我国体育事业发展实际，避免简单地将体育产业化等同于体育市场化，保证公共体育服务的公益性不被削减，保障公民享有的公共体育服务权利，做到体育事业与体育产业协同发展。

就体育事业管理而言，鉴于中国部分体育产业脱胎自体育事业的客观现实，以及体育

---

① 西宗凤等：《试论我国体育事业与体育产业的辩证关系》，载《成都体育学院学报》，2008（2）。

② 参见程林林：《当代中国体育利益格局演化研究》，100页，北京，学习出版社，2013。

事业管理体制转轨时期的历史情况，我们在研究体育事业管理时，不可避免地要将体育产业管理纳入研究视野。

体彩公益金成为体育事业“生命线”

2014 年 4 月，中国体育彩票迎来全国统一发行 20 周年。在过去 20 年里，体育彩票累计销售 7 354 亿元，筹集公益金 2 119 亿元，向社会提供直接就业岗位约 50 万个，为我国体育事业、公益事业和社会经济的发展作出了卓有成效的贡献。

中国体育彩票诞生已 30 年，体育彩票的“萌芽”最早出现在 1984 年，北京和福建为举办北京国际马拉松赛和建设福建省体育中心募集资金，分别在当地发行体育奖券。1994 年 3 月 11 日，国务院办公厅《关于体育彩票等问题的复函》文件下发至国家体委，中国体育彩票正式诞生。

截至 2014 年 3 月 31 日，中国体育彩票上市发行 20 年来，累计筹集体彩公益金超过 2 119 亿元，为我国的体育事业和社会公益事业作出了巨大的贡献。据统计，从 1994 年到 2013 年，国家体育总局及地方体育部门共投入使用体彩公益金约 735.90 亿元。其中各地方体育行政部门共支出体彩公益金约 608.71 亿元，约 321.46 亿元用于全民健身计划，占总支出的 52.8%；约 172.9 亿元用于奥运争光计划，占总支出的 47.1%。国家体育总局本级使用体彩公益金共计约 138.19 亿元，集中支出约 133.60 亿元用于全民健身、奥运争光计划。正是在体彩公益金的大力支持下，在全国建设的农民体育健身工程已经超过 33 万个。16 万余条全民健身路径遍布城乡之间，成为老百姓身边的健身场所。建设 670 个“雪炭工程”项目，推动老、少、边、穷地区体育基本服务均等化。体彩公益金成为体育事业真正的“生命线”。

随着体育彩票发行规模的逐年扩大，所筹集的公益金的增多，体彩公益金除了用于支持体育事业的发展，也越来越多地用于其他社会公益事业，成为社会公益事业发展的“助推器”。据统计，2001 年至 2013 年，体育彩票上缴中央财政的公益金总额约计 979.1 亿元，其中近 60%的比例补充为全国社保基金，约 587 亿元；另外 30%约 294 亿元，作为中央集中的专项公益金，用于前面所提到的诸项社会公益事业。

资料来源：《中国体彩走过辉煌二十年　成体育事业“生命线”》，见搜狐网，2014-04-08。

13.1.2　体育事业管理的内涵

1. 体育事业管理

我们认为，体育事业管理是各级政府及其体育行政部门和各种体育事业单位对体育相关领域内的活动和事务进行组织协调、统筹规划、服务监督的行为，包括宏观体育行政和微观体育管理两个层面。

体育行政是政府对体育事业的宏观管理，是各级政府及其体育行政部门以体育法律和法规为基本依据，以整个国家的体育事业为管理对象，对有关体育行政系统和体育企事业单位的事务进行决策、组织和调控的行政行为。政府或体育行政部门通过出台体育法规政策、制定长远和阶段性发展规划、提出体育各相关领域发展的指导性意见及行业技术标准等各种手段，综合运用行政、经济、法制、教育、技术等手段，达成政府或体育行政部门的目标。体育行政的特点是宏观性、间接性。

体育事业单位对自身活动的管理是体育事业管理的微观层面，其管理内容主要涉及体育事业单位的管理原则、管理制度、管理机构及人员、运行机制和对具体体育活动的组织与协调等。其目的是为了在各种约束条件下，最有效地利用各种资源实现体育事业单位的自身管理。

总的来说，体育事业管理的总目标是对体育领域的各种活动的管理，涉及体育意识、体育人口、竞技运动水平、体育设施、体育投入、体育产业、体育科技、体育管理体制等内容。可以看出，体育事业管理的内容非常庞杂，体育事业管理必须由政府、有关部门和单位共同完成，体育行政离不开体育事业单位的支持，体育事业单位的管理也离不开政府的引导。

鉴于中国体育事业的客观现实，以及体育事业管理体制转轨时期的历史情况，这里侧重从宏观视角阐述体育事业管理的主要内容和问题。

2. 体育事业管理的基本内容

现代体育事业管理的大格局应是主体的多元化，但不同的主体职责和内容是不同的，政府在体育事业管理中主要行使宏观行政管理职能，因此它在体育事业管理方面的基本内容主要有：

（1）制定体育事业发展战略规划，宏观管理体育事业。

编制规划是政府与公共事业管理机构职能的重要体现，其基本目的在于：1）追求体育事业在规划期内的有质量的发展，即体育事业规模、结构、质量和效益的协调发展；2）分阶段、有步骤地突破制约体育事业发展的体制性障碍，形成与市场经济相适应、与社会发展相一致的开放、互动的运行机制。制定体育事业的发展规划，是各级政府及其体育行政部门的重要任务。编制规划与战略管理紧密相连，体育战略是体育行政部门面对激烈的市场变化和竞争环境，为求得生存和不断发展而进行的总体性谋划。战略规划与管理即体育行政部门对体育事业的发展战略进行计划、组织、领导和控制的全过程。战略作为一种全局规划，支配着组织的其他管理决策，同样也是最为困难的管理，在很大程度上决定着组织的兴衰成败。多年来，我国各级体育行政部门不太重视这方面的工作，规划、战略本身也是应景之物，往往缺乏科学的方法论支撑和翔实的统计资料支持。重视规划与战略管理，不仅是体育行政部门职能转变的重要标志，也是政府职能在真正意义上的复归。

（2）提供公共体育产品，满足广大群众的公共体育服务需求。

为社会公众提供优质、富足、便捷的公共服务是建设服务型政府的题中应有之义，也是各级体育行政部门追求的主要目标。就整体而言，我国体育基本上属于公益事业，体育的发展很大程度上还要依靠政府的支持，尤其是在体育事业整体的物质技术基础还比较薄弱、社会化和产业化程度还比较低的情况下，需要通过政府的财政投入确保体育事业的平稳、健康发展，保证政府对体育事业发展始终保持足够的控制力。一般来讲，政府财政在体育领域的投入主要有三个领域：一是体育事业基本物质条件的投入，重点用于建设经济、适用的社区体育设施，为普通居民参加体育活动提供基本的物质条件；二是保证国家任务完成的投入，重点资助承担奥运会、亚运会等重大国际比赛任务的组织和个人；三是对体育事业欠发达地区的转移支付和对弱势群体的补助性投入，促进区域体育协调发展。

在体育活动中，属于纯公共产品和服务的部分，政府和公共事业组织应该无偿提供，如基础性的公共体育场馆和公共体育设施的建设，全民健身的规划和推广，涉及国家和社会整体利益的重要体育竞技活动的组织等。属于准公共产品的，采用费用分担等方式提供，如某些公共体育场馆的有偿使用，公共事业组织举办的体育培训中收取一定的学费，体育活动中收取部分成本费用等。属于个体消费型的体育产品，公共事业组织提供产品质量监督服务，消费者自己负责支付，如各类体育器材、体育用品等。

（3）生产和提供国家运动队或地区运动队所需要的体育产品。

由于现代体育竞技活动尤其是国家间和地区间的体育竞技活动的存在，使得代表国家或地区的运动队的体育活动具有比较突出的外部收益。在综合管理模式下，这类体育运动队的维持与发展可以根据具体情况采取不同的管理和运营方式。或以政府公共财政投入为主，市场投入为辅；或以体育协会等专业协会为主，适当吸纳社会资金；或以市场为主进行运作。随着政府职能改革的推进和体育产业化的发展，这一类的体育产品将主要由市场主体来提供。

（4）培育和完善各类体育市场，推动体育产业壮大。

20多年来，我国体育市场体系经过一个长期的缓慢发育阶段，目前还处于初期发展阶段，各类体育市场发展仍然不平衡。体育相关市场如体育用品、服装、资本经营、中介服务和信息服务发展较快，但各类为满足人们参与和观赏体育活动的消费需要而形成和发展起来的如体育休闲、健康、竞赛表演、培训、旅游等基本市场，地方和部门之间条块分割仍然存在，加上地域发展上的不平衡和管理不规范，制约了全国统一大市场的形成。因此，在体制转型时期，政府要采取有力措施，投入必要的资源，发展和完善体育市场的主导市场和相关市场，同时还要培育包括体育人才市场、体育休闲和旅游市场在内的基本市场，健全规范体育市场法律法规体系，规范市场主体行为，促进体育市场投资主体多元化，逐步形成统一开放、竞争有序的全国体育市场体系。

（5）制定完善体育政策法规体系，促进和保障体育领域内活动的有序性和公平性。

体育政策、法规是在一定的背景下以满足大众体育需求和解决体育发展中的实际问题为指向的行动方略。体育政策的实质是体育资源分配方式的变化以及由此产生的权力和利益的再调整。政府是公共管理的承担者，体育行政部门是在体育领域行使公共管理职能的机构，这样的地位决定了体育政策只能由体育行政部门来制定，这是体育政策合法性和权威性的必然要求。除此之外，政府还有一项重要职能就是监督体育政策的执行，并依法对违规体育行为（如违背公平竞争，侵害他人权益，造成体育资源浪费，以及对社会各界造成恶劣影响）的管理主体进行处罚。发挥政府在体育事业发展中的主导作用，还应通过积极主动地与教育、科技、文化、卫生、新闻宣传等部门联系与配合，研究制定规范各种体育行为的政策、法规，有效行使行业管理职能，为体育事业发展创造更好的内外环境。

政府要通过制定和完善支持体育事业发展的经济政策，如体育彩票的发行政策、民间资本投资兴办体育企业的减税政策等，来体现政府财政投入的公益性和引导性，以满足大众对公共体育产品和服务的需要。

13.2　中外体育事业管理体制比较

体育事业管理体制是管理体育事业过程中用于规范体育管理关系的制度体系，是体育事业管理的机构设置、权限划分、运行机制等方面的制度体系的总称，是实现体育总目标的组织保证。一个国家或地区的体育事业管理体制是该国或该地区的社会历史和现实生活在体育事业管理工作上的映射，与其政治、经济和文化自身的发展状况密切相关，同时体育事业的管理体制又决定了体育事业的运行机制和方式。体育事业管理体制具体地表现为负责体育事业的领导机构和组织间的隶属关系、责任范围，以及它们制定并实施的各种相关规章制度和措施。体育事业管理体制还表现为这些组织和机构的运行方式、管理方式和服务提供手段。

各国由于在社会制度、经济水平、文化传统以及国际环境上存在明显差别，采取的体育事业管理体制也各不相同。不过，从考察世界上典型国家的体育事业管理体制入手，我们可以将众多文化事业管理体制大致划分为三种类型，即政府主导型、社会主导型、混合管理型。

13.2.1　政府主导型

政府主导型的体育事业管理体制是一种由各级政府及其主管行政部门以指令性计划和行政手段对全国的体育事业进行全面监控和管理的体制。政府的权力高度集中，主要采取行政的方式进行从宏观到微观及各层次的全面管理。从制定体育的总体宏观规划，到运动员、教练员的选拔以及评定技术等级等，都以行政方式、依靠政府计划机制进行管理。

政府主导型体育事业管理体制具有以下优点：第一，国家能够代表最广泛的公民的利益，并且在体育政策的制定和实施方面起主导作用，因此政府主导型体育事业管理体制能够直接集中体现国家意志。第二，有利于整合一切社会力量，服务于政府总体体育政策目标的实现。第三，有利于公共体育服务的实现与推动。

这种管理体制的不足在于：第一，易于造成行业垄断。第二，容易阻塞社会团体参与体育管理的渠道。第三，易陷入大量的事务性工作，削弱政府和体育行政部门的宏观管理职能。第四，在国外政府主导型体育事业管理体制中，体育的诸多重要管理领域往往分散于不同的政府机构，造成管理资源的浪费。同时，由于政出多门，不利于体育政策的统一性和一致性。

采用政府主导型体育事业管理体制的国家主要有加拿大、日本、俄罗斯、希腊、韩国、南非等。日本和韩国是典型的采用政府主导型体育事业管理体制的国家。

日本政府二战后 60 多年来颁布了一系列旨在增进国民健康的方针政策和法律法规，对推动大众体育的发展起到了极其重要的作用，尤其是在社区体育俱乐部的建设、体育设施的综合利用和体育指导员的配备工作方面走在世界前列。1964 年东京奥运会后，尤其是 20 世纪 80 年代初，日本竞技体育并没有继续保持强劲的势头，而是出现了大幅滑坡，为了日本竞技体育重新崛起，日本政府从 1991 年开始，将日本奥林匹克委员会（JOC）从体育协会中独立出来，自 2001 年起，正式启动筹备了 10 年的日本国立体育中心（JISS），这些政府行为都预示着日本竞技体育事业迎来了大发展的新时期（见图 13—1）。

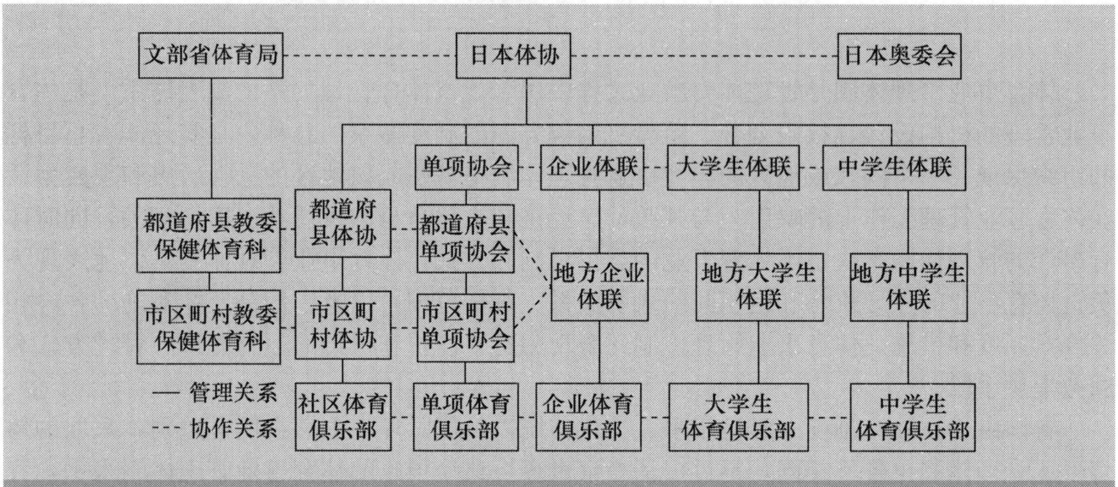

图 13—1 日本的体育管理机构图

资料来源：何玲等：《浅谈我国体育管理体制的改革趋势》，载《首都体育学院学报》，2006（4）。

韩国政府采用了优先发展竞技体育的政策来提高国家威严，并在 1986 年亚运会和 1988 年奥运会上取得了辉煌成绩。韩国竞技体育政策改进工作的方向是积极倡导体育俱乐部制，对商业化进行得好的项目或热门项目要移交给民间市场，对缺乏商业化的项目仍要继续维持在政府范围内进行培养和管理。从韩国成功地举办了 1988 年汉城奥运会开始，韩国政府为普及大众体育采取了一系列措施，如扩建大众体育设施、开发与普及大众体育活动项目、培养大众体育指导者、给予资金支持等，使韩国大众体育活动的参与率逐年增高。

13.2.2 社会主导型

这是以当今西方发达国家为代表的、以市场化为基础的社会运转和管理模式。尽管各国采取的方式不尽相同，但均以市场经济为基础，以商品交换为前提，在有宏观控制的条件下完善社会自我协调和发展机制。在体育事业的发展和具体运转中，采用以体育社团为基础，以等级联赛为杠杆，以社会化、商业化为支柱的自我协调管理形式。

社会主导型的体育事业管理体制的主要特点可以概括为：（1）在体育行政管理体制方面，都采取民办官助，主张体育自治；（2）在社会体育运转机制方面，都以体育协会、体育俱乐部、学校体育、社区体育等为基本活动单位开展各种形式娱乐、健身和体育竞赛；（3）在社会体育运行调控方面，都以法律为准绳，以竞赛规则为依据，以等级联赛为杠杆实施调节和控制；（4）在体育资源配置方面，都以体育市场大小为依据，根据体育商品的价值和体育服务性质来确定和配置；（5）在国家体育的政治职能、目标、战略、政策和手段方面，奉行有宏观控制的社会自我协调。

社会主导型体育事业管理体制的优点是：第一，它根植于人们的体育兴趣与爱好，易于得到广泛的社会支持，易于动员广泛的社会力量参与体育事务，能够充分发挥社会各界的积极性，充分地体现社会各界的意志。第二，这种管理体制有利于促进体育产业的发展。第三，社会主导型体育事业管理体制在决策中体现了高度的民主。第四，在社会主导型体育事业管理体制中，管理工作主要由志愿者承担，这有助于培养国民的奉献精神。

社会主导型体育事业管理体制的明显不足是：由于体育社团及私人机构代表了特定的利益群体，在体育事业管理的利益分配、沟通与协作方面不够协调，甚至发生争吵和相互抵制，这直接阻碍了政府力图提升国家形象的体育目标的实现。

采用社会主导型体育事业管理体制的国家包括美国、意大利、德国、瑞典、挪威等，最具典型的是美国的体育事业管理体制（见图 13—2）。

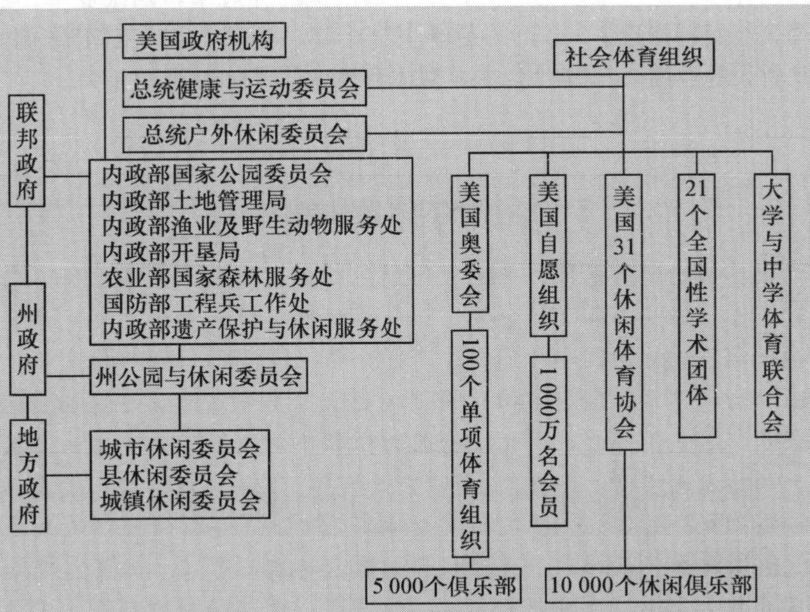

图 13—2 美国体育事业管理组织系统

美国的体育体制

在美国联邦政府中，不设专门的体育行政管理部门，政府不制定体育政策，而且极少直接资助体育。美国总统健康与运动委员会实际上只是一个促进大众体育的咨询机构，在社会体育的组织或筹资上不起实质性作用。但是，在美国联邦政府中有 70 多个机构或多或少地管理着与大众体育有关的休闲资源。事实上，真正资助和推动美国大众体育的是名目繁多的社会体育组织，这些组织在机构上是多样化的。其中，美国奥委会被指定为美国业余体育的协调机构，但除了选拔组织奥运会代表团外，它对其他体育组织不具有支配控制的权力。各单项运动协会负责各自的运动项目，与美国奥委会只有名义上的统属关系。此外，美国有许多志愿组织（voluntary organization）在组织青少年体育活动方面作出了贡献。这些组织雇用许多休闲专业人员开展青少年体育活动，同时也对地方的体育指导员进行培训。美国的宗教组织也经常组织野营活动和其他体育活动，在组织大众体育尤其是青少年课外体育活动方面也起到了突出的作用。

资料来源：中国群众体育现状调查课题组编：《中国群众体育现状调查与研究》，北京，北京体育大学出版社，1998。

2014 年 7 月，德国夺取第 20 届世界杯足球赛冠军，德国足球队以及德国体育一时成为世界瞩目的焦点。有评论家指出，不论从球队实力、联赛水平、青少年足球发展乃至国家体育的整体实力的角度讲，德国队本次夺冠都理所应当。到 2014 届世界杯为止，德国队是进入世界大赛四强次数最多的球队，拿过四次世界杯冠军，四次亚军；三次欧洲杯冠军，三次亚军。他们有将近 1 000 万的足球注册人口，堪称“足球王国”。德国体育之所以能够取得如此骄人的业绩，与其社会主导型体育事业管理体制密切相关。

德国的体育体制

德国是名副其实的体育强国，其体育体制为社会主导型。德国没有专门的政府体育主管部门，体育管理任务由各类社会体育组织（体育类协会和俱乐部）来实现。目前德国体育的最高管理机构为德国奥林匹克体育联合会（DOSB），所有体育俱乐部都通过不同层面的专业协会和体育联合会直接或间接接受德国奥林匹克体育联合会的管理，各级体育协会和俱乐部达 9 万多个，因此，德国的体育体制又被称为典型的“俱乐部体制”。这种体制最大的特点是均衡，即在俱乐部的带动引导下，竞技体育、大众体育、学校体育等各方面都得到充分的发展。德国的大众体育很发达，全国有 1/3 人口是各类体育俱乐部的会员，经常参加俱乐部举行的锻炼和比赛，另有 1/3 人口经常在商业体育场所自发锻炼。德国竞技体育也以俱乐部为基础，没有类似中国的国家队和省、市专业队，各类运动员都来自俱乐部，他们有较高的、稳定的收入。德国有一个结构严密的七级联赛体系，有 36 个运动项目举办全国性联赛，职业联赛推动了体育竞技水平又带动了相关体育产业的发展。

资料来源：刘波：《德国体育体制研究对进一步完善我国体育体制的启示》，载《北京体育大学学报》，2011（11）。

13.2.3 混合管理型

混合管理型体育事业管理体制是指由政府和社会体育组织共同管理体育事业的管理体制，政府设有专门的体育管理机构，或指派几个有关部门负责管理体育事业。政府设立的体育行政机构只承担宏观管理的职能，社会体育组织或团体在体育行政部门的宏观管理和指导下，负责具体体育事务与微观操作，如制定单项体育项目的发展规划和各种体育赛事规章制度，组织训练比赛，开展大众体育活动等。

混合管理型体育事业管理体制的优点是：第一，机构的领导人主要由政府任命，能够充分地体现政府意志，贯彻政府目标。第二，社会体育组织主要负责体育管理中的事务性工作，一般采用公司化的管理方式，有效地提高了工作效率。第三，共同管理的模式能够更有效地与各类体育组织沟通与合作。

混合管理型体育事业管理体制的明显不足是：混合管理型体育事业管理体制是介于政府主导型和社会主导型之间的一种类型，在权限的划分和利益的分配方面有的偏向于政府主导型，有的偏向于社会主导型，因此同是混合管理型体制的国家也存在着极大的差异，会将政府主导型和社会主导型体制的弊端同时放大。

采用混合管理型体育事业管理体制的国家主要包括法国、英国、澳大利亚、新西兰、西班牙、新加坡等。

法国的体育体制

法国的中央政府、地方政府和公共部门对体育的资助是法国体育运动开展的重要基石，政府体育行政部门负责协调全国体育运动的开展，各类体育协会负责全国各类体育运动的具体落实，教育部主管体育教育。在体育产业领域，高尔夫、网球、马术等商业体育联盟发展势头强劲。青年体育部是法国唯一主管体育的行政部门，负责全国体育的领导和管理工作，部长由总理任命。全国各大区、省的政府青年体育部门分别接受国家青年体育部的“条条”管理，同时接受大区、省地方政府的指导。社会各类体育协会负责全法国体育运动的具体落实。各类体育协会有权负责组织开展各项体育竞赛与活动，接受政府的体育补贴和监督指导，培训高水平选手代表国家参加国内外的体育竞赛。目前，法国的体育协会有 120 多个，协会的基层单位是俱乐部组织。与此同时，商业部门广泛介入法国的体育事业。随着体育产品的日益丰富和体育市场的逐渐扩大，商业部门对体育运动开展的影响也越来越大，商业部门在职业和业余两个领域都进行了大量的投资，并形成了一个新的产业链，尽管新兴的体育市场尚缺乏非常系统和有组织的管理，但伴随休闲理念的更新，体育市场呈现出蓬勃的发展势头。

资料来源：凌平等：《法国体育管理体制发展的社会基础和主要特点》，载《北京体育大学学报》，2007（3）。

13.2.4　国外体育事业管理体制的发展趋势

由于对体育事业管理体制并没有精确的分类标准，因此，实际上并不存在绝对的政府主导型体制和绝对的社会主导型体制，在实行政府主导型体制的国家中，民间自发体育组织和活动也是存在的，在实行社会主导型的国家中，政府也或多或少地以不同方式参与并介入大众体育的管理。在政府享有主要的权力和利益时，总是倾向于强调社会体育的政治和福利性质，社会主导型体制即具有集权化的趋势；而当社会享有主要的权力和利益时，则倾向于强调社会体育的商业和消费性质，社会主导型体制即具有分权化的趋势。混合管理型是一个大体处于中间状态的类型，其中有的偏重于政府主导型，有的偏重于社会主导型，因此各混合管理型体育事业管理体制之间也存在着很大的差异。

目前世界各国在社会体育事业管理体制上存在着一种由两极向中间集中的趋势，一些过去采用政府主导型体制的国家如前东欧国家等，开始鼓励社会组织与政府共同管理体育。前东欧国家推行体育事业管理体制变革的主导思想是恢复体育事业的社会化，最大限度地实现体育“非政府化”，强化了体育社会化的进程，提高了大众参与体育运动的积极性和可能性，积极培育社会体育社团，加强社会团体对竞技体育和群众体育专业化、层次化的管理。如今，东欧地区各国在体育方面的改革已经开始进入实质性的“着陆”阶段，初步形成了政府实行宏观管理与政策投入，社会团体实施层次化和专业化管理，政府与社团密切协作的大众体育事业管理体制。

而一些过去采用社会主导型体制的国家如美国、意大利等，政府逐渐介入体育事务，并设立了体育管理机构，从而使其管理体制成为政府与社会混合管理型体制，国家都在不同程度地加强宏观控制。之所以如此，主要是因为它们在考虑奥林匹克运动的开展和世界体育大赛时所提出的目标都大大提高了。具体说来，中央政府向地方政府及体育社团分权，并努力调整中央政府与地方政府、政府与体育社团的关系。这种组织间关系是建立在法律和协议基础之上的，不是直接管理的关系。这种关系的重要标志是政府侧重于国家体育事业发展目标的确立，之后，政府围绕自己的主要政策目标与体育社团签订协议，体育社团只有达到政府的政策标准并实现政府规定的任务，才能获得政府经费的资助。

综上所述，国外体育事业管理体制改革呈现殊途同归的结果，即政府侧重宏观管理和政策制定，体育社团承担事务性工作，政府与体育社团相互合作、相互协调与支持。

13.3 我国体育事业管理体制改革和发展

13.3.1 我国体育事业管理体制改革历程

中华人民共和国成立后，体育的性质和地位发生了根本变化，体育成为社会主义建设的组成部分，列入政府工作规划。随着时代的进步、社会的发展，我国体育事业管理体制发生了巨大改变，发展历程分为以下几个阶段：

1. 中国体育事业管理体制的初创时期①（20 世纪 50 年代至 70 年代末）

1949 年新中国成立，体育事业也同其他事业一样进入了崭新的时代。1952 年体育运动委员会从教育部中分设出来，简称中央体委，体育的政府管理机构正式成立。同年还成立了中华全国体育总会，协助政府组织领导国民体育运动。体育总会可以行使部分政府行政权力，其所需经费及事业费统由国家预算内开支，因而它实际上是一个半官方的体育组织。1954 年中央体委改为中华人民共和国体育运动委员，简称国家体委。国家体委实行委员制，中央政府有关部门领导和地方体委负责人被任命为委员。国家体委的职能是：在国务院领导下负责统一领导和监督全国的体育事业。随后，全国各地纷纷成立相应的地方

① 参见伍绍祖主编：《中华人民共和国体育史》，北京，人民体育出版社，1998。

体委，政府管理体育的组织体系的逐步建立，标志着政府型管理主体的地位开始确立。

1958年，隶属全国体总的各单项运动协会、20多个行业体协和2.51万个基层体协陆续成立。在1959年召开的首届全国运动会上，除各省、自治区、直辖市代表队外，石油、化工、水电、火车头等行业系统以及解放军代表队纷纷亮相。

随着一系列调整，我国基本构建起了中央体委行政领导、体总及其会员实施具体管理的体育事业管理体制，基本形成了国家办（中央体委）、部门办（各行业系统）、单位办（机关、企业、厂矿、学校）相结合的"社会分工"模式。

20世纪60年代，受"大跃进"运动的影响，国家对体育事业再一次进行调整，绝大多数行业体协被撤销，随后，"文化大革命"开始，国家体委的工作一度被中断，新中国体育事业陷入低谷。20世纪70年代末期，中国的体育事业与经济、文化、教育事业一样，一度瘫痪濒临崩溃。①

2. 改革开放后的恢复和调整期（20世纪80年代到90年代中期）

党的十一届三中全会是中国体育事业发展的一个转折点，中国体育总会、中国奥委会等体育行政机关开始重新运作。受当时政治社会环境需求、科技与信息冲击、国际体育发展等方面的影响，体育组织增设不少机构，国家体委内部机构的设置也趋向多元化。1979年2月的全国体育工作会议正式提出了将工作重点转移到体育业务工作上来，初步形成了奥运战略。1980年的全国体育工作会议进一步确定了以竞技体育工作为中心，带动体育事业全面发展的战略，标志着中国以竞技体育为中心的举国体制形成。

80年代中期，中国掀起了一股体育事业改革的热潮。这一时期，中国女排获得"五连冠"，中国队又在1984年奥运会上取得佳绩，体育事业的发展成了万众瞩目的焦点，在这种外在环境及内在动力的推动下，1986年4月，国家体委颁布了《关于体育行政体制改革的决定（草案）》，为中国体育行政体制的改革拉开了序幕。这次体制改革的核心是由国家包办体育向国家办与社会办相结合转变，实现体育的社会化发展。各系统各行业建立各自的体育联合会或体协，分别在有关部门领导下开展活动。改革的目的在于转变国家体委等行政机关的职能，理顺体委与各方面的关系，恢复、发展行业体协和基层体协，放手发动全社会办体育，并对竞赛体制、训练体制、科研体制等分别进行了一系列的变革。这次改革虽然解决了当时的一些难题，但总的来说，改革的性质、方向尚不明确，它只是在计划经济体制下对原有体育行政体制的修补、完善，而未触及根本。因而，旧体制中的一些深层次的问题，如经费不足、债权不分、管办合一等弊病依然存在。

3. 社会主义市场经济体制下的深化改革（20世纪90年代至今）

20世纪90年代，在确立了社会主义市场经济体制改革的目标之后，1993年国家体委下达的《关于深化体育改革的意见》，确立了90年代体育事业体制改革的基本思路，即实现由计划经济体制下的体育事业体制向与社会主义市场经济体制相适应的体育事业体制转变，逐步建立符合现代化体育运动发展规律、国家调控、依托社会、自我发展、充满生机与活力的体育事业体制和良性循环。

---

① 参见韩丹：《概述我国体育运行机制和管理体制的演化》，载《哈尔滨体育学院学报》，1999（1）。

经过1994年和1997年先后两次国家机构调整和相关改革措施的落实，1998年，本着“精简、统一、效能”的原则，国家体委再次进行了机构改革，原国家体育运动委员会改组国家体育总局，改组后的国家体育总局由国务院组成部门改变为国务院直属机构，与中华全国体育总会成为“一个机构、两块牌子”。国家体育总局对职能、机构、编制进行了重大调整，先后成立了21个运动项目管理中心，管理运动项目的职能全部从机关分离，初步形成了体育总局宏观管理、运动项目管理中心和单项协会实施专项管理的新的运动项目管理体制。职业俱乐部和社区体育也得到了较快的发展，一个新的发展体制正在形成。这一系列的机构改革提高了我国体育行政机关的工作效率，政府机关职能由过去的办体育转变为间接的管体育，由过去的事无大小一手包揽转换为以制定政策法规、实行监督协调为主要职责的宏观调控。

为了建立与社会主义市场经济体制相适应的体育体制和运行机制，国家体委在1992年的“中山会议”和1993年的“南京会议”上，把体育经济工作作为深化体育改革的一项内容列入议事日程，起草和贯彻了《关于培育体育市场，加快体育产业化进程的意见》，提出体育要“面向市场、走向市场、以产业化为方向”，体育产业的主体地位得以确立。2010年4月，国务院办公厅颁布了《关于加快发展体育产业的指导意见》（简称《意见》），《意见》指出加快发展体育产业，对拓展体育发展空间，丰富群众体育生活，培养体育人才，提高全民族身体素质、生活质量和竞技体育水平，促进我国由体育大国向体育强国的转变，促进经济社会协调发展，具有重要意义。2011年开始实施的《体育事业“十二五”规划》更是提出要面向城乡居民生活，丰富服务产品类型，全面发展体育事业和体育产业。

随着我国体育事业改革的不断深化，我国竞技体育、群众体育以及体育产业都取得了长足的发展。首先，我国竞技体育综合实力和国际竞争力不断提高，已无可争议地成为金牌大国和体育大国。截至2014年索契冬奥会，中国体育代表团共参加了8届夏季奥运会，获得奖牌478枚；10届冬奥会，获得奖牌53枚。尤其是2008年的北京奥运会，中国队以51枚金牌首次占领金牌榜榜首。近年来，李娜、姚明、丁俊晖等中国运动员频频在世界顶级职业比赛中崭露头角，成为中国职业体育的优秀代表。其次，群众体育事业也在稳步推进。根据第六次全国体育场地普查数据，截至2013年12月31日，全国共有体育场地169.46万个，场地面积19.92亿平方米，平均每万人拥有体育场地12.45个，人均体育场地面积1.46平方米，这些场地有效缓解了群众健身设施匮乏的问题。①

13.3.2 我国体育事业管理系统

目前我国的体育事业管理系统是由政府体育事业管理系统和社会体育事业管理系统两个子系统组成的。政府体育事业管理系统和社会体育事业管理系统又分别包括专门和非专门两个体育事业管理子系统。

1. 政府体育事业管理系统

我国政府体育事业管理系统分为两个子系统，即政府专门体育事业管理系统和政府非专门体育事业管理系统。

---

① 参见《刘国永司长在2015年全国群众体育工作会议上的总结讲话》，见国家体育总局网站，2015-01-23。

政府专门体育事业管理系统是由各级体育局所组成的，通常称为体育局系统，它是体育事业管理主系统。在这个系统中，最高权力机关是国家体育总局，主管全国体育工作的职能部门，其主要职能为：负责研究和拟订体育工作的总方针、政策，制定全国体育事业长远规划；指导和监督地方各级体育局系统的工作；领导直属事业单位、直属体育院校、项目管理中心、单项运动协会、科研单位以及体育新闻出版单位等。国家体育总局对整个体育事业进行宏观管理，具有指导、协调、督促的职能，并为政府制定体育法规和政策提供依据。主要表现在：（1）政府体育行政管理部门具有宏观的决策、计划、协调、监督权力。体育发展战略、全民健身计划和奥运争光计划等均出自国家体育总局。（2）政府体育行政管理部门仍进行相当一部分微观管理，包括竞技体育和群众体育的业务管理。事实上，大部分运动协会的办事机构仍是体育局下属的事业单位。（3）政府体育行政管理部门对社会体育管理组织具有指导、监督职能，如国家体育总局对中华体总、中国奥委会和中国体育科学学会即拥有以上权力。随着中国的改革开放，社会体育管理组织系统在逐渐加强，这表现在社会体育组织数量的增加和权力的加强两个方面。

在政府专门体育事业管理系统中，下级体育局受上级体育局的业务指导，同时受该级人民政府在人事、财务等方面的行政领导。如省、直辖市、自治区体育局受国家体育总局的业务指导，又受省、直辖市、自治区人民政府的行政领导。这种体制是矩阵式的管理体制，通常称为双重领导体制，又称为“条块体制”。政府专门体育事业管理系统的基层机构是县级及县级市体育局。目前一些县（市）体育局已与教育或卫生部门合并，但仍设专人负责体育工作。

政府非专门体育事业管理系统是指在国务院所属各部委中（有些部委还设有体育行政管理部门）设立相关职能部门，各职能部门在各自的职权范围内管理体育工作。这类管理有两种类型：一种是国务院有关部门按照国务院体育行政部门的统一部署，直接管理本部门、本行业的体育工作。大多数部委中都设有体育事业管理部门，如教育部设有体育卫生与艺术教育司，主管全国学校体育工作，各行业体协在所属部委领导下，作为中华全国体育总会的团体会员，负责开展本行业的体育工作。另一种是国务院有关部门在自己的职权范围内开展与体育活动相关的业务管理工作。如民政部依法对全国性体育社会团体进行登记和管理；国家工商行政管理局、国家税务总局依法对体育经营问题和税收问题进行管理等。

政府非专门体育事业管理系统的主要职责是：贯彻执行开展体育运动的各项方针、政策、制度；参照国家体育总局开展体育运动的各项计划部署，结合本系统的实际情况，领导和管理系统内的体育工作。

2. 社会体育事业管理系统

与政府体育事业管理系统类似，社会体育事业管理系统也分为两个子系统，即社会专门体育事业管理系统和社会非专门体育事业管理系统。

社会专门体育事业管理系统由专门从事体育事业管理工作的社会组织构成，其下又分为三个子系统，即中华全国体育总会系统、中国奥委会系统和中国体育科学学会系统。

（1）中华全国体育总会系统。

中华全国体育总会是全国性的群众体育组织，其会员包括：省、自治区、直辖市体育总会；全国性的单项体育协会；全国性的行业、系统体育协会；中国人民解放军的群众体育组织。它负责宣传和开展群众性的体育活动，举办或协同有关部门共同举办全国性的体育比赛，加强和国际体育组织的联系，开展国际体育交流与合作。

（2）中国奥林匹克委员会系统。

中国奥委会是全国群众性、非营利性的体育组织，目的在于发展体育和推动奥林匹克运动，是代表中国参与国际奥林匹克委员会的唯一合法组织，目前与全国体总是一个机构，全国体总对外代表中国的国家奥委会。中国奥委会接受中国体育总局、民政部门社团登记管理机关的业务指导和监督管理。

（3）中国体育科学学会系统。

中国体育科学学会是集学术性、科普性、公益性于一体的体育科技学术社团组织，主要由我国体育科技工作者组成。学会下设体育社会科学分会、运动训练分会、运动医学分会等 17 个分会和《体育科学》、《运动医学杂志》两个专业杂志编委会。

社会非专门体育事业管理系统又分为社会群众团体组织系统和社会民间体育组织系统两个子系统。

（1）社会群众团体组织系统。

社会群众团体组织系统是指由全国性的群众团体组织中的管理本团体体育工作的常设机构组成的体育管理系统，如工会下设的宣传文体部、全国妇女联合会下设的体育团体组织等。这些团体通过下属的各级机构，对本团体的体育工作进行管理。如工会下设的文化宣传部是通过各省、自治区工会的宣传文体部和基层宣传文体委员来对工会和工会成员进行体育工作管理的。

（2）社会民间体育组织系统。

社会民间体育组织系统是指地方区域性的、民间自发组织起来的、在一定组织范围内对体育事业进行管理的群众性组织。该类团体一般以休闲娱乐为目的，由有共同爱好的人自发组织形成，如游泳协会、棋牌社、舞蹈协会等。该类协会民间性质浓郁，由协会会员自我组织、自我管理，运行的资金也主要由协会会员自筹。①

13.3.3 我国体育事业管理体制目前存在的主要问题

1. 举国体制面临瓶颈，竞技体育市场化严重滞后

产生于计划经济时代的举国体制是我国体育事业管理的核心制度，它的最大特点就是政府以行政手段管理体育事务，以计划手段配置体育资源，在管理、训练、竞赛等各个方面形成全国一体化的管理体制。举国体制具有三个明显的特征：一是政府办体育，即各级政府部门直接举办体育事业、提供体育服务；二是政府管体育，即体育事业及服务单位的管理和生产、经营活动均由政府部门直接控制；三是政府养体育，即体育事业（含公共体育服务）经费开支多由国家各级财政支付。

这种国家所有、国家管理和国家包养的行政垄断体制曾在 20 世纪八九十年代产生过重要作用，使得我国的竞技体育成绩在短时间内取得巨大飞跃，极大地增强了国人信心。

---

① 参见肖林鹏：《现代体育管理》，23～24 页，北京，北京体育大学出版社，2005。

然而这种建立在人才和金钱的巨大浪费基础上的制度，其弊端也很突出：

一是政府和体育事业及服务单位一体化，体育事业和公共体育服务行政化。公共体育服务严重受政府意志、意识形态及政治运动影响，政治功利色彩浓郁，难以按自身规律运营。

二是体育资源行政集权配置，服务权益部门单位垄断。占有几乎全部公共体育资源和权益的政府部门，独家经营，管办合一，政事不分，身兼资源的所有者、服务产品的生产提供者和经营者、服务活动的管理者等多种角色，难以摆脱财政负担沉重、效率低下、效益不佳的窘境。

三是公共体育资源与行政资源合一，公共体育服务职能边界不清。正是“政府包办型”的体制性缺陷，造成了我国公共体育资源不合理的行政垄断。

在举国体制中，社会群团组织、体育实体机构（如俱乐部等）与地方体育行政机构一同接受着国家体育行政机构的垂直管理，忽略了各体育协会、社团、俱乐部的主体地位和自主决策，抑制了社会办体育的积极性。由于我国的竞技体育过度依赖举国体制，竞技体育职业化和市场化发育严重不足。竞技体育对举国体制的依赖表现在训练体制、人才培养、竞赛体系、经费及保障体系等方面，随着经济全球化和体育产业的跨国发展，举国体制逐渐成为竞技体育向国际化、职业化、商业化方向发展的桎梏。

2. 公共体育服务供给不足，体育事业发展不均衡

体育作为改善和提高生活质量的手段正逐渐进入人们的生活，公共体育服务的需求必将不断扩大。我国公共体育服务供给不足主要体现在社会体育指导员人员缺乏、体育场地设施缺乏、社会体育经费不足。由于公共体育服务供给不足，我国体育人口如果去除在校学生，连10%都达不到，而国外一些发达国家的体育人口比例一般都能达到50%～60%，日本、芬兰、澳大利亚、新西兰等国家的体育人口甚至达到70%以上。① 要求增加锻炼场地设施、开放体育场馆、提供科学健身指导服务、增加体育活动经费支持等呼声日益强烈。

体育事业发展不均衡的问题也较为严重。第一表现为“重竞轻群”，为了多拿金牌，确保竞技体育的发展，政府将大部分的体育事业经费投向竞技体育；第二是“厚城薄乡”，城乡体育发展经费差距较大；第三是“东沛西乏”，地区间的经济差距反映到社会体育事业发展中，我国东西部地区无论是在体育发展水平、质量、规模、速度还是在体育资源拥有量方面的差异均十分显著，并且这一差异呈继续扩大之势；第四是“漠视弱势”，为城市低收入群体、农民工、偏远山区农民以及残障人士提供的体育设施偏少。②

3. 体育产业发展缓慢，产业结构不合理，尚未真正实现市场化转轨

同全世界庞大的体育产业相比，我国的体育产业仍然处于发展初期，显得十分弱小，同时还面临着产业结构不合理、政策制度不完善、市场管理不规范、市场规模不大等问题。在西方国家，体育相关产业（体育用品制造业和体育用品销售业）的产值不统计在体育产业中，成熟的体育产业以体育竞赛业和健身业为主导。我国体育产业对国民经济增长的贡献与欧美国家相比水平较低，在竞技体育市场发达的欧美国家，体育产业对 GDP 的

---

① 参见郑风家等：《全球化视角下我国体育事业的可持续发展研究》，载《沈阳体育学院学报》，2013（1）。

② 参见卢志成等：《公共体育事业公平发展的政府责任与对策》，载《上海体育学院学报》，2012（4）。

贡献一般都占1%以上，美国体育产业年产值为2 100亿美元，占GDP的2%，是汽车制造业的两倍。而我国体育产业（包含体育用品制造及销售业）产值仅占GDP的0.58%。①

我国是全世界举办各类比赛最多的国家之一，综合性的赛事如全运会、城运会、省运会、市运会，还有足球、篮球、排球等各类职业联赛，但赛事产业却十分落后，无法吸引人们的参与与关注，社会效应和经济效益都不尽如人意，甚至要政府巨额拨款。然而从国际上看却是另一番景象，在美国，仅运作NBA这一国际品牌年产值就达数十亿美元。人们争相观看奥运会、亚运会、各单项世界锦标赛，以及NBA篮球赛、世界杯足球赛、欧洲五大联赛、大师杯网球赛、世界拳王争霸赛，出卖转播权就能获得巨额的收入。

国际足联售卖重大赛事转播权

国际足联对商业化开发很有一套。根据国际足联主席布拉特的说法，在过去4年的巴西世界杯周期里，国际足联售卖赛事转播权，获得了超过40亿美元的收入，其中约有60%都是来自巴西世界杯的赛事转播权售卖。甚至有消息说，这个比例可能高达65%～70%。

那么国际足联又是如何售卖转播权的？经过它们数十年的摸索，已经逐渐总结出一套在世界范围内按区域授予“守门人”权利的套路。而所谓“守门人”权利，即在某个特定的区域内，把体育赛事转播的一切权利归属于被授权方。且作为被授权方以外的第三方组织，在没有得到“守门人”的同意下，均不得参与赛事转播相关的经营和商业活动。按区域授予“守门人”这一策略，可以最大限度地调动转播机构的积极性，使得世界杯在世界各国都能获得充分的转播经营，被认为是世界杯商业化成功和知名度大升的最大秘诀之一。

2014年巴西世界杯，在售卖20多亿美元的媒体转播费用中，电视转播权依旧占据着相当重要的比例，新媒体只能以一定比例的溢价搭售出去，不大受到重视。在日本，2010年世界杯和2014年世界杯的独家转播权最终卖了3亿美元，韩国的售价为1.8亿美元。相比之下，央视获得中国大陆“守门人”的付出费用十分低廉，仅为1.2亿美元。

资料来源：《央视垄断世界杯直播引非议　服务不到位球迷体验受损》，载《南方都市报》，2014-06-25。

13.3.4 进一步深化体育事业管理体制改革

1. 我国体育事业管理体制改革的基本方向

为了深化体育事业管理体制改革，国家体育总局印发了《2001—2010年体育改革与发展纲要》，2002年中共中央、国务院也公布了《关于进一步加强和改进新时期体育工作

① 参见许基仁：《体育产业仅占GDP 0.52%　中体转投房地产映射市场化困局》，载《财经国家周刊》，2010(12)。

的意见》，以及国家体育总局制定的《体育事业“十一五”规划》。这些纲领性文件，都对目前我国体育事业管理体制改革提出了基本的方向。

(1) 体育事业发展主体和体育服务的多元化。改变过去由政府包办一切体育事业的旧体制，建立政府办、民办、社会办等多方举办体育事业的新格局，实现我国体育事业发展主体和体育服务的多元化。随着国民经济的发展和人民物质文化生活水平的提高，要逐步改善群众性体育运动条件，为广大人民群众提供必要的体育设施和体育服务；根据不同区域、不同人群的不同需求，坚持体育服务的多元化，适应各方面的体育健身需要，保障广大人民群众享有基本的体育服务；注重区域体育、城乡体育共同发展，加大对落后地区和农村体育事业发展的支持力度。

(2) 体育事业资源配置和运用的社会化。实现公共体育资源配置与利用社会化，应该是我国体育事业单位体制改革的一个基本方向。这就必须改革传统的体育事业管理体制，打破国家体育事业资源配置和利用的行政化分割，打破国家公共体育资源的部门所有制和单位所有制，真正实现社会公共体育资源的优化配置与资源共享。

(3) 体育事业活动的产业化与市场化。应该重新界定国家公共体育事业职能的基本范围，将现在绝大多数体育事业单位推向市场，实现部分国有体育事业单位的企业化、民营化、社会化与市场化，从根本上改革我国传统的体育事业管理体制。

(4) 体育事业管理的民主化与法制化。为了保证我国各项公共体育事业的稳步发展，必须改革传统的体育事业管理模式，加强体育事业立法。只有实现体育事业管理的民主化与法制化，强化公共体育事业的规划、预算和监督管理，才能确保体育事业的健康发展。

2. 体育事业发展的基本战略

国家体育总局印发的《2001—2010年体育改革与发展纲要》中提出，我国发展体育事业的基本战略是：

在体育事业发展的规模和速度上，从我国的国情出发，保持与经济、社会协调发展和可持续发展，既尽力而为，又量力而行。

在体育事业重点选择上，群众体育以青少年体育为重点，把提高国民身体素质摆到突出位置，广泛开展群众体育活动。竞技体育以奥运会为主要目标，重视开展人民群众喜闻乐见的运动项目，合理安排，科学布局，提高效率，有序发展。

在区域体育发展格局上，从各地区经济、社会、文化发展不平衡的实际出发，梯度推进。鼓励经济发达地区率先进行体育现代化探索，抓住西部大开发的有利时机，积极扶持中西部地区和民族地区发展体育。

在体育产业的开发上，以体为本，全面发展。积极地发行彩票，精心地经营门票，稳妥地试行股票。努力发挥协会、体育博览会、体育基金会的作用。坚持场馆开放、无形资产开发和新运动项目开拓。搞活体育市场，为扩大内需、拉动经济增长和对外开放注入新的动力。

3. 我国体育事业管理体制改革的基本措施

当前我国深化体育事业管理体制改革，适应社会主义经济、政治体制的发展，具体要采取的主要措施包括：

(1) 推进体育事业管理体制改革。

建立与社会主义市场经济体制相适应的、符合体育发展规律的体育事业管理体制和运行机制。当前体育领域改革的核心任务是廓清政府、社会、市场乃至家庭个人的界限与功能，实现政事分开，管办分离，有所为有所不为，一方面加大对群众性体育设施的投入提高全民身体素质；另一方面，要逐步缩小举国体制的范围，政府要把更多的事务交给社会、市场和个人，把更多的竞技体育项目推上市场化、职业化、产业化之路。体育行政部门要把工作重点转移到贯彻国家体育方针，研究体育事业发展规划，制定体育行业政策，加强管理和提供服务上来，建立办事高效、运转协调、行为规范的体育事业管理体制。

(2) 推动体育事业单位改革。

根据中央统一部署，按照权利统一的原则，明确事业单位的性质和职责，实行分类管理，改革人事制度和工资分配制度，实行工资与效益挂钩和全员聘任制，使其成为自主管理、自我发展、自我约束的法人实体。

(3) 深化运动项目管理体制改革。

运动项目管理体制改革，是体育事业管理体制改革的中心环节。继续推动协会制改革，逐步理顺各级体育组织机构的关系，加快训练体制、竞赛体制等方面的配套改革。在进一步完善我国运动项目管理体制和运行机制的基础上，逐步建立具有中国特色的协会制，扩大协会在机构设置、干部任免、经费使用、国际交流等方面的自主权，使协会逐步成为自主决策、自主管理、自我约束、自负盈亏的社团法人。政府和体育行政主管部门通过法律规定对各协会进行管理，行使建议权、指导权、监督权和审计权。全国性单项协会要进一步加强自身建设，建立、健全组织机构、工作机制和规章制度，改变过去单纯依赖政府、主要依靠行政手段办体育的模式，发展和依托社会网络，按照协会章程开展活动，正确行使职能，承担应负的责任。

(4) 促进体制创新，发展群众体育。

中国要真正成为体育强国，不能单靠竞技体育的成就，而要实现竞技体育与群众体育的共同发展。群众体育发展的关键在于制度保障，政府应该构建起激励公民参加体育活动的群众体育制度，增加对全民健身、青少年体育、社区体育等群众体育的财政投入。同时，鼓励和支持各系统、行业、社会组织和个人组建各种类型的体育俱乐部，扶持以开展全民健身活动为主的群众性体育俱乐部，支持建立股份制俱乐部。坚持国家办与社会办相结合，政府调控与市场调节相结合，完善自我发展机制和约束机制。

(5) 积极调动社会力量，大力发展体育产业。

由体育大国迈向体育强国，体育产业是必须补齐的“短板”。与西方发达国家相比，中国目前的体育产业还处在初级阶段，数据显示，2011 年美国体育产业的收入近人民币 2.3 万亿元，而中国仅有人民币 1 600 亿元，不到美国的 1/10，我国体育产业的贡献率仅为美国贡献率的 1/16。这一巨额差距的背后也暗示着中国体育业的发展空间之庞大。中国体育产业已经越来越成为企业家眼里的“露天金矿”。当前，我国体育产业要完成改革任务和实现转型要求，首先必须从顶层设计入手，形成政府、市场、社会三元主体结合型的管理体制，政府把一些不必要的职能逐步转移给事业单位、社会团体和社会中介组织，积极调动社会力量参与体育产业的市场化运作；其次，要建立健全体育产业投融资制度和政策，拓展资金筹措渠道，吸引民营资本参与体育产业；此外，要尊重市场规律和职业体育发展规律，开放体育赛事经营权等体育市场，打造中国的顶级职业赛事，加快体育产业市场化、社会化和商业化进程。

本章小结

1. 从公共事业管理的实践需要出发，本书所研究的体育事业是指投资主体是国家财政，目标功能是满足人民群众的公共体育产品需求，性质是公益性的体育活动。体育事业与体育产业这两个概念既有区别又有联系。体育事业管理是各级政府及其体育行政部门和各种体育事业单位对体育相关领域内的活动和事务进行组织协调、统筹规划、服务监督的行为，它包括宏观体育行政和微观体育管理两个层面。

2. 体育事业管理体制是管理体育事业过程中用于规范体育管理关系的制度体系，是体育事业管理的机构设置、权限划分、运行机制等方面的制度体系的总称，是实现体育总目标的组织保证。各国由于在社会制度、经济水平、文化传统以及国际环境上存在明显差别，采取的体育事业管理体制也各不相同，大致可划分为三种类型：政府主导型、社会主导型和混合管理型。由于对体育事业管理体制的分类并没有精确的划分标准，因此，实际上并不存在绝对的政府主导型体制和绝对的社会主导型体制。

3. 根据我国体育事业管理体制的发展路线，可以将我国体育事业管理体制的整个改革历程分为三个阶段：初创时期、改革开放后的恢复和调整期、社会主义市场经济体制下的深化改革。目前我国的体育事业管理系统是由政府体育事业管理系统和社会体育事业管理系统两个子系统组成的。政府体育事业管理系统和社会体育事业管理系统又分别包括专门和非专门两个体育事业管理子系统。我国目前的体育事业管理体制在资源配置、管理体制、产业发展上都存在很多问题，所以需要进一步深化我国体育事业管理体制改革。

关键术语

体育事业　体育产业　体育事业管理　举国体制　政府主导型　社会主导型　混合管理型　社会体育事业管理系统　体育事业管理体制改革

复习思考题

1. 体育事业管理包括哪些基本内容？
2. 体育事业与体育产业有哪些区别与联系？
3. 比较我国与德国体育管理体制的异同。
4. 试分析我国举国体制的深层弊端。
5. 如何进一步深化我国体育事业管理体制改革？

阅读书目

1. 樊炳有，李井平. 体育公共服务：战略思想、步骤及措施. 北京：人民体育出版

社，2012

2. 雷红. 公共服务型体育体制研究. 成都：电子科技大学出版社，2009

3. 徐友元. 体育产业理论与实践研究. 北京：原子能出版社，2011

4. [美] 布拉德·汉弗莱斯，丹尼斯·霍华德. 体育经济学. 上海：格致出版社，2012

5. 钟天朗. 体育经营管理：理论与实务. 上海：复旦大学出版社，2010

参考文献

［澳］休斯. 公共管理导论（第三版）. 北京：中国人民大学出版社，2007

［澳］哈里斯. 卫生服务管理：理论与实践. 北京：北京大学医学出版社，2009

鲍悦华. 国内外政府宏观科技管理的比较. 北京：化学工业出版社，2011

财政部编写组. 事业单位财务规则解读. 北京：中国财政经济出版社，2012

曹爱军，杨平. 公共文化服务的理论与实践. 北京：科学出版社，2011

曹沛霖. 政府与市场. 杭州：浙江人民出版社，1998

曹永福. 中国医药卫生体制改革：价值取向及其实现机制. 南京：东南大学出版社，2011

陈庆云. 公共政策分析. 北京：中国经济出版社，1996

成思危. 中国事业单位改革——模式选择与分类指导. 北京：民主与建设出版社，2000

程名望. 公共项目管理与评估. 同济大学出版社，2010

崔建民. 中国文化事业单位改革思路研究. 北京：中国社会科学出版社，2010

邓国胜. 事业单位治理结构与绩效评估. 北京：北京大学出版社，2008

邓显超. 中国文化发展战略研究. 南昌：江西人民出版社，2009

丁茂战，陈海燕. 我国政府社会事业治理制度改革研究. 北京：中国经济出版社，2006

樊炳有，李井平. 体育公共服务：战略思想、步骤及措施. 北京：人民体育出版社，2012

范恒山. 事业单位改革：国际经验与中国探索. 北京：中国财政经济出版社，2004

冯云廷，苗丽静. 公共事业管理导论. 北京：中国商业出版社，2001

龚旭. 科学政策与同行评议：中美科学制度与政策比较研究. 杭州：浙江大学出版

社，2009

国家人事部专业技术人员管理司．事业单位人员聘用制度常用政策法规手册．北京：中央文献出版社，2004

韩莉．我国医疗卫生资源配置研究．北京：中国社会科学出版社，2011

胡善联．外国卫生事业管理学．上海：上海科学技术出版社，1989

胡杨．管理与服务：中国公共事业改革 30 年．郑州：郑州大学出版社，2008

胡筝．文化事业管理概论．北京：中国统计出版社，2010

黄恒学．中国事业管理体制改革研究．北京：清华大学出版社，1998

黄乐平．事业单位人力资源法务全解．北京：法律出版社，2007

黄新华．政府经济学．福州：福建人民出版社，2000

黄云鹏．公共服务监管研究——以中国教育、医疗监管为例．北京：经济科学出版社，2008

雷红．公共服务型体育体制研究．成都：电子科技大学出版社，2009

李坚，陈德权编著．公共事业管理概论．北京：首都经济贸易大学出版社，2007

李鸥：事业单位改革与管理．天津：天津大学出版社，2007

厉以宁，武常岐．建设创新型国家的战略思考．北京：北京大学出版社，2012

李正明．公共事业管理教程．北京：机械工业出版社，2006

李宗浩．体育经济学．桂林：广西师范大学出版社，2005

梁万年．卫生事业管理学．北京：人民卫生出版社，2012

凌金铸．公共文化行政学．上海：上海交通大学出版社，2012

刘伯龙，竺乾威．当代中国公共政策．上海：复旦大学出版社，2000

刘克利．中国文化体制改革与建设研究．北京：中国人民大学出版社，2009

刘立．基础研究政策的理论与实践．北京：清华大学出版社，2007

刘霞．制度活力的重构：事业单位人事管理新解．北京：中国人事出版社，2010

刘晓苏．事业单位人事制度改革研究．上海：上海交通大学出版社，2011

娄成武，郑文范．公共事业管理学．北京：高等教育出版社，2008

马德善，霍海燕，高卫星．变革中的中国公共政策．北京：中国经济出版社，1998

毛寿龙，李梅，陈幽泓．西方政府的治道变革．北京：中国人民大学出版社，1998

［美］埃利诺·奥斯特罗姆．公共事物的治理之道．上海：上海三联书店，2000

［美］伯顿·克拉克．学术权利——七国高等教育管理体制比较．杭州：浙江教育出版社，1989

［美］布拉德·汉弗莱斯，丹尼斯·霍华德．体育经济学．上海：格致出版社，2012

［美］查尔斯·沃尔夫．市场或政府——权衡两种不完善的选择．北京：中国发展出版社，1994

［美］戴维·奥斯本，特德·盖布勒．改革政府．上海：上海译文出版社，1996

［美］丹尼斯·C·缪勒．公共选择理论．北京：中国社会科学出版社，1999

［美］E. 马克·汉森．教育管理与组织行为．上海：上海教育出版社，1993

［美］E. S. 萨瓦斯．民营化与公私部门的伙伴关系．北京：中国人民大学出版

社，2002

［美］克利福德·格雷，埃里克·拉森．项目管理教程．北京：人民邮电出版社，2005

［美］科兹纳．项目管理：计划、进度和控制的系统方法．北京：电子工业出版社，2010

［美］雅米尔·吉瑞赛特．公共组织管理：理论和实践的演进．上海：上海译文出版社，2003

［美］约瑟夫·斯蒂格里兹．政府经济学．北京：春秋出版社，1988

［美］威廉斯等．卫生服务导论．北京：北京大学医学出版社，2004

［美］韦恩·K·霍伊．教育管理学：理论·研究·实践．北京：教育科学出版社，2007

［美］詹姆斯·P·盖拉特．21世纪非营利组织管理．北京：中国人民大学出版社，2003

齐中英，朱彬．公共事业项目管理与评估．北京：科学出版社，2004

秦椿林．当代中国体育管理．北京：北京体育大学出版社，2007

曲天敏．体育管理学．桂林：广西师范大学出版社，2005

施雪华．政府权能理论．杭州：浙江人民出版社，1998

世界银行．1997年世界发展报告：变革世界中的政府．北京：中国财政经济出版社，1997

世界银行．1996年世界发展报告：从计划到市场．北京：中国财政经济出版社，1996

宋德福．中国政府管理与改革．北京：中国法制出版社，2001

宋世明．美国行政改革研究．北京：国家行政学院出版社，1999

宋世明．西方国家行政改革述评．北京：国家行政学院出版社，1998

苏竣，黄萃．中国科技政策要目概览：1949—2010年．北京：科学技术文献出版社，2012

苏力等．规制与发展——第三部门的法律环境．杭州：浙江人民出版社，1999

孙绵涛．中国教育经济与管理研究．北京：中国书籍出版社，2013

孙绵涛，罗建河．西方当代教育管理理论流派．重庆：重庆大学出版社，2008

谭文华．科技政策与科技管理研究．北京：人民出版社，2011

滕晓丽．事业单位绩效考核与绩效工资设计全案．北京：中国劳动社会保障出版社，2010

涂成林．自主创新的制度安排：以广州为例．北京：中央编译出版社，2011

王俊豪．英国政府管制体制改革研究．上海：上海三联书店，1998

王俊豪．政府管制经济学导论．北京：商务印书馆，2001

王璞主编．事业单位管理咨询实务．北京：中信出版社，2004

王为民．公共组织财务管理．北京：中国人民大学出版社，2006

汪玉凯．公共管理与非政府公共组织．北京：中共中央党校出版社，2003

温来成．现代公共事业管理概论．北京：清华大学出版社，2007

吴钢．公共事业评价．上海：上海教育出版社，2003

席恒. 公与私——公共事业运行机制研究. 北京：商务印书馆，2003

萧宗六，贺乐凡. 中国教育行政学. 北京：人民教育出版社，1996

徐双敏. 公共事业管理概论. 北京：北京大学出版社，2007

徐友元. 体育产业理论与实践研究. 北京：原子能出版社，2011

[英] 罗德尼·特纳. 项目管理手册. 北京：清华大学出版社，2002

[英] 托尼·布什. 当代西方教育管理模式. 南京：南京师范大学出版社，1998

岳颖. 事业单位薪酬管理：内部收入分配的决定基础与模式选择. 北京：中国劳动社会保障出版社，2009

张良，何云峰，郑卒. 公共管理导论. 上海：上海三联书店，1998

张雅林. 公益服务的体制创新：中国事业单位改革研究. 北京：中国社会出版社，2003

张新平，褚宏启. 教育管理学通论. 北京：高等教育出版社，2012

赵立波. 事业单位改革——公共事业发展新机制探析. 济南：山东人民出版社，2003

郑国安等. 非营利组织与中国事业单位体制改革. 北京：机械工业出版社，2002

中华人民共和国财政部. 事业单位会计制度 2012. 北京：经济科学出版社，2013

钟天朗. 体育经营管理：理论与实务. 上海：复旦大学出版社，2010

钟泽圣. 公共财政体制下的事业单位财务管理研究. 北京：经济科学出版社，2012

周志忍. 当代国外行政改革比较研究. 北京：国家行政学院出版社，1999

竺乾威. 公共行政学. 上海：复旦大学出版社，2008

左然. 中国现代事业制度建构纲要：事业单位改革的方向、目标模式及路径选择. 北京：商务印书馆，2009

John Greenwood，David Wilson，*Public Administration in Britain Today*，London：Unwin Hyman，1993

Ken Blackmore，*Social Policy*，Open University Press，1999

Kenneth S. Kilimnik，*Health and Safety Regulations*：*International and National*，Netherlands：Kluwer，1995

Michael Hill，*Social Policy*：*A Comparative Analysis*，Prentice Hall，1996

Nicholas L. Henry，*Public Administration and Public Affairs*，Englewood Cliffs，N. J.：Prentice Hall，1989

Phillip J. Cooper，*Public Administration for the Twenty-first Century*，Fort Worth：Harcourt Brace College Publishers，1998

Rob Baggott，*Health And Health Care In Britain*，Macmillan Press，1998

Catherine Marshall，Douglas Mitchell，Frederick Wirt，*Culture and Education Policy in the American States*，New York：Falmer Press，1989

I Th M Snellen，W B H J van de Donk，*Public Administration in an Information Age*，Oxford：IOS Press，1998

John Wilson，Peter Hinton，*Public Services and the 1990s*：*Issues in Public Service Finance and Management*，Kent：Tudor Business Publishing Ltd.，1993

人大版公共管理类教材

公共管理类专业教材——学科基础课教材

书名	作者
现代管理学原理（第三版）（“十一五”国家级规划教材）	娄成武　魏淑艳
一般管理学原理（第四版）	张康之　周　军
管理学基础（第四版）	方振邦
政治学原理（第三版）	景跃进　张小劲
现代政治学原理（第四版）	石永义　刘玉萼　张　璋
公共管理学（第二版）	陈振明
公共管理学——一种不同于传统行政学的研究途径（第二版）	陈振明
公共管理学（第三版）（数字教材版）（“十二五”国家级规划教材）	蔡立辉　王乐夫
公共管理学（精编版）	王乐夫　蔡立辉
公共管理学（第三版）	张康之　郑家昊
公共管理概论（第二版）	朱立言　谢　明
公共政策导论（第六版）（数字教材版）	谢　明
公共政策概论（第二版）	谢　明
公共政策学——政策分析的理论、方法和技术（“十一五”国家级规划教材）	陈振明
公共政策学（第二版）	杨宏山
政策科学——公共政策分析导论（第二版）	陈振明
公共经济学（第三版）（“十二五”国家级规划教材）	高培勇
公共经济学教程	秦立建
政府经济学（第四版）（“十一五”国家级规划教材）	郭小聪
政府经济学（第四版）	潘明星　韩丽华

公共管理类专业教材——方法课教材

书名	作者
公共管理研究方法	何兰萍　张俊艳
行政学研究方法与应用案例	萧鸣政　等
管理定量分析：方法与技术（第三版）	刘兰剑
定量研究方法	钟　卫

公共管理类专业教材——行政管理、公共事业管理专业教材

书名	作者
行政法学导论（第二版）	姜晓萍
公共部门人力资源管理（第四版）	孙柏瑛　祁凡骅
公共部门人力资源开发与管理（第五版）（“十二五”国家级规划教材）	孙柏瑛　祁凡骅
公共部门人力资源管理（第三版）	滕玉成　于　萍
公共部门人力资源管理概论（第二版）	方振邦
公共部门人力资源管理案例	周均旭
行政管理学（第五版）（数字教材版）	郭小聪
公共行政学（第五版）	彭和平
公共行政学（第二版）	张康之　张乾友
行政学导论（第三版）	齐明山

书名	作者
行政管理学导引与案例	陈季修
管理心理学（第三版）	范逢春
公共组织行为学（第三版）（“十一五”国家级规划教材）	孙　萍　张　平
公共组织学（第四版）	李传军
行政组织学（第二版）	张　昕　李　泉
公共组织理论	陆明远　冯　楠
公共事业管理概论（第三版）	朱仁显
公共组织财务管理（第三版）（“十一五”国家级规划教材）	王为民
国家公务员制度（第五版）（数字教材版）（“十二五”国家级规划教材）	舒　放　贾自欣
国家公务员制度概论（第二版）	刘碧强　郗永勤
公务员制度概论	李如海
中国公务员制度	温志强　王彦平　郝雅立
当代国家公务员制度：理论与实践	胡春艳
行政领导学（第三版）	朱立言　李国梁
领导学（第五版）	邱霈恩
领导学	孙　健
现代市政学（第五版）（数字教材版）	王佃利
市政管理学（第五版）（“十一五”国家级规划教材）	杨宏山
社区管理（第四版）	汪大海　魏　娜　郇建立
社区管理原理与案例（第二版）	刘　蕾　魏　娜
城市社区治理概论	吴晓林
电子政务教程（第三版）（“十一五”国家级规划教材）	赵国俊
电子政府与电子政务（第三版）（“十一五”国家级规划教材）	张锐昕
行政伦理学教程（第四版）（“十二五”国家级规划教材）	张康之　李传军
公共危机管理概论（第二版）	王宏伟
公共危机管理	唐　钧
非营利组织管理（第二版）	康晓光
当代中国政府与政治（第二版）	景跃进　陈明明　肖　滨
当代中国政府与行政（第三版）	魏　娜　吴爱明
地方政府学概论（第二版）	方　雷
地方政府管理（第二版）	陈瑞莲　张紧跟
管理秘书实务（第三版）	赵锁龙
行政秘书学	唐　钧
公文写作与处理	赵国俊
机关管理的原理与方法（第三版）	赵国俊　陈幽泓
公共部门绩效管理（第二版）	方振邦
政府绩效管理（第二版）	方振邦　葛蕾蕾
政府绩效评估	蔡立辉
政府公共关系（第二版）（“十一五”国家级规划教材）	廖为建　张　宁
西方行政学理论概要（第二版）（“十一五”国家级规划教材）	丁　煌
公共行政学史（第二版）	何艳玲
西方公共管理名著导读	汪大海
文化管理学（第三版）（“十二五”国家级规划教材）	孙　萍
文化创意产业导论	魏鹏举
卫生事业管理（第二版）（“十一五”国家级规划教材）	李　鲁
现代公用事业管理	崔运武

公共管理类专业教材——劳动与社会保障专业教材

书名	作者
社会保障概论（第七版）	孙光德　董克用
社会保障学	戴卫东
劳动经济学（“十一五”国家级规划教材）	董克用　刘　昕
劳动法与社会保障法	黎建飞
社会保险学（第四版）	孙树菡　朱丽敏
社会保障基金管理	李春根
社会保障国际比较	仇雨临

公共管理类专业教材——土地资源管理专业教材

书名	作者
土地经济学（第八版）（“十一五”国家级规划教材）	毕宝德
土地法学（第二版）	严金明
土地资源学	张正峰　赵文武
土地资源管理学（第二版）	张正峰
国土空间规划学	张占录　张正峰
国土空间规划学导论	刘润秋　唐　鹏
不动产估价（第二版）（“十一五”国家级规划教材）	叶剑平　曲卫东
土地信息系统	曲卫东　韩　琼
地籍管理（第五版）（“十一五”国家级规划教材）	谭　峻　林增杰

公共管理类专业教材——城市管理专业教材

书名	作者
城市管理学（第四版）	杨宏山
城市管理学：公共视角	陆　军　等
城市经济学（第二版）	叶裕民　周　麟
城市总体规划原理	郤艳丽　田　莉
中国城市管理史概论	郑　国
建设学概论	秦　波

公共管理类专业教材——应急管理专业教材

书名	作者
应急管理导论：原理与案例	李燕凌　朱正威 张海波　章文光
应急管理概论	王宏伟
应急管理理论与实践	唐　钧
突发事件风险管理	张小明
应急管理新论	王宏伟
新媒体时代的应急管理与危机公关	唐　钧
公共安全风险治理	唐　钧
危机沟通	王彩平
危机决策	宋劲松

公共管理硕士（MPA）教材——核心课教材

书名	作者
全国公共管理硕士（MPA）核心课程教学指导纲要	全国公共管理专业学位研究生教育指导委员会
社会主义建设理论与实践（第三版）	李景治　蒲国良
公共管理英语（修订版）	顾建光
学术规范和论文写作	胡宏伟
公共管理学（第三版）（全国优秀教材二等奖）	张成福　党秀云
公共管理学原理（修订版）	陈振明
公共管理导论	竺乾威　朱春奎　李瑞昌
公共政策分析	陈振明
公共政策分析导论	陈振明
公共政策分析概论（修订版）	谢　明
公共部门经济学（第三版）	高培勇　崔　军
公共经济学	唐任伍
行政法学（修订版）	皮纯协　张成福
行政法学概论（第三版）	胡锦光
非营利组织管理概论（修订版）	王　名
非营利组织管理	王　名　王　超
公共管理伦理学（修订版）	张康之
社会研究方法	陈振明
电子政务理论与方法（第五版）	金江军
公文写作概论	高永贵

公共管理硕士（MPA）教材——专业方向必修课、选修课教材

书名	作者
公务员制度教程（第六版）	舒　放　王克良
比较政府与政治（修订版）	卓　越
当代中国政府与政治（第三版）	吴爱明　朱国斌　林　震
公共部门人力资源管理及案例教程（第三版）	陈天祥
公共部门绩效评估（修订版）	卓　越
公共部门危机管理（第三版）	张小明
应急管理通论（第二版）	李雪峰
公共部门战略管理（修订版）	陈振明
MPA 学位论文写作指南	汪大海

图书在版编目（CIP）数据

公共事业管理概论/朱仁显主编. —3 版. —北京：中国人民大学出版社，2016.1
新编21 世纪公共管理系列教材
ISBN 978-7-300-21960-8

Ⅰ.①公… Ⅱ.①朱… Ⅲ.①公共管理-高等学校-教材 Ⅳ.①D035

中国版本图书馆 CIP 数据核字（2015）第 229862 号

新编 21 世纪公共管理系列教材
公共事业管理概论（第三版）
朱仁显　主编
Gonggong Shiye Guanli Gailun

出版发行	中国人民大学出版社		
社　　址	北京中关村大街 31 号	**邮政编码**	100080
电　　话	010－62511242（总编室）		010－62511770（质管部）
	010－82501766（自营网店）		010－62514148（明德书店）
	010－62511173（销售部）		010－62515275（盗版举报）
网　　址	http://www.crup.com.cn		
经　　销	新华书店		
印　　刷	北京昌联印刷有限公司	**版　　次**	2003 年 5 月第 1 版
开　　本	787 mm×1092 mm　1/16		2016 年 1 月第 3 版
印　　张	22.25	**印　　次**	2025 年 12 月第 16 次印刷
字　　数	514 000	**定　　价**	56.00 元

中国人民大学出版社　管理分社

教师教学服务说明

中国人民大学出版社管理分社以出版工商管理和公共管理类精品图书为宗旨。为更好地服务一线教师，我们着力建设了一批数字化、立体化的网络教学资源。教师可以通过以下方式获得免费下载教学资源的权限：

- 在中国人民大学出版社网站 www.crup.com.cn 进行注册，注册后进入“会员中心”，在左侧点击“我的教师认证”，填写相关信息，提交后等待审核。我们将在一个工作日内为您开通相关资源的下载权限。

- 如您急需教学资源或需要其他帮助，请加入教师 QQ 群或在工作时间与我们联络。

中国人民大学出版社　管理分社

教师 QQ 群： 648333426(工商管理)　1057207274(财会)　648117133(公共管理)
教师群仅限教师加入，入群请备注（学校+姓名）

联系电话： 010-62515782，82501868，82501048，62514760

电子邮箱： glcbfs@crup.com.cn

通讯地址： 北京市海淀区中关村大街甲 59 号文化大厦 1501 室（100872）

管理书社　　人大社财会　　公共管理与政治学悦读坊